國際金融體系

國際金融體系

林燧寰 著

臺灣商務印書館 發行

序　言

　　二次世界大戰後，在短短的半個世紀，世界發生了許多歷史
性的大變化，人類開始進入一個全球一體化的新時代。告別了兩
次大戰時的全球性大屠殺和 30 年代的經濟大蕭條，世界經濟在
競爭和協調中奇迹地增長和發展；國際金融在創新和一體化的浪
潮中，越來越明顯地成為世界經濟發展的最活躍、最重要的因
素。國際金融體系則在歷史的大趨勢中，不斷地適應新情況，自
強不息地進行創新和重組，形成新的體系，開拓新的領域，有效
地維持國際經濟、金融秩序和推動世界經濟走上一個個歷史新高
點。筆者被國際金融體系在戰後大環境中的急速發展和變化，以
及它所發揮出來的巨大作用所吸引，同時在香港商務印書館的盛
意邀約下，遂利用十多年來講授國際金融課程積累的資料和經
驗，寫成本書。

　　全書分三部分共 14 章。深入分析了國際金融體系的內部結
構、運作機制和發展情況；也綜述了體系的演進和變化，各個組
成部分的現況和特點，以及國際貨幣金融中的一些新情況、新問
題。

　　在撰寫本書時，筆者力求做到以下幾點：

1. **系統性**　把全書分為國際貨幣、國際金融機構和國際金融市
   場三個環節，對各個環節進行系統的、全面的研究，使龐雜
   的國際金融現象和問題條理化，易於為讀者吸收。
2. **歷史性**　把國際金融體系作為一個歷史過程來研究，對其組
   成的各個部分，都追溯其本源，剖析其現狀，並根據歷史的
   趨勢論述它的未來。

3. **學術性** 吸收國內外學者、專家的研究成果，對國際金融體系的運作機制及結構、機能等進行探索性的研究。

4. **資料性** 整理和運用大量的信息、數據和資料來説明問題、分析情況和顯示新的發展。

　　本書是為瞭解和研究國際金融體系的歷史發展和運作情況的人士而編寫的，適合金融財經界的在職人士、在學學生和欲深入研究國際貨幣資金流動規律的人士，作為參考讀物。由於筆者學識水平有限和有關資料變化迅速等客觀困難，書中疏漏之處，在所難免，敬希讀者批評指正！

　　筆者要特別感謝香港商務印書館安排本書出版；感謝黎彩玉小姐在撰寫本書期間一直給予的鼓勵和幫助；更感謝內子陳漢華女士的支持協助，並為我搜集、整理資料、校對稿件等。在此，我謹向他們致以誠摯的謝意！

林燊縑　謹識

廣州對外貿易學院

1993 年

目　錄

第三部分　國際金融市場

第 1 章
國際金融體系概述

*　　　　*　　　　*

1.1　國際金融

　　國際金融，被一些經濟學家描述為一個"奧妙曲折"的領域。比如美國的彼德·林德特（Peter Lindert）和查爾斯·金德爾伯格（Charles Kindleberger）在他們合著的《國際經濟學》中，就認為"對國際金融的研究，很像是到另一個星球上去旅行。這是一塊陌生的土地，與一個普通家庭的經濟學簡直是天南地北，大不相同。它聚居着各種各樣奇奇怪怪的生物：套期保值者、套匯者、蘇黎世妖魔①、地洞蛇、滑動幅度、蠕動或釘住和不光彩浮動。"以及另一些人補充的"華爾街的老狐狸"②和"魔鬼的後代"③等等。

　　國際金融確實是一個新領域，但絕不是"一塊陌生的土地"。從小市民、企業家、銀行家，到政府的高官貴人，人們天天都在接觸它、注視它、影響它又接受它的影響，並對它的變化作出反應。國際金融不是甚麼"神奇"、"奧妙"的東西，而是現代經濟生活中最現實、最敏感、最富於魅力的領域。它的核心和最本質的特徵是貨幣資金在國際間的流動。因為國際間一切金融聯繫和活動，無不表現為貨幣資金的流動，並以它的相對獨立性對國際經濟產生愈來愈大的影響。

　　這種由於貨幣流通和資金流動超越了國界所引起和形成的國際聯繫，及與此有關的活動、場所、機構、集團和各種政策措施，就構成國際金融的主要內容。它要回答的是貨幣資金為甚麼在國際間流動，如何在國際間流動，以及貨幣資金在國際間流動所形成的組織和制度。即各種各樣的國際金融機構根據國際金融制度，在國際金融市場上進行的各種全球性貨幣流通和資金借貸活動。

1.2 國際金融體系

1.2.1 體系的概念

"體系"一詞，是指有關事物互相聯繫而構成的有系統整體。它有一定的組織形式以及有規律的運動和發展。它揭示體系的構成單位(國際社會的行為主體)根據甚麼組織原則互相聯繫、互相作用及發展。它可以是人們在長期的社會經濟實踐中自發形成的，並得到社會公認、具有一定法律約束力的活動方式、體制和慣例；它也可以是人們根據事物相互聯繫的狀況、條件和發展趨勢，通過某種組織活動和國際會議，自覺地設計和建立起來的。但是，體系不管是自發形成或是人們的自覺建立，都是有關事物的互相聯繫在長期發展中逐漸形成的。所謂人為自覺的建立，也不是憑空的、隨意的，它必須根據事物聯繫的現實情況、條件和發展趨勢而設計，並根據情況、條件的變化而不斷修改和完善。

有關事物在一定範圍內各部分之間相互作用、相互依賴、相互制約，必然日漸發展、擴大，以至在一定範圍內形成一個具有整體性的體系。所以，體系的萌芽、形成和發展的過程，也就是體系的有機性、整體性聯繫不斷增長、成熟的過程。

1.2.2 國際金融體系的概念

國際金融與國際金融體系是兩個既有聯繫而又有所不同的概念。

國際金融是國際間貨幣資金的流動。它是以地球為地理界限的、最廣大的一種貨幣資金流動，既包括一定範圍和領域特有的金融現象和過程，更包括全球性共有的金融現象和過程。國際金融體系，則是貨幣資金流動跨越國界，在國際金融各個領域內互相聯繫、互相依賴而構成的有機整體，是國際貨幣資金轉移和借貸的慣例、規則、市場和機構的總和。它是在國際貨幣資金長期的、大規模流動的基礎上產生的，是世界各國之間的金融聯繫發展到一定程度時形成的。

它的內容側重點，是各國貨幣資金跨越國界流動，相互交叉、相互聯繫，及其所需的機構、手段和市場運作的安排。它由國際貨幣、國際金融機構、國際金融市場三個互相關聯的環節構成，為各國貨幣資金如何與國際貨幣發生聯繫，如何通過國際金融機構在國際金融市場上運作和發揮功能，提供一個架構、一套支付機制和全球資金營運設施。要使國與國之間的各種金融關係能在其內進行，使貨幣資金方便而有效地在國際間轉移和分配。世界銀行《1985年世界發展報告》指出：「國際金融體系這個術語，通常包括：為保證世界盈餘的資金流入有赤字的國家或實體所需要的機構方面的安排、管理國際匯率的規則，以及創造和分配流動資金的機制。」

國際金融體系一經形成並在全球範圍內運作，就創造出各種不同的金融資產和債務，必然促使貨幣資金更大規模的國際流動，從而導致世界各國在貨幣流通領域內的矛盾和衝突。這就需要有一種超越國家的力量和體制來協調各國之間的金融關係，並處理國家之間、地區之間的矛盾，尤其是全球性矛盾，穩定整個體系的機制和正常運作。同時亦可避免國際金融體系的效率受到削弱，而影響全球儲蓄量和投資規模。

所以，國際金融體系是全球性金融聯繫的總和，有三個層次的涵義。其一，是指世界各國之間、地區之間、集團之間的相互影響和相互依賴的金融聯繫；其二，是指各國之間、地區之間、集團之間相互合作和相互協調的金融聯繫；其三，是各國之間、地區之間、集團之間在國際金融上互相滲透和融為一體的金融聯繫，這是國際金融體系最高層次的概念。

1.3 國際金融體系的發展

國際金融體系是一個動態的體系。最初，國際金融與國際貿易合為一體，並從屬於國際貿易，還不存在作為支付和結算手段的貨幣。後來，隨着商品生產的發展，特別是 16 世紀的地理大發現和開拓海外殖民地，商品流通超越國界，貿易範圍擴展到整個世界，世界市場開始形成。工業革命後，由於資本輸出和對外直接投資，導致跨國生產體系的萌芽；又由於各國經濟發展水平差距擴大，導致國際間產業分工和市場聯繫的不斷加深，國際間商品交換的種類和數量不斷增加，國際貿易體系初步形成。到 19 世紀初，金本位制的出現以及銀行向海外的拓展，擴大了國際間貨幣資金的自由流動，很快就形成了一些國際金融中心。國際金融發展成為一個獨立的國際經濟聯繫形態，且自發地形成當時以金本位為特點的國際金融體系。

二次大戰後，世界性的生產力和科技發展，促進了生產國際化，而生產國際化又促進了貨幣資本、金融市場和金融機構的國際化。自布列頓森林（Bretton Woods）協定簽署以後，伴隨世界經濟、貿易的發展，出現了像國際貨幣基金、世界銀行等全球性金融組織和跨國銀行機構，以及像歐洲貨幣市場這樣完全國際化的市場。通過國際化的貨幣、機構和市場，世界各國的金融聯繫終於構成互相聯繫、互相依賴的有機整體，成為結構完整、功能齊全的現代國際金融體系。

進入 80 年代，國際金融聯繫更加擴大、更加密切，國際金融體系也向着更高層次的全球化、一體化發展。

80 年代，世界經濟擺脫了 70 年代的滯脹局面，出現戰後以來沒有過的持續 8 年經濟增長。1987 年的股市暴跌，沒有引發經濟危機，1988年高收入國家的國內生產總值比 1987 年增長 4.3%，全世界經濟更增長 4.6%（見表 1.1）。國際貿易在 80 年代

表 1.1　世界生產總值[1]與貿易額增長情況（1965–1992）

	項　目	1965	1973	1980	1985	1986	1987	1988	1989[3]	1990[4]	1991[4]	1992[4]
國內生產總值（GDP）	世界：總額(10億美元)	1,783	4,180	10,320	11,459	13,458	15,417	17,267	19,166	21,083	22,560	24,600
	年均增長率[2](%)	5.6	6.0	2.2	3.8	3.1	3.7	4.6	3.4	2.0	1.2	2.9
	高收入國家：總額	1,406	3,330	7,914	8,938	10,860	12,599	14,108	15,237	16,760	17,930	19,540
	年均增長率(%)	5.3	5.7	1.3	3.6	2.6	3.4	4.3	3.6	2.5	1.3	2.8
	低收入國家：總額	168	312	784	824	785	812	923	984	1,102	1,234	1,333
	年均增長率(%)	7.1	7.3	4.9	4.5	5.8	6.1	8.9	4.2	5.0	4.0	3.4
	中等收入國家：總額	209	537	1,622	1,698	1,813	2,006	2,236	2,945	3,221	3,396	3,727
	年均增長率(%)				3.5	3.9	3.5	3.0	2.8	2.4	0.8	2.1
國際貿易額(10億美元)	世界出口總額	171.3	538.8	1,901.2	1,807.8	1,990.4	2,347.9	2,686.2	2,891.7	3,267.6	3,500	3,700
	比上年增長率(%)	8.8	38.6	20.8	1.3	10.1	18.0	11.4	7.7	13.0	7.1	5.7
	世界進口總額	181.6	547.6	1,945.0	1,878.1	2,053.1	2,418.7	2,755.5	2,974.6	3,361.3	3,600	3,750
	比上年增長率(%)	8.9	37.9	22.9	0.8	9.3	17.8	13.9	8.0	13.0	7.1	4.2

注：1. 世界生產總值，不包括社會主義國家。

2. 年均增長率，係以不變價格計算，採用最小平方法求出。1965–1986 年 GDP 增長率係按 IMF 1990 年年報工業國與發展中國家分類數字。

3. 係初估數字。

4. 按 IMF 預測的增長率推算。

也獲得很大發展，1989 年世界出口貿易總值達到 28,917 億美元；
80 年代後半期世界貿易的增長率也大大高於世界經濟增長率。

世界經濟、貿易的增長和發展，意味着更多的資源和產品投入國際流通，更多的貨幣資金超越國界往復流動，更加深各國對外界經濟的依賴，更進一步捲入統一的世界市場。根據世界銀行 1981 年的計算和預測，世界出口佔世界國內生產總值的比重 1970 年只有 6.25%，1980 年增至 27.48%，1990 將高達 60.96%（見表 1.2）。

80 年代另一重要發展，是電子技術和電子傳媒技術的高速發展和應用，使世界數據流動的速度達到每秒 6 萬比特（信息單位），極大地加快了貨幣資金國際間的流動速度。它為金融票據創造了一個全球世界，創造了許多全新的金融工具，並引起國際流通領域的重大變化，即國際間單純的貨幣資金流動，大大地超過國際間商品、勞務的實物流量。

據世界 20 家大銀行對 1989 年 4 月份 20 天的外匯市場調查，全球外匯市場日平均交易額為 6,400 億美元，一年可達 120 萬億美元以上，約為 1989 年世界出口總額的 40 多倍。這就出現了美國管理經濟學教授彼得·F·德魯克④所指的"象徵經濟"的資本流動，浮動匯率和信貸流動取代"實物經濟"成為世界經濟發展動力。這一變化，使作為特殊商品的金融工具類同於具有自身增值機能的一般商品，也使貨幣資金的國際流動獨立化、自由化，成為所謂"獨立旋轉的金融輪子"，在很大程度上脫離了商品流通和物質再生產的過程，使世界各國在貨幣金融領域的全球性聯繫和協調空前擴大和加深，並引起國際金融體系深刻的調整和變化：內涵更豐富，外延更廣泛，形成一個全方位、全時區的全球性國際金融體系。

表 1.2　世界出口對國內生產總值的比率 (1970-1990)

國　家　組　別	國內生產總值 (10 億 1978 年美元)	貿易與非要素性服務出口 (10 億美元現值)	出口佔國內生產總值 (%)
1970 年總計	6,301	394	6.25
市場經濟工業國	4,334	274	6.32
全部發展中國家	979	78	7.97
其他[1]	988	42	4.25
1980 年總計	9,196	2,527	27.48
市場工業國	5,973	1,531	25.63
全部發展中國家	1,615	561	34.74
其他[1]	1,608	435	27.10
1990 年總計[2]	13,744	9,172	66.73
市場工業國	8,539	5,412	63.38
全部發展中國家	2,810	2,300	81.85
其他	2,395	1,460	60.96

注：1. 其他國家，包括中央及非市場經濟工業國和有資金結餘的石油出口國。
　　2. 1990 年係預測數。

資料來源：世界銀行《1981 年世界發展報告》。

1.4 國際金融體系的功能

以國際貨幣資金流動、國際金融機構和國際金融市場為基本聯繫方式形成了具有穩定和自我發展功能的金融架構和機制，發揮如下功能：

(一)有效匯集和分配國際資金，協調世界經濟

健全的國際金融機構能有效動員國際資金，增加國際儲蓄在國際金融體系內的流動；又能有效地優化國際資金分配，使資金從盈餘一方(最終貸款人)向短缺一方(最終借款人)有效轉移，使所有參加者都有機會利用廣泛的渠道轉移資金，並使金融服務的價格具有競爭力。

(二)調整和控制生產要素的國際流動，適應世界經濟、金融的變化

國際金融體系影響和調整各國間相互衝突的方式，也影響和調整各國間處理經濟相互依存關係的方式。它以嚴密的國際支付組織以及複雜的國際貿易和投資網絡，容納世界經濟運動中發生的各種生產要素流動和變化，並以它自己的方式調整和控制這種流動和變化，以適應世界經濟、金融出現的新情況、新問題，避免因未能及時採取必要的調整而遭受破壞性衝擊。

(三)保持和促進世界經濟、金融的穩定和發展

國際金融體系一經形成，就具有一定的穩定性。在世界經濟、金融正常發展的情況下，它本身亦健全發展，並能充分發揮功能和活力，促進世界經濟、金融的發展；當經濟形勢處於衰退、通貨膨脹等不利情況時，它能保持體系的穩定和國際社會的信心。少數金融機構的破產或局部金融市場的動盪，並不意味着整個國際金融體系的不健全。它以本身的穩定維持世界經濟、金融的穩定。

─────── 注　釋 ───────

① "蘇黎世妖魔"：蘇黎世是瑞士銀行非常集中的一個城市，瑞士人被稱為國際金融市場上有名的經紀人，人們把這種經紀人比喻為"蘇黎世妖魔"。

② 見 Adam Smith 著的《紙幣的時代》。"華爾街的老狐狸"，指華爾街的證券經紀人。

③ 同 ②，"魔鬼的後代"，指歐洲美元。

④ 彼得·F·德魯克（Peter F. Drucker），於 1986 年在美國《外交》季刊發表《世界經濟的新格局》，指出世界經濟的三大變化。

第一部分

國際貨幣與國際儲備

國際貨幣和國際儲備，是國際金融有機聯繫的紐帶，它像血液在國際金融體系中循環運動，使體系具有活力，並得以充分的發揮其功能。它的質量和數量，對國際金融體系的運作和是否健全，有着直接的、決定性的影響。

　　本書第一部分，共分以下三章，説明國際貨幣、國際儲備的性質和功能；分析國際貨幣資金的流動和發展，如何形成全球性的金融聯繫；及其所依據的國際準則和制度。

第 2 章
國際貨幣

2.1　國際貨幣的性質和作用

2.2　國際貨幣的起源

2.3　國際貨幣的演進

2.4　國際貨幣集團

*　　　*　　　*

2.1 國際貨幣的性質和作用

2.1.1 國際貨幣的概念

貨幣是一種隨時可以動用的購買力或要求權。一個國家的貨幣，是一國範圍內被普遍接受作為購物或償債的手段。它可以是貝殼、商品或金銀，也可以是一張紙印的鈔票。國際貨幣實質上也是一種購物和償債的手段，它主要的特色是可以在國際範圍流通使用，並為各國普遍接受用來交換自己國家的貨幣。它可以是具有實質價值的黃金，也可以是當時經濟大國的貨幣，正如第一次大戰前的英鎊和第二次大戰後的美元。所以，國際貨幣就是國際通用的、為各國普遍接受的價值單位和支付手段，包括可用於國際支付的貨幣和一切金融工具。

在各種國際貨幣中，起主導或關鍵作用、發揮世界貨幣職能的某一經濟大國的貨幣，被稱為關鍵貨幣（Key currency）或主導貨幣，成為國際貨幣制度的統一代表。而其他國際貨幣，往往和貨幣集團或貨幣區相聯繫。這是各國政治、經濟力量的巨大差距在國際金融領域的反映，也是國際貨幣制度的統一與分裂的反映。

2.1.2 國際貨幣的特性

國際貨幣有以下特性：

(一)歷史性

國際貨幣是在一定歷史條件下產生和形成的，也是在特定時間和條件下在國際間流通和發揮作用的。當時間和條件發生變化，國際貨幣的形式就會相應改變。有些會失去國際貨幣職能並退出國際支付領域，變為純粹的國內貨幣。黃金、英鎊、美元，就是不同時代，不同歷史條件下的國際貨幣形式。70 年代以後，主要西方國家經濟力量的差距縮小，世界經濟向多元化發展。國際貨幣亦出現多元化，即由多種貨幣共同發揮國際貨幣的職能。所以，某種國際貨幣，不是一產生就永遠在國際間流通，而是有它自己的歷史過程。就如被稱為"天然的貨幣"的黃金，也有"非貨幣化"的時期。

(二)兩重性

國際貨幣應該是以世界經濟作為活動領域的貨幣，但直至目前，還沒有出現一種真正為全世界所有國家都接受的國際貨幣。已出現過的國際貨幣，它的國際性只是對一定範圍而言，實際上只是在較多國家和較廣地區流通和發揮作用，帶有一定地域性和國家主權色彩。因此，國際貨幣本身就具有兩重性：一方面作為一個國家的國內貨幣，要服從本國的經濟政策和經濟利益；另一方面又作為國際貨幣，要承擔國際義務和服從國際經濟秩序。

(三)獲得性

國際貨幣的可獲得性有兩層含義：其一，是指各國政府獲得國際貨幣的方便性，即是否可通過正常的貿易和非貿易途徑，容易地、不受限制地獲得。這種貨幣的發行國必須是一個貿易大國，對商品、勞務等有高度的需求量和供給量。它一方面對各國商品、勞務的供給度高，而各國對該國商品、勞務的需求度也高；另方面則是對各國的商品、勞務的需求度高，而各國對該國商品、勞務的供給度也高。這樣，就可以提高該國貨幣的供給量，使別國易於通過出口取得該國貨幣。

其二，是指該國際貨幣作為一種資產、一種儲備的產權，必須具有無償佔有性。一個國家擁有的國際貨幣，是持有國對外債權淨額的增加，有無償的佔有權。因此，國際貨幣作為一種儲備資產，構成一國的國際清償力，貨幣當局可以無條件獲得這種資產。

(四)可兌換性

貨幣的可兌換性，原指一種貨幣可以為任何目的而按當時的匯率自由地與所有各種貨幣交換。二次大戰後，國際貨幣基金協定第 8 條對會員國貨幣的可兌換性，要求避免限制經常性支付，避免施行歧視性貨幣措施和有義務兌付外國由於經常往來所持有的本國貨幣。這只是要求對非居民在國際收支經常項目交易中獲得的貨幣結餘的使用和轉移，不施加限制。這樣的可自由兌換貨幣，不一定就是國際貨幣。國際貨幣應具有更強的轉換成其他國家貨幣的能力，亦即對任何人、任何國家、任何目的的支付和兌換，都不加以限制。國際貨幣的可兌換性，是其能成為最富流動性的資產而被國際商業社會普遍接受的重要因素。

2.1.3　國際貨幣的條件

國內貨幣可以由政府命令發行、強制流通，但國際貨幣卻不可能由一個國家或一個機構命令各個主權國家持有和使用某一個國家的貨幣。特里芬（Robert Triffin）曾指出：國家通貨作為國際貨幣，"乃係客觀環境的壓力造成，而非任何機構或國際組織合理行為下的創造物"。①它必須是各國普遍和自願接受的，"比其他金融資產更加有效地滿足外國官方機構和私人部門的各種要求。"②即是說，國際貨幣是在一定歷史條件下產生的。

日本篠原三代平教授在其《經濟大國的盛衰》一書中認為，作為國際貨幣的國家應具有四個條件：

1. 擁有強大的軍事力量，即有力量把符合本國利益的經濟效率的實現與經濟義務的完成，強加給別國。
2. 掌握作為一個國際金融市場所應具有的訣竅。
3. 擁有佔統治地位的經濟實力。
4. 保持穩定的經常收支順差。

篠原三代平強調軍事力量對推行國際貨幣的作用。這確實是反映了英鎊時代和美元時代的實際情況。但在當代，則應該強調經濟實力這個條件，如日圓、德國馬克，就是依靠它們自己國家的經濟實力，才能和美元一起成為重要的國際貨幣。

其餘三個條件，是強調一個主權國家的貨幣要成為國際貨幣，必須有強大的經濟、貿易、金融實力的支持，使這個國家：

1. 能夠維持貨幣幣值穩定，保證貨幣可兌換性、安全性和收益性，使別國願意使用和持有。
2. 能夠擁有自由的、高度發達的金融市場，對國際資金具有高度消化和吐納能力，不致因大規模的、突然的資金流動而影響國內經濟穩定。
3. 能夠提供有效率的銀行體系，便於國際金融交易和國際投資、借貸活動。斯密（Adam Smith）在《紙幣的時代》中指出，要成為"全世界都在使用的通貨"，"不但需要有貴金屬，還得成為一家銀行"。
4. 能夠具有大規模生產商品、勞務和進出口的能力，使貨幣的國際供給和需求富有彈性。既不會持續順差，以致別國不易取得其貨幣；也不會持續逆差，影響其幣值的穩定。

2.1.4 國際貨幣的作用

國際貨幣能像黃金一樣或代替黃金，在國際經濟和金融活動中，發揮以下功能：

（一）國際購買手段

這是指國際貨幣可以在國際市場直接購買外國商品、勞務，能在國際經濟交易中起媒介作用。

（二）國際價值標準

可以作為表示和量度國際商品、勞務以及各國貨幣價值的標準。各國貨幣與國際貨幣聯繫或掛鈎，以表示對外價值，再通過匯率的折算，作為國際商品、勞務交易相對成本與價格的計算單位。

(三)國際支付手段

國際貨幣的最終和長期用途是作為國際間債權、債務結算和支付手段。

(四)國際干預手段

由於國際貨幣是各國貨幣價值的標準，各國官方機構就可利用國際貨幣作為干預外匯市場操作的工具，並為國際收支差額進行融資。

(五)國際儲藏手段

當國際貨幣作為價值而被持有或儲藏時，它不但具有國內價值的性質，也具有國際價值的性質，成為"一般財富的絕對社會化身"。這時，它不是為購買或支付，而是要實現財富的國際轉移。私人機構持有或儲藏國際貨幣是作為金融資產，即由非居民以債券形式持有的資產；官方機構持有或儲藏國際貨幣及以這類貨幣表示的金融資產，是作為一國的國際儲備。

(六)國際資本工具

由於借貸資本越來越獨立於商品運動之外，國際貨幣隨時能進入一般的國際流通過程，又能隨時加入國際資產行列，作為資本獲利工具在自身流動中增值。

2.2 國際貨幣的起源

國際貨幣是國際間一般商品流通的產物，是各國長期商品貿易過程中自然形成的。

全世界有超過 150 多個國家，一種商品就有過百種以外幣表示的價格。在支付時，買方提供的貨幣與賣方願意接受的貨幣，未必一致。因此，當各個國家的商品流通跨越國界時，就需要有一種為各國所普遍接受的國際性貨幣。由於迄今還沒有一個世界性機構能有效地對各國行使權力及發行一種各國都必須和願意接受的世界貨幣，於是就由市場力量創造出國際性貨幣來。

　　早期的國際貨幣，常常是在一些國家、地區之間長期流通的一種或幾種鑄幣，它們是由一些經濟實力強大、貨幣幣值穩定、信譽良好的國家發行。比如：

- 公元前 7 世紀，希臘用金、銀合鑄的"德拉克馬"古幣，在歐亞地區成為標準貨幣。
- 1252 年佛羅倫薩鑄造刻有當地象徵百合花的金幣弗羅林，歐洲各國紛紛仿造，成為歐洲當時最流行的貨幣。
- 1284 年威尼斯鑄造的杜卡特金幣，在歐洲一些國家廣為流通和仿鑄，促進了貨幣標準化。
- 1803 年到 1914 年間，"拉丁貨幣聯盟"發行的標準金幣叫做金法郎，亦稱"拿破崙金幣"，它是歐洲幾個拉丁國家通過協議聯合發行的統一規格貨幣。它比單一國家發行的貨幣流通範圍更廣、更能取得國際信任，具有法定的國際貨幣地位。

　　這些在一定範圍流通的貨幣，已發揮國際貨幣的一些職能，是國際貨幣的先驅。但它們一般數量不大，而且對各國的本國貨幣與流通環節並未產生直接影響，因此，它們還不是真正的國際貨幣。

　　到 17、18 世紀的歐洲，由於信用發達，銀行開始發行了一種不可兌換的銀行券。歐洲各國在信用基礎上發行的紙幣，從一開始就不限於在本國流通，有些還逐漸成為最早的國際貨幣。如 18 世紀初，法國大量發行銀行券，在歐洲其他國家普遍流通和使用幾乎達兩個世紀之久。

　　19 世紀以後，西方殖民大國的貨幣成為各自勢力範圍中許多國家的流通手段和儲藏手段，它們就是早期的國際貨幣。

2.3　國際貨幣的演進

2.3.1　黃金的興衰

真正具有現代意義的國際貨幣，是 19 世紀實行金本位時期才出現的，它就是黃金鑄造的金幣。

1816 年，英國首先放棄金銀複本位制，推行金本位制度。其後各國紛紛仿效，而自由鑄造金幣，實行自由兌換、多邊結算，准許黃金自由輸出輸入。即是說，各國對其貨幣在國際流通，發揮國際貨幣功能上，都規定了相同的原則和措施，使金本位制國際化，自發地形成以黃金為基礎的國際金本位制度。

當時黃金成了國際性貨幣，充分地發揮世界貨幣的職能。它不但作為國際價值的最後標準，而且是國際結算與支付的最後手段、國際儲備的唯一形式和社會財富的主要代表。在第一次大戰以前的 100 年間，各國貨幣不僅是以黃金定值，紙幣亦可以兌換黃金，而且大多數的貨幣就是黃金。根據美國耶魯大學的羅伯特·特里芬（Robert Triffin）估計：1885 年至 1913 年，流通中的全部貨幣有 70% 至 80% 是貴金屬而不是紙幣③。這是黃金作為國際貨幣的極盛時期，就像哥倫布所說，黃金是"一個可驚嘆的東西，誰有了它，誰就能為所欲為。有了黃金，要把靈魂送上天堂，也是可以做到的。"

第一次大戰，特別是 1929–1931 年的經濟大危機，使金本位制度的基礎遭到徹底破壞。各國普遍停止金幣流通改行紙幣流通制度；黃金不能自由輸出入，它的國際貨幣作用縮小了。二次大戰後，建立了國際金匯兌本位制度，它通過國際協議規定了黃金的部分國際化，即只准許外國官方持有的紙幣可按官價向它的發行國兌換黃金。黃金的國際貨幣的作用又進一步削弱了。這是因為：

(1) 貨幣與黃金的聯繫脆弱。作為"金匯兌"的美元，只准外國官方持有時，才能向美國按官價兌換黃金，本國居民以及外國居民和企業都不能夠。其他各國貨幣，雖都定有含金量，但都須通過與美元掛鈎才與黃金發生間接聯繫。同時，由於通貨膨脹不斷加劇，紙幣不斷貶值，紙幣與黃金的表面聯繫越來越脫離它實際代表的價值。

(2) 黃金不能自由輸出入，作為國際購買手段和支付手段的作用受到限制，國際收支出現差額而需要輸出入黃金時，只能由中央銀行辦理。由於國際信用制度和信用工具的發展，真正用黃金進行國家間結算的情況也不多了。

(3) 美元成為主要國際支付手段，以及特別提款權作為新的儲備資產的出現，都削弱了黃金作為一般支付手段和儲備手段的功能。黃金在世界黃金外匯儲備總額中的比重，從 1950 年佔 69.03% 降到 1970 年的 39.74%（見表 3.3）。

1973 年國際金匯兌本位制瓦解後，國際貨幣基金組織採取了一系列黃金"非貨幣化"的措施。1978 年 4 月 1 日牙買加協議生效後，黃金不再作為貨幣定值標準，黃金官價被廢止，會員國與基金組織間用黃金支付的義務也一律取消。基金組織並出售存金，擴大特別提款權的作用，以取代黃金作為國際主要儲備資產。於是，黃金在法律上完全"非貨幣化"，不再是貨幣商品，失去了貨幣職能，作為國際貨幣的作用也基本結束。

2.3.2 英鎊的天下

實行國際金本位制，大大促進了國際貿易的發展和生產、交換領域的擴大。但黃金的生產和供應卻不能相應增加。因此，到 18 世紀末以後，金幣流通和黃金支付漸漸不能適應實際需要，不得不同時使用政治、經濟力量最強大國家的貨幣。當時，英國是最先實行金本位制的國家，在世界經濟中居主導地位，也是最大工業強國和最大海外貿易投資國，擁有龐大的海外銀行網點和最大的國際金融中心。各國商人存款在英國銀行，用英鎊進行貿易，使英國成為世界貿易和結算的中心。英鎊實際上在許多方面代替黃金執行國際貨幣的職能，在遍及五大洲的 37 個國家廣泛流通和使用。當時的世界貿易 80% 用英鎊結算，英國的投資 40% 在國外。因此，人們稱這段時期為"英國統治下的和平"。

第一次大戰後，英國通貨膨脹、外債纍纍。1929–1931 年的世界性經濟大危機，使英國的貿易收入銳減，對外投資無法收回，國際收支嚴重惡化，各國競相向倫敦擠提大量存款。1931 年 7、8 月間，外國人從英國提取了相當於 2.3 億英鎊的黃金。英國被迫宣布停止支付黃金和兌換銀行券。同年 9 月英國放棄金本位制，許多與英鎊直接聯繫的國家，紛紛與英鎊脫鈎。從此，英鎊的國際貨幣地位大為下降，國際結算中用英鎊實現的份額，從第一次大戰前的 80% 降至 60 年代的 40–50%，再降到 80 年代初的 5%。一些後起的國際金融大國的貨幣，如美元、法國法郎等，則擴大了流通範圍，上升為國際貨幣。它們各自形成貨幣集團，成為集團的中心貨幣。

第二次世界大戰嚴重削弱了英國的經濟實力。據 1944 年 10 月《銀行家》雜誌估計，英國戰前的海外資產，包括黃金、外匯在內，約 45 億英鎊。經過戰爭，海外資產變賣了 11.18 億英鎊，對外負債增加了 28.79 億英鎊，英國政府持有的黃金、美元準備減少了 152 億英鎊。另外，英國還損失了 41 萬人口，四分之一財富，減少了 70% 的出口和 25% 的商船隊。英國經濟從此一蹶不振，出現所謂"停停走走"(stop—and—go)的"英國病"。黃金儲備則從 1937 年 414 億美元，降至 1957 年的 160 億美元；英鎊不斷爆發危機，匯率大幅下跌，購買力不斷貶低(見表 2.1)。英國出口佔世界的份額由 1937 年的 11.3%，降到 1973 年的 5.5%(見表 2.2)。英鎊長期成為弱勢的貨幣，到 80 年代已沒有一個國

表 2.1　英鎊購買力貶低紀錄

年份	指數	年份	指數	年份	指數
1920	100.0	1960	66.0	1980	13.1
1925	125.0	1965	56.3	1981	11.6
1935	135.0	1970	45.6	1982	10.3
1940	129.4	1975	26.8	1983	9.9
1945	111.4	1977	18.6	1984	9.4
1950	98.0	1978	16.9	1985	8.9
1955	75.9	1979	15.5	1986	8.5

資料來源：轉引自滕茂桐《國際金融新論》，頁 97。

家貨幣與英鎊掛鈎了，英鎊的國際貨幣地位，已為美元所取代。

2.3.3　美元為中心

　　二次大戰導致主要國家之間經濟實力對比的歷史性變化，美國成為世界經濟實力最強大的國家。戰後初期，美國擁有全世界黃金儲備的 74.5％，工業生產的 53.9％，出口貿易的 32.5％（均見表 2.2）。美國憑藉經濟優勢，通過國際貨幣基金組織，確立了在國際金融領域的霸權地位。美元成為唯一可在一定條件下兌換黃金的貨幣，各國貨幣都要與美元掛鈎，保持固定比價，使美元取得"等同黃金"的特殊地位，代替黃金在世界範圍流通，並作為計價、結算和國際支付、國際借貸的中心貨幣。

　　美國成為世界上最大的債權國和產品供應國。到 1947 年底西歐幾乎有一半黃金儲備流入了美國，世界進入了所謂"美元荒"（dollar shortage）的年代，美元在國際市場上成為最吃香的硬通貨（hard currency）。

　　但是，美元同樣不可避免地按照伯格斯汀指出的道路，從

表 2.2　主要國家經濟實力的變化[1](佔世界 %)

	年份	美國	英國	法國	西德[2]	日本
工業生產	1937	42.0	12.5	5.0	12.0	4.0
	1948	53.9	11.7	4.0	3.6	1.0
	1958	46.1	8.3	5.4	10.5	3.2
	1963	40.3	5.0	—	8.8	5.5
	1976	36.3	4.8	—	9.1	9.1
出口貿易	1937	14.2	11.30	4.10	10.30	5.2
	1947	32.5	9.8	4.00	0.50	0.4
	1960	16.6	8.97	5.80	9.65	3.43
	1970	14.8	6.73	6.20	11.86	6.7
	1973	13.10	5.50	6.80	12.50	6.87
	1980	11.86	5.80	6.10	10.14	6.86
	1990	12.90	5.60	6.70	13.37	9.91
黃金儲備	1937	50.50	16.40	10.90	—	0.07
	1948	74.50	4.90	1.70	—	0.03
	1960	47.00	7.40	4.33	7.84	0.65
	1970	29.90	3.60	9.50	10.70	1.40
	1973	27.00	2.10	9.90	11.50	2.10
	1980	27.70	2.00	8.60	10.00	2.50
	1989	27.90	2.00	8.70	10.10	2.60

注：1. 各國佔世界比重，不包括蘇聯、東歐等國家。

　　2. 西德 1937 年數字係全德國的工業生產與出口貿易。

資料來源：1. 蘇聯《二次大戰後資本主義國家經濟情況統計彙編》。

　　　　　2.《聯合國統計月報》，各期。

　　　　　3. IMF《國際金融統計》1990 年年報。

表 2.3　美元購買力下降情況

年份	指數	年份	指數	年份	指數
1939	100.0	1970	35.8	1975	25.8
1950	57.7	1971	34.3	1976	24.4
1955	51.9	1972	33.2	1977	22.9
1960	46.9	1973	31.3	1978	20.8
1965	44.0	1974	28.2		

資料來源：《美國新聞與世界報導》，1979 年 10 月 1 日。

"人見人愛"變為人人"望而生畏"。50 年代，由於美國不斷對外
進行軍事、經濟擴張，國際收支連年逆差，大量美元外流，美元
的購買力不斷下降（見表2.3）。各國開始以持有的美元向美國兌
換黃金，1950 年至 1957 年美國黃金儲備流失 17 億美元，1955
年至 1959 年又流失 33 億美元。至 1959 年，美國的黃金儲備減
至 195 億美元，除去國內貨幣發行所需黃金準備 120 億美元之
外，其能應付國外兌換的黃金只有 75 億美元，已不能全部兌換
當時外國官方持有的 91 億美元（見表 2.4）。這就大大的影響了
美元的國際信用，美元從此開始走下坡路。

　　60 年代，美元進入危機期。1960 年美國的黃金儲備下降至
178 億美元，已不足以抵償其 210 億美元的對外短期負債。各國
懷疑美元兌金的可能性，紛紛向美國擠兌黃金。1960 年至 1971
年間，美國向外國官方和國際金融組織以官價售金淨額達 85.45
億美元。④市場上則出現拋售美元、搶購黃金的風潮，倫敦金價
暴漲至每盎司 41.5 美元，比官價高近 20%。於是，在 1960 年
10 月爆發了戰後第一次美元危機。

　　美國為穩定美元地位，於 1961 年 9 月和 10 月先後發起組
成"十國集團"和"黃金總庫"（gold pool），依靠其他國家共同對
付美元危機和維持黃金官價。但由於美國國際收支進一步惡化，

表 2.4 美國國際收支、國際儲備、對外流動
　　　　負債概況（1949-1989）

單位：10 億美元

年次	國際收支[1]	國際儲備		對外流動負債	
		總額	其中：黃金	總額	其中：外國官方
1949	0.10	28.10	24.56	8.23	3.10
1950	− 3.50	24.30	22.82	10.20	
1952	− 1.20	27.10	23.25	11.72	4.90
1957	0.60	27.80	22.86	16.66	7.90
1958	− 3.40	25.90	20.58	17.64	8.70
1959	− 3.90	26.30	19.50	21.60	9.10
1960	− 3.40	19.35	17.80	21.03	11.09
1961	− 1.35	18.76	16.95	22.93	11.83
1962	− 2.65	17.22	16.06	24.26	12.91
1963	− 1.94	16.85	15.60	26.40	14.43
1964	− 1.53	16.67	15.47	29.35	15.78
1965	− 1.29	15.46	14.07	29.56	15.82
1966	0.24	14.89	13.24	31.02	14.89
1967	− 3.39	14.84	12.07	35.66	18.19
1968	1.67	15.71	10.89	38.47	17.34
1969	2.74	16.96	11.86	45.90	15.99
1970	−10.69	14.48	11.07	46.95	23.77
1971	−30.47	12.32	10.21	67.80	50.64
1972	−11.05	13.15	10.49	82.87	61.53

（續表 2.4）

年次	國際收支	國際儲備		對外流動負債	
		總額	其中：黃金	總額	其中：外國官方
1973	− 5.23	14.38	11.65	92.47	66.85
1974	− 8.81	15.84	11.60	119.17	76.83
1975	− 4.65	16.23	11.60	126.55	80.71
1976	−10.50	18.75	11.60	151.36	91.98
1977	−35.04	19.31	11.72	192.29	126.08
1978	−33.48	18.65	11.67	244.37	157.03
1979	9.95	18.95	11.17	268.45	143.33
1980	− 9.06	26.76	11.16	295.46	157.11
1981	− 1.24	30.07	11.15	344.50	161.24
1982	2.03	33.96	11.15	419.98	163.89
1983	− 4.05	33.75	11.12	485.17	170.08
1984	0.72	34.94	11.10	541.86	174.58
1985	5.80	43.19	11.09	603.01	172.49
1986	−33.78	48.51	11.06	734.76	205.16
1987	−56.86	45.80	11.08	867.73	253.49
1988	−36.25	47.80	11.06	1003.56	296.02
1989	17.89	74.61	11.07	1101.69	

注： 1. 指綜合收支（overall balance）。

資料來源： 1. 美國 Robert Triffin 的《黃金與美元危機》：

2. IMF《國際金融統計》1990 年年報。

美元繼續貶值。1967 年英鎊又發生危機，貶值 14.3%，接着 25個美國的貿易夥伴國也按不同比例將貨幣貶值。貨幣的大規模貶值，引發了"黃金狂熱病"，市場搶購黃金風潮再起，黃金價格猛漲至 44.36 美元一盎司。倫敦市場的黃金交易量從 1967 年每天5 至 6 噸，猛增至 1968 年初的 65 至 100 噸。

於是，1968 年 3 月爆發了第二次美元危機，短短的半個月，美國黃金儲備流失 14 億美元。黃金總庫為降低金價，損失了 34 億多美元，於是決定停止在市場上按官價供應黃金並暫時關閉倫敦黃金市場。六國財長召開會議，決定實行所謂"黃金雙價制"(two-tier gold price system)，即各國官方之間買賣黃金仍按一盎司 35 美元官價進行，民間買賣則按黃金市場價格進行。結果，市價大大高於官價，黃金的國際結算作用實際已不存在，美元與黃金的關係減弱，隨着黃金市價上漲而不斷貶值，地位更虛弱。因此，1968 年 11 月、1969 年 4 月和 9 月，相繼爆發了三次美元危機。

進入 70 年代，美元危機更加惡化，終於導致美元霸權地位的喪失。1971 年，美國出現了自 1893 年以來的第一次外貿逆差20 億美元，國際收支逆差則為 220 億美元，黃金儲備降至 102億美元，僅夠償付外國官方短期債務 506 億美元的 20%。美元的國際信用更加低落，1971 年 5 月和 7 至 8 月，又連續爆發了兩次美元危機，來勢兇猛。

美國於 1971 年 8 月 15 日宣布實行"新經濟政策"，停止外國中央銀行用美元向美國兌換黃金。同年 12 月 18 日宣布 1934年以來美元第一次正式貶值，即對黃金貶值 7.89%(美元貶值的加權平均數則為 10–12%)⑤，黃金官價由每盎司 35 美元提高至38 美元。美元停止兌換黃金和公開貶值，使美元作為國際中心貨幣的基礎崩潰了。1972 年 6 月英鎊再陷危機，英國讓英鎊浮動，引起市場拋售美元，美元暴跌(見表 2.5)。8 月份倫敦金價

表 2.5　美元匯價變動情況

七十年代							八十年代				
年份	日圓	法國法郎	西德馬克	瑞士法郎	英鎊	年份	匯價指數[2] (1975年=100)	西德馬克	對日圓	對英鎊
1971	314.8	5.224	3.268	3.915	0.3918	1980	93.9	1.95	226.3	0.4193
1972	302.0	5.125	3.202	3.774	0.4259	1981	105.7	2.26	220.3	0.5241
1973	280.0	4.708	2.703	3.244	0.4304	1982	118.0	2.43	248.6	0.6194
1974	301.0	4.445	2.410	2.540	0.4258	1983	124.8	2.56	237.5	0.6894
1975	305.2	4.486	2.622	2.620	0.4942	1984	134.7	2.85	237.4	0.8647
1976	292.8	4.970	2.362	2.451	0.5874	1985	140.8	2.94	237.7	0.6923
1977	240.0	4.705	2.105	2.000	0.5247	1986	114.8	2.17	168.0	0.6782
1978	194.6	4.180	1.828	1.620	0.4915	1987	101.2	1.80	145.0	0.5343
1979	239.5	4.020	1.725	1.593	0.4460	1988	93.0	1.76	128.2	0.5526
						1989		1.88	137.9	0.6229
1979年 與1971年 相比±%[1]	－23.9	－23.0	－47.2	－59.3	＋13.8	1989年 與1980年 相比±%		－3.60	－39.1	＋48.6

注：1. 指美元對各種貨幣的升、跌百分比。
　　2. 以貿易額為權數的匯率指數。

資料來源：1. 聯合國《統計月報》、英國《經濟學家》；
　　　　　2. 巴克萊銀行報告；
　　　　　3. IMF《國際金融統計》1990 年年報。

漲至每盎司 71 美元，高於官價 86.8%。

1973 年 1 月下旬又一次爆發嚴重的美元危機，市場上大量拋售美元，搶購西德馬克和日圓。各國外匯市場陷於一片混亂，紛紛關閉、停市。2 月 12 日，美國被迫宣布美元第二次貶值，貶值幅度為 10%，黃金官價提高至每盎司 42.22 美元。但是，市場金價仍繼續上漲，至 2 月下旬已漲至每盎司 100 美元，比官價高出 137%。各國貨幣紛紛與美元脫鈎，以美元為中心的固定匯率制度宣告瓦解，人們開始把美元說成是"醜陋的美元"。

兩次美元貶值和各國貨幣浮動化，標誌着美元已失去作為世界中心貨幣的地位。國際貨幣領域中開始形成一種以多種貨幣同時作為中心貨幣的國際貨幣關係，一些非美元通貨，主要是西德馬克、日圓、瑞士法郎等，共同享有和發揮與美元同等的職能。但是，"餓瘦的駱駝也比牛大"⑥，美元在國際金融領域中仍是最重要的貨幣；到目前為止，仍沒有任何一國的貨幣能取代美元。美元的流通和使用範圍仍很廣，原因是：美國仍然是世界經濟最發達的國家，有巨大的國內市場和出口額；歐洲美元仍是歐洲市場的基礎和主體，難以為其他國際貨幣所代替。

2.3.4　國際貨幣的多元化

國際貨幣多元化，主要是西方國家經濟發展不平衡、經濟實力對比發生重大變化的結果。

美國的國際經濟地位從 60 年代開始不斷下降，它的工業生產、出口貿易和黃金儲備佔世界的份額明顯減少，西德、日本則逐步上升(見表 2.2)。80 年代，美國更成為世界最大貿易赤字國，1979–1989 年連續 10 年的外貿逆差，累計達 9,642.1 億美元；1985 年美國開始淪為債務國，對外淨負債 1,119 億美元，負債率為 9%；1988 年增至 5,325 億美元，負債率為 11%；1990 年又增至 7,200 億美元。

在此期間，西德在某幾年超過美國成為世界最大出口國。日本則在 80 年代的上半期，取代美國成為世界最大的債權國，1985 年海外淨資產為 1,289 億美元，1988 年增至 2,918 億美元。主要國家經濟實力差距縮小，說明在經濟國際化、金融全球化的年代，任何一國都沒有單獨支撐世界經濟體系的能力，也不可能只有一個國家的貨幣充當各國都樂意接受、都認為理想的結算手段；即使是黃金也不再可能實際地充當國際流通手段和清償手段；特別提款權和歐洲貨幣單位，目前也只是一種計算單位，還不能真正成為國際貨幣。

於是，銀行家提出了質疑："我們將英鎊丟開，走進了美元的懷抱。現在，我們又丟開美元，該走向哪裏去呢？難道上月球去不成？"⑦對於這樣的質疑，日本的銀行家卻回答得很好。他們認為過去是英鎊、美元"統治下的和平"，而當代則是"協調統治下的和平"（pax consortis），是"通過調整和協調來謀求和平與繁榮的時期。"⑧在國際貨幣關係上，只能是多種主要貨幣共同充當國際貨幣的角色，逐步形成所謂美元、德國馬克和日圓的"三極"（tri-polar）貨幣體系⑨，進入對等調整和國際合作的歷史新階段。目前，國際上最重要的貨幣是美元、馬克和日圓。它們有強大的經濟實力支持，三國的貿易額佔世界的三分之一；全球國際支付中有 70%，各國官方外匯儲備中有四分之三使用這三種貨幣。

特別提款權、歐洲貨幣單位這些複合性的國際貨幣也日益顯示出重要性，今後可能成為國際貨幣的發展方向。

(一)德國馬克

東、西德統一後，原來的西德馬克成為全國性貨幣。

二次大戰後，德國工業一落千丈，通貨惡性膨脹。1948 年 6 月 18 日宣布貨幣改革，西德馬克與美元掛鈎，匯率定為 1 美元等於 3.333 西德馬克。當時，西德經濟還很虛弱，貿易收支逆差龐大，國際債務沉重（戰前、戰後共約 350 億西德馬克），西德馬克很不穩定，1949 年 9 月 19 日被迫貶值 20.7%。

50 年代，西德經濟迅速發展。1950 年，西德的國民生產總值只相當於美國的 8.2%，英國的 62.5%，法國的 81%。到 50 年代後半期，西德的國民生產總值超過法國，1960 年超過英國，成為歐洲頭等經濟強國、世界第二貿易大國。

西德的國際收支於 1951 扭轉逆差，以後 30 年中除 5 年有逆差外，其餘各年均為順差。外匯儲備從 1969 年的 27.48 億美元，增至 1979 年的 473.48 億，1989 年更高達 558.62 億美元。[⑩] 西德持有的外國的西德馬克債權急劇增加，1980 年至 1989 年上半年期間增近兩倍，達到 5,850 億馬克。在西德以外，以歐洲馬克存款和國外發行的西德馬克債券等債權也增加一倍，達到 7,300 億西德馬克。西德成為僅次於日本的世界第二號債權人。

西德馬克享有很高的國際信譽，在國際市場上需要經常大於供給，不斷升值。在實行固定匯率時期，升值 5 次；實行蛇形浮動時期，對共同體成員國貨幣升值 4 次；1979 年 3 月建立歐洲貨幣制度後，至今又升值 8 次。由於西德經濟實力迅速增長和貨幣幣值穩定，西德馬克的國際地位不斷提高，成為僅次於美元的國際第二重要貨幣（見表 2.6）。兩德統一後，馬克的國際地位，變得更為重要了。

表 2.6　主要貨幣在貿易計價、境外業務比重的變化（1987）

時　期	世界貿易計價(%)			歐洲貨幣存款(%)			歐洲債券發行(%)		
	美元	西德馬克	日圓	美元	西德馬克	日圓	美元	西德馬克	日圓
80 年代初	34.5	10.2		74	11	2	63	6.5	5.5
80 年代末	24.8	12.4		62	13	5	47	9	10.5

資料來源：《聯邦馬克的崛起》，IMF 與 IBRD 季刊《金融與發展》，1990 年 9 月號。

馬克的崛起，削弱了美元的國際地位，但仍不能代替美元。馬克實際上是歐洲貨幣制度的中心貨幣，也在世界範圍擴大流通和使用，對美元和共同體各國貨幣的穩定，起着一種重要的制衡和支持作用。

(二)日圓

戰後初期日本物資短缺，物價上升，日圓暴跌。1949 年日圓的實際價值僅為 1945 年的 $\frac{1}{80}$，對外並無法定匯價，只有黑市價格。1949 年實行所謂"道奇計畫"，規定 1 美元等於 360 日圓的單一匯價。1952 年日本加入國際貨幣基金組織，第二年 5 月 11 日公布 1 日圓的含金量為 0.00246853 克，與美元的固定匯率為 1 美元等於 360 日圓，一直維持至 1971 年美元第一次貶值。

50 年代後期到 60 年代，日本經濟進入高速發展時期，生產規模不斷擴大，勞動生產率不斷提高，產品的國際競爭力不斷加強。1955–1970 年，日本出口貿易平均年增長 16.3%，貿易額從 20 億美元增至 193 億美元。國民生產總值 1967 年開始超過西德，上升為西方世界第二位。[11]

日本國際收支持續順差，外匯儲備增加，日圓多次升值。至 1978 年，日圓對美元匯率升至 1 美元兌 194.6 日圓，升值 46%。80 年代，日圓升、跌幅度較大，1984 年一度跌至 1 美元兌 262.88 日圓，到 1988 年又升至 176 日圓，近期(93 年)更接近 110 日圓。

日圓從 60 年代後期開始成為國際上的硬貨幣，逐步進入世界市場。70 年代初日圓開始國際化，日本部分出口採用日圓計價 [12]，並在東京市場上發行日圓外債。1978 年後，日本推行資本自由化方針，1979 年春對非居民實施短期債券市場投資自由化；1980 年 3 月，對外國政府機構持有的日圓存款實行利率自由化，以及進一步放寬外匯管制；1984 年 5 月，美國、日本簽訂《關於金融自由化和日圓國際化現狀與前景》的協議。這些措施都大大地促進了日圓的國際化。

　　整個 80 年代，日本經濟、金融實力迅猛膨脹，國民生產總值 1982 年已佔全世界的 12.3%，1989 年升至 15%。1986 年國民生產總值已為西德的兩倍，1989 年則等於西德、法國和英國的總和。日本的人均國民生產總值，1970 年僅為美國的 40%，1987 年開始超過美國，1989 年比美國還高出 20%。

　　日本一位銀行家說："假如在人類生活中惟一考慮的東西是金錢的話，日本有能力購買世界上任何東西。"這當然有點狂妄，但也確實反映日本已是頭號國民資產大國、頭號資本輸出國、頭號債權國以及最大的貿易順差國和最多外匯儲備國的地位。日本強大的生產力、資本力和競爭力，以空前的規模向世界拓展，在國際金融領域的許多方面處於世界領先地位：

- 1985 年末，東京債券市場成交額開始超過紐約，成為世界規模最大的債券市場。

- 1987 年成為頭號國民資產大國。1985 年美國的國民資產為 31.2 萬億美元，日本僅為 19.6 萬億美元。到 1987 年底，日本的國民資產升至 43.7 萬億美元，超過美國的 36.2 萬億美元。

- 1987 年，東京股票交易所的資本額躍升至 29,780 億美元，比紐約股票交易所的 22,160 億美元還多 7,620 億美元，躍居世界首位。所有西方上市股票，近 40% 在日本證券市場交易。

- 1987 年，東京日本銀行的國際貸款超過紐約的美國銀行 200 多億⑬，日本成為世界最大的資金供應國。從 1984–1986 年，紐約的美國銀行佔國際貸款份額由 26% 降至 18%，東京的日本銀行則從 23% 升至 33%。這期間國際貸款增加額為 1.2 萬億美元，50% 以上來自東京的日本銀行。

- 1988 年，世界 50 家大銀行中日本佔 21 家(1979 年只有 13 家)，名列前 10 名的全是日本銀行。
- 1989 年，日本的官方發展援助額超過美國，成為世界第一援助大國，向發展中國家提供 74.5 億美元贈款。

日本正成為名符其實的經濟、金融大國，日圓以空前活躍的姿態進入國際市場。境外日圓急劇增加，歐洲貨幣市場流通的日圓，加上各國官方儲備中的日圓，已相當於 1,000 多億美元。1977 年日圓只佔紐約外匯市場交易額的 5%，名列第六，到 1983 年提高到 22%，僅次於西德馬克而居第二位。日圓債券佔國際債券發行額的比重，由 1983 年的 5.2% 升至 1987 年 14.8%；從 1986 年起，僅次於美元居第二位。

日圓事實上已經和美元、西德馬克一起成為當前最重要的國際貨幣。特別在亞太地區，日圓將成為這個地區支付、清算和儲備的主要手段。但是，日圓在各國官方儲備中和國際貿易結算中所佔的比重還不大(見表 2.5)，美國、日本的經濟實力還有一段差距。在相當長的時期內，日圓不可能取代美元的國際地位。

(三)複合國際貨幣

70 年代初期美元失去中心貨幣地位，國際貨幣走向多元化。國際貨幣關係的穩定，取決於多個國家政治、經濟的穩定，其中任何一國的政治、經濟形勢發生變化，都不可避免地造成軟、硬貨幣地位的變化，以及國際流動性無秩序的增加。市場上可供調換的資金越來越多，貨幣無止境地從一種貨幣湧向另一種貨幣，必然導致國際貨幣、金融的動盪和不安。為解決這一矛盾，在 60 年代末，國際貨幣的新形式——複合國際貨幣——出現了，這就是特別提款權，即由一些經濟大國的貨幣共同構成的貨幣複合體。它被認為"是邁向國際貨幣整合、邁向更對稱的國際貨幣制度及邁向國際貨幣基金組織最後轉變為一個世界中央銀行的象徵。"⑭

複合國際貨幣的構想，早在 40 年代的布列頓森林會議上，懷特方案和凱恩斯方案中就明確提出過。60 年代討論國際貨幣體系改革中，"特里芬方案"、"伯恩斯坦方案"和"德斯坦方案"都提出運用集體力量發行國際信用貨幣的思想。到 70 年代，愛德華·莫爾的經濟大國核心制，以及後來的勃蘭特報告，都更明確、更具體提出複合國際貨幣的建議。

複合國際貨幣的最主要特徵是：（1）將幾個大國的貨幣複合在一起，如特別提款權以美國、西德、日本、英國、法國五個國家的貨幣組成貨幣籃，以這些國家的經濟實力為基礎。（2）它是一種協議性的國際貨幣，在市場選擇的基礎上，通過國際協議建立起來，以加權平均的方法定值，它既是虛擬資產，但又有法定價值，得到 140 多個國家承認。（3）它被稱為沒有打上任何國家標誌的"中性貨幣"。

複合國際貨幣的主要代表是特別提款權。特別提款權是十國集團指派的專家小組於 1965 年建議發行的"集合儲備單位"（collective reserve unit）。十國集團副代表和基金執行董事會舉行多次聯席會議，在歷時 5 年的談判中達成協議，起草了"基於特別提款權便利的大綱"（Outline of Facility Based on Special Drawing Rights）。根據"大綱"，基金組織理事會於 1968 年 5 月底通過決議，批准對《國際貨幣基金協定》的第一次修訂。經修訂的基金條款，於 1969 年 7 月 28 日由五分之三成員國批准生效。1970 年 1 月 1 日，基金組織向成員國第一次分配特別提款權。於是，一種具有可兌換性的國際複合貨幣⑮便正式誕生。

它的數量由基金理事會決定；它的兌換率由基金組織特別多數票批准確定；任何基金會員國均有權、但無義務參加特別提款權；也並未明確規定特別提款權為國際儲備的一部分（當時法國根本不承認它的國際儲備作用），作用很有限。到 1978 年，經第二次修訂的基金條款擴大了特別提款權的作用，明確宣布特別提款權為儲備資產，要求會員國"協作"，使之成為國際貨幣體系的主要儲備資產。⑯這次修訂，使特別提款權獲得了一些新的、重要的發展。我們將在第四章中詳為介紹。

2.4　國際貨幣集團

國際貨幣集團(International Monetary Bloc)，是指一些國家聯合組成的、具有排他性質的貨幣聯盟。通常是以某一政治、經濟大國的貨幣為中心，其他參加國的貨幣則以這個大國的貨幣為儲備貨幣，與它掛鈎，保持固定比價，並在貨幣兌換、結算以及黃金、外匯儲備等方面，實行由大國規定的貨幣信用政策和管制辦法。

國際貨幣集團出現於30年代世界經濟大恐慌期間。它是資本主義貨幣制度危機以及外匯領域尖銳矛盾的產物，又是在金匯兌本位制度下各國貨幣相互加強聯繫的前提下形成。當時，主要金融大國為了加強對外競爭能力，保持經濟地位和勢力範圍，渡過經濟危機，分別組織不同形式的貨幣集團或貨幣區(Monetary Area)。這是國際貨幣集團的第一次組合。60年代以來，美元危機不斷爆發，許多西方國家，為保持貨幣的穩定和擺脫對美元的依賴，建立了一些同美元相抗衡的新的貨幣集團。這是國際貨幣集團的第二次組合。國際貨幣集團的性質，也從第一次組合的不平等依附關係走上平等合作關係。

2.4.1　國際貨幣集團的第一次組合

從30年代到60年代，國際貨幣集團第一次組合，形成三個主要的貨幣集團。大戰期間及戰後，戰前的貨幣集團發展成為貨幣區。貨幣區保留各貨幣集團的基本特徵同時加強了對成員國之間貨幣金融關係和貿易關係的調節，以一些規範性文件和國際協議，協調和指導區內的貨幣、經濟政策。

（一）英鎊集團（Sterling Bloc）與英鎊區（Sterling Area）

英鎊集團，是以英國英鎊為中心的排他性貨幣集團，成立於1931 年 9 月。當時，英國在世界經濟危機的打擊下放棄金本位制，宣布英鎊貶值，英鎊的國際地位大為削弱。英國為維護原有勢力範圍和殖民體系，加強在世界市場的競爭能力，就聯合各殖民地、自治領以及財政經濟上有密切聯繫的國家，成立了一個鬆散而正式的英鎊集團。1939 年二次大戰爆發後，英國實行嚴格的外匯管制，才把英鎊集團成員國之間的關係用法律形式固定下來，並改稱為英鎊區（Sterling Area），範圍進一步擴大，增加了一些阿拉伯國家。

區內成員國和地區的貨幣對英鎊固定比價，相互間貨幣可自由兌換；貿易、信貸一律用英鎊結算；資金移動不受限制；各國大部分儲備存放在倫敦，其收入的黃金、美元外匯，必須按官價結售給英國財政部，作為"共同儲備"。所以，英鎊區是在貿易和投資基礎上結合起來的一個外匯管制整體，對內是絕對的主從關係；對外與美元區相對立，嚴格管制成員國對美元區和一切用美元的國際支付。

先後參加過英鎊區的國家和地區有：英國本土、愛爾蘭、馬爾他、冰島、馬來西亞、新加坡、印度、斯里蘭卡、馬爾地夫、巴基斯坦、科威特、約旦、阿曼、巴林、卡 達 、阿拉伯聯合大公國、葉門民主人民共和國、塞普勒斯、迦納、奈及利亞、烏干達、坦尚尼亞、尚比亞、獅 子 山 、模里西斯、肯 亞 、甘比亞、南非、波 札 那 、賴索托、史瓦濟蘭、圭亞那、千 里 達和多巴哥、牙買加、澳洲、紐西蘭、斐濟以及所有英國海外殖民地、"保護國"和托管地等。

（二）黃金集團與法郎區（French Franc Area）

30 年代，法國聯合荷蘭、意大利、比利時、瑞士、波蘭六個歐洲國家組成貨幣集團，協力維持金本位制，故名"黃金集團"（Gold Bloc）。但這個集團因其他一些國家取消金本位制和貨幣貶值而遭受損失，外貿惡化，資金外流，幣值無法穩定。意大利首先退出這個集團；1935 年 3 月比利時降低幣值，停止兌換；1936 年 4 月波蘭實施外匯管制，禁止黃金輸出；同年 9 月，法國、荷蘭、瑞士亦先後取消金本位制，黃金集團終告瓦解。

二次大戰期間，法國又建立了以法郎為中心的封閉性貨幣區，成立法郎區貨幣委員會，協調和指導貨幣、經濟政策。區內各國貨幣與法郎掛鈎，可以自由兌換；貿易與非貿易支付亦以法郎結算；資金移動在區內一般不受限制；黃金、外匯儲備65%（過去是全部）集中法國國庫保管。法郎區實行所謂"共同財政金融政策"，成為既包括貨幣方面，也包括財政、貿易、運輸、郵電、文教、軍事等方面的排他性集團。

戰後隨着法國殖民體系瓦解，法屬殖民地紛紛獨立，有的還退出了法郎區。從 1958 年到 1973 年，就有幾內亞、突尼西亞、摩洛哥、阿爾及利亞、茅利塔尼亞、馬達加斯加先後退出。目前的法郎區包括法國本土和摩納哥、法國 5 個海外省（瓜德羅普、法屬圭亞那、馬提尼克、留尼汪、聖·皮埃爾和密克隆）、3 個海外領地（新喀里多尼亞、法屬波利尼西亞、瓦利斯和富士那）、1個特殊領地（馬約特島）和 14 個獨立國家（包括西非的貝南、象牙海岸、尼 日 、塞內加爾、多哥、布吉納法索和馬利七國，中非的喀麥隆、剛果、加彭、查德、赤道幾內亞和中非共和國六國，以及科摩羅伊斯蘭聯邦共和國）。

（三）美元集團（Dollar Bloc）與美元區（Dollar Area）

美元集團是以美元為中心的排他性貨幣集團，是美國在貿易和金融上控制區內國家的工具。

1934 年美國廢除金本位制，宣布美元貶值。為了增強對英鎊、法郎的對抗力量，便聯合一些國家組成美元集團，1939 年改為美元區。它不像英鎊區、法郎區那樣用法律形式固定下來，而是一個鬆散的、非正式組織。

美元區內各國貨幣都與美元掛鈎，與美元保持固定比價，並以美元作為發行紙幣的準備；對外貿易，一般不實行外匯管制，貿易與非貿易支付都用美元結算；參加國大部分的黃金、外匯都存放在美國。

戰後美國躍升為世界政治、經濟最強大的國家，1944 年布列頓森林會議更建立了以美元為中心的國際貨幣制度，國際流通領域成了美元的天下。美元也成了法定的儲備貨幣和各國貨幣的定值標準，各國普遍採用美元計價結算。美元區實際擴大至所有資本主義國家，原來意義的美元區已不存在。

美元鼎盛時期維持了近 20 年，直到 60 年代美元危機爆發，美元的國際地位才相對下降。再經歷 70 年代初的兩次貶值，美元便失去了國際中心貨幣的地位。

戰前參加過美元區的國家有：美國及其屬地、加拿大、玻利維亞、哥倫比亞、哥斯達黎加、多米尼克、厄瓜多爾、薩爾瓦多、瓜地馬拉、海地、宏都拉斯、賴比瑞亞、墨西哥、尼加拉瓜、巴拿馬、菲律賓、委內瑞拉等。

2.4.2 國際貨幣集團的第二次組合

60 年代的美元危機，削弱了美元的國際地位，主要西方大國的貨幣關係發生很大變化，國際貨幣集團開始了第二次組合：

(一)原來貨幣集團的改組和調整

改組和調整的主要內容，是改變小國貨幣對大國貨幣的絕對依附關係。

（1）英鎊區瓦解

戰後英國經濟經歷了較長的困難時期，英鎊地位大為削弱。1949 年和 1967 年英鎊兩次大幅貶值，使英鎊區國家在倫敦的英鎊結餘受到重大損失，各國對英鎊前途失去信心，紛紛脫離英鎊區，改與美元掛鈎。1972年6月23日，英國宣布英鎊浮動，同時宣布英鎊區只包括英國本土和愛爾蘭(以後又加上直布羅陀)，並對英鎊區的資本移動實行管制。原屬英鎊區國家居民的英鎊賬戶，一律改為境外賬戶，貨幣改稱為外幣，淡化了對英鎊的絕對依附關係。1978年12月15日，愛爾蘭宣布加入歐洲貨幣體系，割斷同英鎊的聯繫。英國於18日宣布，英國的一切外匯管制法令只適用於同英國的經濟往來。至此，英鎊區便告瓦解。

(2) 美元區收縮

60年代美元由極盛而轉弱，到70年代已不再是各國貨幣必須圍繞的中心，很多國家貨幣與美元脫鈎，有的實行浮動匯率，有的改與特別提款權或自選的一籃子貨幣聯繫。與此同時，西德馬克、瑞士法郎、日圓等硬貨幣擴大了使用範圍，特別是"獨立於美元之外"的歐洲貨幣制度的建立，都大大削弱美元的國際地位，以及世界各國貨幣對美元的依附關係。

(3) 法郎區調整

法國順應戰後民族獨立運動，調整了與法郎區各國之間的貨幣關係。

● 與14個非洲國家分別簽訂貨幣合作協定，使它們繼續留在法郎區，貨幣按固定比價與法國法郎自由兌換，並將至少65%的外匯收入存放在法國。法國則保證這些國家貨幣的發行、兌換以及它們對外結算的外匯需求。

● 對已退出法郎區的北非三國阿爾及利亞、摩洛哥、突尼西亞，則建立鬆散的聯繫。三國貨幣保持與法國法郎的固定比價，繼續利用巴黎的金融市場。1973年3月19日法國法郎實行浮動，三國先後取消對法國法郎的固定比價，也實行浮動。此後，法國與三國的貨幣便無直接關係，只通過金融貸款、投資等繼續施加影響。

(二)新型貨幣集團形成

這些新型貨幣集團內部，在貨幣方面建立起平等合作、互相支持的關係，集團之間，則改變過去互相排擠、互相爭奪的對抗關係。這種具有歷史意義的變化，為開創全球性的貨幣合作提供了有益的啟示和經驗。

(1) 發達國家的新型貨幣集團——歐洲貨幣制度

歐洲貨幣制度，是 1979 年在經濟一體化基礎上建立起來的貨幣集團，強調成員國之間的平等和合作的關係。它用協商方式促進各國財政金融政策的協調一致，並通過國際協議，共同制定基本方針和具體政策，實現貨幣制度的穩定和發展。雖然各成員國之間還有經濟實力強弱、貨幣軟硬的差別，但它們已在比較公平合理的基礎上共同承擔義務，互相支持，不同於早期貨幣區那種嚴格的主從、依附關係。

這種新型的貨幣關係，還表現於歐洲共同體與發展中國家簽訂的"洛美協定"（Lome Convention），確立對共同體外部非互利的貨幣金融合作關係。1975 年 2 月 28 日，歐洲共同體和非洲、加勒比及太平洋地區 46 個國家，在多哥首都洛美簽訂經濟貿易協定。同年 6 月，這 46 個國家建立了"非洲、加勒比和太平洋地區國家集團"。

1979 年 10 月又簽訂了第二個"洛美協定"。簽署協定的發展中國家，目前已增至 80 多國。

協定的主要內容，是歐洲共同體同意在不要求互惠的情況下，允許這些國家的全部工業品和 96% 的農產品，可免稅和不限數量地進入歐洲共同市場；在主要農產品(第二個"洛美協定"擴大至礦產品)跌價時，共同體對出口國補償損失；在財政、技術和工業合作方面，共同體給簽約的發展中國家提供幾十億美元經濟援助。這個協定使共同體國家所需的原材料供應得到保證，並擴大出口市場，以抵償所付出的價格補差和財政援助；發展中國家則可得到產品跌價補償和財政援助，並獲得更多機會讓產品自由進入共同市場。協定的重要意義，在於創造了一種能以各自條件互相支持和互利合作的關係。

（2）發展中國家區域性貨幣金融合作組織

60 年代以來，發展中國家出現了許多區域性貨幣合作組織，其中較重要的有：

a. 西非貨幣聯盟（West African Monetary Union）

1962 年 5 月 12 日，西非貝南（原名達荷美）、科特迪瓦（原名象牙海岸）、布吉納法索（原名上沃爾特）、馬利、茅利塔尼亞、尼 日 和 塞 內加爾等七國簽訂條約。並於 11 月 1 日正式成立西非貨幣聯盟。但馬利沒有批准該條約，建立自己的中央銀行和發行貨幣。1973 年 11 月 4 日，貝南、科特迪瓦、布吉納法索、尼 日 、塞內加爾和多哥六國重簽“建立西非貨幣聯盟條約”。同年 12 月 4 日，又與法國重簽“法蘭西共和國和西非貨幣聯盟成員國合作協定”。1984 年 6 月 1 日馬利重返聯盟，成為第 7 個會員國。

西非貨幣聯盟宗旨，主要是建立共同中央銀行和發行統一貨幣。聯盟根據 1962 年條約，將 1955 年成立的“西非國家中央銀行”改組成西非 7 國共同中央銀行。總行於 1977 年 7 月 1 日從巴黎遷到塞內加爾首 都 達 卡（Dakar）。該行發行的“非 洲 金 融 共 同 體 法 郎”（Franc de La Communauté Financiere Africaine—FCFA），與 法 國 法 郎 保 持 固 定 匯率，即 1 法國法郎 = 50 非洲金融共同體法郎。

b. 中非貨幣區（Central African Monetary Area）

由法郎區內中部非洲的喀麥隆、剛果、加彭、查德和中非共和國等五國組成。它不像西非 7 國那樣有明確的貨幣聯盟條約，而是維持一個共同貨幣發行機構。中非 5 國在獨立前，統一使用法國控制的赤道非洲國家和喀麥隆中央銀行發

行的法屬非洲殖民地法郎。1960 年 5 國相繼獨立後，分別
與法國簽訂了合作協定。貨幣方面暫由原來的共同中央銀行
發行和管理。直到 1972 年 11 月 22 日，5 國才簽訂貨幣合
作協定，建立新的共同發行機構和統一貨幣單位。翌日，5
國又與法國簽訂貨幣合作協定。根據 5 國協定，它們建立
了共同的中央銀行——中非國家銀行，1973 年 4 月 2 日開
始營業，並發行統一貨幣單位中非金融合作法郎。統一貨幣
單位與法國法郎實行固定比價，1 法國法郎 = 50 中非金融
合作法郎。它由法國提供擔保，在法郎區內可自由流通和兌
換。中非國家銀行總行原設在巴黎，1977 年 5 月 18 日遷至
喀麥隆首都雅溫得（Yaoundé）。

c. 加勒比共同體（Caribbean Community）

加勒比共同體是 1973 年 7 月根據"查瓜臘馬斯條約"建立
的，成員有安提瓜（Antiqua）、巴巴多斯（Barbados）、伯利
茲（Belige，前英屬宏都拉斯）、多米尼克、格瑞那達、圭亞
那、蒙特塞拉特（Montserret）、聖盧西亞（St. Lucia）、聖文
森特（St. Vincent）、牙買加、千 里 達 和多巴哥等。

加勒比共同體 1969 年建立了區域性的"清算方法"。1970 年
1 月又建立加勒比開發銀行，以推動成員國經濟協調發展，
促進成員國間經濟合作與一體化。對於區內最不發達的成員
國和地區，特別給予緊急、優惠貸款。據統計，到 1978 年
4 月，8 個最不發達成員國和地區共得到該行全部貸款的
60%。

d. 東南亞國家聯盟（Association of South East Asian Nation）的
貨幣合作

"東盟"的宗旨在加速區內經濟增長、社會進步和文化發展，
貨幣金融方面的合作則起步較晚。1976 年 8 月，東盟 5 國
即印尼、菲律賓、馬來西亞、泰國和新加坡的銀行公會代表

在新加坡舉行第一屆東盟銀行家會議，成立東盟銀行理事會，就區域經濟和貨幣合作提出一系列建議和措施。1977年4月，又在泰國舉行東盟國家政府級財政和金融委員會第一次會議，討論為東盟工業發展規畫提供資金的問題。

1977年1月委員會在吉隆坡召開的第六次會議上，探討了貨幣合作的各種措施，包括設立東盟清算辦法和貨幣交換安排。同年8月在吉隆坡召開的首腦會議上，各中央銀行行長實際上簽署了一個貨幣交換安排，允許成員國通過把本國貨幣兌換成美元的方式安排信貸，又規定每個成員國在6個月內最多可得到4,000萬美元貸款。1978年9月26日又簽署補充協議，把可提供的貸款總額增至2億美元，每個國家的捐款則增加1倍，最高借款額可達到8,000萬美元。

1978年8月，東盟5國中央銀行行長簽訂建立1億美元"融通資金"的備忘錄，以幫助成員國解決由於國際貨幣浮動而在國際收支平衡方面遇到的困難。

e. 阿拉伯貨幣基金組織(Arab Monetary Fund)

1976年4月24日，阿拉伯國家經濟委員會在摩洛哥首都拉巴特的會議上達成協議，批准建立阿拉伯貨幣基金組織的協定。1977年2月2日協定生效，組織正式成立。截至1983年10月，共有阿爾及利亞、巴林、伊拉克、約旦、科威特、黎巴嫩、利比亞、茅利塔尼亞、摩洛哥、阿曼、巴勒斯坦解放組織、沙烏地阿拉伯、索馬利亞、蘇丹、敍利亞、突尼西亞等21個成員。

該組織的宗旨是：(1)調整會員國的國際收支失調，取消彼此在貨幣支付上的限制，穩定阿拉伯國家之間的貨幣匯率，以促進相互貿易：(2)制定會員國之間金融合作的方針政策，以促進阿拉伯國家經濟一體化：(3)擴大阿拉伯金融市場，推廣使用記賬單位阿拉伯第納爾，為發行統一的阿拉伯貨幣創造條件。

根據以上宗旨，該組織在貨幣金融地區性合作方面的主要業務是：(1)協調成員國貨幣金融政策；(2)管理成員國存放的資金；(3)對成員國的金融機構提供技術援助；(4)向成員國發放中、短期貸款。

以上這些新型區域性貨幣集團，一般都把貨幣合作列為重要內容，在成員國之間形成新的貨幣關係，成為平等合作、互相支持的貨幣聯合體。它們發行統一貨幣代替各國貨幣，或為此創造條件；協調財政、金融政策；對經濟條件較差國家給予照顧和援助，以促進區域經濟一體化。

各個貨幣集團之間以及集團成員國與非成員國之間，又形成一種良性發展的關係，它們沒有成為影響國際多邊支付、多邊貿易和自由貿易的封閉性集團。在一定意義上，它們有助於促進世界範圍貨幣合作和貨幣秩序穩定。但是，由於國際貨幣合作牽涉範圍很廣，受外部經濟條件影響較大，發展中國家的貨幣集團，目前還面臨一定困難，貨幣方面還沒有完全擺脫大國貨幣的支配，組織形式也有待進一步完善。

2.4.3　國際貨幣集團的特殊組合

貨幣集團對貨幣金融的規則和安排，是一種地區性的貨幣合作，着眼於內部的穩定和政策的協調，往往涉及會員國間的優惠，也就是對非會員國的歧視，反映世界經濟的多極化和區域性。但 60 年代以後，世界更朝着經濟一體化、市場全球化發展，促使國際社會進行世界範圍的貨幣合作。在 60、70 年代形成的一些重要國家集團，對全球性貨幣金融問題紛紛進行磋商和合作，作出一些安排，制定一些準則，以穩定和發展全球貨幣關係，並商討和改革國際貨幣制度。這些國家集團不是貨幣集團性質的組合，而是不同經濟發展程度國家的組合，是在集團利益基礎上尋求全球貨幣金融合作的特殊形式和組合。

(一)十國集團(Group of Ten)

"十國集團"亦稱"巴黎俱樂部"(Paris Club),1961 年 12 月由美國、英國、法國、意大利、西德、荷蘭、比利時、瑞典、日本、加拿大 10 國在巴黎成立。從 1964 年起,瑞士以聯繫國身分參加活動。此外,瑞士國民銀行、國際貨幣基金組織(IMF)、經濟合作與發展組織、國際清算銀行、歐洲經濟共同體,也都派代表參加。它實際上是為應付國際貨幣危機、維持國際貨幣制度穩定而進行合作的產物。

1960 年秋至 1961 年春,美元和英鎊相繼發生危機,英國和美國乃建議設置一筆 60 億美元的備用信貸,名為"借款總安排"(General Agreement to Borrow—G.A.B.)。資金由 10 國按比例分攤(見表 2.7),共同負責管理。10 國中任何一國的貨幣受到衝擊、發生危機時,可借用該項資金以維持貨幣匯率。隨着國際貨幣局勢動盪加劇,借款總安排的資金不敷使用,10 國集團又於1983 年 2 月 24 日將金額擴大為 170 億特別提款權,並同意非基

表 2.7　各國在"借款總安排"中承擔的份額　單位：億特別提款權

國　家	1962.10.24	1983.2.24	國　家	1962.10.24	1983.2.24
美　國	20.0	42.5	加拿大	2.0	8.925
德意志聯邦銀行[1]	10.0	23.8	荷　蘭	2.0	8.5
			比利時	1.5	5.95
日　本	2.5	21.25	瑞士國家銀行[1]	—	10.20
法　國	5.5	17.0			
英　國	10.0	17.0	瑞　典	1	3.825
意大利	5.5	11.05	總　計	60	170

注：1. 西德和瑞士用國家銀行名義,其餘 9 國由政府出面。

資料來源：10 國財長達成的協議。

金組織成員國瑞士參加，允許可向 10 國集團以外的其他非基金
組織成員國提供貸款。同年7月，基金組織又與沙烏地阿拉伯達
成協議，由後者向"借款總安排"提供 15 億特別提款權，使"借
款總安排"可動用資金總額達到 185 億特別提款權。

　　10 國集團不只掌握"借款總安排"資金的營運。由於這 10 個
國家在國際主要問題上採取聯合行動，特別在涉及 IMF 或國際
貨幣、金融體制等重大問題上一致行動，而且在 IMF 中掌握絕
大多數投票權，因此，它們在 IMF 的決策中"不僅僅是壓力集
團，而且是指導集團"。⑰有關國際金融的重大問題，都先在 10
國集團內部研究討論，擬定方案後再向 IMF 提出，比如：

(1) 特別提款權的創設。10 國集團 1968 年 3 月在瑞典首都斯德
　　哥爾摩舉行會議，並擬定方案，於 1969 年 3 月提交國際貨
　　幣基金組織年會通過而創設。於是，"在世界金融歷史上各
　　國第一次可慎重地共同決定創建國際儲備，並確定為支持世
　　界貿易穩步增長及支付所需要的儲備數額。"⑱

(2) 史密森學會協議(Smithsonian Agreement)。重訂世界主要
　　貨幣匯率。1971 年 12 月，10 國集團在華盛頓史密森學會
　　多次開會，商討美元第一次貶值後的匯率問題。會議達成協
　　議，決定美元貶值 7.89%，西德馬克升值 4.61%，荷蘭盾、
　　比利時——盧森堡法郎升值 2.76%，意大利里拉和瑞典克朗
　　貶值 1%，英鎊和法國法郎不升值也不貶值，加拿大元則繼
　　續浮動。協議又重訂各主要貨幣對美元的中心匯率，並把匯
　　率上下波動幅度由原來的 1% 擴大為 2.25%。這是世界貨幣
　　史上首次採取集體性的貨幣合作行動，美國總統尼克森稱之
　　為"世界歷史上貨幣領域的最有意義成就"。

(3) 干預匯率的國際合作。60 年代開始美元受到衝擊，美國聯
　　邦儲備銀行分別同 14 個國家(包括後來的 10 國集團所有成
　　員)和國際清算銀行簽訂互換貨幣協定(Currency Swap

Agreement），確定各國中央銀行承擔提供本國貨幣和換取
美元的數額，定期互相交換一定金額的對方貨幣，以備隨時
動用干預市場匯率。這些互換貨幣協定形式上是雙邊協定，
但由於目的相同，內容基本一致，故構成一個多邊合作的整
體。這樣主要西方國家就可通過中央銀行間的協作及利用金
融業務往來，互相融通資金、互換貨幣，以平抑匯率。

到 80 年代，國際貨幣合作又發展為積極的聯合干預。80 年
代前 5 年美元不斷升值，給美國以至世界經濟帶來不利影
響。1985 年 9 月 22 日，美國、日本、西德、英國和法國等
5 國，在美國紐約"廣場飯店"舉行財政部長和中央銀行行長
會議，決定採取聯合措施抑制美元匯率，使美元"軟着陸"。
會後各國干預外匯市場，美元立即大幅下跌，結束了美元連
升 5 年的歷史。經濟學家們認為，這種聯合干預是有效
（effective）、有用（helpful）、有力（powerful）的。

以後，10 國集團聯合干預範圍更廣泛，從集中對匯率干
預，擴大到匯率、利率和股市進行綜合性協調，手段和方式
日趨多樣化。除聯合干預外，還重視市場機制和金融法規的
作用，逐漸形成規範性的協調程序和目標，進行經常性、及
時性、預警性的干預和合作，對世界經濟和全球金融的穩定
和發展，發揮更大作用。

(二)七十七國集團（The Group of 77）

1964 年聯合國貿易發展會議上，亞、非、拉及歐洲的南斯
拉夫等 77 個國家，發表了《77 國聯合宣言》，從此形成"七十七
國集團"。到 1978 年，集團成員國增至 120 個，但名稱不變。
每屆聯合國貿易發展大會召開前，該集團都要舉行部長級會議先
行磋商，協調立場，採取行動。第一次會議，1967 年在阿爾及
爾舉行，通過《阿爾及爾憲章》。第二次會議，1971 年在秘魯利
馬通過《利馬宣言》，並決定由 24 國財政部長和中央銀行行長組

成"小組委員會"，稱為"二十四國集團"。第三次會議，1976年在菲律賓馬尼拉通過《馬尼拉宣言》；第四次會議，1979年在坦尚尼亞通過《阿魯沙集團自力更生綱領和談判綱要》；第六次會議，1987年在古巴通過一項重要的、統一而完整的指導方針，即《哈瓦那宣言》。宣言對改革國際貨幣制度提出一系列建議，要求債務償還額與實際償還能力掛鈎；增加多邊金融機構資金來源；免除最窮國所欠官方援助項下的債務；通過各種渠道增加發展中國家的資金流入量；提高發展中國家特別提款權分配額，等等。

這個集團通過相互磋商國際金融形勢，協調發展中國家立場和政策，尋求建立新的全球性貨幣金融合作關係及改變不合理的國際貨幣制度，發揮了不容忽視的作用。它在國際貨幣基金組織中形成發展中國家自己的力量，與"十國集團"一樣可借用國際貨幣基金組織秘書處的服務。兩大集團代表世界兩大類型國家，對全球性金融事務進行磋商。它們在矛盾中協調，在決策中不得不考慮對方的利益和立場。在互相緊密依賴的世界中，利益對立的兩大集團不得不走向更高層次合作。

(三)二十國集團(Committee of Twenty)與"臨時委員會"

二十國集團是國際貨幣基金組織屬下"理事會國際貨幣制度改革和有關問題委員會"的簡稱。它是在發展中國家要求成立的，以打破十國集團長期來對國際貨幣制度的控制和壟斷。1972年4月13-15日，在智利聖地亞哥舉行的聯合國貿易和發展會議第三屆會議上，通過成立有發展中國家參加的顧問機構，取代了十國集團的地位。成員除十國集團的10個發達國家外，另加上澳洲和9個發展中國家，即印度、巴西、摩洛哥、衣索匹亞、阿根廷、墨西哥、薩伊、印度尼西亞和伊拉克。委員會即由這20國的財政部長和中央銀行行長組成。另外，每個成員國委派副部長級官員2人組成一個副代表委員會，專門研究國際貨幣制度改革和技術問題。

1973 年 2 月，美元再次貶值，各國紛紛放棄固定匯率，實行浮動匯率，國際貨幣局勢混亂。二十國集團於 3 月 26–27 日在華盛頓舉行會議，同意在"固定但可以調整的平價"基礎上建立新國際貨幣制度，浮動匯率將維持下去。

1974 年 6 月 12–13 日，二十國委員會的華盛頓會議，決定成立一個新機構："理事會關於國際貨幣制度的臨時委員會"（簡稱"臨時委員會"），以接替二十國委員會負責制訂管理浮動匯率的指導方針；將特別提款權（SDR）改以一籃子貨幣加權辦法定值；設置信貸基金，協助成員國緩和石油提價的影響；各成員國自願保證，未經基金組織同意不採取或加強管制貿易和經常項目支付的措施。新委員會成員並沒有變動，實際上仍是二十國委員會。

1976 年 1 月 7–8 日，臨時委員會在牙買加舉行會議，達成《牙買加協定》，基本確定現行國際貨幣制度的準則和安排，成為第二次修改《國際貨幣基金協定》的基礎。1978 年 4 月 1 日協定經修改後開始生效，臨時委員會也成為國際貨幣基金組織的常設機構。它的任務是對監督國際貨幣制度的管理、對全球流動能力的發展、對實際資源向發展中國家的轉移，以及對處理可能威脅國際貨幣制度的突發性干擾等，提供"諮詢和報告"。它是不同類型國家對全球性貨幣合作發揮重要作用的機構。

--------- 注　　釋 ---------

① 　見 Robert Triffin：《黃金與美元危機》。
② 　見 Robert Aliber：《美元作為一種國際貨幣的前景》，1966 年版。
③ 　見特里芬《黃金與美元危機》，1968 年版，頁 21。

① 六十年代各國向美國兌金 85.45 億美元。其中西歐國家兌換 77 億美元，佔 90%，法國兌金最多達 27.13 億美元。1962 年 7 月，法國一次兌金 100 噸。

⑤ 1971 年 12 月 18 日，"十國集團"達成協議，美元對黃金貶值 7.89%。1971 年底國際貨幣基金組織 118 個會員國中 96 個國家重新訂定對美元的比價。考慮到其他各國貨幣平價提高的不同程度以及它們在美國外貿中的比重，把美元貶值的加權平均數定為 10–12%。

⑥ 日本渡邊長雄在《世界經濟五年來的變化》中，比喻美元仍是最重要的國際貨幣。

⑦ 曾任荷蘭國際銀行總裁的齊爾·斯特拉（Jelle Zijlstra）的話，見 Adam Smith 《紙幣的時代》。

⑧ 田中敬（日本輸出入銀行總裁），1988 年 7 月在日本東京經團聯會館召開的國際經濟座談會上的演講，發表於日本《海外投資研究所報》1988 年 8 月號。

⑨ 美國第一聯美銀行行政總裁梅雅曼（H. Meyerman）："世界正在逐步發展三極的貨幣體系"。

⑩ 見 IMF《國際金融統計》1990 年年報。

⑪ 見日本出水宏一，《日本西德經濟比較》。

⑫ 據《金融與發展》91 年 6 月號：日本外貿以日圓計價，1983 年佔總數的 40.5%；1987 年佔 34.7%；1988 年佔 34.7%。

⑬ 1987 年 9 月底，在東京的日本銀行國際貸款淨額為 5,090 億美元，在紐約的美國銀行為 4,880 億美元。1988 年日本銀行增至 1.7 萬億美元，佔當年國際商業銀行貸款總額的 40%，而美國僅佔 15%。

⑭ 見 Robert Solomon 著《國際貨幣制度》，第 18 章第 7 節。

⑮ SDR 是貨幣還是信用，國際上意見並不一致。當時主持研究創設 SDR 的西德聯邦銀行的艾明傑（Otmar Emminger）比喻 SDR 是一種黑底白條或白底黑條的斑馬，他自己則認為 SDR 是"一種像附有利息的黃金券"。

⑯ 見《國際貨幣基金協會》，第 8 條第 7 款。

⑰ 見約·哥爾德（Gold）："發展與貢獻：IMF 與其發展成員之關係"。

⑱ 1968 年美國約翰遜總統在簽字批准美國特別提款權法案時的評價。

第 3 章
國際儲備

3.1　國際儲備的性質和作用
3.2　國際儲備的構成
3.3　國際儲備的規模

*　　　*　　　*

國際貨幣為各國政府持有及儲藏時，就成為國際儲備資產，和黃金等構成國際清償能力。這不但對調節國際收支、穩定貨幣匯率和發展國際貿易有重要作用，而且還直接影響全球物價水平和各國經濟、金融政策。

3.1　國際儲備的性質和作用

3.1.1　國際儲備的概念

國際儲備（international reserves）的含義，曾有兩種不同解釋。一種是"支付手段"說，認為國際儲備是用於對外支付的準備金；另一種是"干預資產"說，認為國際儲備是政府干預外匯、維持匯率穩定的資產。

"十國集團"對國際儲備下了一個為西方經濟學界普遍接受的定義，認為國際儲備是"當一國的國際收支發生逆差時，該國金融當局能直接或有保證地通過同其他資產的兌換，以維持其貨幣匯率的一切資產。"這個定義以金融當局的外匯市場干預活動為核心，來揭示國際儲備在國際收支與匯率的因果變化中發揮中間變量作用。

顯然，這強調了國際儲備作為"干預資產"，而忽略了它同時也是一種可直接用於國際支付的資產。同時，這個定義也比較強調國際收支與匯率的直接相互關係。可以說，它適用有完整市場經濟機制的發達國家。但對發展中國家由於金融、外匯市場發育不全及市場機制殘缺，外匯干預能力不足，這方面的效果並不明顯。而且，發展中國家在國內多實行"金融壓制"政策，貨幣匯率與利率長期偏離均衡點，匯率變動大多不受國際收支的自發影響。因此，對發展中國家來說，國際儲備主要還是作為一種償付國際收支差額和對外債務的儲備資產。

從不同類型國家持有國際儲備的實際目的和作用來下定義，

我們認為國際儲備是指各國政府為彌補國際收支逆差及維持貨幣匯率穩定而持有的、為國際間普遍接受的一切資產；它實際上是一種貨幣工具，是一個國家的國際購買力的儲存；它能作為國際經濟、金融交易中各國政府之間進行支付、清算的手段；它又是能與任何其他國際儲備相交換而不損失價值，在國際上可自由調撥流動而不受限制的資產。即是說，國際儲備必須是官方持有的、可自由兌換的、有充分流動性的資產。

3.1.2　國際清償能力

60 年代中期，西方經濟學界開始把國際清償能力與國際儲備在定義上和數量上等同起來。但近 20 多年來的實踐證明，國際清償能力比國際儲備內涵更廣。美國經濟學家弗·伯格斯坦認為，代表一國清償及支持匯率能力的資產，應包括：

(1) 政府自有的黃金、外匯儲備。

(2) 政府的無條件提款權和借入的儲備。它們直接歸政府所有，但如何使用和使用多少要受到他國政府或國際貨幣基金組織的限制。

(3) 一國政府可迅速得到的私人部門短期外匯資產和流動性較差、但也具有支持匯率作用的對外長期債權。

因此，國際清償能力是一國政府用於國際交易所能動用的外匯資金總和。既包括一國自有的國際儲備，還包括一國在國際金融市場借入貨幣資產的能力和便利。即包括不屬於政府所有、但政府能迅速得到並用之於干預市場和平衡國際收支逆差的資產，如國際貨幣基金組織的備用信貸安排、第一檔信貸、政府間的雙邊互惠信貸、本國商業銀行的流動外匯資產等。

借款能力是國際清償能力的一個要素，因為借入外國貨幣或商業銀行外匯資產等，都可以通過各種渠道支持匯率和平衡國際收支，或者降低一國儲備的持有水平。R·特里芬曾指出，1969–

表 3.1 各國官方持有的歐洲貨幣佔外匯儲備額比重

(單位：10 億美元)

	1975	1976	1977	1978	1979	1980	1981	1982
(1)各國官方外匯 儲備額	138.6	161.5	203.5	223.9	250.0	297.8	292.5	285.0
(2)各國官方持有的 歐洲貨幣額	51	60	73	68	74	88	93	97
(2)佔(1)的比率(%)	36.8	37.2	35.9	30.4	29.6	29.6	31.8	34.0

資料來源：《國際貨幣基金組織 1983 年報》，頁 74。

1974 年世界儲備增長額中，有 1,017 億美元來自國際貨幣體系的貸款。歐洲貨幣市場發展起來後，在國際儲備創造過程中更扮演重要角色。數以萬億計的資產成為各國外匯儲備的重要來源，被視為各國的"二線儲備"。從 70 年代中期到 80 年代初，官方持有的歐洲貨幣都佔各國官方外匯儲備總額的 30% 以上。(見表 3.1)。

"十國集團"在 1985 年的一份報告中說："必須期望金融市場在可預見的將來，繼續供應大部分國際清償手段，而官方渠道將起重要的補充作用。"①

由此可見，國際金融市場將成為國際清償手段和國際儲備資產的主要供應者和分配者。一國進入國際金融市場的借款能力，就被稱為"很有吸引力的代替物"，即以借入款作為儲備的代替物。故衡量一個國家的國際清償能力，不能只看它持有的、具有高度流動性的國際儲備資產，還要看它是否容易以較低廉的利息費用，迅速借到較大數額款項的能力。

3.1.3 國際儲備的作用

國際儲備綜合反映一國經濟、金融實力，在國際經濟交往中起着以下作用：

(一)彌補國際收支逆差

國際儲備的首要用途是作為對外經濟交易的緩衝器,是調節國際收支失衡的一項流動資產。當一國的對外支付地位長期惡化而須調整時,它能將調整措施分散在一個適當的時期;如果因出口減少、出口價格下降及其他季節性因素或偶發事件造成臨時性國際收支逆差,可以動用國際儲備進行彌補,不必採取緊縮進口或調整匯率以刺激出口等影響國內經濟目標的措施;如果國際收支發生根本性失衡,可以動用國際儲備來緩和調整過程,減少採取緊急行動的代價。

(二)穩定本國貨幣匯率

國際儲備是一國用以干預外匯市場,穩定本國貨幣匯率的重要手段。當一國貨幣匯率持續下跌、國際信譽下降,就可動用儲備拋售外匯,吸購本國貨幣,使本國貨幣匯率穩定在政府希望的水平上;當一國貨幣升值太快,在市場上被搶購時,則可增加本國貨幣供應,以防止匯率不斷上升對外貿和國際收支帶來嚴重影響。一國國際儲備的多少,直接影響到干預力量的強弱。國際儲備充裕的國家,還可以使其貨幣高估或低估,以取得國際競爭的優勢。但是,國際儲備作為干預資產,必須有發達的外匯市場和自由兌換的貨幣,才能發揮效能。

(三)增強本國貨幣信譽

國際儲備是維持本國貨幣國際信譽的重要支柱。一國國際儲備充裕,表明該國具有彌補國際收支逆差、維持匯率穩定的能力,這個國家的貨幣在國際市場上就容易被人接受,反過來又促使本國貨幣匯率保持穩定。

(四)提高國際借款能力

國際儲備是一國對外債務還本付息的基礎。它有助於如期償還到期債務,也可作為向外借款的保證。無論是國際金融機構,還是一國政府或銀行,在對外貸款時,除調查借款國償債信譽記錄、國際收支趨勢、外債還本付息額佔同期出口收入的比例外，還要考察借債國的國際儲備實力，作為國際貸款組織評估國家風險和償債能力的重要指標。儲備充裕國家較易進入國際金融市場，爭取有利的貸款條件。

3.2　國際儲備的構成

3.2.1　國際儲備資產的演變

適合作為國際儲備的資產，隨着不同歷史時期國際經濟和金融關係的發展而有所不同。它的演變，也就是國際關鍵貨幣的歷史過程。

第一階段：黃金儲備體系

黃金儲備體系發生於 19 世紀，完備於 20 世紀 30 年代。以金、銀貨幣形式出現的商品貨幣，1815 年佔世界貨幣流通量的三分之二，19 世紀中期則佔 50%，到 1913 年僅佔七分之一左右，1933 年開始完全消失。黃金繼續作為國際支付和儲備的中介，可自由兌換黃金的英鎊則成為主要國際儲備資產。

第二階段：美元──英鎊──黃金儲備體系

這個階段開始於金匯兌儲備制。19 世紀殖民地國家的貨幣發行，是以其宗主國（主要是英、美、法）的貨幣而不是黃金作為儲備資產。第一次大戰結束後，金匯兌制廣泛發展，大多數國家開始以短期英鎊和美元的形式與黃金一起組成貨幣儲備。1928 年外匯儲備佔世界儲備總額的 24%，而 1913 年只佔 15%。這個體系因二次大戰爆發而結束。

第三階段：美元儲備體系

二次大戰後至 70 年代初，根據布雷頓森林協議實行國際金匯本位制。各國貨幣與美元掛鈎，美元成為中心貨幣和各國主要儲備資產。1965 年黃金儲備在世界儲備中的比重已降至 58.7%，1970 年更降至 39.74%。而外匯儲備，特別是美元儲備，在國際總儲備中所佔比重則愈來愈大。（見表 3.3）。

第四階段：多元化儲備體系

70 年代初美元兩次貶值，各國美元儲備遭受重大損失，主要國家貨幣的國際地位也隨着美國經濟實力的相對下降而發生重大變化。各種儲備資產的平均收益率中，美元是負數，西德馬克、日圓、瑞士法郎則有 2–3.6% 的收益（見表 3.2）。各國因此把儲備多元化，以分散匯率風險，保持外匯儲備對進口的購買力，形成"多元通貨儲備體系"（Multiple Currency Reserve System）。②

3.2.2　國際儲備的構成和變化

國際貨幣基金組織明確規定，一個國家的國際儲備是"一國政府和中央銀行所持有的黃金、外匯和特別提款權總額，再加上該國在基金組織中的儲備頭寸"（見表 3.3）。

（一）黃金儲備

黃金儲備，是一國政府所持有的貨幣用黃金。

黃金是國際儲備的最初形式，曾被認為是最理想的儲備資產。因為黃金是一種價值實體和財富的象徵，不受通貨膨脹和匯率變動影響。而且黃金價值大、體積小、易於保管、不變質，最適於作價值儲存的實體。作為儲備，它完全屬於國家主權範圍，不受任何超國家權力的干預。故黃金的國際儲備手段作用歷久不衰，至今仍為各國大量持有，仍是國際儲備的重要構成部分。但是，黃金作為國際儲備，在二次大戰後發生了重大變化。

（1）黃金的國際地位大大下降

在金本位制時期，黃金是各國唯一的儲備資產。一次大戰後，各國實行金塊本位制和金匯兌本位制，黃金的作用有所削弱，但仍是國際支付的最後手段。二次大戰後的布雷頓森林制

表 3.2　各種儲備資產的平均收益

貨幣資產	1975 年第 1 季至 1979 年第 4 季			1980 至 1987 年[2]		
	平均匯率年變動率 (%)[1]	平均利息收入 (%)	平均總收益率 (%)	平均匯率年變動率 (%)	平均利息收入 (%)	平均總收益率 (%)
SDR	− 8.26	5.54	− 2.72			
美 元	− 9.48	7.36	− 2.12	22.18	9.24	31.42
西德馬克	− 2.69	4.74	2.05	4.56	6.69	11.25
瑞士法郎	1.68	1.93	3.61	12.75	2.64	15.39
日 圓	− 3.88	7.29	3.41	30.44	6.53	36.97
黃 金	15.18	—	15.18			
英 鎊				10.98	9.35	− 1.63

注：1. 平均匯率按世界消費物價加權平均計算。
　　2. 1980–1987 年按 IMF 1988 年年報各年各種貨幣利率與匯率變動 % 計算出來。

資料來源：1975–1979 年見《歐洲貨幣》1980 年 9 月號，頁 135。

表 3.3 世界各國國際儲備資產結構

單位：億 SDR

資產結構	1950 金額	1950 %	1960 金額	1960 %	1970 金額	1970 %	1975 金額	1975 %	1980 金額	1980 %	1985 金額	1985 %	1986 金額	1986 %	1987 金額	1987 %	1988 金額	1988 %	1989 金額	1989 %	1990 金額	1990 %
黃金（億盎司）	9.56		1083.34		1057.89		1108.02		953.05		949.36		949.11		944.49		944.92		938.93		938.76	
1. 每盎司35 SDR 計算	334.46	69.03	379.17	63.22	370.26	39.74	356.31	18.21	333.57	9.40	332.28	7.58	332.19	7.35	330.57	6.12	330.72	5.75	328.63	5.29	328.57	5.08
2. 每盎司按市價 計算	331.69		385.67		395.33		1219.63		4405.05		2826.25		3033.12		3222.96		2880.67		2865.03		2742.0	
外匯儲備	133.32	27.52	184.94	30.83	453.33	48.65	1386.26	70.86	2927.91	82.52	3483.23	79.44	3637.96	80.52	4549.71	84.30	4931.96	85.82	5419.63	87.3	5702.12	88.11
在 IMF 儲備頭寸	16.71	3.45	35.70	5.95	76.97	8.26	126.24	6.45	168.36	4.75	387.31	8.83	353.39	7.82	314.67	5.83	282.73	4.92	254.71	4.10	235.41	3.64
特別提款權	—		—	—	31.24	3.35	87.64	4.48	118.08	3.33	182.13	4.15	194.94	4.31	202.13	3.75	201.73	3.51	204.85	3.30	205.65	3.18
世界儲備總額																						
1. 黃金按每盎司 35 SDR 計算	484.48	100	599.81	100	931.80	100	1956.44	100	3547.92	100	4384.94	100	4518.48	100	5397.08	100	5747.14	100	6207.81	100	6471.74	100
2. 黃金按市價 計算	481.72		606.31		956.87		2819.76		7619.40		6878.92		7219.41		8289.47		8297.10		8744.21		8885.18	

資料來源：國際貨幣基金組織《國際金融統計》1990 年年報，及 1990 年 12 月號。

度，多以外匯作為國際流通手段和支付手段。1973 年以後實行黃金非貨幣化，黃金不再作為貨幣定值、貨幣發行與干預匯率的手段，作用大為削弱，在國際儲備中也退居次要地位。

黃金在功能上只是一種"二級儲備資產"，動用時必須在市場出售換成外匯，才能作為國際支付手段。黃金佔國際儲備總額的比重不斷下降，按每盎司 35 SDR 計，從 1950 年的 69% 降至 1970 年的 39.7% 及 1990 年的 5.08%。按黃金市價計算，直至 1990 年仍佔三分之一以上 (見表 3.3)。戰後 40 多年中黃金的實物量變動也不大，1945 年為 10.3 億盎司，1965 年創戰後最高紀錄，達 11.94 億盎司。1979 年一部分黃金儲備劃歸歐洲貨幣合作基金，使國際黃金儲備減至 9.45 億盎司。整個 80 年代也維持在 9.38 至 9.51 億盎司的水平上，大體與 1950 年相等。

由於黃金價格波動很大，各國對黃金儲備的估價也不同。例如，在向國際貨幣基金組織報告官方黃金持有量的國家中，持有申報黃金儲備 48% 的 56 個國家繼續按以前的官價計算，35 個國家採用有關市場價格 (market-related-prices)，22 個國家採用最近市場價格或最近一個時期平均價格，13 個國家按市場或平均價格計算後再加上一個折扣 (從 5–35%)，其餘 18 個國家則用其他方法。所以，各國黃金儲備的價值很難相互比較。國際貨幣基金組織為了估計國際儲備供求量，根據不同目的，規定了以下不同的計算方法：

a. 按每盎司 35 特別提款權計算。即以固定價格計算，便於將黃金儲備的變化作歷史的比較，

b. 按市價計算。目的在反映黃金的真實價值。但金價波動頻繁，波幅大，無法作出歷史的比較。

c. 按數量計算。目前，黃金儲備大部分採用這種方式。

從表 3.4 的數字，就可看出黃金儲備按不同價格計算時出現的重大差異。

表 3.4 黃金儲備佔國際儲備總額的比重

(單位：億 SDR)

	1950	1960	1970	1979	1980	1985	1990
(一)黃金儲備(按每盎司 35 SDR 計算)							
1. 佔國際儲備總額比重(%)(黃金按每盎司 35 SDR 計算)	69.03	63.22	39.74	10.76	9.40	7.58	5.08
2. 佔國際儲備總額比重(黃金按市價計算)	68.5	64.30	42.40	119.53	124.20	64.45	42.37
(二)黃金儲備(按市價計算)							
1. 佔國際儲備總額比重(%)(黃金按每盎司 35 SDR 計算)	69.43	62.54	38.70	5.16	4.38	4.83	3.70
2. 佔國際儲備總額比重(%)(黃金按市價計算)	68.86	63.61	41.31	57.25	57.81	41.0	30.86
(三)黃金市價(倫敦市場期末每盎司 SDR 價)	35.00	35.60	37.37	388.66	462.20	297.70	292.09

資料來源：國際貨幣基金組織《國際金融統計》1990 年年報，及 1990 年 12 月號。

（2）黃金儲備分配不合理

　　黃金儲備偏集於發達國家。1950 至 1967 年，發達國家的黃金儲備佔國際黃金儲備總額的 90%。之後比重有所下降，但整個 80 年代中最低的那年也佔 84.78%（1988 年）；發展中國家的黃金儲備，雖有所上升，但最高那年也只佔 17.75%（1986 年），1989 年及 90 年代初又降至 15%（見表 3.5）。

　　發達國家之間，黃金儲備地位也發生了較大變化。美國黃金儲備佔世界黃金儲備總額的比重自 1988 年後急劇下降，西德、日本等國則明顯上升。美國的黃金儲備從 1950 年佔國際黃金儲備總額的 69.03%，降至 1960 年的 47%，1970 年的 29.9%，1975 年降至最低點，只佔 24.79%。西德則從 1960 年的 7.8% 升至 1975 年的 10.64%。1979 年將部分黃金劃歸歐洲合作基金管理後，比重有所下降。日本則由 1950 年的 0.02% 升至 1989 年的 2.58%（見表 3.5）。

（二）外匯儲備

　　外匯儲備，是一國政府以國際貨幣形式持有的儲備資產。一次大戰前，是以能兌換黃金的外匯，主要是英鎊作為黃金儲備的補充，比重很小。二次大戰後美元等同黃金，成為最重要的儲備貨幣。70 年代的美元危機，使各國持有的美元儲備遭受很大損失，各國貨幣當局於是把有價證券管理（portifolio management）原則應用到外匯儲備上來，把儲備中的部分美元換成國際上的其他硬通貨，形成儲備貨幣多元化的格局。各主要國家貨幣的儲備地位也隨之發生重大變化，美元、英鎊在國際外匯儲備總額中的比重明顯下降，西德馬克和日圓則顯著上升（見表 3.6）。

　　從 1973 年至 1990 年，美元的儲備地位下降了近 25%；西德馬克作為國際儲備貨幣的時間比日圓早，1973 年已佔世界官方外匯儲備的 5.8%，並很快於 1975 年取代英鎊成為僅次於美元的儲備貨幣。日圓於 1976 年才列入國際貨幣行列，但很快僅次

表 3.5 國際黃金儲備分布情況

（單位：億 SDR）

國家類別	1960	1970	1975	1980	1985	1986	1988	1989	1990
發達國家	1000.43	941.41	903.74	813.88	810.84	809.12	801.12	797.88	796.70
佔國際黃金儲備總額 %	92.30	89.00	88.80	85.40	85.41	85.25	84.78	84.98	84.87
發展中國家	82.88	116.48	114.27	139.18	138.52	139.99	143.80	141.05	142.06
佔國際黃金儲備總額 %	7.70	11.00	11.20	14.60	14.59	14.75	15.22	15.02	15.13
美國	508.69	316.34	274.71	264.32	262.65	262.04	261.87	261.93	262.01
佔國際黃金儲備額 %	47.00	29.90	24.79	27.73	27.67	27.61	27.71	27.90	27.91
西德	84.89	113.70	117.61	95.18	95.18	95.18	95.18	95.18	95.18
佔國際黃金儲備總額 %	7.80	10.75	10.64	9.99	10.03	10.03	10.07	10.14	10.12
日本	7.06	15.22	21.11	24.23	24.23	24.23	24.23	24.23	24.23
佔國際黃金儲備總額 %	0.65	1.44	1.91	2.54	2.55	2.53	2.56	2.58	2.58

資料來源：國際貨幣基金組織《國際金融統計》1990 年年報，及 1990 年 12 月號。

表 3.6 主要國際貨幣佔各國官方外匯儲備[1]比重的變化[2]（%）

貨幣名稱	1973	1975	1977	1978	1980	1981	1982	1983	1984	1985	1987	1988	1989	1990[3]
美　元	84.6	79.4	77.9	75.6	68.6	69.4	68.5	69.1	65.1	64.2	67.1	63.3	60.2	60.4
英　鎊	7.0	3.9	1.7	1.7	2.9	2.2	2.5	2.6	2.9	3.1	2.6	3.1		
西德馬克	5.8	6.3	9.2	11.0	14.9	13.2	12.5	11.9	12.0	14.9	14.7	16.2	19.3	21.0
法國法郎	1.0	1.2	1.3	1.2	1.7	1.4	1.4	1.2	1.1	1.3	1.2	1.7		
瑞士法郎	1.2	1.6	2.4	2.3	3.2	2.8	2.7	2.4	2.0	2.3	1.6	1.5		
荷蘭盾	0.3	0.6	0.9	0.9	1.3	1.2	1.0	0.8	0.8	1.0	1.1	1.1		
日　圓	0	0.5	2.3	3.2	4.3	4.1	4.2	4.2	5.2	7.8	7.0	7.2	7.9	7.9
其　他	0.1	6.5	4.3	4.2	3.1	5.7	7.2	7.8	11.0	5.4	4.7	5.9		
合　計	100	100	100	100	100	100	100	100	100	100	100	100		

註：1. 官方持有的外匯，包括貨幣當局對非居民以銀行存款、國庫券、短、長期政府證券和歐洲貨幣形式持有的債權，以及能夠在有國際收支需要時使用的其他債權。
 2. 是各年年終數據。
 3. 是 1990 年 2 月 5 日所占的 %。

資料來源：IMF 1980 年、1989 年的年度報告：《金融與發展》1991 年 6 月號。

於美元和西德馬克成為居第三位的儲備貨幣。非美元的其他儲備貨幣合計所佔國際外匯儲備的比重，從 1973 年的 15.4% 上升至 1989 年的 39.8%。

美元雖然還佔居相對優勢，但美元獨佔國際外匯儲備的局面已不復存在。各國擺脫對美元的過分依賴，以多種貨幣靈活調節外匯儲備的數量和結構，也可集體承擔國際貨幣的職責，加強國際協調、合作。但國際儲備貨幣多元化以後，國際上可調換的資金大增，又由於各種儲備貨幣都是浮動的，匯率不斷變動，軟、硬幣地位也經常發生變化，在沒有一種穩定國際貨幣的情況下，資金就會不停地從一種通貨湧向另一種通貨，給世界經濟、國際金融以致一些國家經濟的穩定造成重大影響。

因此，在 80 年代前半期美元堅挺時，國際儲備多元化的發展一度有所放慢。但在 80 年代後半期，西德和日本大力推動本國貨幣進一步國際化，大多數國家中央銀行的外匯儲備均由多種貨幣組成。在這樣的歷史條件下，正如一位銀行家説："我們不能重溫美元舊夢，也不能寄希望於特別提款權"，現行的儲備多元化制度應該繼續下去。③

由於儲備貨幣多元化，70 年代以後，世界外匯儲備急劇增長，1980 年總額為 3,483.22 億特別提款權，比 1950 年增加 25 倍以上，比 1970 年增加 6.7 倍；1990 年 9 月，總額更高達 5,702.12 億 SDR。其中發達國家增長速度最快，所佔比重也最大。而大多數發展中國家，除石油輸出國外，增長都較慢，所佔的比重也較小(見表 3.7)。

外匯儲備的大量增加，造成外匯儲備過多的不合理現象。它大大地超過了國際貿易的增長速度，從而加劇世界性通貨膨脹。④1970 年世界進出口總額為 5,922 億美元，1989 年增至 58,663 億，增長 8.9 倍；同期外匯儲備卻由 453.33 SDR 增至 5,419.6 億，增長 10.9 倍。1976 年 3 月國際貨幣基金組織的一份

表 3.7　發達國家與發展中國家外匯儲備增長情況

單位：億 SDR

國家類型		外匯儲備 總額	發達國家	發展中國家
1950	金額	133.32	62.26	71.26
	%	100	47.6	53.3
1960	金額	184.94	119.73	57.98
	%	100	67.1	32.9
1970	金額	453.33	304.06	149.27
	%	100	67.07	32.93
1980	金額	2927.91	1663.10	1264.82
	%	100	56.8	43.2
1985	金額	3483.23	1892.36	1590.87
	%	100	54.33	45.67
1990	金額	5702.12	3683.38	2018.74
	%	100	64.6	35.4
1990 年 7 月	比一九五〇年 增加	41.8 倍	58.2 倍	27.4 倍
	比一九七〇年 增加	11.6 倍	11.1 倍	12.5 倍
	比一九八〇年 增加	0.9 倍	1.2 倍	0.6 倍

資料來源：國際貨幣基金組織《國際金融統計》1990 年年報，及 1990 年 12 月號。

研究報告指出："國際儲備的變化對世界貨幣的供給有着直接和間接的影響，而世界貨幣供給的變化又隨即影響到世界範圍的通脹率。"⑤

(三)在 IMF 的儲備頭寸

在布列頓森林會議期間，各國認為實行固定匯率制度，須有充裕的國際儲備以干預市場和維持匯率，故規定會員國根據向基金組織繳交的份額取得一定限額的普通提款權，又稱普通貸款。一國繳交份額中的 25% 最初規定為黃金，後改為可自由兌換貨幣或特別提款權，故稱為黃金或外匯部分，亦稱"儲備份額"；其餘的 75% 繳納本國貨幣。

會員國根據黃金或外匯部分取得貸款是無條件的。當 IMF 持有一會員國貨幣的數額小於其份額的 75% 時，其貸款能力相應增加，增加部分稱為"超黃金部分"(super-gold tranche)。這部分的貸款也是無條件的。這兩部分的貸款，就等於一個會員國在 IMF 的儲備頭寸(reserve position in IMF)，可以無條件自由動用，因而被計入會員國的官方儲備資產。而一國在 IMF 的儲備頭寸，也就是一國繳交的份額與 IMF 持有該國貨幣數的差額，包括會員國向基金組織繳交份額中的黃金或外匯部分，再加基金用去該國貨幣的部分以及會員國對基金組織的貸款。

在 IMF 的儲備頭寸總額(見表 3.8)，1950 年只有 16.71 億 SDR，1960 年增至 35.7 億，到 1984 年最高達到 415.7 億，佔當年國際儲備總額的比重也最高，即 9.44%。之後有所下降，1988 年為 282.73 億 SDR，1990 年 9 月為 235.41 億，分別佔國際儲備總額的 4.92% 和 3.18%(見表 3.3)。

在 IMF 的儲備頭寸中，發達國家佔的比重在 50 與 60 年代都高達 90% 以上，到 1975 年降至最低點，即 61.1%。主要原因是發展中國家(特別是石油出口國家)從 1974 年起在 IMF 的儲備頭寸大幅增長，達到 142.12 億 SDR，比 1960 年增加了 57.7 倍。

表 3.8　1960–1990 年在 IMF 儲備頭寸的變化

（單位：億 SDR）

國　家	1960 金額	1960 %	1965 金額	1965 %	1970¹ 金額	1970¹ %	1975 金額	1975 %	1980 金額	1980 %	1984 金額	1984 %	1986 金額	1986 %	1987 金額	1987 %	1988 金額	1988 %	1990 年 9 月 金額	1990 年 9 月 %
所有國家	35.70	100	53.77	100	76.97	100	126.24	100	168.36	100	415.70	100	353.39	100	314.67	100	282.73	100	235.41	100
發達國家	33.28	93.2	50.25	93.45	66.47	86.36	77.13	61.10	107.98	64.10	273.57	65.80	230.88	65.33	204.63	65.00	195.72	69.20	194.60	82.70
美國	15.55	43.6	6.04	11.20	19.35	25.10	18.90	15.00	22.36	13.30	117.74	28.30	95.90	27.10	80.00	25.40	72.42	25.60	63.78	27.10
西德	3.09	8.7	10.26	20.00	9.17	11.90	15.81	12.50	17.96	10.70	38.26	9.20	31.46	8.90	27.49	8.70	24.87	8.80	21.02	8.90
日本	1.25	3.5	2.55	4.80	9.73	12.60	6.86	5.40	10.44	6.20	22.64	5.50	19.47	5.50	20.11	6.40	24.36	8.60	39.03	16.60
英國	4.88	13.7	—		—		3.04	2.40	10.45	6.20	20.12	4.80	16.21	4.60	12.53	4.00	12.35	4.40	11.44	4.86
法國	2.02	5.7	8.84	1.60	—		6.23	4.90	8.37	4.97	12.91	3.10	14.19	4.00	13.49	4.30	12.00	4.20	9.72	4.13
發展中國家	2.42	6.8	3.52	6.55	9.90	12.90	49.11	38.90	60.38	35.90	142.12	34.20	122.51	34.70	110.04	34.97	87.01	30.80	40.81	17.33
非洲	0.39	1.1	1.08	2.00	2.28	3.00	3.22	2.60	6.99	4.20	3.47	0.80	2.32	0.70	1.89	0.60	0.76	0.30	0.78	0.33
亞洲	0.50	1.4	0.57	1.10	1.53	2.00	1.18	0.90	8.32	4.90	12.36	2.97	12.20	3.50	12.14	3.90	12.32	4.40	9.20	3.91
歐洲	—		—		0.15	0.19	0.08	0.06	0.16	0.10	0.68	0.16	0.69	0.20	0.68	0.20	0.71	0.30	0.68	0.30
中東	0.27	0.8	0.71	1.32	0.63	0.80	33.15	26.30	30.12	17.90	115.60	27.80	99.57	28.20	89.72	18.50	72.63	25.70	29.91	12.71
西半球國家	1.27	3.6	1.16	2.16	5.32	6.90	11.48	9.10	14.79	8.80	10.01	2.35	7.73	2.20	5.60	1.80	0.58	0.21	0.23	0.10

注：1. 1970 年數字在 IMF《國際金融統計》1990 年年報上。發達國家與發展中國家數字相加，不等於所有國家的總額。

資料來源：同表 3.3。

但發展中國家在 IMF 儲備頭寸中所佔比重，最高的 1975 年也只佔 38.9%；80 年代逐年下降，至 1990 年 9 月降至 17.33%。

（四）特別提款權

特別提款權，是 1969 年 9 月國際貨幣基金第 24 屆年會上正式確定和創設的一種儲備資產，根據會員國向基金組織攤付的份額，按比例無償分配給會員國政府。

特別提款權作為國際儲備資產，與其他儲備資產有以下不同：

(1) 它是一種用於國際結算的信用資產，是根據國際協議虛創出來，而不是通過貿易盈餘、投資和貸款收入得來的。它本身沒有價值，特別是當它割斷與黃金聯繫以後，既不代表黃金，又無商品保證，也不像美元、馬克、日圓等國際貨幣那樣，有國家的政治、經濟實力支持它們作為國際儲備資產的地位。

(2) 它是會員國在 IMF 特別提款權賬戶上一種記賬單位和賬面資產，不具有現實購買力，只能由中央銀行持有，在國家之間通過相互轉賬發揮結算作用。

(3) 它與普通提款權也不同，參加國享有無償的分配權，取得後作為儲備資產，不須償還，但嚴格限於用作彌補國際收支逆差。

(4) 根據指定的原則，國際收支和儲備地位相對較強的國家，如果外國政府提出要求，就要將其貨幣換成特別提款權。

特別提款權由 5 種主要國際貨幣定值，是一種比較穩定的儲備資產。因此，1976 年 1 月的"牙買加協定"將特別提款權作為國際儲備的主要資產。

但特別提款權亦有以下缺點：

(1) 發行額少，佔國際儲備總額的比重也小。特別提款權至今只發行過六次。1970–1972 年向會員國分配了三次，共 94.145

億；1979 年向 137 個會員國分配共 40.327 億；1980 年按會員國 1979 年底在基金組織份額的 10%，向 139 個會員國分配共 40.33 億；1981 年向 141 個會員國分配 40.525 億。佔國際儲備總額的比重，最高年份(1975 年)也只佔 4.48%（見表 3.3）。

(2) 分配不均。歷年特別提款權的持有額中，發達國家多佔 75% 以上。例如 1970 年，發達國家持有 25.95 億，佔總額的 83.06%，發展中國家持有 5.29 億，佔總額 16.9%；1980 年發達國家持有 88.89 億，佔 75.3%，發展中國家持有 29.20 億，佔 24.7%；到 1990 年 10 月，發達國家持有 175.02 億，佔 85.1%，發展中國家持有 30.6 億，只佔 14.9%。⑥

特別提款權這兩個缺點是很難改變的，因此也很難指望各國完全以特別提款權來保持它們的國際儲備。在國際儲備資產中，它遠沒有美元、馬克重要。

總的來説，戰後 40 多年來，國際儲備發生了以下重大變化：

(1) 總額急劇增長。增長率遠高於世界經濟與國際貿易的增長率，而且主要是外匯儲備迅速增加。

(2) 結構變化。黃金的儲備作用日趨削弱，在國際儲備中的比重顯著下降。外匯儲備的地位自 70 年代初迅速上升，已成為國際總儲備中比重最大的儲備資產。

(3) 多元化發展。1969 年增加了新的儲備資產，即特別提款權。70 年代開始形成多種貨幣儲備體系(multi-currency reserve system)後，各國外匯儲備出現"脫離美元"傾向，加快儲備分散化和儲備貨幣的膨脹。

(4) 分布不均。從數量上看，少數發達國家佔有 60% 以上國際儲備，如 1970 年佔 77.9%，1980 年佔 60.5%，1990 年佔 66%；而發展中國家只佔 22.1%、39.5% 和 34%。⑦但從國民經濟活動的規模和國際貿易、金融交易的需要來看，這兩類型國家的儲備量與其需要大體上相適應。如 1980 年發達國家進出口貿易額為 26,439 億美元，佔世界進出口總額的 68.74%；發展中國家為 12,023 億，佔 31.26%。到 1980 年，發達國家進出口額增至 43,661 億美元，佔世界總額的 73.2%，發展中國家只佔 25.14%。⑧

3.3 國際儲備的規模

國際儲備規模涉及儲備數量及增長速度，不須根據國際經濟、貿易的發展而調整。國際金本位制時期出現過"黃金荒"；在以美元為中心時期又出現過"美元荒"；60 年代發展為"清償能力不足"；到 80 年代國際儲備多元化，全球儲備又增長過多、過速。不論國際儲備不足或過多，增長速度過慢或過快，都會給世界經濟和國際金融帶來重大影響。儲備過多，會增加世界貨幣供給，引起世界性通貨膨脹；不足，會引起國際支付危機，影響世界貿易和生產增長。所以，研究國際儲備的供應和需求，確定國際儲備適當數量和增長速度，從來都是國際社會極為重視的問題。

3.3.1 國際儲備需求

國際儲備需求，不是指對國際儲備的需要和要求，而是指國際儲備的規模、數量的大小。在一國來說，是指以最小代價持有滿足本國一定目的或需要的國際儲備量，避免不能以可接受的成本取得所需數量的國際儲備而降低對外經濟交易的水平。在全球來說，是指各國儲備集合的資金，使全球儲備的總水平能夠維持和適應世界經濟的增長、貿易的暢通和國際金融體系的平滑運轉。

(一)影響國際儲備需求的因素

早在 1802 年英國的亨利·桑頓（Herry Thornton）就指出：一國的黃金存量應能彌補其對外貿易差額而不致引起國內經濟的過分波動。⑨其後，尤其是二次大戰後，學者透過更深入、更實際的研究，提出影響一國國際儲備需求的各種經濟因素：

(1) 商品進口額

特里芬（R. Triffin）和馬赫魯普（F. Machlup）等，都主張以進口貿易額作為決定國際儲備的首要因素。他們認為，儲備需求會隨進口額的增長而增長，與進口額存在着相當穩定的比例關係。"進口額論"已為歷史事實所證實，但缺點是只以商品進口額一個變量的資金單向流動，來衡量儲備的需求量，排除了轉移支出、資本移動等對儲備的需求，因而不能反映儲備需求的全部內容。

(2) 國際收支差額

"國際收支差額變動程度論"認為，國際儲備需求不僅為進口付款所需要，與對外收支總額及其變動幅度也有關。它以資金的雙向對流為前提，考察全部對外貨幣交易總差額對國際儲備需求的影響。這種理論的主要代表者有凱倫（F. Keren）、布朗（W. M. Brown）。馬赫魯普亦是國際儲備論者，以他的"衣櫃理論"（Wardrobe Theory）著稱。⑩他認為，儲備需求由一國金融當局決定，理論和實證上都沒有甚麼可證明儲備與任何變量之間有直接關係。金融當局增加儲備的願望，就同他的夫人每年想增添衣櫃中的服裝一樣，年復一年地希望擴大儲備規模。

(3) 國內貨幣供應量

貨幣主義者，如約翰遜（H. Johnson）等，認為國際收支失衡，本質上是一種貨幣現象，因為國際收支要通過國內貨幣和國際貨幣的交易。當國內貨幣供應超過國內需求時，貨幣就會流向國外，引起商品進口大於出口，從而引起現金餘額減少。由此得出結論是，儲備的需求主要取決於國內貨幣供應量增減。貨幣供應政策的鬆緊，不但影響生產和流通，也影響出口及其他國際收支項目，從而對儲備的需求產生影響。這種理論有助於解釋長期國際儲備需求，但不能說明現實儲備水平。

(4) 國民生產總值的大小

國際儲備是財富的化身，代表對實際財富的要求權。國民生產總值的大小，反映一國經濟活動規模、財富充裕程度以及對國外市場依賴程度。國際儲備的多寡，也同樣反映國家的貧富。一般是富國要多留儲備，貧國只能少留儲備。

(5) 保持國際儲備的機會成本

所謂機會成本，是指人們佔有的事物不能二用，用在一個場所，就得犧牲可能用於另一場合的利益。持有儲備的機會成本，一般是指投資收益率。由於國際儲備必須具有高度的流動性，其收益必低於流動性小的資金。儲備過多，勢必擠佔其他投資收益。投資收益率與持有國際儲備的利息收入差距越大，保持國際儲備的淨成本就越高，對實際儲備的需求就越低。各國都必然使持有國際儲備的代價趨於最小，以達到邊際成本與邊際效用的平衡。所以，海勒（H. Heller）就將持有儲備的成本，衡量為"儲備放在其他別種用途能得到的收益（如資本的社會報酬率）與用作儲備所能得到的收益之間差額"。持有儲備的機會成本，是決定一國儲備需求的不可忽視因素。

以上影響一國儲備需求的因素，涉及該國經濟規模，各國相互依賴和合作的程度，而又比較集中反映在進口貿易額上。因此，國際貨幣基金組織最重視進口貿易額這個因素。

如果從全球角度分析，影響世界儲備總額的因素則有：

(1) 匯率制度。相對於固定匯率制，浮動匯率制對儲備需求較少。

(2) 國際經濟政策協調。國際合作、協調得好，可縮小國際收支不平衡，儲備需求亦少。

(3) 國際收支調節機制。若調節機制運轉有效，需要儲備就少；調節機制失靈，就需較多儲備彌補逆差。

(4) 儲備體系。儲備結構變動無常，儲備供應失控，增長過快，會形成儲備規模過大。

(5) 國際貿易體制和規模。這是最直接影響全球儲備量的因素。

(6) 國際資本市場的借貸規模和效率。借貸規模大、效率高，全球儲備需求額就小；反之則大。

(二)確定國際儲備適度需求量的指標和方法

根據影響國際儲備需求的諸因素，經濟學者對國際儲備的適度需求量，提出以下幾種計算方法和確定儲備需求的指標：

(1) 比率分析法（Method of Ratio Analysis）

這種方法認為，國際儲備的需求同某種經濟變量之間存在一定的比例關係。知道某一經濟變量，就可利用它與國際儲備的比率關係來估算儲備需求量。使用不同的變量，就有確定儲備規模的不同指標：

- 黃金儲備對進口額比率。由特里芬（R. Triffin）於 1958 年提出。

- 國際儲備對進口額的比率。由特里芬於 1960 年、IMF 1970 年提出；馬克魯普於 1966 年亦提出這一比率。

- 國際儲備對國際收支淨差額的比率。布朗（Brown）於 1964 年提出。

- 國際儲備對上一年度儲備損失的比率。馬克魯普於 1966 年提出。

- 國際儲備對國內貨幣與準貨幣量的比率。馬克魯普和貨幣主義者提出。

- 國際儲備對中央銀行對外流動性負債的比率。亦由馬克魯普於 1966 年提出。貨幣主義者 Johnson 則強調國際儲備與國內貨幣供應量或對外流動性負債的比率。

比率法中，以特里芬的黃金儲備對進口額的比率最具影響。1947 年，他在《國家中央銀行與國際經濟》中就提出，國際儲備需求會隨貿易的發展而增長。他認為儲備對進口的比率，可用作衡量國際儲備充足性的標準。1960 年他在《黃金與美元危機》一書中，分析了各國、各時期國際儲備對進口額的比率後，得出如下結論：一國國際儲備與進口額的比率，應以 40% 為宜，低於30% 就要採取調節措施：以 20% 為最低限。按全年儲備對進口額比率計算，約為 25%，即一國儲備應以滿足 3 個月的進口需要為正常水平。

國際貨幣基金組織於 1970 年分析 1951–1964 年國際收支狀況後，也認為以這個比率來確定國際儲備水平較為切實可行；還認為發展中國家持有能夠應付 3 個月進口額的國際儲備，便是理想的儲備水平。因此，1960 年以後，這一比率已成為評估儲備水平的一種標準方法，在國際上得到普遍應用。目前，各類型國家的儲備基本上符合特里芬提出的比率。在 60、70 年代，這個比率高一些，1980 年以後，各國都在 25% 左右。發達國家最低為 19.67%（1980 年），最高為 27.34（1987 年）。發展中國家的比率，跟特里芬提出的"以 40% 為宜"基本符合（見表 3.9）。

從國際儲備支付進口額的月數看，也與特里芬提出的 3 個月進口需要大致相符。世界銀行歷年的《世界發展報告》統計中，一般國家的儲備足以支付 3–5 個月進口額，只有個別國家如瑞士和一些石油輸出國可支付月數較多，加拿大的月數最少（見表3.10）。

但是，比率法一般只含有一個變量，如換上另一個變量，就可能得出完全不同的結論；同時，比率法把儲備持有量與儲備需求量等同起來，不能準確反映在一定代價下，為達到一定目的必須持有的儲備量。另外，大多數比率法只從資金的單向流動角度

表 3.9　國際儲備佔進口額比率

（單位：10億美元）

		1950	1960	1970	1980	1985	1986	1987	1988	1989
世界各國	進口額	61.00	125.80	303.70	1945.00	1878.10	2053.10	2418.70	2755.50	2974.60
	儲備額	48.45	59.98	93.28	441.02	481.65	552.64	765.67	773.37	815.83
	比率(%)	79.40	47.70	30.70	22.70	25.70	26.90	31.70	28.10	27.40
發達國家	進口額	39.80	86.60	230.10	1389.90	1366.20	1545.20	1829.00	2068.10	2238.80
	儲備額	37.66	50.32	72.60	273.35	283.20	342.03	500.10	512.85	538.81
	比率(%)	94.60	58.10	31.60	19.67	20.73	22.13	27.34	24.80	24.10
發展中國家	進口額	21.23	39.24	73.56	555.09	511.96	507.95	589.75	687.48	735.64
	儲備額	10.36	9.52	20.58	178.90	198.48	210.67	265.61	260.54	277.07
	比率(%)	48.80	24.30	28.00	32.20	38.80	41.50	45.10	37.90	37.70
US$/SDR		1.0000	1.0000	1.0000	1.2754	1.0984	1.2232	1.4187	1.3457	1.3142

注：儲備額根據 IMF《國際金融統計》1990 年報各年儲備總額，按各年 SDR 對美元比率折算為美元。
資料來源：IMF《國際金融統計》各年年報。

表 3.10　各類型國家國際儲備可支付進口額月數　　單位：月數

國　別	1980	1981	1983	1986	1987	1988
低收入國家	5.3	4.0	6.4	4.2	4.5	3.5
中等收入國家	4.1	3.1	2.8	3.3	3.5	2.9
高負債國家	—	—	—	—	4.1	2.5
高收入國家	—	—	—	3.9	4.2	3.3
OECD 國家	4.8	3.8	3.5	3.5	4.1	3.3
石油出口國家	5.8	5.7	3.5	3.5	5.4	3.4
所有報告國家	—	—	—	—	4.1	3.3
瑞　士	18.3	14.8	9.5	9.5	10.2	7.9
利比亞	10.2	6.7	11.1	11.1	15.4	6.6
委內瑞拉	8.9	7.5	10.0	10.0	10.1	5.4
烏拉圭	14.5	9.3	11.8	11.8	12.0	10.3
加拿大	2.3	1.6	1.2	1.2	1.6	1.8
美　國	6.2	4.1	4.0	3.4	3.4	2.7

資料來源：世界銀行，《1981–1990 年世界發展報告》。

來估計儲備需求，不能全面反映整個國際經濟交易收支狀況對儲
備需求的影響。在 60 年代，作為對比率法的改進，學者提出了
"回歸分析法"。

（2）回歸分析法（Method of Regression Analysis）

　　回歸分析法，是從兩個或兩個以上變量之間的關係來計算儲
備需求量。它假設國際儲備作為一個因變量，與某些獨立變量，
如進口額、國際收支差額、人均國民收入等，存在一定的關係。
得知這些變量的多年數據後，可以利用數量經濟學和統計方法，
使這些變量建立一種線性的或非線性的函數關係，進而推斷儲備

需求量。由於使用和組合的變量不同，學者於是提出多種回歸分析：

- 凱倫(F. Keren)與埃·猶丁(E. Yudin) 1965 年提出國際收支差額變動幅度回歸法。
- 考徹奈(T. J. Courchene)與約塞夫(G. M. Youssef) 1967 年提出時間序列回歸法，採用出口波動標準差和進口平均傾向兩個獨立變量。
- 凱里(Kelly) 1970 年提出交叉法加時間序列回歸法，採用的獨立變量是私人銀行的外匯持有量、官方外匯持有量、國際儲備變動的方差和經濟增長率。
- 弗蘭德斯(Flanders) 1971 年以人均國民收入及出口不穩定指數，按照交叉回歸法估計國際儲備需求量。
- 海勒(Heller)和漢(Khan) 1978 年採用時間序列加交叉法，以經濟開放程度、進口額和國際收支差額波動幅度，計算國際儲備需求量。

回歸分析法強調隨機因素的作用，且能包括較多獨立變量，這正是比率法的不足之處。但這也使回歸法不可能取得較準確的數據以作推斷，故誤差大，實用性不大強。

(3) 定性分析法(Method of Qualitative Analysis)

比率法和回歸法都是利用數量關係來估算國際儲備需求量，而忽視儲備質的因素。故此學者轉從定性分析來探討國際儲備需求問題。1975 年卡爾鮑(R. J. Carbaugh)和範(C. D. Fan)合著的《國際貨幣體系》一書，對國際儲備的定性分析作了較全面的研究，認為影響國際儲備需求的因素有 4 個：

a. 儲備資產質量(指流動性、購買力等)。認為儲備資產質量越高，對它的需求也越大。

b. 各國經濟政策合作狀況。認為各國間是否形成有效的政策合作，政策是否適宜，都可以影響儲備需求。

c. 國際收支調節機制的效率。認為調節機制改善，可能減少儲備需求。

d. 政府是否願意採取調節措施，是否持謹慎態度，認為對調節持謹慎態度的國家，所需儲備就可能多些。

定性分析法反映了政府政策措施和各國經濟相互依賴、相互合作，對國際儲備需求的影響。但這方法由於涉及許多屬於政府意願、心理變化等難於測度的因素，故無法估算出符合實際的儲備需求量。

國際貨幣基金組織則捨棄隨機的、心理的因素，以 4 個可以測度的具體定性指標來衡量外匯儲備水平：

a. 國內利率水平。一國利率高，說明其儲備不足，須靠高利率鼓勵資金流入和限制資金流出。

b. 匯率水平。一國貨幣匯率不穩定或下調，表示其對外經濟失衡、內部平衡與外部平衡調節失效及外匯儲備不足，要通過通貨貶值以獎出限進，積累外匯儲備。

c. 儲備來源的變化。一國國際收支順差，是外匯儲備傳統來源，對外信用借款則是外匯儲備的補充來源。如前一種來源減少，後一種來源增多，表示外匯儲備不足。

d. 對國際交易的限制程度。一國嚴格管制國際貿易和限制資本流動，或以積累儲備作為經濟政策主要目標，就意味其外匯儲備不足。

3.3.2 國際儲備的供應

國際儲備的供應與需求，兩者研究的重點是不同的。一般說，需求分析着重個別國家儲備需求量；供應方面則着重全球儲備供應量。

全球儲備供應是否充足，一般是看全球黃金、外匯儲備，SDR 和在 IMF 儲備頭寸的總額，是否能夠滿足以下各種需要：

(一)世界貿易的需要

缺乏國際儲備會阻礙世界貿易的流通和增長。

(二)有國際收支逆差國家的需要

如果這些國家不能彌補逆差，可能會採取經濟緊縮政策。

(三)干預外匯市場、維持匯率穩定的需要

若儲備短缺，干預市場力量就薄弱，貨幣匯率會波動不定。

所以，全球儲備供應需要滿足全球所有國家對世界貿易、國際支付和干預匯率所需儲備資產的總和。

傳統的國際儲備供應，是由儲備貨幣國向非儲備貨幣國，或黃金生產國向非黃金生產國單向供應。在儲備多元化的情況下，全球儲備的單向供應中，以馬克、日圓尤其是美元處於主要地位。

但在過去十多年中，國際金融市場迅速發展，使國際儲備的供應方式和條件發生很大變化。以萬億美元計的資金融通國際收支逆差或彌補官方儲備不足，大量儲備貨幣通過商業銀行或國際債券市場流向非儲備貨幣國家，或從非儲備貨幣國家回流儲備貨幣國家。它增大了儲備資產的流動和提高了國際儲備供應的彈性。許多能進入國際資本市場的國家可從私人金融機構借款，以建立外匯儲備；還可依靠較高的資信或通過中央銀行安排信貸額度，取得淨成本較低的儲備供應。因此，"現在官方儲備的供應量並不是一個持有數額，而是一種現行價格。按這一價格，可從一個蓬勃發展的、範圍廣泛的國際金融市場籌集更多儲備"。[11]

但是，大部分發展中國家則處於不利地位。因為這些國家的借款信譽和以商品、勞務轉移來償債的能力都比較差，想在國際金融市場借款建立儲備，顯然困難得多。

目前，國際金融市場的總清償能力很大，規模已大大超過官方可使用的國際儲備，現有清償能力的利用率也提高了。未來國際清償能力的供應將基本充足，但這是指供應總量，如果從國際

儲備的分配來看，情況就有所不同。

　　國際儲備 60% 以上為少數發達國家擁有，而全球國際儲備供應與分配機制又不會有重大改變。SDR 和在 IMF 儲備頭寸分配不合理、無效能，國際金融市場又不利於多數發展中國家得到正常借款以建立儲備。因此，不管目前國際貨幣體系總儲備量和創造國際清償能力的規模有多大，對大多數國家來說儲備供應仍然是不充足、不靈活、成本不低的。海勒(H. R. Heller)在分析 1949 年至 1965 年一組樣本國家的最適量儲備後表示："對那經常被提到、認為世界總合儲備水平是足夠的但分配卻有嚴重問題的意見，給予強烈的支持。"[12]

3.3.3　國際儲備的適度規模

　　對於一國以至全球的國際儲備適度規模，在理論上和實踐上迄今仍無法得出一致結論。這方面的研究，具有代表性和實際意義的是海勒和格魯伯各自提出的適度儲備模型：

(一)海勒(H. R. Heller)的"隨機適度外匯儲備模型"

　　海勒假定，保持儲備是為了應付與經常項目中多種流量相關聯的偶然或不規則的資金消耗。因此，國際儲備最適度規模，是使調節國際收支或為外部不平衡融通資金的總成本最小的儲備量。這樣確定的儲備量，比較實際地考慮了對外支付需要和持有儲備的成本，理論上是合理的，實踐上也是有用的。根據他的理論制定的"隨機適度外匯儲備模型"，用以計算最適度儲備規模（見圖 3.1）。

　　圖中心 MCPR 代表外匯儲備資產的邊際成本曲線，特點是較平穩且較低。MBR 表示邊際收益曲線，特點是隨着儲備存量的增長呈遞減趨勢；隨着外匯儲備持有存量越來越大，要動用儲備資產時所需額外增量的可能性就越來越小，持有外匯資產的邊際收益也就會減少。圖中 A 點，表示外匯儲備邊際成本等於邊

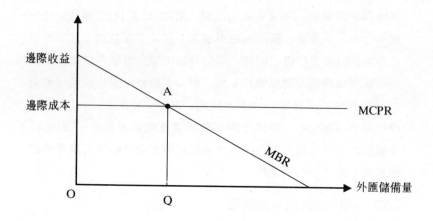

圖 3.1　隨機適度外匯儲備

際收益，即為持有外匯儲備的最適量點。A 點左邊外匯儲備的邊際收益大於邊際成本，表示儲備不足；A 點右邊邊際成本大於邊際收益，表示儲備數量沒有達到最適量。

　　海勒在這裏所指的邊際收益，是指一國保有外匯儲備的邊際收益，是外匯儲備不足時為平衡國際收支逆差而調整經濟狀況、即降低國民收入以減少進口的邊際成本。它等於邊際進口傾向的倒數($1/M$)和外匯儲備耗用概率 π 的乘積，即(π/M)。

(二)格魯伯(H. G. Grubel)的最適度儲備量模型

　　格魯伯在 1984 年出版的《國際貨幣體系》一書中制定了一個簡單模型，說明最適度儲備規模(見圖 3.2)。

　　圖中橫軸表示儲備數量，縱軸表示儲備的邊際生產率。假定一國實際資源的國內生產率為 OR，儲備的邊際社會生產率為

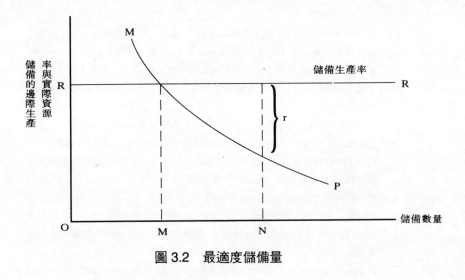

圖 3.2　最適度儲備量

MP，這條曲線也即儲備需求曲線，向右下方傾斜。如果用美元保持儲備，設每年利息收入為 r。在這種情況下，最適度的儲備量為 ON。因為這時儲備的邊際生產率加利息，剛好等於實際資源的收益，即 OR。將所有國家的需求曲線相加，就可得出世界儲備的需求曲線，然後從世界邊際生產率曲線求得世界儲備的總需求。

　　格魯伯從儲備資產的需求和供應兩方面分析，把世界儲備總額看作外生變量而與它們的生產率無關，因此是一條垂直線。當世界儲備供求相等時，國際貨幣體系就可以最適的效率運作；如果儲備小於最適儲備量，則匯率的巨大波動將使世界經濟受損。反之若供給大於儲備最適量，則將產生通貨膨脹，從而降低儲備的實際價值，直到供求相等為止。這種從實際資源收益與儲備生產率的相關變化計算適度國際儲備規模，有重要的參考價值。

─────── 注　釋 ───────

① 見 IMF Survey，1985 年 7 月專輯頁 P.9，該報告第 64 條。

② 由經濟學家 X. Zolotas 與 R. V. Roosa 及 Lutz 首先提出。

③ 見美國孟德爾遜《各國中央銀行如何管理外匯儲備》。

④ 海勒(Heller)估計：世界儲備增加 10%，在 2 年半至 4 年半後導致世界價
格上升約 5%。

⑤ 見《國際貨幣基金組織概覽》，1976 年 4 月 5 日，頁 10。

⑥ 發達國家與發展中國家特別提款權的持有額見 IMF 歷年《國際金融統計》。

⑦ 根據 IMF《國際金融統計》1990 年報 1970 年、1980 年和 1989 年的世界儲
備總額（按黃金每盎司 35 SDR 計算）計算。

⑧ 見 IMF《國際金融統計》1990 年年報。

⑨ 見桑頓 1802 年發表的《英國信用券的性質和效果的考察》。

⑩ 見 F·馬克魯普 1965 年 8 月發表的《國際儲備的衣櫃規律：儲備創造和資
源》。

⑪ 見 Peter Lindert 和 Charles Kindleberger 合著的《*International Economics*》
第 22 章。

⑫ 見 H. R. Heller，Optimal International Reserves，*Economic Journal*。海
勒於 1974–1978 年曾是 IMF 金融研究部負責人。

第 4 章
國際貨幣制度

*　　　*　　　*

4.1 何謂國際貨幣制度

4.1.1 國際貨幣制度的概念

國際貨幣制度（International Monetary System），有人稱為"國際貨幣秩序"①，亦有人稱為"國際貨幣規則"②，都是指各國為適應國際貿易和國際支付所確定的組織形式，以及所依據和遵守的一套規則、措施和慣例。國際貨幣基金組織在 1965 年的年報中指出，國際貨幣制度"包括管理從事國際經濟交易的習慣性、制度性與法律性安排"，是"規則和諒解的集合，各國通過簽訂協議保證利用公正的和有效的方法從事國際貿易。"

因此，國際貨幣制度關係到國際貨幣供給、各國貨幣關係和各國經濟金融政策。由於各國政治上是獨立的，但經濟上及金融上則是互相依賴的，這就需要有一個超國家的貨幣制度，提供一個架構以協調各國間經濟政策的衝突，作出各國可以普遍接受的安排和行為準則，以利於國際貿易、投資的發展和國際支付的順利進行。

為了發揮這種協調功能，Robert Solomon 在《國際貨幣制度》一書中指出，國際貨幣制度必須顧及三個問題：

1. 顧及會員國足以影響其他國家的經濟政策，特別是匯率政策對國際收支狀況的影響；
2. 顧及各國間如何進行結算的方式或如何收受貨幣，以融通國際收支的赤字和盈餘；
3. 顧及國際貨幣的數量和形式。

他並認為國際貨幣制度還牽涉以下三項管理：

1. 國際收支情況的調整，包括匯率的建立和變更；
2. 運用信用或準備以融通各國間收支不平衡；
3. 供給國際貨幣（儲備）。

這裏，比較具體地指出國際貨幣制度最基本的原則和內容，與 1964 年由弗里茲(Fritz)等 32 位經濟學家提出的"三元合一"理論基本一致。所謂"三元合一"，是指國際貨幣制度需包括：國際收支的調節、國際清償能力的供應和對國際貨幣的信心。國際貨幣制度就是在這三方面作出"習慣性、制度性與法律性的安排"。

4.1.2 國際貨幣制度的類型

一種國際貨幣制度所以不同於另一種國際貨幣制度，一般是根據貨幣本位不同、匯率彈性差異和國際收支調節機制加以區別。但最主要的是作為決定貨幣制度基礎的貨幣本位(money standard)，它確定國際儲備資產的性質、形式和供應。國際儲備資產形式不同，國際貨幣制度也不同；國際儲備資產供應是否充足，也會導致國際貨幣制度變化。金本位制因黃金供應不足而崩潰；以美元為中心的貨幣制度因美元供給與美國國際收支的矛盾而瓦解。所以，按照貨幣本位來劃分，即以產生國際儲備資產的國際安排來劃分，國際貨幣制度可有如下類型：

1. 純粹商品本位制

以實物性商品作為國際儲備資產，如金本位制、銀本位制。美國經濟學家彼得·林德特(Peter Lindert)稱之為：19 世紀前互不信任和分裂的世界，依靠商品作為貨幣、作為交易媒介的制度。

2. 純粹信用本位制

只以外匯(如美元和英鎊)作為國際儲備資產而與黃金無任何聯繫的制度。如美元本位制、英鎊本位制以及布雷頓森林體系崩潰後的"牙買加制度"。

3. 混合本位制

如金匯本位制同時以黃金和外匯作為國際儲備資產。

如果兼以貨幣本位和匯率作用來劃分，國際貨幣制度則有金本位固定匯率制、非金本位固定匯率制、以黃金和外匯作儲備資產的可調整固定匯率制或管理浮動匯率制、不需持有任何國際儲備的浮動匯率制。

理想的國際貨幣制度"應是能使國際貿易與金融活動達於極大，並使貿易利得均享"。③為達到這一目標，在各個不同時期，實行不同的國際貨幣制度，迄今經歷了以下三個階段：

第一階段：國際金本位制時期。大體從 1816 年英國實行金本位制開始。一次世界大戰爆發前是金本位制全盛時期，一次大戰後趨於瓦解。兩次大戰期間，國際貨幣和金融混亂，整個三十年代被稱為"貨幣國家主義"(Monetary Nationalism)時期。

第二階段：布列頓森林制度時期。從 1945 年底開始，直至 1973 年實行以美元為中心的可調整固定匯率制度。

第三階段："牙買加制度"時期。從 1976 年 1 月國際貨幣基金組織臨時委員會在牙買加正式簽訂"牙買加協定"至今，是實行管理浮動匯率制時期。

4.2　國際金本位制

4.2.1　金本位制的內容和特點

（一）金本位制的概念

金本位制雖然在 30 年代已完全崩潰，但影響深遠。黃金至今仍是各國重要的儲備資產，現代貨幣金融制度的許多原理、原則，也是從金本位制的歷史經驗中演變而來。研究現代國際貨幣制度，就要從歷史上第一個國際貨幣制度即國際金本位制度開始。

金本位制是指一國的貨幣單位與一定量黃金保持等價關係，即以一定重量和成色的黃金作為本位貨幣。它必須：

表 4.1　金本位制度下主要國家的貨幣平價

國家	單位	鑄幣重量(克)	成色[1]	1 盎司黃金的價值	與美元的平價
美　國	1 美元	1.672	0.900	20.67 美元	—
英　國	1 英鎊	7.988	0.917	3/17/10.5　英鎊	4.8665
法　國	1 法郎	0.322	0.900	107.1　法郎	0.193
德　國	1 馬克	0.398	0.900	86.8　馬克	0.238
意大利	1 里拉	0.3226	0.900	107.1　里拉	0.193
荷　蘭	1 荷盾	0.672	0.900	51.4　荷盾	0.402

注：1. 標準鑄幣成色 = 純金所佔的 %。
資料來源：米勒曼（M. L. Muleman）《世界貨幣制度》。

（1）由官方確定貨幣法定含金量（見表 4.1）；

（2）以黃金為國內貨幣的發行基礎；

（3）以含金量之比（鑄幣平價）確定本國貨幣對外國貨幣的交換比
　　率。

　　金本位制因貨幣與黃金聯繫的密切程度不同有下面三種形
式：

（1）純粹金本位制

　　稱為 100% 金幣原則（100% money principle），指只有金鑄
幣流通的制度，貨幣供給恆等於黃金儲備，黃金移動是在一對一
基礎上誘發貨幣供給的變動。這是最理想的、但歷史上從未有一
個國家實行過的金本位制。

（2）混合金本位制

　　亦稱"部分準備原則"（fractional reserve principle），指金幣
與可兌換的銀行券和其他貨幣同時流通的制度。黃金準備恆常是
貨幣供給的某一比例。在第一次大戰前，歐美各國普遍實行這種
形式的金本位制。

(3) 無金幣流通的金本位制

稱為"信用發行原則"（fiduciary-issue principle），指流通的貨幣包括部分是沒有黃金支持的信用貨幣，部分是可兌換的銀行券，完全沒有金鑄幣在市面流通，黃金儲備恆小於貨幣供給。一些黃金數量不多的國家如日本等，曾實行過這種制度。

一次大戰後，只要一國貨幣單位的購買力等於一定重量黃金的購買力時，不管流通的是金幣、銅鎳輔幣或銀行券，都可以說是實行金本位制。

(二)金本位制的特點

傳統的金本位制可概括為"三大自由"。

(1) 自由鑄造

可按照法定含金量，自由地將金塊交給國家鑄幣局鑄造金幣，也可以將金幣自由熔化作非貨幣用途。通過自由鑄造和自由熔化而形成嚴格的 1 比 1 關係，保持一個金幣與其所含一定純金量的價值相一致，使金幣數量能自發滿足流通需要，自動調節貨幣供求量。

(2) 自由兌換

金幣可以自由流通、自由儲藏，各種金屬輔幣和銀行券可按面值自由兌換金幣或與金幣等量的黃金。銀行券等價值符號穩定地代表一定量黃金進入流通領域，不致導致通貨膨脹和信用膨脹。

(3) 自由輸出入

各國貨幣可按含金量確定的比價相互兌換，黃金可以在各國間自由流動，以保持國內外價值平衡、世界市場統一和外匯行市穩定。

4.2.2 金本位制度的形成

國際金本位制並非國際會議和國際協定的產物，而是金本位

表 4.2　各國實行金本位制年份

國家	實施年份	國家	實施年份	國家	實施年份	國家	實施年份
英國	1816	挪威	1875	葡萄牙	1891	奧匈帝國	1900
比利時[1]	1868	荷蘭	1875	日本	1897	秘魯	1901
瑞士	1868	法國	1878	俄國	1897	菲律賓	1903
德國	1871	意大利	1878	印度[2]	1899	泰國	1908
瑞典	1873	丹麥	1879	美國	1900		

注：1. 是實行"跛行本位制"(limping standard)，即為保持金、銀雙金屬本位制，仍
　　　准金幣、銀幣法定比價在流通中都具有無限法償資格。但又停止銀幣自由鑄
　　　造，使複本位制變質，故稱"跛行本位制"。
　　2. 印度是實行"金匯兌本位制"。

制度國際化的結果，是由於當時英國國內貨幣制度發展和擴大而
自發形成的世界性貨幣制度。它並不涉及多邊國際合作，其運作
也沒有一套國際協議和規則來規範。

　　英國於 1816 年 6 月 22 日頒布《金本位制度法案》，但由於
英、法戰爭的影響，到 1821 年才真正實施金本位制度。其後多
國鑒於英國金本位制的成功，乃先後放棄金、銀複本位制，而仿
行金本位制(見表 4.2)。

　　19 世紀 70 年代，各國普遍實行金本位制，遂形成國際金本
位制度。各國貨幣都與黃金保持固定聯繫，其本位貨幣都具有國
際貨幣功能，以貨幣所直接依托的一定量黃金互等互換，發生一
定價值關係。在此基礎上，建立起各國貨幣之間的匯率體系。黃
金充分發揮國際貨幣職能，普遍作為國際支付和結算的最後手
段，並通過國際間自由流動，發揮自動調節貨幣供給、國際收支
和外匯匯率的作用。這樣，各國國內自行規定的金本位制規則和
措施，成為各國普遍公認的準則，形成一套為所有金本位制國家
貨幣當局共同遵循的操作規則：

（1）各國都規定其貨幣與黃金的等價關係；

（2）各國間准許黃金自由流動；

（3）各國都根據黃金準備存量而變動本國通貨供給量。當黃金準備由於黃金持續流入（或流出）而增加（或減少）時，貨幣當局要容許增加（或減少）貨幣供給。

這些規則，在國際範圍內發揮規範國際貨幣制度的職能，自動調節各國間的貨幣關係，終於形成以各國金本位制為基礎的統一國際金本位制度。"雖然沒有經過任何國際協議，金本位卻是人們創立的、最令人滿意的國際本位。"④

4.2.3　金本位制度的運作

國際金本位制度雖然沒有一個超國家的國際組織領導和監督，沒有共同遵守的規章和貨幣紀律，但仍自發形成一套健全的運作機制：

（一）儲備資產供應機制

在國際金本位制度下，各國共同以黃金為主要儲備資產，以英鎊為主要國際清算工具，形成以黃金為基礎、英鎊為中心的國際貨幣制度。使用黃金作國際支付實際很少，一般多使用英鎊匯票結算國際收支差額。當時除英國英格蘭銀行持有的儲備全部是黃金之外，其他各國中央銀行除持有黃金外，還部分持有能兌換黃金的英鎊和法國法郎等。在整個國際金本位時期，由於當時英國在世界經濟、貿易、金融中處於絕對領先地位，各國商人多存款在倫敦的英國銀行，使用英鎊交易和結算。以英鎊等外匯資產作為儲備，使國際儲備的供應，可不大受黃金數量的限制，世界經濟、貿易得以順利擴展，整個國際貨幣制度也得以順利運行。

（二）匯率調節機制

在國際金本位制度下，各國貨幣規定含金量。各國貨幣含金量之比則叫做"鑄幣平價"（specie par, mint par），又稱"法定平價＂，是各國貨幣的交換比率，是匯率決定與變動的基礎。但由於外匯供求關係，各國貨幣在外匯市場中的實際匯率並不固定於法定平價，而是圍繞法定平價經常上下波動。但波動卻有一定限度，大致以黃金輸送點（gold transport points）為界限。因為在金本位制度下，國際結算可使用黃金，也可以使用外匯。使用黃金要負擔黃金的運送費用，如包裝、運費、保險費等；使用外匯則有匯率變動之風險。擁有債權或債務的人，就會考慮該兩種結算方法對結算的利弊而作抉擇。當匯率對結算有利時就會使用外匯；當匯率對結算不利，則直接輸出入黃金。因此，匯率的變動以黃金輸送點為界限，形成匯率的自動調節機制，保持匯率均衡和穩定（見圖 4.1）。

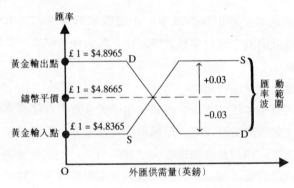

S：英鎊的供給曲線　　D：英鎊的需求曲線

圖 4.1　黃金輸送點自動調節匯率示意圖

圖 4.1 中，假定英鎊與美元之金平價為 £1 = \$4.8665。1 英鎊的黃金輸送費用為 0.03 美元，則匯率變動的上下限為：

上限：黃金輸出點（金平價 + 輸送費用 = \$4.8665 + 0.03

= \$4.8965）

下限：黃金輸出點（金平價 − 輸送費用 = \$4.8665 − 0.03

= \$4.8365）

如果匯率升至上限 4.8965 美元或以上時，在美國，黃金即被運出作國際清算手段，較以外匯清算為有利。此時，外匯需求減少，匯率回落至輸出點。

如果匯率下降至£1 = $4.8365 或以下時，英國對美國支付，則以運送黃金為有利，於是黃金從英國流入美國。此時，外匯供給減少，匯率逐步回升至輸入點。

(三)國際收支調節機制

在金本位制度下，國際收支不平衡會導致黃金流出或流入。國際收支順差的國家將採取擴張政策，因為黃金流入會使中央銀行的金融負債增加(即銀行準備金增加)；相反，逆差的國家黃金流出，將採取緊縮政策，其中央銀行的金融負債會減少(即銀行準備金減少)。而銀行準備金的增減，又會引起貨幣數量變化，從而造成順差國物價上升和收入增加，逆差國物價下降和收入減少。這兩類國家的國際競爭力也會發生變化：順差國進口增加、出口減少；逆差國進口減少、出口增加。各國間價格水平的變動，將持續至達到國際收支平衡為止。

所以，國際收支不平衡，毋需各國金融當局採取措施，就能自動得到修正。這就是英國休謨(D. Hume)所論述的"物價與現金流動機能"(price specie-flow mechanism)。但休謨只看到黃金流出入對物價水平的作用，卻忽視了國際短期資本的移動對國際收支的影響。故古典學派的亞當斯密(Adam Smith)、密爾(J. S. Mill)等又加以補充和發展，成為古典學派的"國際收支均衡化機能"理論。他們認為一國出現國際收支逆差，發生外匯超額需要時，會通過"物價現金流動機能"及國際短期資本移動兩種作用，自動達成均衡(如圖 4.2)。

這種國際收支自動調節機制須在下述條件下始能起作用，這些條件被稱為"金本位制的遊戲規則"(rule of the gold standard game)：

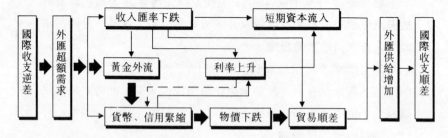

注:"→"表示國際短期資本移動對國際收支自動調節過程。
"➡"表示純古典學派"物價現金流動機能"的調節過程。

圖 4.2　金本位制國際收支自動均衡機制

（1）各國要以黃金表示其貨幣的價值，並據此決定各國貨幣的交換比率。

（2）各國要准許黃金和金幣自由出入。各國都按規定的官價不受限制地買賣黃金和外匯，使在國際結算中既可選用黃金，也可選用外匯作為支付手段。

（3）各國貨幣發行額要受黃金準備量的限制，以維持黃金平價的穩定。

　　各國都遵守以上"遊戲規則"，就會形成一種自動調節機制，由一隻所謂"看不見的手"引導國際收支調節，自動達成均衡。

(四)世界價格水平的調節機制

　　在國際金本位制度下，商品價格受黃金生產和供應的制約。如果貨幣用黃金的產量在世界範圍內急劇增長，各國中央銀行會同時獲得黃金流入，各國貨幣供給隨之增加，必然導致商品價格水平提高。但價格水平提高又會增加黃金開採成本，使黃金生產水平下降，從而阻止價格水平進一步提高。相反，如果黃金需求相對增加，價格水平就會下降到一個新的均衡點。

　　所以，黃金和商品價格水平的這種關係，也會自我限制和自動調節，保持各國價格以至世界價格水平長期穩定。據統計，美國和英國在第一次世界大戰前的商品價格水平，比上個世紀並沒有多大變化，價格水平平均年變化率甚至不到 1%。⑤

以上 4 種運作機制，説明國際金本位制具有一套自發的、自動的、自我修正的機能，可有效調整國內和國際經濟均衡，保證匯率和商品價格水平長期穩定，促進國際貿易與國際投資。第一次大戰前半個世紀國際經濟興盛，金本位制度無疑起了很重要作用。

國際金本位制也有缺憾，主要是其使一個國家的國內貨幣政策，取決於黃金流出或流入。一國如出現黃金流出，即使它的貿易收支已陷於逆差，仍不得不採取緊縮政策；如果出現黃金流入，即使國內已存在通貨膨脹，也不得不採取擴張政策。這就把國際均衡置於比國內均衡更優先的地位，以犧牲國內經濟安定去實現國際收支平衡。金本位制這一缺點，到經濟大恐慌、大危機年代，便完全暴露出來，各國於是採取"黃金凍結政策"（gold sterilization policy），以抵銷黃金流出或流入對國內經濟的不利影響。也即讓流入的黃金"退藏"，而不相應增加貨幣供給。這就嚴重破壞了"遊戲規則"，終於導致金本位制崩潰。

4.2.4 國際金本位制的崩潰

由於各國經濟發展不平衡，黃金的供應和分配不合理，逐步削弱了國際金本位制的原則和基礎。少數國家佔有絕大部分黃金：英、美、法、德、俄等 5 國在 1913 年末就佔有世界黃金存量的三分之二，削弱了大多數國家貨幣制度的基礎。另外，一些國家商品輸出減少，國際收支逆差，大量黃金外流，也紛紛採取措施限制或禁止黃金自由輸出入。還有一些國家為了準備戰爭，在全球積聚黃金，並把國內的黃金集中於中央銀行。這樣，金本位制的一些基本條件逐漸遭削弱和破壞，金本位制的黃金時代開始結束。

第一次大戰的浩大軍費開支，使許多國家負債纍纍。首當其衝的是英國，為維持英鎊的地位，首先將國外短期貸款收回；倫敦各銀行為保持準備與負債的比例，又大量削減對貼現公司的貸款。1914 年 7 月 27 日，倫敦各公司宣布停兌任何新的票據。需要資金的外國公司和政府取得英鎊的唯一渠道，是出售英國債券。這造成英國債券遭大量拋售，倫敦股票市場亦於 1914 年 7 月 31 日關閉。其他歐洲股票市場和美國紐約證券交易所亦相繼關閉。戰爭使各國經濟嚴重失衡，銀行券停止兌現，禁止黃金輸出，大量發行紙幣，通貨膨脹嚴重，這些都使金本位制無法再維持下去。

4.3 國際金匯兌本位制

4.3.1 金匯兌本位制的產生

一次大戰結束後，各國力圖恢復戰前的金本位制。英國於 1925 年 4 月恢復英鎊從前的匯率，把英鎊與黃金掛鈎，並取消黃金出口禁令。其他各國亦尾隨英國恢復金本位制。但由於國際經濟、貿易的發展，以及戰時通貨膨脹帶來戰後物價上漲，黃金生產減少了三分之一，供應嚴重不足。

戰前英國以少量黃金儲備即可應付國內外貨幣週轉。可是，戰爭期間英國的貨幣發行量增加一倍，要恢復傳統的金本位制已不可能。英國柯利弗委員會的戰後報告，就明確建議以紙幣代替金幣流通：不再發行金幣，紙幣只能兌換金塊。1922 年在意大利熱那亞召開的世界貨幣會議，反映了柯利弗委員會報告的精神。會議決定以節約黃金為原則，建議各國採行金匯兌本位制（gold-exchange standard system）或金塊本位制，在國際上，則

形成主要國家實行金塊本位制、多數國家實行金匯兌本位制，且
以金塊本位制國家的貨幣為中心的"國際金匯兌本位制度"。

4.3.2　金匯兌本位制度的內容和特點

當時，經濟力量最強大的美國，實行金本位制；英、法等國
則實行金塊本位制；意大利、奧地利、丹麥、德國等缺乏黃金的
國家，則實行金匯兌本位制度。這兩種制度的結合，構成國際金
匯兌本位制：

(1) 各國貨幣單位仍規定有含金量。

(2) 各國不鑄造和流通金幣，而以國家發行的銀行券當作本位幣
　　流通。

(3) 銀行券在金塊本位制國家不能自由兌換黃金，只能按規定在
　　一定金額以上⑥向本國中央銀行兌換金塊，其貨幣在國際上
　　成為可以兌換黃金的外匯。而在金匯兌本位制國家，銀行券
　　不能直接兌換黃金，只與某一金塊本位制國家的貨幣保持固
　　定比價，並在該國存放黃金或外匯作為平準基金，以保持本
　　國貨幣與金塊本位制國家的貨幣自由兌換，即可按固定匯率
　　兌取金塊本位制國家的貨幣(或以金匯支付的憑證)。

(4) 禁止私人自由輸出入黃金；黃金輸出入都由中央銀行負責。

所以，國際金匯兌本位制，是在金塊本位制與金匯兌本位制
狹小的黃金基礎上建立起來的，是一種脆弱的國際貨幣制度，穩
定性遠不如國際金本位制度。

4.3.3　金匯兌本位制的崩潰

一次大戰後建立起來的國際金匯兌本位制，在 30 年代遭到
經濟大危機襲擊。被稱為"最理想"的金本位制，終於徹底崩潰。

1929 年 10 月，美國證券市場崩潰，成為世界經濟大危機的
開端。由於股價暴跌，金融緊縮，物價下降，尤以原料價格跌幅

最大，阿根廷、巴西、澳洲等原料生產國出口劇減，國際收支惡化。這些國家於 1929 年底至 1930 年間，先後放棄金本位制。隨後，大危機席捲歐洲大陸。1931 年奧地利信用銀行倒閉；同年 5 月德國受波及，也發生金融危機，達木士塔爾（Darmotsdter）和國民銀行（National Bank）破產，引起大批銀行倒閉。德國終於禁止黃金輸出，實行外匯管制，放棄金本位制。

英國由於戰爭損失及戰後恢復英鎊舊匯率，使英鎊匯價高估，造成大量國際收支逆差，從債權國變為債務國，黃金極度缺乏。1920 年貴金屬儲備只有 1.17 億英鎊，只靠少量黃金維持金塊本位制。當局不得不在國內實行緊縮政策，引起煤礦工人大罷工。當時法國使法郎穩定在貶值後的匯價上，國際收支出現順差，1928 年法國立法規定，對國際收支順差盈餘必須支付黃金，不能以英鎊抵付。於是黃金自倫敦流至巴黎和紐約。

1929 年大危機爆發後，英國海外投資收益急劇下降，航運收入也大減，國際收支發生嚴重困難。1931 年 5 月德奧銀行倒閉，各國紛紛向英國兌換黃金。1931 年 7、8 月間，外國從英國提取了值 2.3 億英鎊的黃金。同年 9 月，法國又要兌換以前積存的所有英鎊，在倫敦掀起搶購黃金、拋售英鎊的風潮。英國大量黃金外流，被迫放棄它首創的金本位，停止黃金支付和兌換，任由英鎊下跌。於是，與英鎊有聯繫的國家和地區，如丹麥、挪威、芬蘭，加拿大、愛爾蘭、瑞典、印度、哥倫比亞、玻利維亞等，也相繼放棄金匯兌本位制。

隨着經濟危機加劇，當時黃金儲備最多的美國也於 1933 年 3 月再次引發嚴重的信用危機，大批銀行倒閉，大量黃金外流。僅 1933 年的 1 個多月時間，就使美國黃金儲備損失 20%。這使美國不得不宣布停止兌換黃金和禁止黃金輸出，並於 1934 年將美元貶值，從 1 盎司黃金值 20.67 美元，貶值為 35 美元。

當時，只有歐洲大陸的法國、比利時、荷蘭、瑞士、意大

利、捷克等 6 國仍維持金塊本位制和金匯兌本位制，因而組成
"黃金集團"。但由於法郎幣值已偏高，影響出口，致使國際收支
惡化。其他國家又受到經濟危機與英鎊、美元貶值的壓力，幣值
高估引致出口銳減和黃金外流，使黃金集團無法維持。1935 年
3 月比利時首先脫離，宣布貨幣貶值；法國則於 1936 年 8 月將
法郎貶值；其他國家於同年 9 月宣布貨幣貶值，黃金集團瓦
解。至此，國際金匯兌本位制徹底崩潰(見表 4.3)。

表 4.3　各國廢棄金本位制年份

	廢棄金本位制的年份及國家
第一輪	1929 年 10 月：阿根廷；1930 年 11 月：巴西；1931 年 5 月：秘魯；1931 年 3 月：澳大利亞、羅馬利亞、保加利亞、匈牙利；1931 年 8 月：智利。
第二輪	1931 年 9 月 21 日：英國、葡萄牙、哥倫比亞、愛爾蘭、丹麥、芬蘭、加拿大、挪威、日本、瑞典、玻利維亞等。
第三輪	1933 年 3 月：美國。
第四輪	1936 年 10 月：法國；以法國為中心的比利時、荷蘭、瑞士、意大利的黃金集團瓦解。

資料來源：日本林直道《戰後國際通貨危機與世界經濟危機》。

　　國際金匯兌本位制崩潰後，國際貨幣、金融關係失去統一標
準和基礎，各國紛紛推行以實現和維持國內均衡為主要目標的紙
幣流通制度，讓匯率根據供求情況自由浮動。由於各國貨幣都不
能在國內兌換黃金，又切斷了黃金流出入與國內貨幣供應的關
係，各國間的貨幣比價也喪失了穩定性，匯價劇烈波動。各國組
成排他性的金融貿易集團，加強外匯管制，實行外匯傾銷，進行
"自相殘殺"的貨幣戰、貿易戰和投資戰，破壞了正常的國際貨幣
秩序及各國間的經濟聯繫，對世界經濟產生極大的損害作用。

4.4 布列頓森林制度

4.4.1 布列頓森林制度的先驅——"新金本位制"

　　30 年代後期，美、英、法三國為了穩定國際貨幣金融秩序，於 1936 年 9 月 25 日簽訂了"三國通貨協定"(Tripartite Currency agreement)；同年 10 月又簽訂"黃金互撥協定"(Gold Earmarking Agreement)。⑦兩個協定的主要內容包括：

(1) 三國同意盡力維持協定成立時的匯率，避免過度波動，亦不作競爭性的匯率貶值。但在國內外經濟變化、要求更高或更低匯率的情況下，各國亦可調整匯率。

(2) 協定國設置外匯平準基金，相互間有義務按固定價格(1 盎司 = 35 美元)出售黃金；非經 24 小時前的預告，不得撤消或變更這種義務。這使各協定國的平準基金在不受外匯損失的情況下，24 小時以內取得其他協定國的貨幣。

(3) 協定國之間可相互自由兌換黃金。非協定國家則無權將所得協定國家貨幣向其兌換黃金。

(4) 逐日商定匯率，用外匯平準基金協同干預市場，每天用黃金結算。

　　參加"協定"的國家除美、英、法外，還有比利時、瑞士和荷蘭。六國中，除美國、比利時、瑞士曾公布黃金官價外，其餘三國事前沒有規定黃金價格，故英鎊和法郎兌換黃金須另行議價。

　　基於兩個"協定"所形成的國際貨幣關係，被稱為"新金本位制"(new gold standard system)。它不同於舊金本位制，因為：

(1) 黃金買賣只限於協定國之間。除倫敦黃金市場外，非協定國的黃金不能自由買賣。

(2) 協定國通過各自設置的外匯平準基金⑧，在市場上互相合作和運用，使相互間的貨幣匯率趨於穩定，但沒有"黃金輸送點"調節和均衡匯率。

(3) 美元充當黃金與其他通貨的聯繫。美元的黃金價格是固定的，但可隨時調整；美元與其他通貨的關係則是滑動平價。這種混合制度既保持與黃金的聯繫，又採取可調整的釘住匯率。

"新金本位制"顯然是要通過國際政策協調和合作，以保證外匯匯率和國際收支穩定。開始時體制運作尚稱順利，多邊貨幣協調對抑制外匯傾銷有一定效果，並使主要國家之間的貨幣關係相當穩定。但由於當時不同貨幣集團之間對立，國際間貨幣關係矛盾重重，後又由於各國為準備戰爭，從美國購買軍事物資，引起黃金外流。二次大戰爆發後，各國都實施嚴格的外匯管制，平準基金無法運用，"三國協定"遂告瓦解。

"三國協定"實施時間短、範圍小，發揮的作用也有限，但它給戰後國際間的貨幣合作提供了十分有益的經驗，成為國際貨幣基金組織的雛形和布列頓森林制度的先驅。

4.4.2 布列頓森林制度的建立

(一)歷史背景

二次大戰，使世界各國的政治、經濟實力對比，出現向美國一面倒的巨大差距。英國遭到戰爭破壞，1945 年民用工業生產只達到 1939 年的 50%；出口額還不到戰前的三分之一；國外資產損失 40 億美元，對外負債高達 120 億美元，黃金儲備降至 100 萬美元。⑨美國反而在戰爭中積累了巨額財富。大戰結束時，美國的工業製成品佔世界的 50%；對外貿易佔世界的 33%；黃金儲備從 1938 年的 145.1 億美元增至 1945 年的 200.8 億美元，約佔資本主義世界的 59%。美國成為世界最大的債權國、貿易國和工業國。

經濟實力對比的變化，使英國無法與美國站在平等地位上競爭。但由於英國還擁有一定實力，英鎊仍是世界主要儲備貨幣，國際貿易仍有 40% 左右用英鎊結算，倫敦仍是國際金融的重要中心，英國仍然保持帝國特惠制和英鎊區，因此，英國還力爭在戰後國際經濟金融領域內，能達成有利於自己的協議，同美國分享世界經濟領導權。但美國要取代英國的地位和建立以美元為中心的國際貨幣制度，就必須擊敗英國，摧毀英鎊區，把英鎊排斥在世界貨幣之外。於是，在重建戰後國際貨幣制度的問題上，英、美間展開了激烈的爭論。

在 1942 至 1944 年間，英、美等國開始檢討一次大戰後經濟蕭條和二次大戰爆發的原因和教訓，着手研究和談判重建戰後國際貨幣制度。1943 年英、美分別提出兩個針鋒相對的國際貨幣計畫。

(二) 懷特計畫與凱恩斯計畫

英國首先於 1943 年 3 月發表了以凱恩斯 (J. M. Keynes) 為主草擬的 "國際清盟計畫" (A Proposal for the International Clearing Union)，通稱 "凱恩斯計畫"。同年 4 月，美國亦發表由懷特博士 (Dr. Harry D. White) 草擬的 "聯合國穩定基金計畫" (A Proposal for a United and Associated Nations Stabilization Fund)，通稱 "懷特計畫。"

兩個計畫有以下共同點：
(1) 建議設立永久性的國際貨幣組織；
(2) 着重解決國際收支不平衡問題；
(3) 主張並探索穩定各國貨幣匯率；
(4) 期望建立多邊清算；
(5) 建議補充各國的國際流動性存量。

但由於兩國出發點不同，在一些重大問題的分歧很大 (見表 4.4)。美國從它作為世界最大債權國、擁有巨額黃金儲備等有利條件出發，強調黃金的作用，推崇 "基金制"，主張取消各國對資

表 4.4　懷特計畫與凱恩斯計畫內容比較

	懷　特　計　畫	凱　恩　斯　計　畫
組織機構	建立國際貨幣基金組織	創設國際清算同盟
制度	基金制 ● 設立外匯平準基金總額 50 億美元。 ● 會員國按規定攤額交納 30–50% 黃金，其餘交納本國貨幣。 ● 在基金組織開立存款賬戶。 ● 發行國際貨幣"尤尼他"(Unita)作計算單位，可兌黃金。	清算制 ● 各會員國在同盟中劃賬清算。 ● 對會員國規定一定攤額，但不繳交任何黃金或現款。 ● 在"同盟"中開立信用透支賬戶。 ● 發行國際貨幣"班柯"(Bancor)作清算單位，不得換取黃金。
運作方法	● 以自由外匯市場為前提，以存款為基礎。 ● 各國貨幣與"尤尼他"保持固定比值，非經 $\frac{3}{4}$ 會員國投票通過，不得貶值。 ● 會員國國際收支發生困難，可用本國貨幣購買一定數量外匯。 ● 攤額(存款額)低，以國民收入、黃金、外匯持有額等為計算標準。	● 以外匯管制為前提，以透支為原則。 ● 會員國兩年以上的借差，超過攤額 $\frac{1}{4}$ 時，貨幣可以貶值。 ● 會員國出現逆差時，給以定額透支便利，借貸不收付現金。 ● 攤額(透支額)高，以戰前出口額為計算標準。
要求	● 實行固定匯率。 ● 國際支付不受限制。 ● 逆差國有調節國際收支義務。 ● 以黃金為主要國際儲備資產。	● 允許匯率調整。 ● 實行外匯管制。 ● 順逆差國都有調節國際收支的義務。 ● 反對黃金為主要儲備資產。

金轉移和外匯交易的管制。英國則從其負有巨額外債、國際收支嚴重逆差以及國際儲備枯竭的情況出發，竭力貶低黃金的貨幣作用，推崇"清算制"，主張按照銀行融通資金的原則組成國際清算和信貸機構。

美國的計畫代表強大債權國的利益，要控制基金組織，以取得國際金融統治地位；限制各國國內經濟政策和妨礙美國對外擴張的措施。英國的計畫則代表嚴重債務國的利益，主張逆差國可通過"清算同盟"向順差國家透支資金，彌補國際收支逆差。故英國的計畫，在當時被評為"敲詐"順差國的計畫。

(三)《國際貨幣基金協定》的通過

戰後重建國際貨幣制度的計畫，除懷特計畫和凱恩斯計畫外，還有加拿大、法國分別提出的方案。加拿大方案與懷特計畫相似，被稱為"懷特第二"；法國方案強調主要國家協調，但方案粗糙簡略，不能作為談判基礎。因此，談判主要圍繞懷特計畫與凱恩斯計畫。

由於英國處境困難，有賴於美國的經濟援助，而美國仍需利用處於伙伴地位的英國。雙方經過討價還價，終於達成協議。英國放棄"清算制"，接受"基金制"，並同意基金組織控制和干預一切提款活動。美國則在匯率上作出讓步，同意會員國有權改變貨幣匯率，以改正國際收支不平衡。雙方同意匯率變動不超過平價10%時，基金組織無權反對。在"稀少貨幣"方面，英國主張會員國有權實行歧視性政策，對美國實行限制，但遭到美國反對。後雙方妥協，規定基金組織可以限額分配"稀少貨幣"，並允許會員國可以暫時限制這種貨幣。

經過英、美長期談判，達成供各國談判的指導原則，名為《建立國際貨幣基金組織的專家聯合聲明》(Joint Statement by Experts on the Establishments of International Monetary Fund)，由英國政府印刷，於 1944 年 4 月 23 日發表，並向各國散發。

1944 年 7 月 1 日，聯合國國際貨幣金融會議在美國新罕布什爾州(New Hampshire)的布列頓森林(Bretton Woods)召開，44 國派代表參加。會議上，英美仍十分艱苦和緊張地繼續談判，談判的主要對手是懷特和凱恩斯。凱恩斯顯然試圖建立一個徹底改革的制度，而懷特則害怕美國會成為向世界各國提供無限融資的"搖錢樹"。他們在激烈爭論中都會大發脾氣，將文件扔到地上，甚至大步衝出會議室。但最後雙方還是達成可提交各國政府批准的臨時協議，主要涉及以下問題：

（1）份額問題

會員國認繳份額中的黃金部分減少，以本國貨幣補充。基金組織可擁有基金 88 億美元，其中 32 億美元由美國負擔。

（2）向基金組織購買外匯問題

各會員國有權向基金組織購買其他國家外匯，條件是申請國家向基金組織說明其是為解決與基金協定條款不相違背的貿易支出。

（3）經濟調整問題

基金組織有權向各成員國表明關於該國政策是否符合相關基金條款的看法。

（4）匯率調整問題

會員國調整匯率不須獲會員國五分之四投票權通過。

（5）過渡時期條款問題

增列過渡時期條款：基金組織開始營運的 5 年間，會員國處理中、長期國際收支差額時，可維持並根據情況變化修改它在成為會員國時已實施的各種限制國際經常性往來付款和資金轉移的辦法。

布列頓森林會議最後協議的一些重要條款，是由美國代表團在布列頓森林最後一次會議上單獨起草的。英國首席代表凱恩斯簽字後才發現有重大修改：他事先根本不知道"各成員國可宣布其貨幣與黃金的比值或與 1944年 1 月 1 日美元真實價值的比值"這一條款中，加上了使用美元的字眼。會議最後通過的《建立國際貨幣基金組織的專家聯合聲明》，實際上是以"懷特計畫"為基礎的《國際貨幣基金協定》，亦稱《布列頓森林協定》(Bretton

Woods Agreement），於 1944 年 7 月 22 日公布，並送交各國政府批准。

英國朝野對布列頓森林會議及其通過的決議，都深感不滿。凱恩斯在國會責難聲中，心臟病突發而死去。輿論界強烈指責"該會議是戰後貨幣合作會議最不愉快的經歷。美國財政部長充分利用投票權利，在整個會議中專橫跋扈。美國代表團的任何提案均以高壓方式通過，他們還毫不諱言地表示：美國出錢請人演奏，因此有權點曲。"⑩

所以，《協定》通過後除蘇聯把它擱置起來，英國也遲遲未批准。美國知道，如英國不批准《協定》，必將引起其他國家的連鎖反應。美國於是採取威脅與利誘手段，促使英國盡早批准。在1945 年美國對英國提供 37.5 億美元貸款的《英美財政和貿易協定》中，就乘機迫使英國批准《協定》，並規定最遲要在 1947 年 7月以前實行英鎊自由兌換，取消英鎊區的黃金和美元總庫，取消外匯管制以及各種形式的貿易歧視條件。

《國際貨幣基金協定》規定簽字期限前 5 天，即 1945 年 12月 27日，30 個國家的代表在美國首都華盛頓舉行《協定》簽字儀式。自此《協定》開始生效，一套具有全球性貨幣行為的法則，一個以國際協定為依據的國際貨幣制度，首次建立起來。

4.4.3　布列頓森林制度的主要內容

根據《布列頓森林協定》建立起來的國際貨幣制度，主要內容如下：

(一)建立永久性的國際金融機構──國際貨幣基金組織

1936 年實行"三國貨幣協定"之前的年代裏，由於缺乏國際性的協商機構，國際貨幣關係受到很大破壞。故戰後需要成立一個永久性的"國際貨幣基金組織"，作為國際貨幣制度的中心，對國際範圍內發揮世界貨幣職能的貨幣進行組織和監督，為國際貨幣、金融方面的國際磋商和合作提供適當場所。它被賦予一定的任務和權力，它的各項規定成為國際貨幣金融的紀律。它的運作，對協調國際貨幣關係和穩定國際金融秩序，起了極為重要的作用。

(二)實行以美元為中心的國際金匯兌本位制

布列頓森林制度的一個重要內容，是實行美元與黃金掛鈎、各國貨幣與美元掛鈎的"雙掛鈎制度"。確認 1934 年美國規定的35 美元折合 1 盎司黃金的官價，各國政府或中央銀行隨時可將持有的美元向美國政府按官價兌換黃金。其他國家貨幣以美元含金量作為貨幣平價標準，按各國貨幣的含金量制定對美元的匯率：不規定含金量的貨幣則規定與美元的比價。但美國以外各會員國的貨幣並無黃金保證，故布列頓森林協定規定的平價制度，實際上是以黃金(或美元)為基準所表示的各國貨幣的相對價格，即外匯平價。這樣就使美元等同黃金，成了"金匯兌"(gold exchange)，是各國貨幣圍繞的中心。這種以黃金為基礎、以美元為主要儲備貨幣的黃金──美元本位制度，一般稱之為新金匯兌本位制或國際金匯兌本位制。

(三)實行可調整的固定匯率制

可調整的固定匯率制，又稱可調整的掛鈎匯率制度(adjustable pegged exchange rate)。布列頓森林協定規定各國貨幣與美元掛鈎，以 1945 年 10 月 28 日的外匯匯率為基礎，並以 1944 年7 月 1 日的美國黃金官價，即 1 盎司黃金等於 35 美元為基準，設定對美元的平價。經基金組織公布的平價，非經基金組織同意不得任意變更。且要承擔義務，干預市場，以維持黃金官價和貨幣平價在上下各 1%的幅度內波動為準則。

只有國際收支發生"根本性不平衡"時，才允許升值或貶值。所謂"根本性不平衡"並沒有明確定義，一般指季節性、投機性、經濟循環等短期因素以外的原因造成的國際收支失衡。如一國國際收支發生逆差時，如要在不貶低匯率的情況下恢復均衡，則必須實行對內緊縮政策，以致失業增加。相反，如要維持充分就業，就要實行擴張政策，難免導致或擴大國際收支逆差。這種國內均衡與國際均衡不能兩全的情況，即可謂"根本性不平衡"。

實際上，會員國在平價 10% 之內調整匯率，可自行決定：在 10% 至 20% 之間，則需基金組織同意，72 小時內作出決定；更大幅度的變動，基金組織在決定是否同意時沒有時間限制。這種制度，結合了固定匯率與彈性匯率的特點，故名為可調整的掛鈎匯率制度。它的穩定不再基於黃金的自由輸出入，而是各國，尤其是美國中央銀行對市場的干預能力，即黃金、外匯儲備的多寡。

(四)提供資金調節國際收支

為了保證固定匯率制順利運轉，避免以調整匯率來平衡國際收支，各國就需要有大量儲備干預市場，履行維持匯率穩定的義務。基金組織從各會員國獲得的黃金和通貨，用來向會員國提供輔助性儲備來源。會員國需要儲備彌補國際收支逆差時，可動用在基金組織的儲備資產或用本國貨幣按規定程序向基金組織購買（即借款）一定數額外匯，並可以 3 至 5 年內購回本國貨幣的方式融通短期資金。會員國份額越大，得到的貸款也越多。但貸款只限於彌補國際收支逆差，且限於貿易和非貿易的經常項目支付，不得用於"巨額或持續資本流出"的支付。同時准許會員國對資本流出入的管制。

(五)取消妨礙多邊支付的外匯管制

布列頓森林協定第 8 條，規定會員國不得限制經常項目的支付，不得採取歧視性貨幣措施或複匯率，要在自由兌換基礎上實行多邊支付。但如下特殊情況除外：

(1) 貨幣的自由兌換性，只適用國際交易中的經常項目。即對經常項目的付款和資金轉移，會員國政府不得施加限制。但准許對資本項目採取管制措施。

（2）處於過渡時期的會員國政府如條件不具備，也可延遲履行貨幣兌換性的義務。這類國家被稱為"第 14 條會員國"（Article XIV Status），履行自由兌換義務國家，則稱為"第 8 條會員國"（Article VIII Status）。

（3）會員國有權對自己在基金組織中的"稀少貨幣"實施外匯管制，限制其自由兌換，以控制自順差國進口或經常項目的購買。這一條款反映順差國和逆差國共同調節國際收支的責任；但它正如凱恩斯所預測的那樣，從未被使用過。

從以上規定可知，布列頓森林制度是通過國際協議建立起來、具有若干新特點的國際金匯兌本位制度，它的運轉中心機構是國際貨幣基金組織。通過"兩個掛鈎"，形成該制度的兩根支柱——美元可兌黃金和固定匯率制。它的建立和運作，對戰後國際經濟重建和金融合作，發揮極其重要作用。

4.4.4　布列頓森林制度的特點

布列頓森林制度與戰前的金匯兌本位制實質內容有相似之處：

（1）規定以美元為中心，其他國家貨幣則與美元掛鈎。這與戰前一些實行金匯兌本位制國家把貨幣依附於宗主國相似。

（2）規定會員國的貨幣"平價"，非經基金組織同意不得變更。這與戰前金匯兌本位制規定的固定金平價基本相似。

（3）規定匯率波動幅度不得超過平價上下各 1%（1971 年 12 月以後擴大為上下各 2.25%），這與戰前金匯兌本位制的黃金輸送點相似。

（4）規定國際儲備除黃金外，還有可兌換黃金的美元等。戰前金匯兌本位制的儲備資產也為黃金和外匯。

（5）規定會員國取消外匯管制，實行貨幣的可兌換性。這與金匯兌本位制下的自由貿易與本國貨幣自由兌換外匯相似。

但布列頓森林協定又有不同於戰前金匯兌本位制的新特點：

(1) 具有有效的國際調節性。新制度在國家干預、國家調節國際經濟關係的情況下發揮作用。各國貨幣比價是根據各國政府規定的含金量與美元建立固定比價關係；匯率沒有自動調節機制，而是在國際監督下由各國政府干預市場，人為維持匯率穩定。另外，對會員國國際收支不平衡也有一套有效提供調節資金的機制。

(2) 具有統一的、全球性的國際組織。全世界大多數國家都成了國際貨幣基金組織的會員國。它是維持和調節國際金匯兌本位制運轉的中心，《布列頓森林協定》對會員國具有法律約束力，協定的有關規定構成國際金融的統一行為準則和共同紀律；會員國如違反準則和紀律，就要受到制裁以至懲罰。所以，戰後的國際金匯兌本位制，是嚴整而不是鬆散的國際貨幣制度。

4.4.5　布列頓森林制度的作用和缺陷

(一) 作用

布列頓森林制度由於注重協調、監督各國匯率政策和國際收支調節，避免了 30 年代國際貨幣金融領域的分裂和混亂局面，對戰後世界經濟發展和國際金融相對穩定，作出重大貢獻。

(1) 促進國際貿易發展

戰後美元具有國際貨幣的職能，等同黃金，成為世界主要國際支付手段和儲備資產。在戰後黃金產量增長停滯的情況下，美國向世界大量投放美元，彌補國際清償能力的不足，因而擴大了世界購買力和銷售市場，維持了國際金融體系的穩定和正常運作，大大促進了國際貿易和世界產出。

（2）緩和國際收支困難

布列頓森林制度通過國際貨幣基金組織安排了一套國際收支調節機制，對會員國提供各類短、中期貸款。1970–1978 年間向發展中國家提供各種貸款總額達 101 億單位的特別提款權，比 1947–1969 年的貸款總額增加一倍以上。這在很大程度上緩和了會員國國際收支的困難，使會員國之間不必實行直接支付；逆差國不致因購買大量外匯而引起匯率狂跌；又不必輸出黃金作對外支付手段，而被迫在國內實行經濟緊縮措施。

（3）促進國際投資和資本國際化

布列頓森林制度實行固定匯率制，避免了資本輸出中的匯率變動風險，保證了對外投資的一定收益。這有利於資本輸出和國際間信貸流動，前所未有地推動資本和市場國際化。

（4）建立多邊支付體制，加強國際合作

布列頓森林制度消除了國際貿易和投資的部分障礙，實現主要國家貨幣自由兌換和多邊支付體制；通過提供資金融通，調節國際收支和穩定匯率，避免因一國經濟發生困難而引起連鎖反應。

（二）缺陷

布列頓森林制度仍存在着根本性的缺陷。

（1）金平價制的缺陷

戰後的金匯兌平價制，實際上是以美元為中心的固定匯率制。美元取得等同黃金的特殊地位，美國卻因此背上了維持金匯兌平價的重擔。這種固定的金匯兌平價制度，是建立在對美元充分信任的基礎上。戰後初期世界出現"美元荒"的年代，容易維持美元的黃金平價。但此後西歐及日本經濟實力逐步恢復和發展，各國官方持有的美元也愈來愈多，這些國家處於兩難地位，如果拋售過剩美元，會引起美元危機；如

表 4.5　各國向美國擠兌黃金情況

年　份	擠兌黃金數(億美元)
1958	20.00
1959–1962	58.00
1960–1971	85.45
其中：西歐	77.00
合計	163.45

資料來源：美國官方資料。

果持有美元，又會遭受貶值損失。當這些國家預期美元與黃
金的官價難以維持下去時，就會向美國擠兌黃金。自 1958
年美元危機開始至 1971 年，美國被兌換了價值 163.45 億美
元的黃金(見表 4.5)，按官價合 4.7 億盎司，幾佔 1971 年世
界黃金儲備總量 10.3 億盎司的一半。美國可以向世界無限
制流出美元，但不可能無限制兌換黃金，不得不於 1971 年
宣布停止兌換。這樣，依靠美元能兌換黃金的優勢地位建立
起來的金匯兌平價制，就不可避免地動搖了。

(2) 儲備制度的缺陷

戰後世界黃金產量有限，其作為國際儲備資產的地位受到削
弱，而美元在世界範圍貿易支付與金融交易中的作用則不斷
提高，成為主要的國際儲備資產。各國儲備的供應主要來自
美元，而美元又只依靠美國的長期國際收支逆差才能流散到
世界各國。這就是說，各國"把創造自己儲備一事，付託給
華盛頓一家印刷廠的所有主"⑪，使美國"能夠廉價而毫無阻
礙地為自己的國際收支逆差籌措資金"⑫；或像法國戴高樂
總統的顧問們所稱的"用美元去買盡歐洲的工業"。⑬

但美元作為主要國際儲備貨幣，卻使它處於兩難地位，
即所謂"特里芬矛盾"(Triffin Dilemma)。⑭它一方面要發揮

世界貨幣的職能，服從國際調節，通過國際收支逆差提供日益增長的儲備供應；因此，它的逆差是必要的。另一方面，美元作為美國一國的貨幣，又要服從於本國經濟利益，長期逆差卻是危險的。因為長期逆差必然危及美元信譽和美國國內經濟穩定。而要維持美國經濟和美元穩定，就要保持國際收支均衡或順差。但這樣卻會斷絕國際儲備的供應，使世界國際清償力不足，影響國際貿易和世界經濟增長。

這種以一國貨幣為支柱的國際儲備制度，本身就具有"內在的不安定性"。國際貨幣穩定與國際儲備供應之間的矛盾、美元信譽與美國國際收支逆差之間的矛盾，是布列頓森林制度內在的、不可克服的缺陷，也是它不可避免走向崩潰的主要原因。

（3）國際收支調節機制的缺陷

在布列頓森林制度下，匯率缺乏彈性，波動範圍小，平價又不能輕易變動，調節國際收支的作用受到很大限制。當一國國際收支基本不平衡，而不得不突然調整平價時，調整幅度往往很大，容易引起經濟波動；當一國到了非調整平價不可時，政治、經濟形勢會顯露種種迹象，容易引起人們對變動平價的預期，誘導大量投機資本移動而加重不平衡，甚至導致外匯市場和國際貨幣制度的動盪和混亂。

所以，一國長期國際收支不平衡時，主要調節手段便是收入變動。即不得不接受基金組織的經濟緊縮調節方案，降低國民收入，削減進口，以改善國際收支。經濟緊縮的結果失業增加，國民經濟增長放慢。這是以犧牲國內均衡來達成國際均衡，各國一般都不願如此。這也表明，布列頓森林制度本身存在着國際收支調節機制失靈、國際收支不平衡的缺陷。以上這些缺陷經過四分一世紀的孕育和發展，最終成為布列頓森林制度崩潰的直接原因。

4.4.6 布列頓森林制度的崩潰

隨着世界經濟發展，各國經濟實力對比發生了巨大變化。美國經濟實力相對下降，國際收支持續逆差，西歐和日本則日益增強。這使布列頓森林制度的內在缺陷完全暴露出來，導致布列頓森林制度步步走向崩潰。

(一)美元危機深化動搖了美元信譽

整個 60 年代美元危機頻繁爆發，動搖了美元的國際信譽和地位，人們不再相信"美國會捍衛每一個人的貨幣，而且決不收取小費"⑮的夢想，市場上一次又一次掀起拋售美元、搶購黃金的風暴，布列頓森林制度邁出了走向崩潰的第一步。

(二)黃金雙價制動搖了美元與黃金的聯繫

第一次美元危機爆發後，西方各國採取了許多挽救美元、維持國際貨幣運轉的措施，但並不能穩定黃金價格和阻止美元危機發展。1968 年 3 月爆發的 40 多年來最大的金融危機，使大多數市場停市。"黃金總庫"無力維持黃金官價，被迫實行"黃金雙價制"。這樣，美元和黃金在很大程度上脫離了關係，黃金市價大大高於官價，美元實際貶值；黃金官價有名無實，各國都不按官價售金，也不再直接以黃金進行國際結算，布列頓森林制度的黃金基礎開始崩解，美元也失去了兌換黃金的優勢。

(三)美元與黃金脫鈎使布列頓森林制度的一根支柱倒塌

黃金雙價制以後美元危機更惡化，世界主要黃金、外匯市場相繼關閉，瑞士、荷蘭、比利時等國的中央銀行都停止買賣美元。1971 年 8 月 15 日，美國被迫宣布實行"新經濟政策"，對內凍結工資物價，對外停止履行兌換黃金義務，並加強進口管制，對進口商品徵收 10% 進口附加稅。至此，美元完全與黃金脫鈎，建立在黃金基礎上的布列頓森林制度也從根本上動搖。

(四)固定匯率制垮台使布列頓森林制度的另一根支柱倒塌

美元停兌黃金後，國際金融市場極度混亂。各國對美國強烈不滿，都要求美元貶值或者實行浮動匯率，避免國際游資衝擊本國貨幣。布列頓森林制度的另一根支柱也受到嚴重威脅。"十國集團"乃於 1971 年 12 月 18 日在華盛頓的"史密森學會"大廈，舉行財政部長和中央銀行行長會議，通過了所謂"史密森學會協定"（Smithsonian Institute Agreement）。

（1）建立中心匯率制。各國應設立以 SDR 或其他會員國貨幣表示的中心匯率（central rate）。

（2）實行多邊調整匯率。美元對黃金貶值 7.89%，即由每盎司 35 美元調整為 38 美元。其他各國貨幣均對美元升值，升幅由 2.76% 至 7.89% 不等（見表 4.6）。

（3）擴大匯率波動幅度。由原來在金平價上下各 1%，擴大到新中心匯率的上下各 2.25%。

（4）廢除貿易障礙。美國同意取消新開徵的 10% 進口附加稅。

（5）研討改革國際貨幣制度。重點研討維持匯率穩定、確保貨幣自由兌換性、保持適當的國際流動性，以及對付短期資本移動等所應採取的措施及責任分擔。

但史密森協定並不反映各國貨幣的真實力量，只是對付美元危機的臨時性措施，沒有解決各國貨幣關係的根本問題。美元對黃金的貶值，很大成分上是象徵性的，因為美國根本就沒有實際運用新的官定金平價。史密森協定推行後，美國國際收支進一步惡化，無法兌換黃金的巨額過剩美元不斷衝擊外匯市場。人們無法恢復對美元的信心，各國也無法維持新的中心匯率。

1973 年 1 月下旬，國際金融市場又掀起拋售美元和搶購黃金、馬克、日圓的浪潮，外匯市場紛紛關閉。美國總統尼克松背棄了 1971 年美元第一次貶值時"美元將永遠不再對黃金減值"的承諾，於 1973 年 2 月 12 日宣布美元第二次貶值，幅度為 10%。黃金官價由每盎司 38 美元提高至 42.22 美元。

美元第二次貶值後外匯市場重新開放，西德等大部分歐洲國

表 4.6 史密森學會會議的貨幣匯率調整

國家和貨幣	貨幣平價變更率 (%)	對美元平價變更率 (%)	匯率決定	生效日期	對每美元之舊平價	對每美元之新平價
比利時 (B. Franc)	+2.76	+11.56	中心匯率	1971.12.21	50.00	44.82
加拿大 (C. Dollar)	—	—	浮動匯率	—	1.081	浮動
法國 (F. Franc)	0.00	+ 8.57	平價維持	—	5.554	5.216
西德 (DM)	+4.61	+13.58	中心匯率	1971.12.21	3.660	3.223
意大利 (Lire)	-1.00	+ 7.48	中心匯率	1971.12.20	625.00	581.47
日本 (Yen)	+7.66	+16.88	中心匯率	1971.12.20	360.0	308.0
荷蘭 (Guilder)	+2.76	+11.56	中心匯率	1971.12.21	3.62	3.24
瑞典 (Krona)	-1.00	+ 7.49	中心匯率	1971.12.21	5.17	4.18
英國 (Sterling Pound)	0.00	+ 8.57	平價維持	—	0.4167	0.384
美國 (U. S. Dollar)	-7.89	—	平價變更	1972. 5. 8	1 盎司黃金 = $35	1 盎司黃金 = $38
瑞士 (S. Franc)	-1.02	—	中心匯率	1971.12.21	4.084	3.84

注: 1. "+"、"—"號，分別表示升值和貶值。
  2. 中心匯率: 表示干預市場的中心匯率。

家的貨幣相對美元升值，加拿大、意大利、日本、英國和瑞士等國貨幣匯率浮動。僅維持 14 個月的史密森學會協定便告瓦解。

各國不再承擔維持對美元匯率的義務，美元不再成為各國貨幣圍繞的中心，固定匯率垮台了。至此，布列頓森林制度的兩根支柱完全倒塌，"布列頓森林時代結束了。"⑯

4.5　國際貨幣制度的改革

4.5.1　"二十國委員會"與國際貨幣制度"改革大綱"

1971 年 8 月美元停兌黃金，12 月"十國集團"達成"史密森協議"，曾提出要改革國際貨幣制度，將在國際貨幣基金組織範圍內進行。1972 年 7 月，基金組織決定成立"二十國集團"（參考 2.3），負責有關國際貨幣制度改革的技術問題。委員會用了近 2 年時間討論研究，由於美國和西歐國家之間、工業國與發展中國家之間利害不一，對許多重大問題意見分歧。前者的分歧集中在匯率制度和國際收支調節問題上，後者的分歧則在 SDR 分配與發展援助之間的聯繫上。

"二十國委員會"經過長期爭論，1974 年 6 月在華盛頓舉行第 6 次會議，才發表一份《關於國際貨幣制度改革大綱》。主要內容是：

（1）實行穩定但可調整的固定匯率制。順差國或逆差國都應迅速使平價發生適當變化；特殊形勢下各國可採取浮動匯率。

（2）國際收支調節，應是有效和對稱的過程。採取一種適當的可兌換性形式，使各有關國家均勻承擔義務，以解決國際收支不平衡。即實施固定匯率的國家，當其他國家請求兌換時，均應動用儲備資產。

（3）更好管理全球清償能力。使 SDR 成為主要國際儲備資產，並逐步降低儲備貨幣和黃金的作用。

(4) 抑制擾亂性的短期資本流動。各國應加強合作限制不平衡的資本流動，並安排融資，抵銷這種資本流動的影響。

(5) 促使實際資源淨流入發展中國家。改革後的國際貨幣制度，將包括促進實際資源不斷向發展中國家淨流入的種種安排，包括在發展援助與特別提款權分配之間建立某種聯繫。

(6) 修改國際基金組織章程，加強基金組織。在理事會下設立有決策權力的永久性代表會議，監督國際貨幣制度運作與平價調整，並處理各種突發事件。

4.5.2 "臨時委員會"與《牙買加協定》

"二十國委員會"提出《關於國際貨幣制度改革大綱》後便告結束，並成立"理事會國際貨幣制度臨時委員會"(Interin Committee of the Board of Governors on the International Monetary System，簡稱"臨時委員會"，後改為常設機構)接替"二十國委員會"研討國際貨幣制度改革問題。委員會對基金增資、黃金作用、匯率安排等達成協議。1976 年 1 月在牙買加首都京斯登(Kingstone)舉行的第 5 次會議，對國際貨幣制度的長期性改革達成《牙買加協定》(Jamaica Agreement)。主要內容如下：

(一)增加成員國的基金份額

基金從 1976 年初的 292.11 億特別提款權(約值 340 億美元)，增至 390.33 億特別提款權(約值 450 億美元)。各會員國所佔份額，主要石油輸出國增加 1 倍，即由 5% 增至 10%，其他發展中國家不變；主要工業國家除西德由 5.48% 增至 5.52%；日本由 4.11% 增至 4.25% 外，其餘俱略為減少。如美國由 22.94% 減至 21.53%，英國由 9.59% 減至 7.49%(詳見表 4.7)。

(二)會員國可以自由選擇匯率制度

關於匯率的安排，主要根據 1976 年 1 月 1 日通行的匯率制

表 4.7 基金增資後各國份額變化

單位：百萬 SDR

國 別	增資前份額(1976.4.2.)		增資後份額		金額增加率(%)
	金 額	佔總份額比例(%)	金 額	佔總份額比例(%)	
先進國家	21,100	72.23	26,463	67.80	25.42
先進工業國	18,365	62.87	22,915	58.71	24.78
美 國	6,700	22.94	8,405	21.53	25.45
英 國	2,800	9.59	2,925	7.49	4.46
西 德	1,600	5.48	2,156	5.52	34.75
法 國	1,500	5.14	1,919	4.92	27.93
日 本	1,200	4.11	1,659	4.25	38.25
加拿大	1,100	3.77	1,357	3.48	23.36
意大利	1,000	3.42	1,240	3.18	24.00
其他先進國家	2,735	9.36	3,548	9.09	29.73
發展中國家	8,111	27.77	12,570	32.20	54.97
石油輸出國	1,454	4.98	3,856	9.88	165.20
其他發展中國家	6,657	22.79	8,714	22.32	30.90
合 計	29,211	100.00	39,033	100.00	33.62

度而作出以下規定：

(1) 取消布列頓森林制度的金匯兌制。

(2) 各會員國可以自由選擇適合本國經濟情況的匯率制度。

(3) 在制度上，基金組織承認固定匯率制與浮動匯率制可以同時並存；在管理上，則要監督各會員國的匯率政策，有權要求會員國解釋它們的匯率政策，並要求它們推行適當的國內經濟政策以使制度穩定。

(4) 將來世界經濟穩定後，得經由投票權 85% 的多數票作出決定，恢復"實行一個穩定但可調整的平價"的固定匯率制度。

(三)降低黃金在國際貨幣制度中的作用

《協定》規定廢除原《國際貨幣基金協定》中的所有黃金條款，割斷黃金和貨幣的聯繫。具體規定有：

(1) 廢除黃金官價，各會員國中央銀行可按市價自由買賣黃金。

(2) 各國貨幣匯率不再以黃金作為共同標準。

(3) 各會員國之間以及會員國與基金組織之間的債權債務，一律取消須用黃金支付的義務。

(4) 處理基金組織持有的約 1 億 5,000 萬盎司黃金。其中六分之一（約 2,500 萬盎司）按市價出售，超過官價（每盎司 42.22 美元或 35 SDR）的部分作為援助發展中國家之資金；另外六分之一，由原繳份額之會員國按官價購回；其餘約 1 億盎司則通過總投票權 85% 的多數票決定，出售或由會員國購回。

(5) 為保證黃金非貨幣化，"十國集團"另又達成一項到 1979 年 2 月 1 日為止的"局外協定"（Outside Arrangement），內容是兩年內不採取任何與黃金價格掛鈎的措施，不增加基金組織和"十國集團"貨幣當局總共持有的貨幣黃金量，並每半年向 IMF 報告所購買或銷售的黃金數量。

(四)使特別提款權成為主要的國際儲備資產

(1) 擴大 SDR 的作用。《協定》規定，參加 SDR 賬戶的會員國，可以用 SDR 作為各國貨幣定值標準，可以用 SDR 償還對基金組織的債務，可以用 SDR 作為償還債務的擔保和借貸。

(2) 把美元本位改為 SDR 本位。《協定》規定今後以 SDR 作為主要國際儲備資產，最後取代黃金和儲備貨幣的地位。

(3) 加強監督國際清償能力。

(五)擴大對發展中國家的資金融通

(1) 設立信託基金。以出售 2,500 萬盎司黃金超過官價的收益部分作為基金，向最不發達國家提供優惠條件的援助，協助它們改善國際收支。

(2) 擴大基金組織貸款額度。普通貸款（credit tranche）額度，由相當於會員國基金份額的 100% 增至 145%；補償性貸款（compensatory finance）則由 50% 提高至 75%。

從上可見，《牙買加協定》的核心內容在使浮動匯率合法化，形成一系列浮動程度不同的、有國家管理和國際監督的匯率體系。因此，經濟學家們認為《牙買加協定》"是對布列頓森林制度核心內容的正式埋葬"，因為它使"現存支配國際貨幣關係的非制度化作法合法了"。⑰

4.5.3 第二次修改《國際貨幣基金協定》

《牙買加協定》發表後，基金組織執行董事會即着手對《國際貨幣基金協定》作第二次修改。1976 年 4 月 30 日將《第二次修正案》提交基金組織理事會表決通過。1978 年 4 月 1 日經六成以上會員國和總投票權的 85% 通過，正式生效。

這次修改包括了《牙買加協定》的主要內容。另外，對基金組織的一般業務運作亦列入若干行之有效的政策和慣例，如必要時得延長利用基金資金的時間等，亦予列入，並增加成立"審議委員會"（Council）條款。該委員會不但是一個諮詢機構，且擁有決策權。

《國際貨幣基金協定》的第二次修正和生效，正式宣布布列頓森林制度終結。從此國際貨幣制度開始了新的歷史階段，確立以《牙買加協定》為基礎的現行國際貨幣制度。

4.6 現行國際貨幣制度

現行國際貨幣制度是根據《牙買加協定》建立起來的，故稱為"牙買加制度"（Jamaica System）。又因為這個制度沒有取得重大突破，沒有解決一些根本性問題，沒有制定硬性規則或自動制裁辦法，各國都可根據自己的考慮和責任來履行義務，所以一些經濟學家把它稱為"無制度"（non-system）。⑱

現行國際貨幣制度公開拋棄了布列頓森林制度的一些基本原則，在儲備資產、匯率制度和調節機制等決定國際貨幣制度性質的問題上，形成一套以多樣化和靈活性為主要特點的國際安排。

4.6.1 匯率安排

《牙買加協定》的匯率安排，是現行國際貨幣制度有別於布列頓森林制度的主要特徵，是一種以管理浮動為主的多樣化匯率制度。

（一）匯率制度多樣化

《基金協定》第二次修改，規定每個會員國的外匯安排：

（1）可用 SDR 或選定黃金以外的另一種共同標準，來確定本國貨幣價值；

（2）通過合作安排，使本國貨幣與其他會員國貨幣保持比價關係；

（3）會員國選擇的其他外匯安排。

這就規定會員國的貨幣平價除不能以黃金表示外，可以自由選擇各自的匯率制度。國際貨幣基金組織承認固定匯率制與浮動匯率制可以並存。國際貨幣基金組織把會員國近年來改變、調整貨幣匯率時採取的不同方式，歸納為三大類（見表 4.8）：

（1）釘住匯率制

釘住匯率制，亦稱掛鈎匯率制，指一個國家的貨幣釘住某單一貨幣或複合貨幣的匯率制度。採行這種制度的國家，貨幣匯率

表 4.8　IMF 對各國貨幣匯率安排的分類統計

匯率安排情況	國　家　數　目						
	1984	1985	1986	1987	1988	1989	1990/9
釘住匯率	95	94	91	92	94	92	88
釘住美元	34	31	32	38	36	32	25
釘住法國法郎	14	14	14	14	14	14	14
釘住其他貨幣	5	5	5	5	5	5	5
其中：釘住英鎊	1	1	—	—	—	—	—
釘住 SDR	11	12	10	8	8	7	7
釘住其他複合貨幣	31	32	30	27	31	34	37
有限靈活性匯率	15	13	13	12	12	13	13
對單一貨幣	7	5	5	4	4	4	4
對一組貨幣的合作安排	8	8	8	8	8	9	9
較大靈活性匯率	38	41	46	46	47	46	52
根據一組指標調整	6	5	6	5	5	5	3
其他管理浮動	20	21	21	23	25	21	23
獨立浮動	12	15	19	18	17	20	26
合　　計	148	148	150	150	150	151	153

資料來源：IMF《國際金融統計》1990 年 12 月號。

相對固定，不存在匯率波動幅度問題；即使有波動，也維持在極小範圍內。

a. 釘住單一貨幣。一般是經濟水平較低的發展國家，由於歷史、地理上的原因或經濟的對外依附關係，通常把本國貨幣釘住與其貿易、金融往來最密切的某一工業發達國家的貨幣。據基金組織 1990 年第三季度的統計，實行釘住單一貨幣的國家有 44 個，其中：

- 釘住美元的有 25 個國家，即阿富汗、安哥拉、安提瓜和巴布達、巴哈馬、巴巴多斯、伯利茲、吉布地、多明尼加、多明尼加共和國、衣索匹亞、格瑞那達、圭亞那、海地、賴比瑞亞、伊拉克、阿曼、巴拿馬、聖·盧西亞、聖·文森特、蘇丹、蘇里南、敍利亞、千里達和多巴哥、葉門共和國、聖基茨和尼維斯。

- 釘住法國法郎的有 14 個國家，即貝南、喀麥隆、中非共和國、查德、科摩羅、剛果、赤道幾內亞、加彭、馬利、尼日、多哥、塞內加爾、布吉納法索、象牙海岸（現名科特迪瓦）。

- 釘住其他貨幣的有 5 個國家，即不丹（釘住印度盧比）、賴索托（釘住南非蘭特）、史瓦濟蘭（釘住南非蘭特）、東加（釘住澳大利亞元）、基里巴斯（Kiribati，釘住澳大利亞元）。

b. 釘住特別提款權。SDR 是由國際貿易與支付中廣泛使用的美元、英鎊、馬克、日圓和法國法郎五種貨幣加權平均定值的。釘住 SDR，實際就是釘住這 5 種貨幣，比釘住單一貨幣要穩定些。目前有 7 個國家的貨幣釘住 SDR，即蒲隆地、利比亞、盧安達、伊朗、塞席爾、尚比亞。

c. 釘住其他複合貨幣(other currency composite)。指與自行選定的貨幣"籃子"掛鈎。釘住其他複合貨幣的國家愈來愈多，由 1987 年的 27 個增至 1990 年的 37 個，即阿爾及利亞、奧地利、孟加拉國、波 札 那 、保加利亞、佛得角、塞普勒斯、捷克斯洛伐克、斐濟、芬蘭、匈牙利、冰島、以色列、約旦、肯 亞 、科威特、馬拉威、馬來西亞、馬爾他、模里西斯、摩洛哥、莫三比克、尼泊爾、挪威、巴布亞新幾內亞、波蘭、羅馬尼亞、所羅門羣島、聖多美和普林西比、瑞典、坦尚尼亞、泰國、烏干達、索馬利亞 、辛巴威、西薩摩亞、瓦努阿圖。

(2) 有限靈活性匯率(有限彈性匯率)

指相對於某一種或某一組貨幣具有有限靈活性的匯率 (flexibility limited in terms of a single currency or group of currencies)。它兼有釘住匯率與浮動匯率的特點，既有相對穩定性，又便於決策者根據本國對外經濟需要隨時調整匯率水平。有限靈活性匯率有兩種形式：

a. 對單一貨幣。即一個國家的貨幣隨着另一種貨幣而作有限浮動。這與釘住一種貨幣的浮動有區別，即允許其貨幣與所據以浮動的貨幣匯率在上下 2.25% 範圍內波動。目前，屬於這類國家的貨幣都以美元為軸心而浮動，計有巴林、沙烏地阿拉伯、卡達等國的貨幣。

b. 對一組貨幣的合作性安排(cooperative arrangements)。主要指歐洲共同體成員國實行的合作性匯率安排。即在成員國間實行固定匯率，按以歐洲貨幣單位(European Currency Unit—ECU)表示的中心匯率制定各國貨幣匯率的波動幅度。除意大利里拉(1990 年 1 月 8 日以前)和英國英鎊維持在上下 6%，其他成員國則維持在上下 2.25% 的範圍內。這類的國家有：比利時、丹麥、法國、德國、意大利、愛爾蘭、英國(1990 年 10 月參加)、盧森堡、荷蘭、西班牙共 10 國。

(3) 較大靈活性(more flexible)匯率(較大彈性匯率)

這類國家貨幣匯率的波動幅度不受限制，並實行獨立自主的調整匯率原則。一般是經濟發展水平較高的國家採行這種匯率制。但由於國際市場競爭激烈，匯率變化對國際收支及國內經濟發展有較大影響，各國為使匯率朝有利於本國的方向浮動，都採取各種不同措施，獨立自主地干預和調整本國貨幣匯率。所以，所謂有較大波動幅度的匯率，並不是自由浮動匯率，而是一種有政府干預的管理浮動 (managed floating)。這類匯率可分為三種：

- 根據一組指標調整的匯率 (adjusted according to a set of indicators)
  主要是一些拉丁美洲國家，根據各自情況選定本國外匯儲備、國際收支狀況、消費物價指數，和與本國貿易關係密切的國家物價變動等，構成一套指標體系，用以確定和調整本國貨幣匯率。這類國家 1984 年有 6 個，到 1990 年只剩 3 個，即智利、哥倫比亞和馬達加斯加。

- 其他管理浮動 (other managed floating) 匯率
  指一國政府必要時能對匯率的制定和調整作一定干預，但往往不能達到預期效果，而使匯率處於持續的波動之中。採行這種匯率的，一般是實行外匯管制、貨幣不能自由兌換、資本不能自由輸出入的封閉型國家，有別於以貨幣自由兌換為基礎的開放型國家採行的管理浮動匯率。屬於這類的國家有：中共、哥斯達黎加、厄瓜多爾、埃及、希臘、幾內亞、幾內亞比索、宏都拉斯、印度、印度尼西亞、寮國、茅利塔尼亞、墨西哥、尼加拉瓜、巴基斯坦、葡萄牙、新加坡、斯里蘭卡、突尼西亞、土耳其、越南、南斯拉夫、薩伊共 23 國。

- 獨立浮動 (independently floating) 匯率
  這是一種有較大波動幅度的管理浮動匯率，不與其他國家貨幣發生固定聯繫，主要根據外匯市場的供求決定。政府通過在市場上買進或賣出外匯或互惠信貸安排等，來保持匯率的穩定和影響匯率水平。實行獨立浮動國家，由 1984 年的 12 個增至 1990 年第三季的 26 個，包括：美國、日本、加拿大、澳大利亞、玻利維亞、巴拉圭、巴西、薩爾瓦多、甘比亞、牙買加、黎巴嫩、紐西蘭、奈及利亞、秘魯、菲律賓、南非、委內瑞拉、瓜地馬拉、獅子山、迦納、烏拉圭、薩伊、馬爾地夫、英國(1990 年 10 月參加，又於 1992 年 9 月退出聯合浮動)、阿根廷、那米比亞。

從上可知，世界各國多樣化的匯率安排，實際是可分為兩大類：一類是有較多固定匯率制特點的釘住匯率，另一類是有較多浮動匯率制特點的靈活性匯率。

(二)匯率浮動化

當前的國際匯率制度，實質上是一種以主要國際貨幣為基礎的管理浮動匯率制，全球貨幣的匯率都處於浮動狀態，這是因為：

(1) 國際通貨中約有 20% 依市場供求而浮動，它們主要是實行較靈活匯率的經濟發達國家的貨幣。這些國家的貿易佔世界貿易總量三分之二；以實行浮動匯率的貨幣進行交易的貿易額，佔世界貿易總額的五分之四。[19]這些國家貨幣匯率的浮動，必然影響所有國家的對外貿易和它們儲備資產的實際價值。

(2) 大多數國家實行的釘住匯率制，並不是布列頓森林的固定平價制度，其實際處於浮動狀態。因為這些國家的貨幣都是釘住某一發達國家的貨幣或一組複合性貨幣。而這些被釘住的貨幣也都實行管理浮動匯率制，它們的浮動必然使釘住它們的貨幣匯率也跟隨浮動。所以，釘住匯率，實際上是一種釘住浮動匯率。

(3) 經過 IMF 協定第二次修改，浮動匯率取得合法地位。近 20 年的實踐表明，浮動匯率既不像它的支持者說的那樣好，也

不像它的反對者説的那樣差。可以説，它比固定匯率更能適
應當前不平衡、不穩定的世界經濟。目前，恢復固定匯率制
度的條件是不具備的。浮動匯率制將維持一段較長歷史時
期。

（4）現行貨幣匯率制度下，匯率波動幅度大。據 IMF 的一個報
告指出，美國等 7 個主要發達國貨幣的名義匯率在 1973 年
至 1990 年的短期波動（月、季度的波動），比布列頓森林時
代的平價匯率大 5 倍，長期匯率和實際匯率的情況也如此。

4.6.2 國際儲備資產

現行國際貨幣制度的另一個重要特點，是因黃金非貨幣化和
特別提款權作用擴大而形成的國際儲備資產多樣化。

（一）黃金的儲備地位

《IMF 協定》第二次修改，實行黃金非貨幣化，降低了黃金
儲備功能和它在世界儲備總額中的比重。但黃金至今仍是各國國
際儲備資產中的重要構成部分，仍是一國經濟實力的重要表徵。
所以，黃金雖然非貨幣化了，卻沒有非儲備化。

（二）特別提款權的發展

《IMF 協定》第二次修改，明確規定要使特別提款權逐步成
為主要國際儲備資產。因此，國際貨幣基金組織採取了一系列措
施，以加強 SDR 的功能，增加持有 SDR 的吸引力。

（1）SDR 定值方法的變化

SDR 創設時以黃金定值，與美元的含金量相同，都是
0.888671 克純金。布列頓森林制度崩潰後，美元的黃金平價不
復存在，美元匯價不斷下跌。SDR 不能再以黃金定值，也不能
只與美元聯繫。但各國都希望有一種較穩定的儲備資產。基金組
織乃決定從 1974 年 7 月 1 日起，採取以一籃子貨幣的加權平均
值來決定 SDR 的價值。

最初的貨幣籃子，是由當時佔世界出口總額 1% 以上的 16 個國家的貨幣組成，每種貨幣所佔權數與每個國家的出口份額成正比，然後根據它們的市場匯率，計算出以美元表示的 SDR 價值以及對其他貨幣的匯率(見表 4.9)。

1974 年創立的 SDR 貨幣籃子，雖然使 SDR 與黃金脫離關係，但法律上每單位 SDR 仍應含有 0.888671 克純金。這種表示形式一直持續到 1978 年 7 月 1 日第二次修訂的基金條款生效。

表 4.9　特別提款權貨幣構成及匯率計算 (1974 年 7 月 1 日確訂)

貨幣名稱	所佔比例 (%)	在 SDR 中的貨幣量	美元匯率	對應的美元量 [1]
美元	33.0	0.4000	1.000000	0.400000
西德馬克	12.5	0.3800	2.456998	0.154096
英鎊	9.0	0.0450	2.322500	0.104513
法國法郎	7.5	0.4400	4.492497	0.097941
日圓	7.5	26.0000	299.900177	0.086696
加拿大元	6.0	0.0710	0.991122	0.071636
意大利里拉	6.0	47.0000	660.150146	0.071196
荷蘭盾	4.5	0.1400	2.553999	0.054816
比利時法郎	3.5	1.6000	37.029988	0.043208
瑞典克朗	2.5	0.1300	4.21550	0.030839
澳洲元	1.5	0.0120	0.758437	0.015822
丹麥克朗	1.5	1.1100	5.786000	0.019011
挪威克朗	1.5	0.0990	5.352498	0.018496
西班牙比塞塔	1.0	1.1000	56.575729	0.019443
奧地利先令	1.0	0.2200	17.610032	0.012493
南非蘭特	1.0	0.0082	0.689656	0.011944

注：1. 對應的美元量的總和，就是 1 單位 SDR 與美元的匯率，即 SDR1 = $1.212150。
資料來源：轉引自白俊男《國際經濟學》，頁 503。

新的條款不僅使 SDR 在法律上脫離黃金，並改變了貨幣籃子的構成。新的貨幣籃子只是根據 1972–1976 年間各國出口額在世界出口總額中的變化，去掉了丹麥克朗和南非蘭特，代之以沙烏地阿拉伯和伊朗的貨幣。

1980 年 4 月，IMF 臨時委員會召開漢堡會議，建議並決定將貨幣籃子簡化為 5 種貨幣，即美元、西德馬克、日圓、法國法郎和英鎊。根據 1975–1979 年五國商品和勞務出口的平均值，以及 IMF 所有成員國持有貨幣的餘額，決定這 5 種貨幣的權數：美元 42%、馬克 19%、日圓、法國法郎和英鎊各 13%。

由於這 5 種貨幣的幣值和它們國際儲備地位不斷變化，它們的權數先後於 1986 年 1 月 1 日與 1990 年 1 月 1 日作了兩次調整（見表 4.10）。為維持 SDR 的一貫性，不使 SDR 價值因改變計算方法而改變，採取的辦法，是以 1980 年 12 月 31 日前三個月內倫敦中午外匯匯率的平均價，按以上權數算出這 5 種貨幣在 SDR 中所佔的數量；再從 1981 年 1 月 1 日起，用當日美元對各種貨幣的比率，計算出各種貨幣在 1 個 SDR 中所含的美元幣值，相加起來即是 1 個 SDR 的美元值（見表 4.11）。

新的 SDR 定值方法有其好處：

第一，定值貨幣種類減少，對 SDR 穩定性的衝擊來源亦為之減少。

第二，每隔 5 年後的第一天，按照前 5 年籃子貨幣國家的國際貿易和金融情況，調整新的貨幣籃子構成和權數。但任何一國貨幣要取代原貨幣籃子中的某一種貨幣，該國的出口額必須超過被替代國家、超過數量必須佔全球出口總額 1% 以上。這一規定，使貨幣籃子的結構更加穩定。

第三，新貨幣籃子貨幣與計算 SDR 利率的貨幣一致，便於使用這 5 種貨幣利率加權平均的綜合市場利率（見表 4.12），使 SDR 的利率升近市場利率水平。

表 4.10　特別提款權貨幣權重的調整

貨　幣	權　重　(%)		
	1981 年 1 月 1 日起	1986 年 1 月 1 日起	1991 年 1 月 1 日起
美　元	42	42	40
西德馬克	19	19	21
日　圓	13	15	17
法國法郎	13	12	11
英　鎊	13	12	11

資料來源：根據 IMF 各年公布的調整權重編製。

表 4.11　特別提款權的定值　　　　　　　　　(1984 年 8 月 20 日)

貨　幣	在特別提款權中的貨幣量	美元匯率[1]	對應的美元量[3]
西德馬克	0.4600	2.87070	0.160240
法國法郎	0.7400	8.81150	0.083981
日　圓	34.0000	241.38000	0.140857
英　鎊	0.0710	0.75775	0.093699
美　元	0.5400	1.00000	0.540000
總計[2]			1.018777

注：1. 各種貨幣與美元的匯率以倫敦市場 1984 年 8 月 24 日正午的匯率為準。

　　2. 對應的美元量的總和，就是 1 單位特別提款權與美元的匯率：

　　　　　SDR 1 = \$1.018777　　　或　　　\$ 1 = SDR 0.981569

　　3. 對應的美元量 = 在 SDR 中的貨幣量 ÷ 美元匯率。

表 4.12　特別提款權利率的計算　　　(1988 年 8 月 29 日，星期一)

貨幣	貨幣量	兌 SDR 匯率	計算值
西德馬克	0.5270	0.41374400	1.1827
法國法郎	1.0200	0.12170900	1.0148
日　圓	33.4000	0.00577754	0.8008
英　鎊	0.0893	1.30178000	1.3609
美　元	0.4520	0.77188000	2.6411
SDR 利率			7.000

資料來源：IMF 財政事務部。

SDR 價值穩定和利率提高，是能否擴大其用途的重要條件。

（2）特別提款權使用上的變化

SDR 在使用上逐步放寬和取消了創設初期的種種限制：

第一，調高利率與改變計息方法。

SDR 的最初利率只有 1.5%，1974 年提高至 5%。1976 年 1 月至 1981 年提高至 5 個定值貨幣國家綜合市場利率的 80%，1981 年 5 月 1 日以後更與該 5 國綜合利率水平完全相等。1983 年 8 月 1 日又有改變，利率由原來每半個月調整一次改為每週調整一次；利息支付由原來每年一次改為每季一次。

第二，取消"復原"條款。

按原規定，每個成員國在每個基本期裏持有 SDR 的數量，不能低於其平均累計分配額的 30%，如果低於這個水平，則必須用可兌換貨幣購回 SDR，使持有量恢復到規定水平。這一復原條款所規定的持有比率，從 1979 年 1 月 1 日起降至 15%。1981 年 4 月 1 日起又完全取消這一條款，使 SDR 的使用量有一定程度增加。

第三，擴大 SDR 的用途和範圍。

按原規定，SDR 只能用於調節國際收支，也只限於參加 SDR 賬戶的 IMF 成員國可以持有。1978 年以後，參加國不再需要 IMF 批准就可訂立協議，進行交易，像金本位制下買賣黃金的方式買賣 SDR，直接使用 SDR 清償債務，毋須首先折合成某種貨幣；交易目的也不再限於調節國際收支，而可直接用於交易安排、互惠協議、遠期業務、信貸和金融債務清算和擔保等。擴大官方持有 SDR 範圍，准許 IMF 會員國以外有"其他持有者"。至 1988 年 7 月 1 日，IMF 確定有 16 個組織機構[20]作為 SDR 指定持有人。這些機構可像 SDR 賬戶參加國一樣，根據協議，接受業務和使用 SDR。

SDR 除官方交易外，還可在私人交易中使用，如商業銀行可接受用 SDR 計值的存款，發行以 SDR 為面值的債券、辛迪加貸款，以及在國際間的私人貨物、勞務交易中用作開票單位。㉑

（3）SDR 數量上的變化

SDR 第一期（1970–1972 年）向 112 個會員國分配 94 億 SDR（實際分配 93.15 億）；第二期（1973–1977 年）沒有分配；第三期（1978–1980 年）又分配 120 億 SDR（實際分配 121.177 億）（見表 4.13）。

表 4.13　1970–1985 年特別提款權的分配　（單位：億 SDR）

年　份	基　期	SDR 分配額	SDR 淨累積分配額
1970 年	第一期	34	34
1971 年	第一期	30	64
1972 年	第一期	30	94
1973 年	第二期	—	94
1974 年	第二期	—	94
1975 年	第二期	—	94
1976 年	第二期	—	94
1977 年	第二期	—	94
1978 年	第三期	40	134
1979 年	第三期	40	174
1980 年	第三期	40	214
1981 年	第四期	—	214
1982 年	第四期	—	214
1983 年	第四期	—	214
1984 年	第四期	—	214
1985 年	第四期	—	214

資料來源：IMF《不定期論文集》1987 年 3 月號，頁 57。

增加 SDR 的分配額，是為了提高 SDR 在國際儲備總額中的比重，使 SDR 成為主要國際儲備資產，"這是邁向國際貨幣整合，邁向更對稱的貨幣制度，並使 IMF 最後轉變為世界中央銀行的象徵"。㉒

《IMF 協定》第二次修改後，SDR 雖然數量上有所增加，作為儲備資產的吸引力有所擴大，但由於 SDR 本身的缺陷（參閱 3.2），直至現在，可能到下個世紀初，也還不能真正成為主要的國際儲備資產。

(三)以美元爲主的多元化結構

當前的國際儲備資產中，黃金、SDR 以及在 IMF 儲備頭寸，在數量上和使用上，比起美元、馬克和日圓等儲備貨幣，都處於極其次要的地位。國際貿易和國際借貸主要還是使用以美元為主的多種儲備貨幣。近年來，美元的儲備地位有所下降，馬克、日圓有所上升，但仍不可能取代美元。各國貨幣沒有一個統一的中心，而是形成多個貨幣集團。大多數國家分別釘住少數幾個發達國家的貨幣，形成以美元為主的貨幣多中心、儲備多樣化結構。

4.6.3　調節機制

布列頓森林制度崩潰後，IMF 調節會員國國際收支的機制卻繼續有效，而且還有所加強。主要表現於：

(一)增強融通資金的能力

布列頓森林制度崩潰後，各國間國際收支嚴重失衡，IMF 為協助會員國調節國際收支，乃採取措施增加資金來源及增強融資能力。

（1）增加份額：由原來的 292.11 億 SDR 增至 390.33 億 SDR，此後，又作了幾次增資，至 1992 年 11 月增達 2010 億 SDR，比《牙買加協定》前增加 5.88 倍。這就使會員國獲得更多的資金以調節國際收支。

(2) 出售黃金。IMF 出售持有黃金的六分之一，將所得約 25 億美元作為信託資金，幫助人均收入不超 300 SDR 的發展中國家，解決它們的國際收支困難。

(二)增加新的貸款項目

1974 年和 1975 年先後兩次設立石油貸款；1975 年設立中期貸款；1977 年設立"補充貸款"；1981 年設立"擴大貸款"。另外還開設"石油貸款補貼賬戶"、"補充貸款補貼賬戶"等等。這些新增貸款有效地協助會員國調整國際收支和調整經濟。

以上就是現行國際貨幣制度的基本內容。它沒有明確的貨幣本位，主要國際儲備資產沒有內在的價值，匯率制度又不統一。因此，它是一個沒有固定秩序、沒有統一體系的貨幣世界。它既不能調節全球性貨幣資金流動形成的金融網絡，又不能把它們隔開和割斷。在"無制度"的制度中，卻保持一定的正常運作秩序。

4.7 歐洲貨幣制度

布列頓森林制度崩潰後，國際貨幣關係的一個重要變化，是區域性貨幣一體化的形成和發展。即一定地區內的兩個或兩個以上國家，在貨幣金融領域中協調和合作，組成統一的貨幣聯盟，對外實行統一匯率，發行統一貨幣和實施統一管理。它和 30 年代那種大國控制小國、互相封鎖、具有明顯排他性的貨幣區完全不同。

由於生產和資本的高度國際化，各國在世界經濟中相互依賴和相互矛盾都日益加深，因而在國際貨幣關係中要進行協調和結合。但國家間、地區間情況各異，要由一個超國家的國際金融機構制訂和推行一套規則以實現全球貨幣一體化，自是很困難的。在世界經濟多極化、儲備貨幣多元化的情況下，世界不可避免地出現一些地域性的貨幣一體化。1979 年建立的歐洲貨幣制度（European Monetary System），就是最重要、最有代表性的一個。十多年的實踐經驗證明，歐洲貨幣制度是成功的，愈來愈多的人認為它將是今後國際貨幣制度改革的一個模式。

4.7.1 歐洲貨幣制度的建立

歐洲貨幣制度是歐洲經濟共同體在原來的"歐洲經濟貨幣聯盟"（European Economic and Monetary Union—EMU）的基礎上，於1979 年 3 月 13 日在巴黎舉行的歐共體九國政府首腦會議上，正式通過並宣告成立的。在 12 個歐共體國家中，除希臘和葡萄牙兩國外，已有 10 個國家參加。

(一)創建歐洲貨幣制度的目的

1978 年 7 月由歐洲共同體各國首腦組成的"歐洲部長理事會"通過決議，建立歐洲貨幣制度以促進共同體各國更密切的貨幣合作。1978 年 12 月的布魯賽爾會議又通過決議，確定了歐洲貨幣制度的主要宗旨。決議說，建立這一體系"是要為共同體內的貨幣穩定訂立更有效的指施。應該將它看成是共同體內致力於持久穩定增長、逐漸恢復充分就業、生活水平趨於一致及地區間不平衡得以縮小等更廣泛戰略目標的一個基本組成部分。歐洲貨幣制度有利於經濟發展的集中，也能賦予歐洲聯盟的形成以新的動力。部長理事會期望歐洲貨幣制度對國家經濟和貨幣關係產生穩定的影響"。

(二)創建歐洲貨幣制度的原因

(1) 建立穩定的貨幣區，以抵禦美元劇烈波動的衝擊

70 年代美元危機頻繁，給歐洲外匯市場造成沉重壓力，且招致共同體各國貨幣大幅波動。在歐洲貨幣制度建立前的 1977 年春到 1978 年 10 月底，美元對西德馬克共下跌 26%、對英鎊和法國法郎下跌 19%。當時，共同體各國貨幣實行聯合浮動，

但由於缺乏共同的貨幣基金，干預市場的機制也不夠健全，致使馬克不斷升值，參加聯合浮動的其他貨幣不得不一再調整其對馬克的比價，最後迫使英、意、愛爾蘭、法國退出聯合浮動。因此，共同體各國決定建立歐洲貨幣制度，以抵禦美元波動對本國經濟的衝擊。

（2）促進共同體內部經濟，貿易發展

擴大內部貿易，是歐洲共同體的主要目標。但當時各國經濟滯脹（stagflation），貿易保護主義抬頭。9個成員國相互貿易佔它們對外貿易總額的比重，從1973年的52.7%降至1977年的50.6%。共同體內外貿額最大、競爭力最強的西德，1978年經濟增長主要依靠國內消費增長，這在戰後還是第一次。建立一個穩定的貨幣區，有助於促進共同體內部經濟、貿易增長。

（3）加強政治、經濟聯合

60年代初的共同體主席哈爾斯坦曾把共同體比作"三級和平火箭"：第一級是關稅同盟，第二級是經濟同盟，第三級是政治聯盟。另一位前任共同體主席詹金斯於1977年初也說過："我們在一切活動中必須記住根本的政治目標。我們的手段主要是經濟的，但目的一直是政治的"。因此，建立歐洲貨幣制度以推動經濟和貨幣一體化，是"建立歐洲政治性聯合"的必由之路。㉓

（4）創造貨幣政策一體化的良好環境

歐洲經濟共同體各國通貨膨脹率差別很大，妨礙制定對美元匯率的共同政策，也使共同體內部的利率走勢與美國利率難以脫鈎。美國當時的經濟、貨幣政策對歐洲產生的不利影響，促使共同體更有必要在貨幣方面爭取更大獨立性。共同體試圖通過歐洲貨幣制度，統一歐洲貨幣。創造實現貨幣政策一體化的良好環境，逐步的加強歐洲在貨幣政策方面對美國的獨立性，迫使美國遵守貨幣政策的紀律。

（5）推動歐洲經濟一體化

由於生產的國際化，歐洲各國經濟的相互依賴加深。匯率不穩定和經濟政策各異，直接損害各國經濟關係。歐洲共同體1968年建立了關稅同盟，並實行共同農業政策。為了鞏固和擴大這兩方面的成果，保證各國有效協調經濟政策，推動歐洲經濟一體化，各國須在貨幣金融方面更有成效地合作。

經歷了1974-1975年經濟危機，共同體各國到1978年底經濟情況有了好轉，為建立歐洲貨幣制度創造了有利條件。當時，除比利時、盧森堡外，其他成員國的工業生產都已恢復或超過危機前的最高點。9個成員國的平均通脹率也從1974年的13.4%，下降至1978年的6.8%，各國通脹率的差距也有所縮小。㉔各國國際收支狀況有不同程度好轉，原先逆差嚴重的法國和意大利都轉為順差。在高價位徘徊的西德馬克對法國法郎、意大利里拉等弱幣所受的升值壓力有所減輕，使單獨浮動的弱幣國家有可能參加歐洲貨幣制度。

4.7.2　歐洲貨幣制度的運轉機制

歐洲貨幣制度有一套區域性貨幣合作的準則和安排，形成獨特的運轉機制，包括以下三個主要組成部分：

（一）創設歐洲貨幣單位

歐洲貨幣單位（European Currency Unit）是歐洲貨幣制度的核心，.起着神經中樞的作用。它是以共同體原有的"歐洲記賬單位"（European Unit of Account—EUA）為基礎創設的，它的取名是考慮到不傷害任何民族和國家的感情，由法國總統德斯坦提出。

（1）ECU的貨幣比值和構成

歐洲貨幣單位是一種"貨幣籃子"（currency basket），其構成和幣值計算方法和歐洲記賬單位相同，即由共同體9種貨幣（希臘加入後為 10 種貨幣)組成，根據各國國民生產總值和它們在共同體內部的貿易額大小確定權重，並按加權平均法逐日計算幣值。各種貨幣的權數每 5 年調整一次，但"籃子"中任何一種貨幣的比重變化超過 25% 時，"籃子"的構成可隨時調整。

　　1984 年 9 月 15 日至 16 日的共同體財政部長會議決定調整 ECU 的"貨幣籃子"，把希臘的德拉克馬包括進去。1989 年 9 月 21 日再作調整，把葡萄牙的埃斯庫多和西班牙的比塞塔包括進去(詳見表 4.14)。各國貨幣的比重也有較大變動。

　　構成 ECU 的各種貨幣匯價波動，在"貨幣籃子"中可互相抵銷，使 ECU 具有一定的自動調節功能。

表 4.14　ECU 的貨幣構成及權重調整情況

貨幣構成	1978·12·18		1984·9·15		1989·9·21	
	權重 %	貨幣量	權重 %	貨幣量	權重 %	貨幣量
西德馬克	33.0	0.8280	32.3	0.719	30.10	
法國法郎	19.8	1.1500	19.2	1.310	19.00	
英國英鎊	13.3	0.0885	14.3	0.088	13.00	
荷蘭盾	10.5	2.8600	10.2	0.256	9.40	
意大利里拉	9.5	109.0000	10.2	140.000	10.15	資
比利時法郎	9.2	3.6600	8.3	3.710	7.60	料
盧森堡法郎	0.4	0.1400	0.3	0.140	0.30	不
丹麥克朗	3.1	0.2170	2.7	0.219	2.45	詳
愛爾蘭鎊	1.2	0.00759	1.2	0.0087	1.10	
希臘德拉克馬	—	—	1.3	1.150	0.80	
葡萄牙埃斯庫多	—	—	—	—	0.80	
西班牙比塞塔	—	—	—	—	5.30	
合　計	100		100		100	

注：貨幣量指每 1 ECU 所含成員國貨幣的單位值。

資料來源：根據共同體理事會資料編製。

因此，ECU 是一種匯率穩定、利率適度的特殊國際貨幣，與 SDR 有相似之處，但又有所區別：

a. SDR 是由 IMF 人為創造的，而 ECU 則以黃金和美元為基礎，由歐洲貨幣合作基金與各相關成員國兌換。

b. 組成 ECU 的各種貨幣通過匯率機制密切結合起來，而 SDR 只不過是 5 種貨幣的鬆散聯繫。

c. ECU 產生自具有政府權力的共同體、歐洲議會和各種歐洲共同政策，有強大的經濟實體支持，適用範圍廣泛，遠非 SDR 所能企及。

（2）ECU 的發行程序

在歐洲貨幣制度成立初時，各成員國將 20% 的黃金儲備和 20% 的外匯儲備提供給共同體，於 1973 年 4 月設立"歐洲貨幣合作基金"（European Monetary Cooperation Fund）。然後由基金以"互換"的形式[25]，向各成員國發行相應數量的歐洲貨幣單位。其中美元是按市場匯率定值，黃金則按前 6 個月的平均市價或按前一個營業日的兩筆市價的平均價計算。歐洲貨幣制度成立時，共創設 230 億 ECU。1979 年 7 月，尚未正式參加歐洲貨幣制度的英國，自願向"歐洲貨幣合作基金"認繳它的 20% 黃金和美元儲備，使歐洲貨幣單位的發行額增至 270 億。

（3）ECU 的作用

ECU 不但起着"歐洲記賬單位"的作用，而且還由於以下幾方面的重要作用而成為歐洲貨幣制度核心：

a. 作為各成員國間貨幣的雙邊中心匯率計算標準；

b. 作為衡量成員國貨幣強弱的偏離指示器；

c. 作為干預市場和信貸的計算單位；

d. 作為成員國政府之間的結算工具。

為了便利 ECU 的使用，1985 年 4 月共同體 10 國財政部長和中央銀行行長在意大利西西里島舉行會議，達成以下協議：

- 共同體各國中央銀行可以互相拆借 ECU 兌換美元。
- 將成員國各中央銀行短期貸款用 ECU 還款的限度從 50% 提高到 100%。
- 10 國中央銀行以 ECU 借貸款的利率提高至市場實質利率水平。原先是按各方貼現率加權計算出來的平均數,比市場實質利率低。
- 允許共同體成員國以外的中央銀行或國際金融組織持有 ECU。

這些措施增加了 ECU 的吸引力和可接受性,擴大了 ECU 的使用範圍,促使它從銀行賬簿上的記賬單位朝着流通中真實現鈔的方向轉變和發展:

i. 承認 ECU 是外匯,准許私人持有和使用。ECU 發行不久,1981 年 9 月,意大利首先承認 ECU 是一種外匯。1982 年 5 月 21 日,法國把 ECU 視同其他外匯,各商業銀行在法蘭西銀行的報表中可直接使用。西德到 1987 年 6 月也承認 ECU 是一種貨幣,准許私人持有。

ii. ECU 在銀行業務和金融市場廣泛使用。自 1981 年起,私營部門使用 ECU 的業務,迅速發展,範圍日益擴大。

a. 發行 ECU 債券

1981 年首次發行以 ECU 標值的債券 3 億美元。根據《歐洲貨幣》雜誌的統計,1982 年增至 7.6 億美元,1983 年更增至 32.2 億美元,市場比重 1981 年只佔 1.8%,1984 年達到 4% 左右,歐洲貨幣單位現已成為歐洲債券市場上僅次於美元和馬克的第三大貨幣。在其他金融市場,ECU 債券也不斷出現。例如香港 1985 年初由一家澳大利亞銀行發行的第一宗 ECU 債券。美國、日本、澳大利亞、新西蘭現均發行 ECU 債券。

b. ECU 銀行貸款

根據國際清算銀行報告，至 1984 年 9 月底，國際資本市
場上用歐洲貨幣單位表示的貸款計有 236 億美元，比
1982 年底增加了 171 億美元。市場比重從 0.9% 升至
2.2%。目前，ECU 在銀行貸款中的使用量已超過英鎊和
法國法郎，次於美元、馬克、日圓和瑞士法郎而居第五
位。

c. 大公司的記賬、結算

歐洲一些大公司如法國的聖戈幫(Saint Gobain)從 1979
年起，就開有 ECU 賬戶，公司內部款項劃撥均以 ECU
進行。意大利的菲亞特汽車公司，通過在荷蘭設立的一間
金融公司，用 ECU 辦理對共同體其他國家公司的結算。
法國煤氣公司向荷蘭購燃料也用 ECU 付款。共同體國家
與其他國家的貿易，也開始使用 ECU 結算。

d. 銀行提供 ECU 服務

目前，已有 200 多家銀行在西歐向顧客提供各種 ECU 銀
行服務，如開辦 ECU 儲蓄存款，發行 ECU 定期存單和
信用卡，簽發 ECU 旅行支票等，共同體銀行間每天的外
匯交易額中 ECU 達 100 多億。1985 年 1 月起，在香港
的法國巴黎銀行和里昂信貸銀行，開始提供 ECU 現貨和
期貨交易、掉期存款和普通存款。1986 年 2 月以後，美
國費城股票交易所開始 ECU 的期權交易，紐約的一家金
融證券交易所也開始 ECU 期貨交易。另外，以英國勞合
銀行、法國國家巴黎銀行和里昂信貸銀行、比利時信貸銀
行和通用銀行以及美國摩根保證信託銀行為主的 20 家銀
行，組成非正式清算體系，相互交換 ECU 票據。

iii. 發行真實的 ECU 貨幣。比利時政府鑄造 50 ECU 的金幣與
ECU 銀幣㉖，使 ECU 成為一種真實貨幣。隨着共同體貨

幣政策一體化的發展，ECU 有可能成為一種"獨立的、得到
國際承認的可兌換貨幣"。㉗

(二)建立穩定的匯率機制

歐洲共同體要求貨幣體系運轉具靈活性，而不要像布列頓森
林體系那樣剛性，也不能過分強調匯率調整，而應着重政策協
調。所以要建立固定匯率與浮動匯率相結合的制度，規定成員國
貨幣相互保持可調整的固定匯率，對體系外國家的貨幣則實行聯
合浮動。

為了穩定成員國之間的貨幣匯率，共同體採用了雙重中心匯
率機制，即"格子"體系和"籃子"體系。

(1)"格子"體系

即"平價網"(parity grid)體系或雙邊中心匯率，指成員國之
間的貨幣"平價座標方格"，在雙邊基礎上確定各參加國相互
貨幣的中心匯率和上下限干預點。當時，歐洲貨幣制度成員
國的 8 種(現為 10 種)貨幣中，有 7 種(現為 9 種)的波動上
下限規定不得超過 2.25%。1990 年 1 月 8 日以前只有意大
利里拉、1990 年 10 月 8 日以後只有英鎊的上下限各為
6%。㉘上下限因各種貨幣在 ECU 中的不同比重而有差異，
計算公式為：

　　(±2.25% 或 ±6%)×(1 – 貨幣的比重)

如果匯率波動超過上下限，兩國政府就要採取干預措
施，強幣國拋售本國貨幣，弱幣國則吸購本國貨幣，使匯率
回復到規定幅度之內。

由於共同體成員國間雙邊匯率的波動幅度小於當時
IMF 規定的 4.5% 幅度。這樣 4.5% 的幅度像一條隧道，
2.25% 的幅度波動繪成曲線，就像隧道內有一條蛇蜿蜒蠕
動，因而形象地被喻為"隧道中的蛇"(snake in the tunnel)，
故稱"蛇形浮動"。1973 年 3 月，西歐各國貨幣脫離美元而

浮動，對美元 4.5% 的波動幅度不復存在。當時共同體 6 國
貨幣形成聯合浮動體系，"蛇"還保存着，人稱"出洞蛇"。

（2）"籃子"（currency basket）體系

即籃子中心匯率，指參加歐洲貨幣制度的成員國貨幣與
ECU 的中心匯率的波動上下限。這一中心匯率是成員國間
每對貨幣建立雙邊匯率和平價網結構的基礎，據以算出每對
貨幣的比價和上下波動幅度。各國貨幣對 ECU 的最大波動
幅度為雙邊中心匯率波幅 2.25% 的 75%，即 1.6875%。這
是成員國貨幣偏離其對 ECU 中心匯率的"最大偏離度"
（maximum threshold of divergence）。計算公式是：

$$0.75 \times (\pm 2.25\% \text{ 或 } \pm 6\%) \times (1 - 貨幣的比重)$$

成員國貨幣對 ECU 中心匯率的波幅，不僅受雙邊中心
匯率波幅的限制，還取決於各國貨幣在 ECU 中所佔比重。
比重越大，允許的偏離度越小（見表 4.15）。如德國馬克佔
比重最大，其偏離度為 1.1325%；意大利里拉則為 4.0725%。
當成員國貨幣波動達到"最大偏離度"，該國就要及時採取措
施，將貨幣匯率控制在偏離度界限之內。由於"偏離度"比各

表 4.15　成員國貨幣對 ECU 中心匯率最大偏離度與警戒線

貨幣名稱	中心匯率	最大偏離度	偏離警戒線
德國馬克	2.51064	±1.51	±1.1325
法國法郎	5.79831	±1.80	±1.3500
荷蘭盾	2.72077	±2.01	±1.5075
比利時法郎	39.45820	±2.03	±1.5225
意大利里拉	1148.15000	±5.43	±4.0725
丹麥克朗	7.08592	±2.18	±1.6350
愛爾蘭鎊	0.662638	±2.22	±1.6650

資料來源：《歐洲經濟》1979 年 7 月附件 3。

國貨幣間的中心匯率波幅界限小，能對各國匯率失常起到
"早期報警"作用。

所以，"偏離度"實際是一條警戒線，是同 ECU 相聯繫
的"偏離指示器"(divergence indicator)，人稱"響尾蛇"，它
可以事先排除共同體成員國之間貨幣匯率達到干預點的可能
性，只有當採取各種干預措施(包括相互貸款干預市場和在
國內相互實行適當貨幣、財政政策等)難以奏效時，才最後
改變"格子"體系，重新確定每對貨幣的中心匯率。至 1987
年 1 月，中心匯率調整過 18 次。

歐洲貨幣制度通過"格子"體系和"籃子"體系來穩定成員國貨
幣匯率。"格子"體系可以明顯地看出哪種貨幣背離中心匯率最
遠，哪種貨幣接近干預點，哪種貨幣必須採取干預行動。但它不
能明確表示偏離中心匯率的兩種貨幣到底哪一種真正出了問題。

通過"籃子"體系則能看出哪種貨幣偏離以 ECU 表示的中心
匯率最遠，因而可以表明哪種貨幣問題最大，必須首先採取措
施。這種貨幣可能是弱幣，也可能是強幣。這就避免了"格子"體
系的缺點，使維持匯率的重擔不一定只壓在弱幣國家身上。也在
一定程度上使弱幣國家避免因儲備不足而無法承擔干預義務時，
不得不經常調整中心匯率，甚至被迫退出歐洲貨幣制度。

(三)設立歐洲貨幣基金(信貸機制)

歐洲貨幣基金(European Monetary Fund—EMF)是歐洲貨
幣制度準備用以取代現存歐洲貨幣合作基金的共同貨幣機構，它
是歐洲貨幣制度的基礎。

歐洲貨幣制度成立前，共同體於 1973 年 4 月 6 日建立歐洲
貨幣合作基金。主要作用是通過對貨幣市場干預，穩定成員國之
間的匯率，並對國際收支逆差的成員國提供短期貸款。歐洲貨幣
制度成立後，按照決議暫時保持原有的信貸結構和保留歐洲貨幣
合作基金組織，計畫在兩年過渡期結束後的 1981 年正式建立歐

洲貨幣基金。但由於 1980 年西歐經濟危機，一些國家又不願將自己的黃金、外匯永久存入歐洲貨幣基金，共同體委員會於 1980 年 12 月決定,把建立歐洲貨幣基金推遲到今後的適當時機。

歐洲貨幣制度成立後，參加的成員國即將其 20% 的黃金和 20% 的美元外匯，以週期轉換方式（見注⑤）存入歐洲貨幣合作基金，使基金總額達 270 億 ECU，相當於 360 億美元（見表 4.16）。到 1985 年底基金增至 530 億 ECU，再加上同等數量的各國貨幣，就構成一筆雄厚的信貸基金。

(1) 加強了干預市場的能力

從 1979 年 4 月到 1981 年 6 月，共同體國家的中央銀行先後動用 500 多億美元儲備，進行大規模市場干預活動，對穩定成員國貨幣起了重要作用。

表 4.16　歐洲貨幣基金的組成（1979）

國　家	外匯儲備[1] （10 億美元）	黃金儲備[2] （10 億美元）	20% 黃金與 20% 外 匯儲備（10 億美元）	EMF 可能儲存 （10 億 ECU）
聯邦德國	40.5	26.2	13.4	9.9
法　國	8.7	22.6	6.3	4.6
意大利	11.3	18.4	5.9	4.4
英　國	15.6	4.9	4.1	3.0
荷　蘭	4.1	12.1	3.2	2.4
比利時、盧森堡	2.7	9.4	2.4	1.8
丹　麥	3.2	0.4	0.7	0.5
愛爾蘭	2.3	0.1	0.5	0.4
總　計	88.4	4.1	36.5	27.0

注：1. 包括非美元資產。
　　2. 黃金按 1978 年 9 月 – 1979 年 2 月倫敦市場的平均價計算，每盎司為 221.12 美元。

資料來源：英國《經濟學家》1979 年 3 月 17 日。

（2）擴大了提供信貸的能力

　　成員國資金有困難，可利用相互支持的信貸或直接向基金申請貸款。其信貸機制基本上承續蛇形浮動時期的三種形式，只是增加了金額與信用期限：

a. 超短期互惠信貸

　　這種信貸主要用於短期干預貨幣市場，穩定參加國貨幣匯率。由參加國家中央銀行㉙以本國貨幣相互提供不計利息，不限數量的貸款，期限 45 天，必要時可以延長 3 個月。償還貸款可以完全用貸款國貨幣，也可以部分用 ECU，部分用美元和其他資產（不包括黃金），比例視債務國官方儲備中各種儲備資產的份額而定。貸款期間如中心匯率有變動，損失由貸款國負擔。

b. 短期信貸

　　又稱"短期貨幣支持"，係根據共同體成員國中央銀行達成的協議，於 1970 年設立。各成員國中央銀行相互承諾，在對方出現暫時和嚴重的國際收支困難時提供貸款。

c. 中期財政援助

　　根據羅馬條約第 108 條於 1971 年設立。條約規定，歐洲共同體理事會有權指定任何成員國向一個或幾個其他成員國提供貸款，以解決它們的國際收支或外匯短缺困難。除非得到共同體理事會豁免，各成員國必須按照理事會指令向借款國提供貸款，貸款由各國財政部而不是中央銀行提供。中期財政援助的資金總額為 110 億 ECU（EMS 成立前只有 54.5 億 EUA），貸款期限 2 至 5 年。貸款限額與短期信貸一樣，不得超過這種財政援助借方最高額度 141 億 ECU 的 50%。

　　除以上三種貸款，歐洲貨幣制度的信貸機制使貨幣最弱的成員國可連續 5 年享受額外貸款，每年 10 億 ECU，利息補貼每年 2 億 ECU。這對成員國之間保持匯率穩定和共同體內部經濟平衡發展，發揮十分重要的作用。

70 年代石油危機，共同體成員國進口石油費用大增，外匯不足。1975 年 2 月，共同體理事會通過第 3974/75 號決議，授權共同體直接從第三國(或其他公私金融機構、國際金融機構、國際金融市場)舉債，以解決成員國外匯收支失衡，1976 年 4 月，共同體通過發行債券籌資 13 億美元。1983 年 3 月 16 日，共同體再次通過決議，簡化從第三國(或其他金融機構、國際資本市場)貸款向成員國轉借的程序，擴大了共同體資金來源，增加了貸款能力。

4.7.3　歐洲貨幣制度發展前景

歐洲貨幣制度把建立"一個歐洲貨幣穩定區"作為特定目標。具體說，是要使國內貨幣動向同穩定的國內成本、價格相一致，把匯率、成本和價格的穩定，看作是共同體國家經濟增長和縮小相互差距、進一步實行經濟一體化的基本前提。歐洲貨幣制度的各種安排，與這一目標相吻合，它的獨特的匯率機制和有效率的信貸機制，對穩定共同體內部匯率、促進成員國經濟和貿易的發展，以及提高成員國之間經濟和金融政策的協調水平，都取得舉世矚目的成就。歐洲正建立一個日益穩定的貨幣區，並為建設經濟與貨幣聯盟打下堅實基礎。

1986 年 2 月，歐洲共同體成員國政府代表簽署了"單一歐洲文件"，於 1992 年底實現商品、資本、人員和勞務自由流動，同時把實現經濟與貨幣聯盟寫入共同體條約，即馬斯特里赫特條約。

1989 年 4 月，共同體執行委員會主席雅克·德洛爾(Jacques Delors)向共同體部長理事會提交《關於實現歐洲經濟與貨幣聯盟的報告》(簡稱"德洛爾報告")，1989 年 10 月由歐洲議會通過。報告建議按未規定具體期限的三個階段來實現歐洲貨幣聯盟，同時伴以經濟和貨幣領域中的相應進展。貨幣聯盟的定義為：貨幣可以完全並不可逆轉地自由兌換；資本在充分一體化的金融市場上完全自由流動；各成員國貨幣間不存在浮動範圍的、不可改變的固定匯率。經濟聯盟的定義為：人員、貨物、勞務以及資本能夠自由流動的單一市場；共同競爭；結構政策、區域政策及經濟政策的充分協調，包括關於國家預算赤字規模和透支等預算政策的限制規則。這個報告反映了歐洲的共識，即加強機構建設和政策協調，是以互助的方式彼此影響，遵循漸進、從屬、平行三項原則，分三個階段實現目標。

第一階段

最遲不得晚於 1990 年 7 月 1 日起實施。主要任務是完成歐洲內部市場的建設，通過現有體制內的政策協調來達到各國經濟情況進一步趨同。所有仍自由浮動的共同體貨幣，都要實行 EMS 的匯率機制。1990 年 10 月 8 日英國加入 EMS 後，目前只有希臘還沒有加入，但其貨幣已納入了 ECU 的"貨幣籃子"。故第一階段任務已基本完成。

第二階段

要求在簽訂新的歐洲共同體條約後實施。主要任務是建立歐洲中央銀行體系，逐步將貨幣政策的決策權從成員國政府轉移到共同體，以制定和實施貨幣政策，管理匯率和儲備，並維持一種適當有效的支付體系。

第三階段

將從推行不存在浮動範圍的、不可改變的固定匯率開始，進一步加強共同的結構政策和區域規則，並具有約束力。歐洲中央銀行體系將全面開展業務，並逐步向發行單一貨幣轉變，並集中管理各成員國的官方儲備。

"德洛爾報告"發表後，歐洲共同體召開了四次首腦會議。在馬德里會議上，英國表示條件成熟時(已於 1990 年 10 月 8 日)加入 EMS 匯率機制。在斯特拉斯堡會議上，除英國外的其他 11 國達成建立經濟與貨幣聯盟，並於 1990 年底召開討論經濟與貨幣聯盟政府間會議的決議。1990 年 7 月 1 日，歐洲經濟與貨幣聯盟計畫開始實施，同年 11 月 27 日歐洲共同體在羅馬舉行特別首腦會議。除英國外，一致同意從 1994 年 1 月 1 日起，歐洲經濟與貨幣聯盟進入建立歐洲中央銀行的第二階段。1991 年 12 月在荷蘭馬斯特里赫特城的會議上，簽訂"馬城條約"，參考"德洛爾報告"訂出貨幣聯盟的時間表，以 1997 或 1999 年為達成貨幣聯盟的目標期限，但"馬城條約"必須得到所有成員國的議會或全民投票確認方能生效。

　　最先舉行公民投票的是丹麥，以 50.7% 的微弱多數否決了"馬城條約"，令人對歐洲一體化的前景產生了懷疑，給外匯市場的投機力量以可乘之機。當時共同體各國間經濟發展差距大，政策重點取捨不同，主要表現為：德國堅持高利率政策，使早已處於衰退中的歐洲各國難以追隨，這些國家貨幣因利率差距，相對馬克處於弱勢地位，市場投機力量就乘機進行單向投機，於是在 1992 年 9 月至 1993 年 8 月間，爆發了三次嚴重的歐洲貨幣風潮，首先受衝擊的是里拉和英鎊，使意大利和英國於 1993 年 9 月先後退出了歐洲貨幣機制，以及西班牙、葡萄牙、瑞典、芬蘭、挪威等國的貨幣貶值，使歐洲外匯市場一年多處於緊張狀態。

　　共同體為了應付匯率機制面臨解體的危機，除 1992 年在愛丁堡會議上通過讓丹麥獲得豁免在"馬城條約"內貨幣聯盟及共同防衛的條款外，還於 1993 年 8 月 1 日召開一次有財政部長和中央銀行行長參加的緊急磋商會議，達成如下應急措施：

（1）將法國法郎、比利時/盧森堡法郎、丹麥克朗、愛爾蘭鎊、西班牙比塞塔和葡萄牙埃斯庫多的波動幅度擴大為 ±15%。

（2）德國馬克和荷蘭盾的波動幅度仍維持 ±2.25%。

（3）匯率機制所有雙邊中心匯率保持不變。

（4）這項應急措施將在 1994 年 1 月 1 日以前進行審查。

（5）歐共體仍將致力於歐洲政治和經濟聯盟如期實現。

　　1993 年 10 月 29 日，共同體 12 個首腦在布魯塞爾的特別會議後發表宣言，一致決定貫徹於 1993 年 11 月 1 日生效的"馬城條約"，並重申最晚在 1999 年底實現歐洲單一貨幣的目標。

　　這些會議的決定和應急措施的實施，使震蕩歐洲的貨幣風暴平息下來，停滯了 16 個月之久的歐洲聯盟建設進程也重新啟動，共同體各國將在困難的調整中，逐步走向預定目標。

———————— 注　　釋 ————————

① 見 Robert Mundell 的《International Monetary Order》。

② 見 Richard Cooper 的《International Monetary Regime》。

③ 見台灣歐陽勳、黃仁德《國際金融理論與制度》。

④ 見 1943 年 3 月 30 日《紐約時報》社論。

⑤ 見梅耶（Thomas Mayer）等著《貨幣銀行與經濟》，第 4 章。

⑥ 當時英國規定至少兌換淨重 400 盎司的金塊，約值 1,700 英鎊；法國規定為 215,000 法郎，等於 12 公斤黃金。

⑦ Gold Earmarking 指特予標明的黃金。協定國家的中央銀行互相買賣黃金，不一定把黃金出口，只是特予標明是代購買國保管。

⑧ 外匯平準基金，由英國於 1932 年 4 月 25 日首創；美國於 1934 年 1 月 31 日，比利時於 1935 年 3 月 30 日，加拿大於 1935 年 7 月 3 日，荷蘭、瑞士於 1936 年 9 月 30 日，法國於 1936 年 10 月 1 日先後設置。對當時穩定匯率、抑制資本外逃，效果顯著。

⑨ 見威廉·威斯雷:《權力的工具:貨幣政治史》,1977 年英文版,頁 153、364。

⑩ 見《金融時報》,1946 年 3 月 18 日。

⑪ 見美國馬丁·邁耶(Martin Mayer)著《銀行家》,第 16 章。

⑫ 瑞士經濟學家埃貝哈特·賴因哈特所說,轉引自邁耶的《銀行家》。

⑬ 轉引自邁耶的《銀行家》。

⑭ 特里芬在其《黃金與美元危機》中,最早指出布列頓森林制度的這一內在缺陷。

⑮ 見邁耶著《銀行家》,第 16 章"美國人在國外與美元的遭遇"。

⑯ 見美國經濟政策委員會在 1973 年年度報告。

⑰ 美國沃里克大學教授約·威廉森對《牙買加協定》的評價,轉引自邁耶(M. Meier)的《世界貨幣秩序問題》。

⑱ 見孟德爾,1976 年出版的《新國際貨幣制度》頁 126;又見詹姆斯·英格拉姆的《國際經濟問題》1978 年英文第三版,頁 105。

⑲ 見 IMF《不定期論文·30》:"匯率制度:過去的教訓和將來的選擇",頁 3–4。

⑳ "其他持有者"至 1988 年 7 月 31 日有:非洲開發銀行及非洲開發基金、安第斯儲備基金、阿拉伯貨幣基金、亞洲開發銀行、國際清算銀行、中非國家銀行、西非國家中央銀行、東非開發銀行、東加勒比中央銀行、世界銀行與國際開發協會、國際農業開發基金、伊斯蘭開發銀行、北歐日耳曼投資銀行、瑞士國民銀行。

㉑ 目前,已有 40–50 家銀行經營 SDR 的定期存款業務;1981 年倫敦正式建立 SDR 國際存單市場,並組成辛迪加信貸市場。

㉒ 見 Robert Solomon 著《*International Monetary System*》,頁 347。

㉓ 見 1977 年 1 月法國總統德斯坦對建立歐洲貨幣制度的講話。

㉔ 1974 年通脹率最高為英國 24.2%,最低是西德 5.9%,差距為18.3%;1978 年最高是意大利 12.1%,最低是西德 2.6%,差距縮小為 9.5%。

㉕ 亦稱"週期性互換"形式,即某國以其黃金、美元向基金換得 ECU,3 個月後,再以 ECU 向基金換回黃金和美元。

㉖ 見"The ECU",歐洲文獻集(盧森堡:歐洲共同體官方出版局,1987 年)。

㉗ 見西德艾·梯爾《介於美元和歐洲貨幣體系中間的西德馬克》,1982 年第一期西德《外交政策》季刊。

㉘ 1990 年 1 月 8 日,意大利里拉對其他成員國貨幣波動的界限,由中心匯率的 ±6% 縮小為 ±2.25%。80 年代加入共同體的葡萄牙和希臘尚未加入該匯率機制。

㉙ 1986 年 1 月 1 日西班牙、葡萄牙加入共同體之前，除希臘外，所有成員國中央銀行均簽署該項貸款協議，但只有參加 EMS 的成員國有權借用超短期貸款。

第二部分

國際金融機構

國際金融機構，是國際金融體系的行為主體，是以國家之間簽訂的多邊條約為基礎而建立的、由主權國家自願參加的聯合體，享有按照有關國際文件和國際慣例所確認的特權和便利，也對其特定的業務領域，負有國際責任。它們在法律上具有一定的行為能力，在國際金融領域，獨立承擔和履行義務，直接參與國際金融事務的管理和國際金融業務的經營，使國際貨幣能充分發揮其職能、國際金融體系能順利而有效率的運作。

　　本書第二部分共分以下五章，論述各類型的國際金融機構的性質、職能及其如何在國際金融體系中發揮行為主體的作用。

第 5 章
國際金融機構概述

5.1 國際金融機構的產生和發展

5.2 國際金融機構的作用

5.1 國際金融機構的產生和發展

　　國際金融機構一般指在國家間多邊協議的基礎上建立的、從事國際金融管理和國際金融業務的超國家組織機構。主要的國際金融機構既是各國政府官方性質的機構，具有管理國際金融事務的職能，又是企業經營性質的機構，執行在世界範圍組織和分配資金的任務。

　　國際金融機構有不同類型：或者是主權國家在國際上參與國際金融事務、進行國際金融合作、由各種官方、半官方金融機構的代表參加的各種定期會議，如首腦會議、財政部長和中央銀行行長會議等；或者是各國政府通過簽署國際條約或協定而正式建立的全球性或集團性、地區性的貨幣金融機構，如國際貨幣基金組織、國際復興開發銀行、亞洲開發銀行等；或者是主要從事跨國業務、執行在世界範圍分配資金職能的跨國銀行、國際銀行團等。

　　國際金融機構大都是二次大戰後發展起來的，是世界各國為協調國際貨幣政策及加強國際貨幣金融合作而建立起來的國際性組織機構。

　　一次大戰前各國普遍實行金本位制度。制度本身具有自動調節貨幣供求、穩定匯率和平衡國際收支的機能。主要國家貨幣穩定，國際收支基本保持順差，國際結算沒有嚴重困難。這個時期還不具備國際金融組織出現的條件，也沒有建立國際金融機構協調貨幣政策的必要。

　　一次大戰後，金本位制崩潰，各國實行不兌換的紙幣流通制度，引起貨幣嚴重貶值。主要國家在國際信用和國際結算領域的矛盾尖銳化，貿易戰、貨幣戰頻繁發生。經濟實力最強大的國家為維護勢力範圍及增強國際競爭能力，以達到對外經濟擴張的目的，因而有建立國際金融組織的要求。大多數國家，則由於通貨膨脹加劇和國際收支逆差嚴重，在貨幣、外匯和國際結算方面發生困難，對外力的援助寄予希望，亦有設立國際金融機構的要求。

基於上述原因，各國於 1922 年在熱內亞召開世界金融會議，提出建立"節約黃金"的金匯兌本位制。經濟大恐慌爆發後，於 1933 年又召開世界經濟會議，企圖協調各國在貨幣貶值、外匯傾銷、外匯管制、國際結算以及貨幣政策方面的尖銳矛盾。由於各國利害衝突無法調和，會議沒有取得成果。只有在 1930 年 5 月 17 日，由英、法、意、德、比、日六國和美國三大銀行(摩根銀行、紐約花旗銀行和芝加哥花旗銀行)組成的銀團，共同建立國際清算銀行(Bank for International Settlements)。這是最早出現的國際金融組織。

二次大戰後，受戰爭破壞國家要仰賴"外援"恢復經濟，希望有強大的國際金融組織提供短、長期資金；發展中國家迫切要求大量資金發展民族經濟，期望有國際金融組織向它們提供援助；在戰爭中積累巨額財富的美國，在工業生產、對外貿易、資本輸出、黃金儲備等方面都處於世界領先地位，要求對外經濟擴張，衝破其他國家的經濟壁壘，也積極策畫建立國際性金融機構。

不同類型的國家正是基於共同願望和信念，二次大戰後先後成立了國際貨幣基金組織、國際復興開發銀行、國際發展協會和國際金融公司等四個全球性國際金融機構。邁耶(M. Meier)說，國際貨幣基金組織"是一種共同信念產生最大作用的結果——決定將國家主權中最受到珍視的一個屬性(即改變匯率的權利)，交由一個未經考驗和並不完善的國際機構來監督……"①

六十年代以來，經濟一體化的發展推動區域性貨幣一體化，先後形成一些區域性國際金融機構，如亞洲開發銀行、非洲開發銀行、泛美開發銀行等。

5.2　國際金融機構的作用

　　戰後建立起來的國際金融機構，對加強國際經濟、金融合作，協調國際貨幣政策，維持國際金融秩序，促進世界經濟復興和發展，都發揮了積極作用。

(一)維持匯率穩定和國際貨幣制度運轉

　　國際貨幣基金組織作為布列頓森林體系的協調和監督機構，對設定貨幣平價，推行多邊支付，促進國際貿易，保證國際貨幣基金協定的執行，組織商討國際經濟、金融的重大事宜，協調各國間相互關係等，都作出較大貢獻。

(二)提供短期資金，協助各國解決國際收支困難

　　戰後各國經濟發展不平衡，不同類型國家於不同年代都出現過較大的國際收支困難。尤其是發展中國家，由於初級產品價格偏低影響出口收入，或由於70年代兩次石油衝擊使進口支出劇增，出現嚴重國際收支逆差。國際金融機構及時採取措施，如開展諮詢活動，指導成員國調整國內經濟結構和重新安排債務，並發放多種形式貸款給逆差國家，使它們擺脫或減輕國際收支困難，也使世界經濟得以正常運轉。

(三)提供長期建設基金，促進各國經濟發展

　　國際金融機構通過向成員國、特別是發展中國家提供各種形式生產性和援助性中長期資金，支持各國經濟復興和發展。對戰後歐洲經濟重建，對發展中國家發展基礎工業和農業"綠色革命"，都起了積極作用。

(四)調節國際清償能力，應付世界經濟發展需要

　　國際貨幣基金組織通過10次增資，擴大成員國的普通提款權，又六次分配特別提款權，增加國際清償能力，適度地調節了國際清償能力供需矛盾。

　　但是，目前的國際金融機構也存在着一些缺陷，即幾個全球

性的國際金融機構都在大國控制之下，貸款條件過於苛刻，利率不斷提高，加重借款國的債務負擔。而且，借款要按貸款機構的意圖調整本國經濟政策和發展規畫，一定程度上妨礙了借款國民族經濟的自由發展。

注　釋

① 見美國 Gerald M. Meier 著《世界貨幣秩序問題》，引言。

第 6 章
國家和官方的國際機構

在國際社會中，主權國家既獨立自主管理本國貨幣和維持國家貨幣主權，又在國際上參與貨幣金融事務，參加國際性會議，締結貨幣協定，進行國際貨幣合作，並承擔國際上的法律權利和義務。國家參加國際金融活動，必須通過各級代表或專門機構發揮作用。例如二次大戰後出現的"七國首腦會議"和"十國集團"的財政部長級會議和中央銀行行長會議等。這些會議定期舉行，有常設機構，通過多邊磋商協調重大的國際貨幣、金融問題，擬訂政策原則。它們達成的協議對國際貨幣關係有巨大影響力。

6.1 國家首腦會議

戰後出現的國家首腦會議有"七國首腦會議"、"歐洲共同體國家首腦會議"、"東南亞國家聯盟首腦會議"、"安第斯集團首腦會議"。這些會議是由一定的國家政府首腦定期舉行的最高級會議，也是這些國家參加或規畫國際金融事務的一種組織形式，是國際金融體系的組成部分。這些首腦會議，尤其是"七國首腦會議"，採取隨機協調的形式，就國際貨幣、金融的原則問題提出或擬訂綱領性意見和決策原則，有關協議、聲明、承諾和保證，對參加國政府具有約束力，對國際金融的穩定和發展以及國際金融體系正常運作，都產生過重大影響。

其中最重要、對全球經濟、金融最具影響力的是"七國首腦會議"，是於 1975 年由法國總統德斯坦倡議召開，由美國、日本、德國、英國、法國、意大利和加拿大的政府首腦組成的大國協調機制，每年舉行一次會議。每次會議都對當時國際經濟、金融的重大問題進行磋商、協調或發表宣言。這不但加強了七大國的在國際經濟、金融領域的合作，也維持和促進了國際經濟、金融秩序的穩定和發展。

其他首腦會議的影響力一般限於區域性的，着重解決該地區所面臨的經濟、金融問題。但它們的活動，尤其是"歐洲共同體國家首腦會議"，對世界經濟、金融秩序的穩定也有重要貢獻。

6.2　財政部長和中央銀行行長會議

國家參加國際金融事務的另一種形式，是由代表各國政府的財政部長和代表各國貨幣金融當局的中央銀行行長舉行會議。

財政部長會議是由政府主管部長作為本國財政金融方面的最高代表，參加國際金融組織的決策機構和貨幣、金融會議。按照國際法和國際慣例，他們代表其政府作出的承諾對本國具有約束力。六十年代初期，西方主要國家先後發生嚴重貨幣危機，美、英、法、德、意、日、荷、加、瑞典和比利時十國財政部長在巴黎舉行會議，正式成立"十國集團"（人稱"巴黎俱樂部"），成為西方國家財政部長討論重大國際金融問題、協調立場、共商對策的常設機構，成為實際控制國際金融事務的核心組織。關於創立特別提款權、實行浮動匯率制等方案，都是"十國集團"提出的（詳見2.3）。

中央銀行行長會議，是各國中央銀行之間安排具體業務、執行共同金融貨幣政策，磋商世界資金、匯率等問題，並作出共同安排的組織形式。主要代表組織是"巴塞爾俱樂部"（Basle Club），由"十國集團"和瑞士的中央銀行行長每月在瑞士巴塞爾的國際清算銀行舉行會議，商討國際金融貨幣方面的重大問題，掌握市場動向。六十年代後，西方國家中央銀行的合作更加重要。美國聯邦儲備銀行與西方十多國的中央銀行簽訂《互換貨幣協定》，使美國能隨時換取有關國家貨幣，以穩定美元匯價。中央銀行之間達成協議的程序簡便迅速，不須各國議會批准，通過電訊聯繫往往幾個小時就能籌集幾十億美元資金，迅速對市場採取干預行動。它們可以通過開設透支賬戶、臨時資金調撥、買進債券等業務活動，在國際金融領域有效合作。各國中央銀行國際職能的擴大，是戰後國際貨幣關係的重要發展。

　　由於各國金融體制不同，有的國家財政部管理國內財政金融，將國際方面的事務交給中央銀行，如法蘭西銀行就專門負責代表法國政府與國際貨幣基金組織等聯繫。因此，在處理重大國際貨幣金融問題時，常召開有關國家的財政部長和中央銀行行長聯席會議。

第 7 章
全球性國際金融組織

7.1　國際貨幣基金組織

7.2　世界銀行集團

7.3　國際清算銀行

＊　　　　＊　　　　＊

二次大戰後，在聯合國範圍內建立了"國際貨幣基金組織"和
"國際復興開發銀行"以及該銀行的附屬機構"國際發展協會"和
"國際金融公司"，合稱"世界銀行集團"。這是當前成員國最多、
規模最大、範圍最廣、影響最廣泛的國際金融機構。它們是全球
性政府之間通過簽署國際條約或協定正式建立的組織，其業務和
職能均由這些組織的國際協定規定。它們是國際金融體系的主
體，法律上具有一定行為能力和權利，能夠根據規定權限在國際
金融領域獨立承擔和履行義務，直接管理、監督和維持國際金融
體系的運轉。

7.1　國際貨幣基金組織(IMF)

7.1.1　IMF 的宗旨與體制

　　1944 年 7 月 1 日至 22 日，44 個國家的代表在美國新罕布什
爾州（New Hampshire）的布列頓森林（Bretton Woods）舉行"聯
合國貨幣金融會議"，按照會議達成的《國際貨幣基金協定》，
1946 年 3 月成立國際貨幣基金組織（International Monetary
Fund. 簡稱 IMF），1947 年 3 月 1 日開始業務活動。它是聯合國
屬下專門負責國際貨幣事務的國際性合作機構，成為戰後國際金
融體系的核心。

(一)宗旨

　　《國際貨幣基金協定》第一條規定，IMF 的一切決策和活動
必須符合以下宗旨：

(1) 建立一個永久性國際貨幣機構，便於商討與協作國際貨幣問
　　題，促進國際貨幣合作。

(2) 便利國際貿易的擴大與平衡發展，把促進和維持高水平就業
　　和實際收入，以及推動會員國生產資源的開發，作為經濟政
　　策的首要目標。

（3）促進匯價穩定，維持會員國間有秩序的外匯安排，避免競爭性的外匯貶值。

（4）協調會員國間經常性交易的多邊支付制度，消除妨礙世界貿易的外匯管制。

（5）在充分保障下，以基金的資金暫時供給會員國，使它們有信心利用此機會調整不平衡的國際收支，而不必採取有害本國或國際繁榮的措施。

（6）依據以上目標，縮短會員國國際收支不平衡的時間，並減輕其程度。

從以上宗旨可知 IMF 的基本目的在維持匯率穩定：推行一套關於國際支付的行為準則，並提供短期資金糾正會員國國際收支的不平衡。

（二）體制

（1）會員國的資格

IMF 實際上是會員國以入股形式組成的企業組織。它的體制、管理方法、機構設置、表決權力等與股份公司極為相似。

1944 年參加布列頓森林會議的國家有 44 個。其中 28 個國家批准《IMF 協定》條款後，IMF 即告成立。40 多年來，IMF 的會員國已由初創時的 39 個增加至 1992 的 164 個。

IMF 接受會員國的條件：其一，必須是有能力獨立從事國際事務活動的主權國家，各會員國國內的政治和經濟制度並不構成考慮入會資格的因素。其二，必須願意履行和證明其國內法允許履行《IMF 協定》的義務，即要承擔與其他會員國相似的義務，承擔與 IMF 磋商、與 IMF 及其他會員國合作、接受 IMF 建議的義務。

所以，除創始會員國外，其他國家參加 IMF 均須通過一定的程序和審查。符合上述兩個條件的，才能被接受為 IMF 會員國。只有孟加拉國於 1972 年加入 IMF 時，理事會例外允許其

表 7.1 IMF 創始會員國[1]最初的份額

單位：百萬美元

國家	份額	國家	份額	國家	份額
澳大利亞	200	古 巴	50	希 臘	40
比利時	225	捷克斯洛伐克	125	瓜地馬拉	5
玻利維亞	10	丹 麥	由 IMF 決定	海 地	5
巴 西	150	多明尼加	5	宏都拉斯	2.5
加拿大	300	厄瓜多爾	5	冰 島	1
智 利	50	埃 及	45	印 度	400
中 共	550	薩爾瓦多	2.5	伊 朗	25
哥倫比亞	50	衣索匹亞	6	伊拉克	8
哥斯達黎加	5	法 國	450	賴比瑞亞	0.5
盧森堡	10	紐西蘭	50	巴拿馬	0.5
墨西哥	90	挪 威	50	巴拉圭	2
荷 蘭	275	尼加拉瓜	2	秘 魯	25

注：1.《IMF 協定》第一條第一節規定，1945 年 12 月 31 日前加入的稱創始會員國；
 1945 年 12 月 31 日後加入的，稱其他會員國。

資料來源：《國際貨幣基金協定》附錄 A。

以本國貨幣繳交 98.4% 的份額，其餘 1.6% 以國際儲備交納。

理論上各會員國是平等的，應受到相同待遇。但自 IMF 成立時起，事實上就已存在不平等。因 IMF 執行自由兌換貨幣政策和臨時性安排，即對外匯管制的國家區別對待：在提用 IMF 資金時，規定對為解決國際收支困難而對貿易加以限制或增加限制的會員國，拒絕提供備用信貸安排；還規定持有最大份額的 5 個國家有法定權力指派執行理事，其他可選舉理事的國家則必須幾個國家才能選舉一名理事。

（2）會員國的份額

凡是 IMF 會員國，都要分攤繳納一定份額（quota）的資金作為國際貨幣基金。這是 IMF 主要的資金來源。

a. 份額的性質。相當於股份公司入股的股份，起着國際儲備的作用，用以解決會員國國際收支不平衡時的短期資金需要。

b. 份額的確定。最初按以下公式來確定創始會員國的份額（表7.1）：

$$份額 = (0.02Y + 0.05R + 0.10M + 0.10V)(1 + \frac{X}{Y})$$

其中，Y：是 1940 年國民收入；

R：是 1943 年 7 月 1 日黃金、美元儲備餘額；

M：是 1934–1938 年間平均進口額；

V：是 1934–1938 年間出口最大變化額；

X：是 1934–1938 年間年均出口額。

在實際計算時會把得出的結果再乘 90%，以保留一定份額作必要的追加。

1962 至 1963 年期間，為提高小國的份額比重，對公式中原有變量的解釋和權數作了調整，增加貿易和貿易變化額的權數，減少國民收入與儲備餘額的權數，並且除使用上述資料（稱為"第一套資料"）計算外，還使用"第二套資料"計算，用經常支出和經常收入變化幅度取代進出口和出口變化幅度。1990 年使用的公式有 5 種：

● $(0.01Y + 0.025R + 0.05P + 0.2276VC) \times (1 + \frac{C}{Y})$

第三方案公式：

● $(0.0065Y + 0.0205125R + 0.078P + 0.4052VC) \times (1 + \frac{C}{Y})$

第四方案公式：

● $(0.0045Y + 0.03896768R + 0.07P + 0.76967VC) \times (1 + \frac{C}{Y})$

M4 方案公式：

● $0.005Y + 0.042280464R + 0.044(P + C) + 0.8352VC$

M7 方案公式：

- $0.0045Y + 0.05218008R + 0.039(P + C) + 1.0432VC$

其中，Y：是 1985 年 GDP；

R：是 1985 年月平均國際儲備；

P：是 1981–1985 年期間平均經常支出；

C：是 1981–1985 年期間平均經常收入；

VC：是經常收入的變量，即 1973–1985 年五年移動
平均值的標準差。

注：後面 4 個公式中的每個計算結果都首先要統一調整，使所有成員
國的數值總和等於第一個公式的結果。故一個成員國的份額由以下
兩個數值中得出：(1)大於第一個公式的結果；(2)大於其他 4 個公
式結果中兩個最低數的平均值。

　　按這些公式推導出會員國的份額。如要作全面調整，須
在不超過 5 年的一段時間內經 85% 多數票通過。由於會員
國經濟增長率不同，經濟地位不斷變化，IMF 曾多次同意
例外增加份額。而各會員國對其份額改變擁有否決權。

c. 份額的繳納方法。1975 年以前，份額的 25% 必須以黃金繳
納，或按本國黃金、美元儲備的 10% 繳納，以數額較小者
為準；其餘 75% 以會員國本國貨幣繳納。1980 年 11 月第
六次份額總檢查生效時規定，份額增加部分中的 25% 以
SDR 繳納，75% 以本國貨幣繳納。

d. 份額的作用。IMF 的一個顯著特點，在於它的一切活動幾
乎都與會員國份額相聯繫。份額的作用則是：

- 構成一個基金總庫，對國際收支失衡的會員國提供貸款。
會員國繳納基金的額度和向 IMF 借款的規模，都取決於
其份額大小。

- 決定會員國的投票權。每一會員國有 250 基本票；每 10
萬 SDRs 份額再加一票。故份額越大，投票權也越多。

- 決定分配 SDR 的數額。SDR 按會員國份額無償分配，份額越大分配越多。

- 份額的調整。IMF 決定每 5 年一次對會員國份額進行總檢查，以決定是否增資。從 1945–1992 年共進行了 10 次增資，份額總數不斷增加，包括新會員份額、普遍增加份額及特別增加份額，總份額已由開始時(1945 年)的 71 億美元，增至 1992 年的 2,010 億 SDRs(見表 7.2)。包括 1992 年 5 月 29 日，瑞士成為 IMF 的第 164 個會員國，繳付份額 23.6 億美元。①

由於份額體現會員國在世界經濟中的地位，故發達國家佔有最大部分，單美國一國在 IMF 初創時就佔總份額的 31%，擁有投票權 19.6%；最小的會員國只擁有不到千分

表 7.2　IMF 歷次份額總檢查及調整情況

歷次總檢查	總檢查完成時間	會員國數	普遍或等比例增加份額	總份額
始創時	1945	39		71 億美元
第一次	1951.3	47	沒有增加份額	
第二次	1956.1	56	沒有增加份額	
	1959.2.2		普遍增加份額 50%	150 億美元
第三次	1960.12	68	沒有增加份額	
第四次	1965.3.31	102	增加份額 25%	212 億美元
第五次	1970.2.9	115	增加份額 25%	289 億 SDRs
第六次	1976.3.22		各國家組別增加不一	390 億 SDRs
第七次	1978.12.11	133	增加份額 50%	586 億 SDRs
第八次	1983.3.31	148	增加份額 19%	900 億 SDRs
第九次	1990.6.28	152	增加份額 50%	1,350 億 SDRs
第十次	1992.11.11	173	增加份額 50%	2,010 億 SDRs

資料來源：《金融與發展》(1984 年各期)文選："布列頓森林會議四十年來大事記"："會員國數"係參考日本酒井健三《國際金融》中文版 251 頁圖表。

表 7.3　在 IMF 中持有份額最多的 10 個國家

單位：百萬 SDR

國　家	第八次總檢查	國　家	第九次總檢查
美　國	17,918.3	美　國	26,526.8
英　國	6,194.0	德　國	8,241.5
德　國	5,403.7	日　本	8,241.5
法　國	4,482.8	法　國	7,414.6
日　本	4,223.3	英　國	7,414.6
沙烏地阿拉伯	3,202.4	沙烏地阿拉伯	5,130.6
加拿大	2,941.0	意大利	4,590.7
意大利	2,909.1	加拿大	4,320.3
中　共	2,390.9	荷　蘭	3,444.2
荷　蘭	2,264.8	中　共	3,385.2

資料來源："增加國際貨幣基金組織的資金"，《金融與發展》1991 年 12 月號。

之 1 的投票權。目前持有份額最多的 10 個國家見表 7.3。

（3）組織機構

IMF 的組織機構由理事會、執行董事會、總裁和業務機構組成。

a. 理事會（Board of Governors）是最高決策機構，每年舉行會議一次，所有會員國都參加，一般由財政部長或中央銀行行長擔任理事。理事會主要職能是批准接納新會員國，決定份額及分配 SDR，並對有關國際金融重大事務作出決策。

b. 執行董事會（Board of Executive Directors）由 22 人組成，其中最大份額的美、英、德、法、日、沙烏地阿拉伯各任命1名，其餘 16 名選舉產生。

c. "二十國委員會"與"臨時委員會"（Interim Committee）。由於理事會過於龐大，無法討論貨幣改革的微妙問題，執行董事會政治級別又不夠高，沒有充分權力對重大經濟問題作出決定，故 1972 年在理事會之下設立了"二十國委員會"。1974

年後改設"臨時委員會"，由 22 個會員國的部長級官員組成，一年舉行三、四次會議。它是最重要的決策機構，具有管理和修改貨幣制度的決定權。

d. "聯合發展委員會"由世界銀行理事和 IMF 理事(部長級)組成，是理事會下設的機構。主要任務是研究並建議向發展中國家轉移資源等問題。

e. 辦事機構。IMF 下設 5 個地區部、5 個職能部和資料、統計、聯絡、行政、秘書、語言服務等部。5 個地區部是亞洲部、非洲部、歐洲部、中東部和西半球部，主要職責是向會員國就經濟和經濟政策問題提出建議，協調制訂 IMF 對這些國家的政策和執行這些政策。5 個職能部是國際匯兌與貿易關係部、財政事務部、法律部、調研部和資金出納部。

目前 IMF 的工作人員已達 1,900 多人，來自 100 多個國家，大多數是專業僱員。

IMF 實行加權表決制度。每個會員國有 250 票基本票，以體現各國主權平等及加強經濟上較小國家的表決地位。另外按份額每 10 萬 SDRs 增加一票，叫做可變分配票，以體現各國認繳份額的不同，保證那些佔國際貿易與金融往來較大份額的成員國的利益和合作。另外，會員國若動用 IMF 資金，即要減少動用部分的表決權；會員國的資金若為其他會員國動用，則增加被動用部分的表決權。

理事會或執行董事會的多數決議是由簡單多數票通過；但實際上，執行董事會很少採用正式表決，而是以協商一致通過。

7.1.2　國際貨幣基金組織的職能

IMF 根據《國際貨幣基金協定》，發揮如下職能：

（一）監督職能（surveillance function）

監督職能亦稱"管理職能"（regulatory function），指 IMF 執

行《國際貨幣基金協定》、監督會員國遵守協定條款及履行有關國際支付的原則和義務。第二次修改的《國際貨幣基金協定》又明確規定 IMF 有責任監督會員國的外匯政策和國際收支調整過程。為了履行這些監督職能，IMF 制定一套有關國際支付的行為準則，以指導和監督各會員國的匯率政策和外匯實踐。每年定期出版《外匯安排與外匯實踐》，增強這種監督的透明度。

（1）監督內容

　　a. 對匯率的監督

　　　　IMF 成立時，各會員國需依據黃金確定本國貨幣的平價，並維持在上下各 1% 的幅度以內。只有當一國國際收支發生"根本性不平衡"時，才允許貨幣貶值或升值。但平價的任何變動都要經過 IMF 批准。變動幅度如在 10% 以下，IMF 不會反對，實際上屬自動批准；變幅在 10% 至 20% 之間，IMF 要在 72 小時內作出決定，表示同意或反對；超過 20% 的變動，則沒有時間限制作出決定。如果未經 IMF 同意就調整平價 10% 以上者，則喪失利用基金資金的權利。在 IMF 監督下。1946 年 12 月以前只有 24 個會員國設立"基金平價"（即根據 IMF 上述規定設定的貨幣平價）。到 1968 年 7 月底，109 個會員國中就有 87 個設立了基金平價，其中 39 個曾變動平價。布列頓森林體系崩潰後，各國實行浮動匯率，基金平價不復存在。IMF 對匯率的監督，轉為主要對會員國的匯率政策進行所謂"嚴格的監督"。

　　b. 對匯率政策的監督。

　　　　1977 年 4 月 29 日，IMF 通過"外匯政策的監督檢查"文件。《國際貨幣基金協定》第 4 條也規定了會員國的有關義務。IMF 監督的基本內容是監察會員國的匯率和外匯安排的情況和變化。事實上，這種監督的含義是指"會員國不應制訂錯誤的匯率，即低於實際價值或超出實際價值的匯率。而基金組織監督的作用是為減少該國因在相當長時間內採取錯誤匯率導致的經濟損失和國際政治摩擦。"②故 1977年後，IMF 根據《國際貨幣基金協定》第 4 條第 3 款指導會員國匯率政策的原則是：

● 會員國不應為阻礙對國際收支進行有效調整，或為取得對其他會員國不公平的競爭優勢而操縱匯率或國際貨幣體系。

● 會員國必要時應干預外匯市場，以對付本國貨幣的破壞性短期匯率波動。

● 會員國採取干預政策時，要考慮其他會員國的利益，包括貨幣受干預國的利益。

以上對個別國家的監督，主要是檢查會員國的匯率政策是否與《國際貨幣基金協定》第 4 條規定的義務相一致。

c. 對總的經濟政策的多邊監督

《國際貨幣基金協定》第 4 條第一款確認，尋求匯率穩定不應主要通過干預市場或外匯管制，而應以國內體制穩定為目標：規定會員國應努力運用經濟政策和金融政策，以保持物價穩定，促進有秩序的經濟增長。因此，IMF 認為會員國內政策對國際收支調節過程發生影響時，不能按狹義的定義只對匯率政策進行監督，而必須對有關會員國的各項政策也進行監督。

IMF 多邊監督的基本結構，以執行董事會和理事會臨時委員會半年一度的《世界經濟展望》為依據，並主要集中在對國內、外調整的中期方法上，強調監督那些對國際貨幣制度有重要影響國家的政策和發展。八十年代以來，多邊監督顯得越來越重要。原因是：第一，國際貿易增長使一國經濟的變化對貿易伙伴發生更大影響；第二，國際金融市場的一體化和國際支付的自由化，引起更大量的資本流動和更緊密的國際聯繫；第三，主要工業發達國的經濟實力逐漸接近，使評估和監督多個大國經濟政策和匯率政策的工作比以前更為重要；第四，全球貨幣匯率浮動化，表明各國更有必要採取一致行動以維持世界金融領域的平衡。但是，由於各大國都不願交出國內政策的自主權，IMF 多邊監督的影響和實際效果還不很大。

d. 對外匯實踐的監督

IMF 推行多邊支付制度，即要求會員國建立一種活期存款支付賬戶，允許個人和企業為了支付進口或轉賬，自由地以本國貨幣兌換成任何外國貨幣，而兌換率不取決於進口或轉賬的類型。

IMF 建立初期，大多數國家廣泛限制存款支付賬戶。進入五、六十年代繁榮時期後，很多國家放寬或解除了這些管制，實現貨幣自由兌換。七十年代初期，不少發展中國家已採納 IMF 的匯兌慣例和法規。

(2) 監督的手段

IMF 對匯率、匯率政策和外匯實踐的監督，主要手段是：

a. 與會員國蹉商。磋商分三種：(i)定期年度磋商：原則上每年 1 次，目的是收集監督會員國外匯政策所需的大部分資料。(ii)特別磋商：主要是取得那些對世界經濟有重大影響國家的最新資料。(iii)補充磋商：分兩種，一是總裁認為一國外匯政策變化已經產生重大影響時，可提出與有關會員國補充磋商；另一種在年度磋商間隔期間，總裁考慮其他會員國意見，認為某會員國的外匯政策不符合指導原則時，可要求與有關會員國補充磋商。

b. 定期討論《世界經濟展望》報告，提供對個別會員國的匯率政策進行多邊監督的基礎；同一些對世界經濟比較重要的國家特別協商，從國際角度來協調它們的國內經濟政策。

（二）IMF 的金融職能

所謂金融職能，即對國際收支出現逆差的會員國政府提供資金，是 IMF 的主要功能。具體做法是買賣會員國貨幣，主要採用"備用安排"方式。③目前，無論使用甚麼貨幣貸款都按特別提款權計值，利息也用特別提款權繳付。

IMF 代表會員國管理一項聯營財政資金。這些資金包括會員國的各種貨幣、SDR 和黃金，均來自會員國繳納的份額、IMF 的淨收入和借款。IMF 運用這些資金對會員國提供財政援助，使它們能為解決國際收支短期逆差直接取得穩妥而又成本低的資金。或者採取不損害會員國或國際社會共同繁榮的政策，就能消除或抵銷發生逆差的種種原因。

IMF 的各種金融交易（指不同貨幣資產的交換）和業務（指貨幣資產的其他用處），均由 IMF 所設立的"普通部"（General Department）、特別提款權部（SDR Department）和管理賬戶部（Administered Accounts）分別或共同執行。資金賬戶下的交易和業務屬普通部；所有涉及 SDR 的業務和交易由 SDR 部負責，管理賬戶部則負責提供與基金宗旨相符的技術服務，包括管理會員國捐款。IMF 就是以這三個部及下設的賬戶，組成它的金融業務結構（見圖 7.1），執行 IMF 資源的管理和分配。

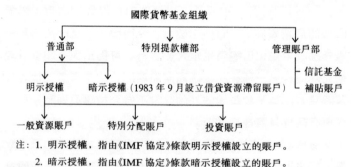

注：1. 明示授權，指由《IMF 協定》條款明示授權設立的賬戶。
　　2. 暗示授權，指由《IMF 協定》條款暗示授權設立的賬戶。

圖 7.1　IMF 金融業務結構

（1）IMF 融通資金的特點

　　IMF 對會員國融通資金不同於一般國際貸款。

a. 貸款對象：限於會員國政府，對私人企業和組織概不貸款。

b. 貸款用途：限於解決國際收支失衡的困難，只能用於貿易和
非貿易支付，而不能用於資本交易。對國際收支順差國不予
貸款；略有逆差國可享受普通貸款；逆差較大的國家則可以
再申請補充貸款和擴大資金貸款。

c. 貸款方式：會員國用本國貨幣向 IMF 申請換購外匯。借款
叫做"購買"（purchase）或"提存"（drawing）；還款叫做"購
回"（re-purchase），即要以黃金、外匯或 SDR 購回本國貨
幣並支付利息。

d. 貸款規模：與會員國向 IMF 繳納的份額成正比例。

e. 貸款期限：短期信貸期限在 1–5 年不等。

f. 貸款利率與酬金：除採用浮動利率再加 0.2%–0.325% 的差
額外，所有貸款每年收 6.25% 的固定使用費，即利息。每
筆貸款還要繳手續費 0.5%。IMF 對會員國貸款收取利息，
就要對資金被動用的會員國付給酬金。酬金率從 1981 年 5
月 1 日起相當於 IMF 支付 SDR 利率的 85%；還可按需要
提高到 SDR 利率的 100%，或降低至 80%。

g. 貸款限額：IMF 持有會員國的貨幣佔其繳納份額 75% 以下
時，貸款不受限制；超過 75% 時，每年可提款額最初規定
不得超過其份額 25%，1981 年改為一年內可利用相當於份
額 150% 的資金，三年內最大額度為 450%，積累借款的上
限為份額的 600%。IMF 第 38 屆年會達成新的借款限額：
會員國每年可從 IMF 的借款一般不超過份額的 102%，三
年累計不能超過 306%；少數有特殊需要的窮國，一年及三
年累計借款限額分別不得超過份額的 125% 和 375%。

（2）IMF 貸款的種類

IMF 通過永久性和臨時性貸款計畫，向會員國提供以下幾種貸款：

a. 普通貸款

普通貸款（normal credit tranches）亦稱"普通提款權"，是 IMF 最早、最基本的一種貸款，用於解決會員國一般國際收支逆差的短期資金需要。期限 3 至 5 年，利率隨期限遞增，第一年為 4.375%，1 至 2 年為 4.875%，2 至 3 年為 5.375%，3 至 4 年為 5.875%，4 至 5 年為 6.375%。會員國提取普通貸款累計最高額度為其份額的 125%，備用安排期為 1 年，即貸款批准後可在此期限內動用貸款。

IMF 把普通貸款劃分為兩大部分：

● 儲備部分貸款（reserve tranche）

《IMF 協定》原來規定，會員國份額的 25% 要以黃金繳付，故在這 25% 額度內的貸款叫做"黃金部分貸款"（gold tranche）。在 1978 年 4 月 1 日第二次修改《IMF 協定》後，這 25% 的份額可不以黃金而以 SDR 或指定外匯繳付，故稱"儲備部分貸款"。這部分貸款有十足的黃金或外匯保證，會員國可以自由動用，不需特殊批准，亦不須付利息。

1952 年後又採取所謂"自動性（automacity）政策"。會員國不論國際收支是否發生困難，均可動用"黃金部分"與"超黃金部分"（super-gold tranche drawings）的貸款，所謂"超黃金部分"是指 IMF 持有一國的貨幣，由於其他會員國的購買而減少到其份額 75% 以下的部分。一國未使用的"黃金部分"和"超黃金部分"的提款權，就是該國在 IMF 普通賬戶的儲備頭寸（reserve position）。

IMF 持有會員國貨幣 75%，是債權國與債務國地位的

分界線，超過 75%，該會員國就要以 SDR 或外匯履行
"重新購回"本國貨幣的義務；低於 75%，則有更多的
"儲備部分"額度。IMF 的儲備部分貸款從 50 年代平均
每年 1 億美元，增至 60 年代的 6 億美元，70 年代為 9
億 SDRs。1978 年由於美國提取 23 億 SDRs，儲備部
分的提款額達到創紀錄的水平。

● 信貸部分貸款(credit tranche)

會員國申請貸款額度在其份額的 25% 至 125% 之間
的，叫做"信貸部分貸款"，又稱為"固定"或基本貸款。
這是指會員國因增加貸款而使 IMF 持有的該國貨幣超
過其份額的 100%，直至 200%。信貸部分貸款分 4 個
檔次，每檔相當於份額的 25%。

信貸部分貸款，通常在提款三年零三個月後開始償還，
每季償還 1 次，分 8 次還清，即要在第 5 年後還清。
如果提款國國際收支和儲備狀況有很大改善，就要提前
償還。

在大多數年份裏，信貸部分貸款項下的提款額大於
IMF 其他特設貸款項下的提款。超過的金額從 50 年代
的平均 2 億美元，上升到 60 年代的 10 億美元，到 70
年代則下降到 9 億 SDRs。

在 50 年代，IMF 批准了總額 40 億美元的 57 項備用安
排；60 年代增至 140 億美元，231 項；70 年代有所下
降，為 130 億 SDRs，166 項。主要原因是 IMF 以石
油貸款方式提供了條件優厚的資金，但 1979 年至 80
年代初，備用安排又大為增加。

b. 永久性貸款

永久性貸款是 IMF 為特定目的而設立的，有以下三種：

● 出口波動補償貸款(compensatory financing of export

fluctuation）

這項貸款亦稱"補償性融資"（compensatory financing facility），係根據 IMF 1963 年 2 月通過的"出口波動補償貸款"決定設立的第一項永久性貸款。它是向由於國際市場價格波動或出口收入不足而面臨國際支付困難的會員國，特別是初級產品生產國，在原有普通貸款之外提供的貸款。只要 IMF 認為導致這個會員國出口收入不足的因素是短期性的，在很大程度上也非該國所能控制的，或者是因工業國需求週期性變化造成初級產品出口價格下跌，或者是因天旱、霜凍等自然災害導致初級產品出口量下降，就可申請這項貸款，以補償出口收入不足。

補償貸款實行初期使用較少，從 1963 至 1973 年僅 8.75 億 SDRs，但 1975 年 12 月這項貸款辦法修正後，提款數急劇增加（見表 7.4）。1976–1985 年間的平均提款額為 13.1 億 SDRs，比 IMF 發放的信貸總額的 25% 還多。截

表 7.4　IMF 補償貸款的提款數（1963–1985）

金額：100 萬 SDRs

年份	金額	次數	年份	金額	次數	年份	金額	次數
1963	76	2	1971	69	4	1979	572	23
1964	—	—	1972	299	10	1980	980	15
1965	11	1	1973	113	5	1981	1,243	29
1966	24	2	1974	107	6	1982	2,628	28
1967	198	10	1975	239	7	1983	2,839	24
1968	69	7	1976	2,308	48	1984	816	8
1969	13	2	1977	241	14	1985	929	13
1970	3	1	1978	578	15	1963 年–1990 年 總金額		17,709.7

資料來源:《金融與發展》1986 年 6 月號。

至 1990 年 10 月，補償貸款總共提款 177.097 億 SDRs，其中工業國佔 11.108 億；發展中國家佔 165.989 億。

● 緩衝庫存貸款（buffer stock financing facility）

1969 年 6 月，IMF 為幫助初級產品出口國維持國際緩衝庫存，以穩定出口價格及生產國出口收入，開始提供的一種貸款。

國際緩衝庫存，是一些初級產品生產國家按照國際商品協定建立一定數量存貨，如錫、糖、可可、橡膠等。二次大戰後，由於長期得不到所需資金，對緩衝庫存也難以作出安排。緩衝庫存貸款，即 IMF 為緩解這種困難而設立的：(i)資助建立商品庫存；(ii)為緩衝庫存機構提供經營費；(iii)籌集資金以償還建立或開展業務活動帶來的短期負債。

緩衝貸款的最高額可達到會員國份額的 50%，期限 3 至 5 年。由於此項貸款與出口波動補償貸款在目的上有密切聯繫，故規定此兩項貸款總額不得超過份額的75%。

● 中期貸款，又稱"擴展貸款"（extended facility）

1974 年 9 月 13 日設立，為解決特殊情況下的國際收支困難。如會員國因生產、貿易和物價結構失調發生國際收支嚴重不平衡；或因經濟增長緩慢、國際收支存在固有缺陷，需要兩、三年時間推行一套調整政策；或因國際收支情況一直不好而無法執行積極的發展政策。IMF允許這類會員國作出必要的政策性改變，並在其外貿得到發展之前，向它提供資金解決其由此引起的國際收支逆差。

由於種種原因，會員國很少使用這種貸款。到 1985 年止，IMF 共批准 33 項中期貸款安排，總金額為 245 億

SDRs。現在世界上只有埃及、海地、牙買加和斯里蘭卡借用這種貸款。八十年代初國際債務危機出現後，IMF 研究恢復中期貸款，但把業務重點放在結構改革方面。

c. 臨時信用貸款

臨時信用貸款(temporary credit facility)有四種：

(i)石油貸款(oil facility)

是 IMF 向石油輸出組織借入它們的國際收支順差、再貸給國際收支逆差會員國的臨時貸款，1974 年 6 月 13 日和 1975 年 4 月在臨時性基礎上建立的。會員國如因石油漲價而出現國際收支困難，可在普通貸款信貸部分可用額之外，得到這種貸款。

石油貸款與普通賬戶的其他貸款不同：

● 石油貸款是應付特殊需要，時間有一定限制。到 1976 年 5 月，這項貸款的資金已全部貸出，要到 1983 年才能全部償清。

● 石油借款與償還也通過普通賬戶，但因資金來源不同、條件不同，利息較高，按市場利率。IMF 於 1975 年 8 月 1 日設立"石油貸款利息補貼賬戶"，對一些在 1975 年石油貸款名下所借款項提供利息補貼，補貼率為 5%，即將貸款利率約從 7.7% 降至 2.7%。1981 年支付的全部補貼費達 5,000 萬 SDRs。

(ii)補充貸款(supplementary financing facility—SFF)

補充貸款又稱"韋特文基金"(Witteveen facility)，是 1977 年 8 月 29 日在"臨時委員會"建議下，執行董事會決定設立的一項貸款。主要用於補充普通貸款或中期貸款，幫助會員國解決持續的巨額國際收支逆差提供比普通貸款數額更大、期限更長的資金。補充貸款的資金來源是 IMF 向有順差的會員國借來，總額為 100 億美元，其中石油輸出國提供 48 億，7 個有順差工業國提供 52 億。

補充貸款採用備用安排方式，期限為 1 至 3 年。還款期限為 3 年半至 7 年，每半年償還 1 次，分期償清。頭 3 年利率相當於 IMF 付給資金供應國的利率(7%)再加 0.2%，以後則加 0.325%。

由於補充貸款利率較高，IMF 於 1980 年 12 月 17 日設立"補充貸款利息補貼賬戶"，以減少發展中國家的利息費用。

(iii)擴大資金貸款(enlarged access policy—EAP)

IMF 於 1981 年 5 月 7 日實行擴大資金政策，目的和內容類似補充貸款，使 IMF 能以適當的規模向國際收支不平衡、逆差金額大大超過其份額的會員國提供援助。貸款的資金來自借入資金，與普通貸款按一定比例搭配使用。只要高檔信貸和中期貸款合計未償還使用額不超過份額的 140%，搭配比例為 1 比 1。額外提款則僅供應借入資金，貸款條件與高檔信貸相同，搭配比例與使用補充貸款相同。貸款在提款後三年半開始償還，到第 7 年還清，每半年一次等額還款。

(iv)信託基金貸款(trust fund)

1976 年 1 月 IMF 臨時委員會在第 5 次會議上達成協議，自 1976 年 7 月至 1980 年 6 月將 IMF 持有黃金的六分之一，即 2,500 萬盎司，按市價拍賣，用所得利潤建立"信託基金"，以優惠條件向較窮的發展中國家提供貸款。拍賣分兩個階段，第一階段售金 1,250 萬盎司，利潤總額為 13 億美元，直接分配給 104 個發展中國家。信託基金於 1976 年 5 月設立，除售金收入外，還有直接分到出售黃金利潤的某些受益國轉讓給信託基金的資金以及資產投資收入。

信託基金貸款不適用普通貸款的規則。受益國不必以本國貨幣來換購信託基金資金，而是以貸款方式接受資金；按 SDR 計算，但以美元支付；年利率僅 0.5%；10 年限期；自支付後 5 年半開始償還，分 10 次還清。信託基金於 1981 年 3 月支付最後一筆貸款，以後業務僅限於完成未了事宜和結束業務，利息支付和貸款償還則轉到 IMF 特別撥款賬戶。

d. 後期設立的貸款

IMF 許多會員國的國際收支問題在 80 年代更難於處理，它們既要經濟持續增長，又要調整宏觀經濟結構。故在 80 年代後半期，IMF 改革了貸款政策，轉為支持以經濟增長為目標的調整，為最低收入會員國，提供優惠貸款。除改進中期貸款外，又新創設以下幾種貸款：

（i）結構調整貸款（structural adjustment facility—SAF）

1986 年 3 月 31 日設立，用於幫助低收入會員國調整中期宏觀經濟和結構，克服長期國際收支失衡。結構調整貸款是有償的，但又很優惠，年利率為 0.5-1%；期限一般 10 年，有 5 年寬限期；寬限期過後每半年還本付息 1 次，全部本息分 10 次還清。貸款總額可佔到一個會員國份額的 47%。

（ii）擴大結構調整貸款（enhanced structural adjustment facility—ESA）

這是 IMF 為幫助低收入會員國加強國際收支地位和促進經濟增長，於 1987 年 12 月 31 日宣布設立。最貧困成員國凡實施強有力的為期 3 年宏觀經濟和結構調整規畫，都可提出貸款申請。貸款的資金來源主要是會員國特別貸款和捐款。

擴大結構調整貸款的目的和條件，與結構調整貸款
大體相同，亦要在 IMF 與世界銀行協助下制定"政
策綱要報告"；並從撥付日起第 5 年半開始到第 10
年為止，每半年償付 1 次；亦收取 0.5% 的利息，利
息併入捐款國的捐款中使用。貸款總額最高可達份
額的 250%，如遇特殊情況還可提高到份額的 350%。

（iii）補償和應急貸款

1988 年 8 月設立，目的是當發展中國家遇到無法控
制的外部衝擊時，幫助它們進行以經濟增長為目標
的宏觀經濟與結構的調整。

這項貸款取代 1963 年設立的出口波動補償貸款和
1981 年的糧食進口成本波動貸款，但保持了補償貸
款的基本特點，向出口收入暫時下降或由於不可控
制因素導致糧食進口成本超支的會員國提供資金。

應急貸款則用於得到 IMF 支持的調整計畫，和其他
資金配合提供。一般應急貸款不超過有關安排額度
的 70%。

（三）IMF 管理國際流動資產的職能

1969 年 7 月對《IMF 協定》進行的第一次修改，給 IMF 增加
了新的職能。修改條款生效後，IMF 在國際流動資產方面獲得
以下兩種權力：

（1）創設國際流動資產

在 IMF 的普通貸款中，只有儲備部分貸款，被承認為一種
國際儲備資產；《IMF 協定》原條款中並沒有創設另一種儲
備資產的規定。六十年代世界貿易擴大和可兌換貨幣增加
導致資本流動更加自由，也對儲備形成更大壓力。國際儲備
與世界貿易額的比例，從1958年的57%降至1967年的36%。

因此，IMF採取所謂"國際行動"，決定可在必要時創設SDR儲備資產，來補充全球儲備資產不足。這樣，IMF獲得了創造自己資金的方法，即能創設一種無條件的儲備資產，按國際清償能力的需要無償分配或撤銷分配給會員國。《IMF協定》的第二次修改，進一步擴大SDR的作用，特別擴大它在交易與業務方面的用途，並取消了一些限制，使SDR成為國際貨幣制度中的主要儲備資產。

(2) 管理國際流動資產

賦予IMF以SDR分配權與撤銷權的同時，也要求它調節和管理流動資產的供應量，避免因供應不足出現全球性經濟停滯和失業或因需求過度引起世界性通貨膨脹。IMF採取審慎態度分配SDR，到目前為止只分配六次，共214.33億SDRs。工業國家和發展中國家都能不花任何代價獲得這種儲備資產，並可從使用這種資產中得益，因為SDR的利率大大低於國際資本市場上的借款利率。

(四) IMF 的諮詢職能

指IMF向會員國提供一般政策諮詢、經濟技術援助和各項資料的功能。

會員國發生國際支付困難，可能是由於內部或外部突然因素，或者採用了不適當的經濟和財政政策；也可能是由於貨幣、財政和貿易制度及技術中存在缺點，或缺乏基本政策決策的可靠資料。許多國家(特別是發展中國家)為克服這些困難，多請求IMF給予援助。IMF在這些領域內擁有相當大的專家隊伍，以滿足會員國的需要。IMF可通過技術援助團現場委派任務、專門研究、總部建議及開設研究班、培訓班、專題講座來執行這方面的職能。

IMF每年均與各會員國舉行一次會議，了解會員國一般財經情況及對經濟、金融、財政等的一般政策，提供建議和勸告。

八十年代初國際債務危機出現後，則着重於指導或幫助會員國制訂調整宏觀經濟和結構的政策和規畫，以促進有效利用資源，消除經濟結構對經濟成長的障礙。

IMF 非常重視向會員國提供經濟、金融的技術援助，認為這種援助的重要性不亞於資金援助。它是另一種資源的轉讓，即 IMF 的工作人員把他們在 146 個會員國的工作中獲得的知識和積累的經驗，向有關會員國轉讓，來提高人和機構的能力。IMF 提供技術援助的方式，主要是在總部開展培訓，派遣工作人員到有關國家執行援助任務或工作。IMF 的中央銀行事務部到 1981 年止，就向 89 個國家派出專家共達 11,000 人/月，其中 1964 年 25 人/月，1981 年增至 896 人/月。國際貨幣基金組織學院自 1964 年建立以來，到八十年代初已為 138 個會員國或區域集團提供技術援助。

IMF 的諮詢服務，是由 IMF 各職能部門和世界銀行集團合作提供的。業務範圍幾乎包括金融發展中的一切問題，如中央銀行內部結構、金融系統結構、中央銀行區域性合作、建立和經營外匯期貨市場，以及各種貨幣保險業務的相對有效性等。

IMF 還編輯、出版各種反映世界經濟及國際金融的刊物、書籍和統計資料；創建了資料數據庫，用以收集各國中央銀行系統的信息，有助於會員國分析國內外經濟、金融形勢以及國際收支狀況、前景和影響。

7.1.3 IMF 的作用和問題

（一）IMF 的積極作用

IMF 在整個國際貨幣制度中佔有極重要的地位，加強了國際貨幣合作，建立了多邊支付體系，實現了以固定匯率為基礎的布列頓森林制度和以浮動匯率為基礎的牙買加制度，對促進世界經濟、貿易的發展起了重要的積極作用。尤其是對會員國提供各種短期和中期貸款，在會員國之間轉移資金，解決會員國國際收支失衡所造成的困難，有助於戰後國際經濟穩定和增長。

布列頓森林制度崩潰後，IMF仍然是有效的全球性國際金融機構，在國際金融領域以至整個經濟領域，發揮着新的重要作用：

a. 維持國際貨幣制度的運轉

布列頓森林制度崩潰後，在 IMF 主持下達成的《牙買加協定》，對《IMF 協定》進行第二次修改，確立了國際支付、國際貨幣關係所依據的一套新準則和安排，使國際貨幣制度適應新的歷史條件，繼續正常運轉。70 年代以來，由於石油衝擊、國際債務危機以及歐洲貨幣市場日益擴張，國際金融形勢動盪不安，IMF 與其他官方組織及私人國際金融機構互相協作，維持國際金融體系的運轉和活力，促進了世界經濟秩序的穩定。至今，IMF 仍是全球性的權力機構，仍是國際金融體系的中心。

b. 加強對各國經濟的監督和影響

根據第二次修改後的《IMF協定》，IMF 在監督和影響各會員國經濟，尤其是匯率、國際支付以及國際收支調節等方面，獲得了更廣泛的權力。協定要求各會員國有義務向 IMF 提供所需資料，並就本國經濟發展、經濟政策變化與 IMF 協商，並制訂多項原則來指導會員國實施 IMF 認可的政策措施。對有發生不當情況的會員國，IMF 可以限制其利用 IMF 的資源。IMF 發揮了國際金融體系主體的作用，在國際利益的基礎上，與會員國進行雙邊或多邊政策協調。

c. 增強對會員國的融資能力

牙買加協定以後，IMF 增強了幫助會員國解決國際收支困難的能力。1979 年至 1981 年分配了 124.33 億 SDR：給會員國：1982 年 3 月第 8 次增資47.5%，總份額由 610 億 SDRs 增至 900 億 SDRs：1990 年 5 月第 9 次增資 50%，總份額增至 1,350 億 SDRs，相當於 1,800 億美元。這就大大地加強了 IMF 的資金力量，擴大對會員國提供優惠或期限較長的新貸款，更有效地幫助會員國解決國際收支困難。

d.促進會員國調整經濟結構

1979 年以後，IMF 貸款條件的核心是經濟調整，以防止加劇嚴重的不平衡狀況。故規定，會員國申請使用備用安排貸款，要有一定的約束。凡使用該項貸款國家，在使用期內必須接受 IMF 對貸款項目計畫執行情況進行監督，並要接受 IMF 批准的經濟調整規畫。規畫幾乎涉及借款國所有重要經濟領域，並對各國經濟施加影響。

IMF 通過本身業務的發展，把貸款與經濟調整結合起來，以貸款去促使一些由於經濟結構原因或由於不適當的國內政策造成國際收支長期嚴重困難的國家，進行調整和改革，以提高經濟增長和對外經濟活力。使它們能在價格合理、匯率穩定、經濟持續增長和實行自由多邊支付體系的條件下，把國際收支恢復到一個可以支持的地位。80 年代新增的一些貸款項目，在這方面起了積極、有效的作用。

（二）IMF 的問題

a.資金短缺

80 年代以來，IMF 資金短缺問題越來越嚴重。1984 年 9 月在華盛頓舉行的 IMF 與世界銀行年會上，IMF 總裁 J. De. 德拉羅西埃緊急宣布：IMF 因資金枯竭，決定停止一切新貸款的談判。這是 IMF 成立 40 年來第一次不得不宣布它已無錢履行職責。主要原因是 80 年代原料跌價，出口收入減少，再加上美國的高利率和美元堅挺，使受害最嚴重的發展中國家國際收支嚴重逆差④，外債猛增，國際銀行貸款又急劇收縮，不得不都向 IMF 求援。但 IMF 資金有限，主要來自會員國份額，但 IMF 的份額資金，60 年代相當於

世界進口總額的 12%，到 1980 年只佔 4%，1983 年 IMF
手中只有 57 億美元應急資金。IMF 為增加資金來源，採取
了一些措施。其一是增加份額，其二是增加向工業國政府借
款，擴大"借款總安排"的資金額，從 64 億增至 900 億
SDRs。其三是通過雙邊借款協議，向一些國家的中央銀行
和官方機構籌款，如 1981 年5月向沙烏地阿拉伯在兩年內借
款 80 億 SDR，以支付擴大資金貸款項下的提款；1983 年 8
月又從沙烏地阿拉伯借入15 億 SDR，這項安排連同擴大的
"借款總安排"的資金額，使 IMF 可得近 200 億 SDRs 的資
金。1984 年又與日本、沙烏地阿拉伯、比利時、國際清算銀
行簽定一項總額為 60 億 SDR 的借款協議。

由於資金困難，80 年代 IMF 向會員國的貸款逐年減少。
1983 年為 134.9 億美元，1984 年為 74.7 億美元，到 1985 年
降至 41.986 億 SDR，1988 年再降至 31.166 億 SDR。又由
於國際銀行的貸款增長率不可能滿足發展中國家的資金需
求，今後它們將更多地依靠多邊機構提供資金。但 IMF 的
份額制度與 SDR 分配，又限制了發展中國家獲得資金的能
力；貸款辦法也不考慮發展中國家對長期資金的迫切要求。
這就使 IMF 在今後較長時期裏，仍然無法擺脫資金短缺的
困難。

b. 貸款條件的缺陷

《IMF 協定》並沒有關於貸款條件的限制條款。1952 年
IMF 執行董事會就貸款條件達成初步共識。1955 年，決定
把貸款條件與會員國在 IMF 的份額聯繫起來；使用貸款越
多，條件就越嚴。1969 年並將有關決定寫進了《IMF 協定》
內。1979 年對限制條件進行了第二次全面檢查，提出一系
列意見，主要是把《IMF 協定》中的磋商條款、分期獲得貸
款、IMF 同意的調整計畫規定的目標等，作為檢查使用借

款國調整情況的標準，強調會員國在國際收支困難早期就應
實行矯正措施，而且必須在短期內迅速調整以求得穩定。

　　IMF 現行的貸款條件主要有如下缺陷：

● 貸款的附加條件不合理，沒有考慮到發展中國家國際收支
問題的特殊性質。IMF 的貸款政策旨在解決發展中國家
內部不平衡，並將內部的調整作為獲得平衡的手段。事實
上，造成發展中國家國際收支困難的原因，並不都與國內
政策的失誤有關，許多時候是由本國無法控制的外部因素
所引起的。如果都按照對付需求膨脹而造成逆差的"需求
管理"方法去緊縮總需求，就會使發展中國家付出較大的
代價。

● 經濟調整的不對稱

在現行體制下，發達國家所受的調整壓力很小。若是儲備
貨幣國家出現逆差時，可以通過增加其對外債務來為赤字
融通資金；而非儲備貨幣國家，則可以利用其在國際市場
上的資信，通過金融市場的私人貸款來彌補赤字。對於發
達國家，以上的做法尚行得通。但如果發展中國家出現逆
差，就難以進入私人借貸市場。它們不得不轉向 IMF 借款，
就會受到嚴厲的約束，要進行經濟調整，付出巨大的代價。

● 貸款條件缺乏彈性

IMF 和一些發達國家都強調 IMF 的金融性質及其對國際
收支融資的臨時性和週轉性，因而實施嚴厲的貸款條件，
反對從私人市場籌集資金和擴大長期貸款。發展中國家則
強烈要求放寬貸款條件，並使貸款條件富有彈性，建議
IMF 的份額與世界貿易值保持同步增長，加強 IMF 動員
市場資金的能力等。現在，IMF 承認經濟調整和增長可
以統一，"有秩序的調整和有秩序的經濟增長，對於任何
減輕貧困的努力都是至關重要的"。⑤但這又使 IMF 面臨

困境：要麼條件嚴格，貸款不多；要麼條件放鬆，資金不足。IMF 的任務和資金能力不相適應，是貸款條件缺乏彈性的一個很重要原因。

c. 貸款拖欠與《IMF 協定》的第三次修改

拖欠 IMF 貸款的現象，是 80 年代債務危機的產物。1990 年時，拖欠額已從 1986 年的 4.89 億 SDR 增至 32.7 億 SDR（約合 42 億美元），幾等於 IMF 1990 年全年貸款額，拖欠國達 11 個都是嚴重經濟困難的發展中國家。IMF 一方面提供政策建議和技術援助、鼓勵拖欠國制訂和執行調整經濟規畫，幫助其組織外援資金來克服經濟困難；另一方面對未能很好實行經濟規畫、長期拖欠而遲遲不積極解決者，則實行懲罰和制裁。除宣布停止貸款外，又增加了向各國理事和有關國際機構通報和宣布該國為"不合作國家"兩項措施。懲罰由輕到重，逐步升級。

美國對發展中國家拖欠貸款感到不滿，在第 9 次檢查增資時，堅持如不修改《IMF 協定》，則不同意增資。美國提出修改《IMF 協定》方案，是為第 3 次修改。主要針對近年來拖欠 IMF 貸款的情況，增加對拖欠會員國施加制裁措施的條款，即對未能履行還款義務、拖欠 IMF 貸款的會員國，經宣布停止貸款及其他警告措施後仍未還款時，可以停止拖欠國的表決權利以及其他有關權利，這實際上與最嚴厲的開除會籍（compulsory withdrawal）制裁措施相差無幾。

根據美國的方案，IMF 理事會終於以多數票通過了一個與《IMF 協定》第三次修改方案相聯繫的第 9 次份額總檢查決議。決議強調，"第 9 次份額總檢查的增資（由 900 億 SDRs 增至 1,350 億），必須與第 3 次修改協定同時生效"。這次修改主要是對拖欠國施加壓力，故引起發展中國家普遍不滿。

7.2　世界銀行集團

國際復興開發銀行（International Bank for Reconstruction and Development—IBRD）簡稱"世界銀行"，和國際貨幣基金組織同是在布列頓森林會議決定成立的互相聯繫、配合的機構。二次大戰後，西方主要國家的經濟均需恢復和重建，所需資金決非私人資本所能解決，故成立國際貨幣基金組織和世界銀行。國際貨幣基金組織的主要任務，在穩定匯率，解決短期國際收支逆差；世界銀行則供給長期資本，協助會員國恢復和發展經濟。

世界銀行及後來成立的兩個附屬機構，即國際發展協會和國際金融公司，統稱為"世界銀行集團"（World Bank Group）。

7.2.1　世界銀行（World Bank）

（一）宗旨與組織

早在 1943 年 10 月，美國就提出成立世界銀行的計畫。1944 年 7 月的布列頓森林會議一致通過《國際復興開發銀行協定》（Agreement of the International Bank for Reconstruction and Development）。1945 年 12 月 27 日正式成立國際復興開發銀行，1946 年 6 月 25 日開始營業。

（1）宗旨

根據《國際復興開發銀行協定》第一條規定，世界銀行的宗旨是：

　a. 通過投資幫助會員國境內生產事業的復興和發展，包括恢復受戰爭破壞的經濟，以及鼓勵發展中國家建立生產設施與開發資源。

　b. 以擔保或參加私人貸款及其他私人投資的方式，促進對外私人投資；或利用銀行的資本和籌集的資金，為生產事業提供資金，以補充私人投資的不足。

c. 鼓勵國際投資和發展會員國生產資源，以促進國際貿易長期
　　均衡的增長，維持國際收支平衡，協助會員國提高生產力、
　　改善人民生活水平和勞動條件。

d. 對銀行發放的或擔保的貸款以及其他渠道的國際性貸款作出
　　安排，使迫切需要的建設項目能夠優先實施。

e. 執行國際投資業務時，須適當照顧會員國境內的工商業狀
　　況；特別是戰後那幾年，應協助恢復經濟發展。

　　　總的來說，世界銀行的主要任務是通過組織和提供長期貸款
和投資，解決戰後會員國重建經濟、發展生產、開發資源的資金
需要，提高借款國的生產能力和生活水平。

　　　此後，世界銀行的宗旨和職能又經歷了以下的變遷：

a. 資助性質。戰後初期着重於西歐國家的經濟重建和復興；六
　　十年代以後，則轉向為發展中國家開發資源和發展生產提供
　　資金。

b. 資助項目。開始主要集中於能源、交通運輸等基礎工程，後
　　來逐步擴展到農業和開發人才的文教事業。

c. 貸款政策。初期強調貸款和投資限於生產領域；現在不再限
　　於生產領域，而是考慮從整個社會經濟結構去影響借款國。
　　貸款形式也從單一性的項目貸款轉向多樣性的非項目貸款。

(2) 組織形式

　　　世界銀行由各會員國認股組成，並按認股多少分配權利，帶
有股份公司性質。會員國必須先參加國際貨幣基金組織，但國際
貨幣基金組織的會員國並不要求一定參加世界銀行。

　　　世界銀行建立初期有 39 個會員國，1984 年 9 月增至 148
個，1988 年 2 月共有 151 個。會員國都要認購該銀行的股份，
認購額由申請國與該銀行協商並經理事會批准。一般是根據會員
國的經濟、財政力量，並參照其在 IMF 的份額大小來決定。認
繳辦法如下：

a. 認繳股份必須繳付 20% 股金，其中 2% 用黃金或美元繳付，18% 以會員國本國貨幣繳付。⑥

b. 餘下的 80% 待繳股本，仍由會員國保存，主要用於保障銀行債券持有者的利益，不准用於發放貸款和支付行政費用。待繳股本的使用條件，應根據銀行清償債務資金情況決定。如果銀行清償到期債務缺乏資金，由銀行通知會員國繳納，會員國一旦接到通知，應立即繳納；金額多少由銀行決定。但銀行自成立以來，尚未向會員國徵集過待繳資本。

世界銀行的重大事項均經會員國投票決定。投票權大小與其認繳的股本成正比例。每一會員國有基本投票權 250 票，每認繳 10 萬美元(70 年代起改為 10 萬 SDRs)股本增加一票。美國認購的股份最多，1957 年佔投票權總額的 34.3%，1988 年降為 18.72%(見表 7.5)。

表 7.5　世界銀行主要會員國認股情況　　　　單位：100 萬美元

國　家	1957.6.30 認股額		1982.6.30 認股額		佔總投票權 %	
	金　額	佔總額 %	金　額	佔總額 %	1982 年	1988 年
美　國	3,175.0	34.3	9,677.3	22.4	20.61	18.72
英　國	1,300.0	14.0	2,838.8	6.58	6.0	4.93
中　共	600.0	6.5	1,310.7	3.04	2.84	4.93
法　國	525.0	5.7	1,918.7	4.45		
印　度	400.0	4.3	2,472.1	5.73		
聯邦德國	330.0	3.6	1,923.7	4.46	4.15	5.14
加拿大	325.0	3.5	1,214.8	2.81		
日　本	250.0	2.7	3,736.1	8.66	8.00	6.65
意大利	180.0	1.9	2,739.3	6.35		
巴　西	150.0	1.6	1,179.4	2.71		
其他會員國	2,033.4	21.94	14,153.1	32.79		
合　計	9,268.4	100	43,164.0	100		

資料來源：國際復興開發銀行 1956–1957 年及 1982 年年報。

(3) 組織機構

　a. 理事會(Board of Governors)：是世界銀行最高權力機構，由每一個會員國委派理事和副理事各一名。一般委派財政部長、中央銀行行長擔任，任期 5 年，可以連任。理事會的主要職責是：批准接納新會員國；增加或減少銀行股份；停止會員國資格；裁決執行董事會解釋銀行協定時發生的爭執；批准同其他國際金融機構簽訂的正式協定；批准修正銀行協定；決定銀行淨收入的分配，等等。理事會每年同 IMF 理事會聯合召開一次年會。銀行的決議，必須有投票權總數三分之二以上的理事出席才有效。理事會往往成為各國財政、金融的高級官員就國際金融、貨幣問題正式或非正式交換意見的場所。

　b. 執行董事會(Board of Executive Directors)：是理事會下設機構，負責組織和處理日常業務，由 21 人組成。其中五人由持股最多的美、英、德、日、法五國委派；其餘 16 名由其他 120 多個會員國按地區分組推選。中國為一獨立地區組，指派執行董事和副執行董事各一名。執行董事會推選一人為行長，主持日常事務，並擔任董事會主席，但無投票權，只在執行董事會表決時雙方票數相等的情況下，才可投決定性的一票。執行董事會有權調整銀行的政策，以適應不斷變化的客觀情況；決定行長提出的貸款建議；向理事會提出財務審計報告、行政預算、銀行預算、銀行業務和政策年報；以及執行董事認為必須提交理事會審議的其他事項。執行董事會的決定一般採取協商方式，很少投票表決。

　　　據說，IMF 和世界銀行成立時有過這樣的默契：世界銀行行長由美國人擔任，IMF 總裁則由歐洲人擔任。故歷屆世界銀行行長均是美國人。

　c. 辦事機構：世界銀行辦事機構龐大，總部內按地區和專業設有 50 個局級機構，分別由 18 名副行長領導。有兩名是高級副行長，其一掌握全部業務活動，另一人掌握銀行財務。世界銀行的全球業務分為東亞和太平洋地區、南亞地區、東非地區、西非地區、歐洲和中東北非地區、拉美和加勒比地區六部分，各由一名地區副行長掌管。另外 9 名副行長分別掌管發展政策、項目工作、對外關係、法律、會計、司庫、秘書、組織和人事管理、規畫和預算編制、年金、基金等方面事務。另設有相當於副行長級的業務評議和監督。

世界銀行的內部機構於 1987 年全面改組。改組目的是為了使世銀在新的發展情況下更加靈敏、更有效益，加強向借款國提供發展援助的敏感性，使行長在以下方面實行有效領導：

i）確定世銀短期和長期的戰略日程；

ii）決定主要的機構問題，而把日常決策下放給各有關管理人員；

iii）保證主要的問題得到充分爭論和分析；

iv）確定世銀管理結構以及作出重要任命；

v）對外代表世銀，爭取股東政府對該機構的支持。

這次改組，將世銀的職能重新分為籌資、業務、政策計畫和研究、行政四大部分，各由一位高級副行長主管。政策、計畫和研究是一個新的綜合部門，把以前分散在世銀內的研究、政策制訂和戰略計畫，同機構的預算等有關活動結合起來。業務部門從過去的 6 個地區減少為非洲；亞洲；歐洲、中東和北非；拉丁美洲和加勒比四個地區，每個地區又分成若干國家局，把以前由規畫局和項目局分管的業務統合起來。此外，每個地區都設有一個技術局，並分為貿易和財政、農業、工業和能源、基礎設施工業、環境五個職能處。除 4 個地區外，在業務部門內還設有金融中介服務部和聯合籌資部。

改組後世界銀行的組織機構如圖 7.2。

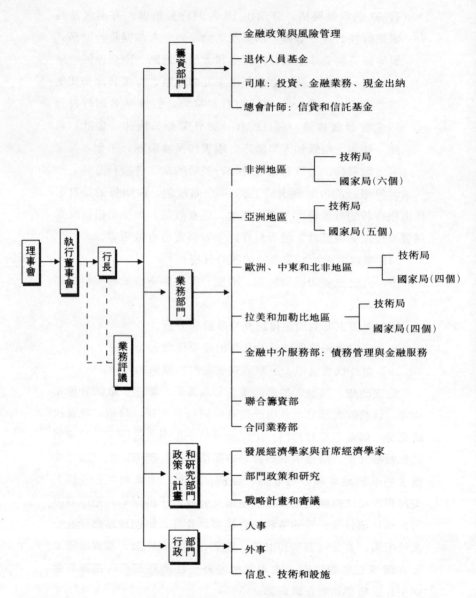

圖 7.2　改組後的世界銀行組織結構

世界銀行的總部設在華盛頓，在許多會員國設有辦事處、派出機構或常駐代表。在巴黎、倫敦、東京、紐約的金融區和紐約聯合國總部設有辦事處；其中設在巴黎的歐洲辦事處最大。另外，在東非、西非等地區有代表處，在孟加拉國、印度、巴基斯坦、沙烏地阿拉伯、印尼5國派有代表團，在阿富汗等20個國家派有常駐代表。這些代表團和常駐代表的任務，是向接受世界銀行項目貸款的政府提供有關項目的特別幫助。

世界銀行的工作人員來自世界100多個國家，1981年6月底已超過5,000人。他們上至行長，下至一般工作人員，執行任務時只向銀行負責，不向任何國家負責。會員國政府必須尊重銀行每一個工作人員的職責和國際性質，不能在他們執行官方職務時對他們施加影響。

（二）資金來源

世界銀行的資金來源，主要經以下三條渠道：

（1）會員國繳納的股本

世界銀行是一個股份企業性質的國際金融機構，會員國繳納的股本就是世界銀行的自有資金。世界銀行成立時法定資本為100億美元，分為10萬股，每股10萬美元，由會員國認繳。自1959年至1988年經過11次增資，1988年6月底的法定資本增至1,714億美元（見表7.6）。

表7.6　世界銀行法定資本的變化

單位：億美元

時　　間	法定資本額	時　　間	法定資本額
1945	100.0	1977.5	340.0
1959.9	253.0	1980.1	850.0
1963.12	265.0	1981.10	864.0
1966.8	289.0	1984	949.0
1970.12	326.0	1988.6	1714.0

資料來源：《布列頓森林會議40年來大事記》，《金融與發展》季刊，1984年3月號；世界銀行1984和1988年的年度報告。

世界銀行增加法定資本有兩種方式：

a. 普遍增資

目的是支持世銀貸款的增加；每個會員國按同一比例增加股金。

b. 特別增資(亦稱臨時選擇性增資)

世界銀行有選擇地向某些會員國提供股份，以便根據它們在世界銀行中地位的變化，按特定比例增加股金。有時也採取增加法定資本的辦法向新會員國提供股份。

(2) 借款

世界銀行資金有限，又不可能像一般商業銀行那樣吸收短期存款作為資金來源，故世界銀行主要通過在國際金融市場上借款和發行債券來籌集資金。據統計：世銀貸款所用的資金近 70%來自借款。

a. 借款方式

● 短期借款

80 年代初，世界銀行首次進入短期資金市場借款。1981-1983 年間美元借款上升 56%，其中 1983 年增加的 15 億美元，就是通過在美國國內市場上發行貼現票據籌集的。世界銀行還發展了貨幣互換業務(SWAP)，通過賣出美元、買進瑞士法郎，將一部分負債成本較高的美元債務換為瑞士法郎負債，即利用世界銀行借入美元資金的優勢和對方借入瑞士法郎的競爭優勢，使雙方從交易中減少負債成本。這使世界銀行進入低利的瑞士法郎借款市場。

● 發行債券

世界銀行主要通過兩種方式出售債券取得借款：一是直接向會員國政府、政府機構或中央銀行出售中、短期債券；一是通過投資銀行、商業銀行等中間包銷商向私人投資市場出售中、長期債券。後一種方式的比重不斷提高，近年來已超過總額三分之二以上。世銀發行的債券均不以銀行的財產作為擔保或抵押，但卻享有最高信譽，因為世銀擁有各會員國的實繳股金，並隨時可徵集待繳股金，構成其對外發行債券的保證。根據世銀協定的規定，世銀債券在會員國不享有特別減稅優待，而各會員國亦不得對其有所歧視。

80 年代，世銀為擴大資金來源，推出新籌資方法。這種新的籌資辦法叫做"不斷發行的長期債券"（Continuously Offered Long-Time Securities—COLTS），兼有短期商業票據和長期債券的優點，可根據投資者所需的特定期限和現金流量情況，連續不斷地出售，源源不斷地在美國市場上籌借到所需的資金。投資者則像在商業票據市場中一樣，隨意選擇合適的期限。

b. 借款政策

● 借款市場分散化

目的在避免過分依賴任何單一市場，以保證資金的可得性，增強在各個市場的借款能力和地位，靈活地調整借款構成，以取得最有利的貸款條件。從 1947 年開始至整個 50 年代，美國是世銀唯一主要借款市場。60 年代開始向其他國家的金融市場發行債券，逐漸擴大到聯邦德國、日本、瑞士、比利時、加拿大、荷蘭、英國等。持有世銀債券的投資者遍布全球 100 多個國家。

● 借款成本最小化

世銀為使銀行及其借款人的資金絕對成本最小化，近年來採取了一些很有成效的措施：

第一，廣泛地借入各種利率較低的貨幣，如瑞士法郎、日圓、德國馬克等。

第二，細心選擇借款時期，以降低借款成本。如預期利率上升就加速借款；如利率短期內將下降，則推遲借款。

世銀擁有較大的流動資產以支持這種借款的靈活安排。

第三，有目的地縮短某些借款的期限，防止陷入高成本的長期借債。

第四，盡量減少借款國的利率和匯率風險，保持謹慎的資產負債結構，向借款人提供適當的債務轉換，保持借貸資金平均期限的平衡，減少利率風險。世銀原則上不承擔幣值變化的風險，而是由借款國自己承擔。但世銀在考慮用某種貨幣借款時，一般要比較該種貨幣借款利率同其他主要貨幣的利率差異，以及該種貨幣未來可能對其他主要貨幣出現的升、貶值幅度。

c. 控制貸款總費用的變化

1982 年 7 月以前，世銀提供的是固定利率貸款；由於借款成本變化，世銀傳統作法是經常改變新貸款協議的利率，來彌補其借款成本與貸款收入之間的差額。由於借款成本上升快，1982 年初世銀提高了貸款的啟用費（frontend fee），以後又採用了可變利率貸款。因此，世銀貸款費用雖比國際私人市場稍低一些，但經常附有非營業性條件。

d. 借款不實行專款專用

世銀借入資金的地區、市場和貨幣構成十分複雜，不可能指定一筆借款專門用於某一工程項目或專門對某一國發放。

目前，世界銀行已成為世界各主要資本市場上最大的非居民借款人，借款額逐年增大。

（3）債權轉讓

世界銀行為擴大貸款能力，把一部分貸款的債權轉讓給私人投資者，以擴大世銀貸款資金的週轉能力。近年來，這種資金來源越來越重要。

（4）利潤收入

世界銀行的利潤收入也是資金來源之一。世銀自 1947 年成立以來，除第一年有小額虧損外，每年都有盈餘，而且營業的淨收益逐年增加（見表 7.7）。

表 7.7 世界銀行歷年營業淨收入情況

單位：億美元

財政年度	1975	1978	1979	1980	1981	1982	1985	1988
淨收入額	2.09	2.75	4.07	5.88	6.10	5.98	11.37	10.00

資料來源：據世界銀行 1982 年和 1989 年度報告。

世銀營業的淨收入一部分以贈款形式撥給國際發展協會，作為對發展中國家發放貸款的資金。其餘大部分淨收入留作世銀的儲備金。到 1981 年，儲備金總額已達 29 億美元，佔同期貸款餘額 259.58 億美元的 11.2%。

以上資金來源，使世界銀行掌握近 100 億美元不需支付紅利的淨資產（繳交的股本和儲備金），又擁有大量待繳股本作為借款信用保證和債務人利益保障。這使世銀有可能取得條件較優的大量借款，並以較低利率向會員國貸款，而仍能獲得大量淨收入，增加世銀資金來源。

(三)業務活動

根據世銀宗旨，其主要業務是向會員國提供貸款，為會員國從其他渠道取得的貸款提供擔保，向會員國提供經濟、金融技術的諮詢服務等。

（1）世界銀行的貸款

戰後初期，世銀貸款主要集中於歐洲國家，幫助受戰爭破壞的國家"恢復生產，復興經濟"。1948 年後，歐洲各國主要依賴美國的"馬歇爾計畫"援助，世銀貸款轉向發展中國家，成為這些國家開發資源、發展經濟較重要的資金來源。世銀從開始營業至 1988 年財政年度貸款累計總額約 1,550 億美元，撥付總額 997.12

億美元（見表 7.8）。加上 1989 財政年度向發展中國家的 210 億美元⑦貸款，累計貸款總額達到 1,760 多億美元。

　為避免有損其他金融機構的國際貸款業務，避免貸款被用於與國際經濟復興開發無關的目的，避免承擔過度風險而危及其資本，故世界銀行對貸款的政策、條件和程序都有嚴格的規定。

a. 貸款政策

　　根據《國際復興與開發銀行協定》，世界銀行發放貸款，主要遵守以下原則：

 i ）只對會員國政府或得到會員國政府、中央銀行擔保的公私機構提供貸款。

 ii ）貸款一般須用於世銀批准的特定項目。項目要經世銀審定，認為在技術上和經濟上是可行的，並且是借款國經濟發展最應優先考慮的。只有在極特殊的情況下，才發放非項目貸款。

 iii ）世銀理論上是最後貸款者，只對不能從其他來源以合理條件獲得資金的會員國給予貸款。

 iv ）貸款只貸放給有償還能力、能有效利用世銀資金的會員國。世銀是一個金融機構，主要依靠在國際金融市場上借入資金向會員國提供貸款，必須確保貸款能如期收回。故在貸款前先要審查申請國的償債能力和利用資金的有效性，特別重視申請國的外債償還率。這是因為世銀只提供項目建設所需的外匯資金，借款國也要以外匯償還貸款。

 v ）貸款規畫要按借款國的人均產值分配資金。世銀和國際發展協會貸款時，最重要的標準是按各國人均國民生產總值的多少，把會員國分為五組，以決定貸款額度。貸款的主要對象是中等收入國家，屬於最低收入組別的國家，主要從國際發展協會獲得資金。

表 7.8　世界銀行歷年貸款情況(1946–1988)　　單位：億美元

財政年度	貸款筆數	貸款金額	撥付金額	借款國數
1946 至 1978	1,589	446.87	250.34	－
1979	142	69.89	36.02	44
1980	144	76.44	43.63	41
1981	140	88.09	50.63	50
1982	150	103.30	63.26	43
1983	136	111.38	68.17	43
1984	129	119.47	85.80	43
1985	131	113.56	86.45	44
1986	131	131.79	82.63	41
1987	127	141.88	113.83	39
1988	118	147.62	116.36	37
1946 至 1988 累計	2,937	1,550.29	997.12	－

資料來源：世界銀行《1988 年年報》。

b. 貸款方式和種類

世界銀行的貸款原來主要是項目貸款，到 70 年代以後，擴大了非項目貸款並採用了一些新的貸款方式。

第一、項目貸款（project loan）

這是世銀傳統的貸款方式。貸款要與世銀批准的特定工程項目相聯繫，用於基礎設施項目（如運輸、能源、電訊、供水等）和直接的生產活動。這把世銀的貸款局限於較小範圍或固定模式。但在實踐中，項目貸款已不僅包括成套經濟發展項目，還包括與該項目聯繫不大的各小項目組合。目前，世銀的項目貸款亦可用於教育、農業、交通等各個經濟領域。就貸款方式言，世銀約有 90% 是項目貸款。⑧

第二、非項目貸款（non-project loan）

這是指不與世銀批准的特定工程項目相聯繫、在特殊情況下才提供的專項貸款，具體貸款條件如下：

● 由於發生自然災害，經濟受到嚴重破壞，為恢復經濟和重新建設，必須從國外盡快得到財力和物資援助。

● 打算充分利用本國現有生產能力，發展民族經濟，但缺乏進口原料或設備的資金。

● 國民經濟收入單依靠出口商品，由於出口商品價格突然下跌，發生嚴重經濟困難。

● 由於進口商品價格急劇上升，使輸入國的商業嚴重惡化。

此外，非項目貸款還用於幫助一些國家調整經濟結構。因此，八十年代非項目貸款額迅速增大。

第三，聯合貸款（co-financing）

這是 70 年代發展起來、在 80 年代世銀大量採用的貸款新方式，是由世界銀行牽頭組織、多種金融機構聯合發放的國際貸款。參加世銀聯合貸款的有 5 類機構，即國際復興開發銀行和國際發展協會、區域性開發銀行、政府出口信貸機構及負責雙邊

開發援助機構。世銀的聯合貸款有以下兩種形式:

- 平行貸款(parallel financing)。是若干項相對獨立的貸款組合,參加平行貸款的各方分別同借款者談判並簽訂協議,依照各自的貸款條件、程序和資金用途,分別對同一工程項目的不同部分貸款。貸款協議書一般訂有: (i)併聯違約條款。指借款者違背與某一聯合貸款者簽訂的貸款協議,該貸款者因而取消、停付或要求提前償還其貸款,則其他聯合貸款者根據併聯條款有權採取相應措施以支持該貸款者。(ii)同時生效條款。規定同一項目的各個貸款協議同時生效,任何貸款者不得提前貸款。(iii)相互參照條款。規定要待世銀貸款協議中的某些條款,如投資項目管理、擔保等條款履行之後,再實施貸款協議。

- 混合貸款(joint financing)

  混合貸款與平行貸款的聯合方式不同。在平行貸款中,貸款各方的資金彼此分開,各方承擔各自的貸款風險,通過以上三個條款達到相互協調、聯合行動的目的。混合貸款則是將聯合貸款者的貸款資金聯起來,按照一個共同的貸款程序,對一個完整的工程項目發放聯合貸款,貸款風險按提供貸款比例由貸款各方共同承擔。

  世銀的聯合貸款發展很快。1974 年至 1983 年,聯合貸款總額由 27.4 億美元增至 99.8 億美元,共有 806 個工程項目使用,佔同期世銀貸款項目的 35%;累計總額為 688.7 億美元,佔同期世銀貸款累計總額的 74%;其中由世銀發放的聯合貸款累計總額佔同期世銀貸款累計總額的 35%。而在 1981 至 1989 財政年度則共發放 814 筆聯合貸款,總金額為 1,998 億美元;其中世銀提供的資金為 567 億美元,佔總金額的 28.4%。

  80 年代初,國際債務危機出現後,為鼓勵商業銀行繼續向發展中國家貸款,世銀執行理事會於 1983 年 1 月通過新的聯合貸款"試驗方案"，並於 1984 年開始實行。新方案的主要特點是世銀在聯合貸款中除提供自己的部分資金外，還參與商業銀行的貸款。

參與方法包括：(i)直接參與(direct participation)。指世銀直接參與商業銀行的貸款，一般佔商業貸款額的 10–25%，貸款期可由商業銀行所能接受的 8 年延長至 10 年。借款者首先償還商業銀行的本息，到第 9 和第 10 年再償還世銀的本息。(ii)擔保(guarantee)方式的聯合貸款。世銀不參加商業貸款，但對商業銀行的長期貸款給予擔保。(iii)應急參與(contingent partici-pation)。世銀不參加商業貸款，但在聯合貸款協議中附有承諾條款，規定如將來市場利率高於商業銀行貸款利率，世銀要對商業銀行的利差損失給予資金融通，或購買商業銀行的債權。

新的聯合貸款方式、程序和技術較複雜，世銀與商業銀行和它們的借款者之間很難達成協議。1984 年，按照新方式發放的聯合貸款僅 9 筆，其中商業銀行的貸款為 10.7 億美元。

第四、中間性貸款(intermediate financing facility)

中間性貸款亦稱"第三窗口"貸款，意指在世界銀行和國際開發協會提供的兩種貸款以外的第三種貸款，其貸款條件比世銀的條件寬，但不及國際開發協會優惠。它的期限為 25 年，貸款規模為 10 億美元，年利率為 4.5%，遠比世銀貸款利率低。借款國所付利息與世銀貸款利息的差額，由富裕的工業國和產油國自願捐贈款設立的"利息補貼基金"(interest subsidy fund)，補貼給世銀 4% 的利息。這種低利貸款，限於貸給 1972 年人均國民生產總值低於 375 美元的發展中國家。

世銀 1985 年度報告把貸款劃分為以下幾類：

第一、具體投資貸款

目的是建立新的生產資料和經濟、社會基礎設施，使之恢復或維持設計能力。貸款用於具體投資的設備、材料、勞務、以及土建工程。這類貸款的撥付期為 4 至 9 年，1989 財政年度佔世銀貸款總額的 50%。

第二、部門投資和維持貸款

目的是使部門投資與經濟發展優先次序相一致，並確保其有效經營和維持現有的投資能力。這類貸款的撥付期為 3 至 7 年，1989 財政年度佔世界銀行貸款總額的 7.5%。

第三、金融中介人貸款。

目的是在競爭的環境中，通過金融中介人，向企業和中小型農業生產者提供投資信貸和流動資金信貸。這類貸款的撥付期為 3 至 7 年，1989 財政年度佔世銀貸款總額的 11.1%。

第四、調整貸款（adjustment lending）

這種貸款的目的，是要幫助國際收支嚴重困難的國家，在整個經濟範圍內或在部門範圍內改革政策。與世銀傳統貸款不同，它不為具體項目提供資金，而是提供外匯，幫助支付調整和政策改革所需過渡性費用。它往往是和債務重整規畫結合的一攬子融資的組成部分，並且對其他外國資本的流入起中介作用。世銀的調整貸款，可分為部門調整貸款和結構調整貸款。

第五、技術援助貸款

這是用於專門顧問、服務、研究和培訓的貸款。目的是提高借款國人員和機構制訂發展政策和準備具體投資項目的能力。傳統上，世銀技術援助資金大部分用於所謂與項目有關的"硬"的技術援助，即為項目的設計、執行、監督和計算以及今後項目可行性研究等，從外部僱來專家提供本地缺少的技術。在 80 年代，隨着發放大規模的結構和部門調整貸款，世銀就將技術援助貸款的重點轉移到"軟"的技術援助，即主要為支持政策和機構的調整與人力資源的發展提供專家服務。這種援助不與任何特定的有形投資項目掛鈎，故亦稱"獨立"的技術援助。1989 財政年度則只佔 0.9%，貸款撥付期為 2-6 年。

第六、緊急重建貸款

用於支持自然災害後的重建及恢復生產活動的資金需要。這類貸款的撥付期為 2 至 5 年，1989 財政年度佔世銀貸款總額的0.2%。

上述各類貸款只是大體劃分，實際往往是一筆貸款兼有幾類貸款的特點，只能按主要用途歸類。世界銀行作為一個國際開發機構，它的業務活動不僅僅是貸款，還包括附加在貸款上的各種條件、技術援助、政策建議、調節外來資本等。因此，它的貸款規模和貸款方式不是孤立的，總是和一定的政策和體制改革、投資方向相聯繫。

世界銀行根據它的宗旨和政策，貸款主要集中投放以下部門：

第一、農業和農村發展

農業方面的貸款，初期主要支持道路、水壩、港口等項目。60 年代開始，農業貸款多樣化，包括改進耕作活動，提供技術援助等。1973 年世銀正式制訂"農村發展戰略"，把支持農業和農村發展貸款(定義為"直接受益者至少一半是窮人的項目貸款")放在第一位。1974 至 1986 財政年度間，世銀在世界範圍內為943 個農業項目提供了 385 億美元貸款，項目的總費用估達1,040 億美元。通過 498 個項目貸出的農業貸款，半數提供給農村發展項目，項目總費用達 500 億美元。⑨因此，農業和農村發展貸款佔世銀貸款總額的比重，也大幅度上升，從 1979 年度佔2.2%，增至 1986 年度的 28.54%。

第二、能源(石油、天然氣、煤)

世銀最初注重幫助一些國家的電力項目投資。1973 年石油漲價以後，世界上 90 多個非產油國家經濟出現嚴重困難，世銀及國際發展協會開始重視幫助發展中國家建設農村能源項目，包括可再生能源和不可再生能源的生產。在可再生能源方面，重視水力資源開發，解決對薪材的需要，開發用生物原料、製造酒精代替汽油；不可再生能源方面，對開發石油、天然氣和煤的貸款也迅速增加。

第三、開發金融公司

這是指對當地政府設立的開發金融公司給予貸款，由開發金融公司再貸給當地的生產性企業。目的是將世銀審查項目的權力下放到當地開發金融公司，因為它們最了解情況，能更有效地把資金貸給最重要的中小型企業。近年來，這種間接提供的貸款每年已達 10 億美元，如 1981 財政年度為 11.1 億美元，1986 年度更增至 13.25 億美元。佔當年世銀貸款總額的 10.1%。

第四、教育

世銀從 1962 年起開始發放教育方面的貸款。貸款原則是：(i)條件許可，應向全體人民提供最低限度的基本教育；(ii)應該有選擇地提供進一步教育和訓練，以便從數量上和質量上增進人們的知識和技能，使他們更好地去完成經濟、社會和發展方面的任務；(iii)全民教育制度應該包括正規的和非正規的教育；(iv)為提高勞動生產率和促進社會平等，受教育機會應盡可能均等。對較窮的國家注重資助基本教育和農村勞動力培訓項目；對發展水平較高的國家，則側重資助中等教育和高等教育項目。1965年度教育貸款項目只有 3 個，金額僅 3,000 萬美元；70 年代增加較快，1979 年度 11 個項目，金額 2.2 億美元；1986 年度增至 5.78 億美元。

第五、人口、保健和營養

許多發展中國家人口增加過快，嚴重影響人民生活水平提高。為此，世銀設立人口、保健和營養局（Population Health and Nutrition Department），制訂發放人口項目貸款的政策。通過提供這種貸款，以降低人口自然增長率，增加人均國民生產總值和人均收入，使工農業生產技術得到應用和提高，並改善人類

社會所需要的保健、教育、供水和住房等基本服務條件。世銀於
1970 年開始發放這種貸款，1970 至 1982 財政年度共提供 2.52
億美元。1986 年一年達 1.666 億美元，佔總貸款額的 1.26%。

第六、電訊

這項貸款主要是加強電訊系統收發訊號的能力，改善城市與
農村的電話網，擴大國際通訊線路等。至 1982 年 6 月底，世銀
與國際發展協會發放的電訊貸款共 25.91 億美元，約為兩個機構
成立以來發放貸款總金額的 2.6%。

第七、旅遊

世銀於 1969 年設立旅遊項目局，提供旅遊項目貸款，在世
銀貸款總額中所佔比重較小。

第八、運輸

世銀認為交通運輸是國民經濟的先行部門，故十分重視提供
這方面貸款，以幫助發展中國家發展交通運輸業。世銀自成立至
1982 年，共提供運輸貸款 150.64 億美元，佔世銀貸款總額的
19.2%。80 年代這種貸款有所減少，1981–1987 年，世銀和國
際發展協會合計也只有 119.76 億美元，只佔兩機構貸款總額的
11.55%。

第九、工業

世銀自成立以來，一直把對一些國家的工業貸款作為主要業
務內容。規模較大的工業項目，由世銀和國際發展協會直接貸款
資助；中小型工業項目則通過項目所在國開發金融公司貸款資
助；發展中國家的私營項目，則由國際金融公司直接貸款資助。
工業貸款不局限於建設工程和技術援助，且重視工業項目的經營
管理。近年來對發展中國家工業部門貸款，主要用於幫助制訂政
策，支付工業部門管理和培訓人員費用，提供設備提高生產能
力，制訂財政計畫等。截至 1982 年 6 月底，世銀提供的工業貸
款共 60.4 億美元，國際發展協會為 11 億美元。

第十、其他

世銀的貸款還有非項目貸款、結構調整貸款(亦稱"政策性貸款")、技術援助貸款等，前文已有述及。

c. 貸款特點

　　世界銀行嚴格實施它的貸款政策和貸款方式，具有如下特點：

（ⅰ）貸款與特定的工程項目相聯繫。工程項目須經世銀精心挑選、詳細核算、嚴密監督和系統分析。借款國必須向世銀提供有關經濟、財政及貸款項目的情況和全部資料。世銀通常只提供貸款項目所需外匯資金的30%，其餘由借款國自行籌集。

（ⅱ）貸款期限較長。最長可達 30 年，平均為 17 年，寬限期十年。

（ⅲ）貸款利率參照資本市場利率，但一般低於市場利率。80 年代以前採用固定利率：1982 年 7 月 1 日開始按可變利率發放貸款，一般是在世銀借款利率的基礎上加 0.5% 的差額。世銀全部資金的平均成本 1985 年是 7.44%，1986 年是 7.15%。開始實行可變利率時貸款利率為 11.43%，以後逐年下降，1987 年上半年降至 7.92%。世銀貸款收取的雜費也很少，只對簽約後未支用的貸款收取 0.75% 的手續費(亦稱承諾費)。

（ⅳ）手續嚴密，審查嚴格。從提出項目，經過選定、評審，到取得貸款，一般要年半到兩年，程序包括：申請國在正式提出貸款要求前舉行非正式商談，選定貸款項目並進行調查，稱為項目的準備階段。之後，世銀主持項目評估和談判，由世銀行長提出報告連同貸款協議書和附件，一併送執行董事會審議。批准後，由借貸雙方授權的代表正式簽署，在聯合國註冊登記。

最後才進入項目的執行階段：招標、按工程進度發放貸款，並進行監督。末後還要對貸款項目進行總結評價。由於世銀貸款的條件和程序繁瑣，每個年度貸款的實際使用率比國際發展協會要低。如 1982–1985 年度，世銀貸款的實際使用率平均只有 67.8%，而國際發展協會達 76.6%。

（ⅴ）貸款必須如期歸還，不得拖欠或改變還款日期。

（ⅵ）借款國要承擔匯價變動風險。貸款都以美元計值，借款國如需提用其他貨幣，則把貸款協議的美元數額以當時匯率轉換成借款國所需要的貨幣。還款時必須以同種貨幣還本付息，再按當時匯價折合美元。

（ⅶ）貸款使用不同的貨幣發放。對承擔貸款項目的承包商或供應商，一般用該承包、供應商所屬國貨幣支付；如由本地承包商供應本地物資，即用借款國貨幣支付；如本地供應商購買的是進口物資，即用該出口國貨幣支付。世銀使用會員國以本國貨幣繳入的股本發放貸款時，要徵得該會員國同意

(2) 投資擔保——建立多邊投資擔保機構

《世銀協定》規定世銀有權為會員國從其他渠道（無論是私人或政府部門）獲得的貸款提供擔保，但世銀從未行使該項權力，而是根據這種權力開辦一項新的業務活動——投資擔保——為促進發達國家向發展中國家直接投資提供擔保。

1962 年 3 月，世銀發表了《多國間投資保險——工作人員報告》的文件。1965 年 3 月又向會員國發送了關於"解決投資爭端國際中心"的公約，1966 年 10 月 14 日生效。公約的主要內容，是要建立一個旨在為不同締約國國民之間的投資爭端提供調停和仲裁的"解決投資爭端國際中心"。1981 年，世銀提議創建一個它領導下的、促進發達國家向發展中國家直接投資的多邊投資擔

保機構。1988 年 4 月，世銀年會宣告這個機構誕生。它雖附屬於世界銀行，世銀行長為其理事會的當然主席。但在財務上和法律上是獨立的。截至 1988 年 6 月 30 日，已有 15 個資本輸出國和 55 個資本輸入國在建立多邊投資擔保機構的公約上簽字。它們認購的資本佔該機構法定資本總額（10.82 億美元）的 73.495%。1988 年 6 月 8 日，在華盛頓舉行該機構理事會成立會議。

多邊投資擔保機構主要是鼓勵成員國相互進行以生產為目的的投資，特別是向發展中國家投資。它的主要業務是對"合格的投資"提供擔保，即為在外國投資的以下四類非商業性風險，提供共同擔保和再擔保：

a. 由於投資所在國政府限制貨幣兌換和轉移而造成的轉移風險；

b. 由於投資所在國政府的法律或行政行動造成投資者喪失投資所有權、控制權的風險；

c. 在投資者無法進入主管法庭，或這類法庭不合理的拖延或無法實施這一項已作出的對他有利的判決時，政府撤銷與投資者簽訂的合同而造成的風險；

d. 武裝衝突和國內動亂造成的風險。

該機構主要用自己的收入維持業務。資金的主要來源有：

a. 認繳的股本。成員國認繳的股本與它在世銀認繳的股金的分配比例一致。核準資本 10% 用現金支付；另 10% 用非轉讓、無息的本票支付，一旦需要時才兌成現金；其餘 80% 是通知收取。1986 年 6 月 30 日，有 31 國認繳股本，總額 4.57 億美元，到 1988 年 6 月 30 日有 70 國，認繳股本總額為 7.952 億美元。而實繳股股金按 20% 計，只有 1.59 億美元。

b. 收取的擔保費。多邊投資擔保機構的實繳股金少，資金主要來源是從擔保業務中收取的費用。

從實際情況看，這個機構的擔保能力有限。它作出的擔保金額最初不會超過它的認繳股本加儲備金，再加上它的再保險等總額的 1.5 倍，風險對資產的比率是 1.5：1。

（3）直接和間接投資業務──組建新興市場公司

世銀最近組建了一個"新興市場公司"（Emerging Market Co.,─EMC），於 1992 年 4 月開始營業。公司計畫在全球經營直接投資和間接投資業務，包括亞洲、東歐和前蘇聯地區、拉丁美洲，也在發展中國家經營債券業務。這樣，世銀不但對私人投資進行擔保，而且直接參與對新興市場的投資活動，因而擴大了世銀的業務範圍，完善了世銀的職能。

7.2.2 國際發展協會
(International Development Association─IDA)

（一）宗旨與組織

二次大戰後，新獨立的發展中國家經濟上仍困難重重。而國際貨幣基金組織和世界銀行的貸款，條件既苛刻，數額亦有限，未能幫助發展中國家，特別是較貧窮的發展中國家擺脫困境。它們於是力爭建立一家對發展中國家提供贈款或長期優惠貸款的新機構。當時，美國向缺糧國出售剩餘農產品，接受缺糧國貨幣作為支付手段，並將這些貨幣用於向各有關國家提供經濟發展的貸款和贈款。1957 年美國建立了開發貸款基金，以美元貸出，以借款國本國貨幣償還。隨着美國持有的外國貨幣額的不斷增加，便着手研究減少所持有外幣額的方法和途徑，決定接受發展中國家的建議，改變美國的對外援助政策。

美國參議員門羅尼（Senator M. Monroney）1958 年 2 月向美國參議院提出另行設立國際發展協會的建議，對低開發國家以較富彈性的條件提供貸款。同年 7 月，美國參議院通過門羅尼提案，是為參議院第 264 號決議案。1958 年 10 月美國財政部長安德遜（Anderson）在新德里舉行的 IMF 與世銀第 13 屆理事年會上，提出成立國際發展協會的建議。1959 年在華盛頓舉行的第 14 屆年會前夕，美國將設立協會的具體原則分送世銀各執行理事。10 月大會通過設立國際發展協會的原則，並由世銀執行理事會擬訂協會的協定和章程，送有關政府審批。1960 年 9 月 24 日批准協定的有 15 個國家，國際發展協會宣告成立，並於同年 11 月正式開始營業。

（1）宗旨

《IDA 協定》第一條規定，協會的宗旨是"為幫助世界欠發達地區的協會會員國促進經濟發展，提高生產力以及生活水平。特別是以較一般貸款更為靈活、在國際收支方面負擔較輕的條件提供資金，以解決它們在重要的發展方面的需要，從而進一步推動實現國際復興開發銀行的開發目標並補充其活動。"

（2）組織形式

協會是一個政府間的機構，附屬於世界銀行，故其組織形式、機構和管理方式，都與世界銀行相同。它的最高權力機構是理事會，下設執行董事會，負責日常業務工作。協會的正副理事、正副執行董事及各部門負責人，與世銀是兩塊牌子、一套班子。協會的經理、副經理由世銀的正副行長兼任。但在資本與業務方面，協會是一個獨立法人，資產、負債都與世銀分開，其行為或業務所負的責任與世銀互不相關，世銀的債權與協會無關，世銀亦不能貸款給協會。

只有世銀會員國才有權參加協會。會員國分為兩組，都要認繳協會的股份，認繳額參照其對世銀股份的認繳額確定。第一組為經濟上較發達或收入較高的國家，是協會的資金資助國，它們必須以黃金或可兌換貨幣繳納股本；第二組為發展中國家，是協會信貸的接受國，只須用小部分的黃金或可兌換貨幣繳納股本，其餘可用本國貨幣繳納。兩組國家的劃分標準是以人均國民收入的多寡。第一組國家現有美國、英國、法國、德國、日本、意大利、加拿大、比利時、盧森堡、荷蘭、新西蘭、挪威、瑞典、丹麥、芬蘭、冰島、愛爾蘭、奧地利、澳洲、南非、科威特共 21 個國家。

會員國不論認股多少都擁有基本投票權 500 票，每認股 5,000 美元另加 1 票；1975 年第四次補充資金時，每會員國擁有 3,850 基本票，每認繳 25 美元再增加 1 票。這樣的投票權安排對認股很小的發展中國家較有利。

協會在 1960 年 9 月 24 日成立時只有 15 個會員國，其中第一組 8 國；第二組 7 國。到1990 年批准第九次補充資金時，會員國已增至 138 個，其中第一組國家 30 個（加上非會員國瑞士，共有 31 個捐助國），第二組國家 108 個。

(二)資金來源

國際發展協會的資金來源有以下幾個方面：

(1) 基本來源

 a. 會員國認繳的股本　協會原定的法定資本為 10 億美元，1960 年最初籌資只 7.57 億美元。⑩其後由於會員國增加而多次增資，截至 1980 年 6 月 30 日，會員認繳股本為 194.82 億美元，其中第一組會員國認繳 187 億，佔 96%。到 1988 年 6 月 30 日，會員認繳股本總額已增至 536.3 億美元。

 b. 會員國提供的補充增資（replenishment）　由於會員國繳納的股本有限，不能滿足第二組會員國信貸需要，同時《國際發展協會協定》又規定，協會不得在國際資本市場發行債券來取得資金。因此協會通過一項為期三年的補充增資方案。1967 年以後，作為慣例，每三年確定一次補充方案，要求會員國政府，特別是第一組會員國政府以本國貨幣或其他會員國貨幣，額外提供補充資金，例如美國可以其援外取得的受援國貨幣繳給協會。協會自成立以來至 1990 年，共進行了 9 次補充增資（表 7.9），捐助最多的是美國，初創時佔 42.34%，第九次增資時降至 21.61%。

表 7.9　國際發展協會籌集捐款和補充增資情況

單位：百萬美元

	初期捐款	補　充　增　資				
		第一次	第二次	第三次	第四次	第五次
生效日期	1960 年 9 月	1964 年	1969 年	1972 年	1975 年	1977 年
金額	756.56	744.73	1,200.10	2,440.87	4,501.30	7,686.19
		第六次	第七次	第八次	第九次	
生效日期		1981 年	1985 年	1988 年	1990 年	
金額		12,000.00	9,000.00	14,800.00	15,100.00	

資料來源：《金融與發展》1984 年 3 月號和 1990 年 6 月號。

　　c. 世界銀行撥款　1964 年起，世銀從淨收入中以贈予形式撥
　　款資助協會，截至 1988 財政年度共撥給協會 25.67 億美元。

　　d. 協會營業的淨收入　協會貸款條件極優惠，淨收入較少，至
　　1982 年 6 月 30 日共 2.8 億美元。

（2）特別基金

　　協會於 1982 年 10 月設立一項特別基金，由會員國捐款組
成，以補充協會貸放的正常資金，增強貸放能力。截至 1988 財
政年度，該項特別基金總額為 5.81 億美元。

（3）非洲基金

　　協會於 1985 年 5 月設立該基金，資金由世銀及其他捐款國
組成，用於支持撒哈拉以南非洲地區的會員國政府進行結構調整
和經濟恢復。截至 1988 財政年度，非洲基金總額為 10.24 億美元。

（三）信貸業務

　　協會以最優惠的條件提供貸款，稱為信貸（credit），以區別
於世界銀行按通常借貸條件提供的貸款（loan）。

　　協會自成立以來至 1989 年 12 月，共向 86 個會員國提供 2,183
筆信貸，總額 547.84 億美元（見表 7.10）。接受協會信貸金額最大
的是南亞和非洲的一些國家，如印度、孟加拉國等（見表 7.11）。

表 7.10　國際發展協會歷年信貸承諾額與撥付額（1961–1989）

單位：百萬美元

信貸	信貸筆數	承諾額	撥付額	接受信貸國
1961–1982 財政年度	1,302	26,738	14,700	78
1982 年財政年度	97	2,686	2,067	42
1983 年財政年度	107	3,341	2,596	44
1984 年財政年度	106	3,575	2,524	43
1985 年財政年度	105	3,028	2,491	45
1988 年財政年度 [1]		4,562	3,748	
1961–1989 年底	2,183	54,784	38,063	86

注： 1. 見《金融與發展》1989 年 6 月號：杰弗里·A·卡茨"國際發展協會的作用正在
演變"，承諾額和撥款額按現值美元計。

資料來源：《國際發展協會的回顧》；《蘇黎世報》1985 年 9 月 21 日。

表 7.11　接受國際發展協會信貸金額最多的 10 個國家

單位：百萬美元

國　別	1961–1981 年 承諾金額	協會信貸額佔國內投資的 %		
		1970 年	1975 年	1980 年
印　度	9,566.2	0.6	2.4	1.6
孟加拉	1,788.2	—	16.8	13.1
巴基斯坦	1,446.9	1.7	1.5	1.8
埃　及	981.2	—	1.1	0.9
印度尼西亞	931.8	0.8	1.6	0.3
坦尚尼亞	631.5	2.8	3.6	3.1
蘇　丹	595.5	—	2.2	3.6
斯里蘭卡	536.6	0.3	2.3	1.5
肯　亞	458.3	1.6	1.8	1.5
衣索匹亞	443.1	2.0	7.6	7.9

資料來源：《國際發展協會的回顧》，1982 年。

（1）信貸政策和條件

　　協會的政策目標，是支持最貧困會員國為促進經濟增長、減少貧困制訂有效計畫；幫助建立其所需的人力資本、組織制度和基礎設施，使之在公平和持久的基礎上帶來經濟增長；使低收入國家提高效率、加強靈活性和經濟管理。

　　國際發展協會在確定會員國是否能獲得貸款，有以下四個標準：

　　a. 貧困程度。這是衡量會員國是否有資格獲得信貸的標準，協會主要向每年人均收入低於 730 美元（按 1980 年的幣值計算）的最貧窮國家提供援助。事實上，協會自成立至 1985 年，相當於 70–95% 的資源用於人均收入低於 410 美元的會員國（見表 7.12）。在向低收入發展中國家提供優惠資金的國際金融組織中，協會至今仍然是最大的多邊資金來源，佔所有資金承諾額的 50%。80 年代，世銀和協會擴大"以扶貧為目的"的部門貸款，協會資金更多流入最貧窮國家。

　　b. 還款信譽（或稱"償債能力"）。還款信譽低、缺乏資信是一個國家有資格獲得協會信貸的條件，根據《國際發展協會協定》條款，受援國能以"合理條件從私人來源或能以國際復興開發銀行貸款方式"獲得資助的話，協會就不向其提供信貸援助。

　　c. 有效使用資金的能力。協會越來越重視受援國近幾年來的執行情況，以決定是否給予信貸。1990 年第九次補充增資時，還強調它應繼續作為對各國分配資金的關鍵因素。執行情況包括三個主要部分：健全的經濟管理；在公正和減輕貧困的情況下取得經濟增長的進展；為長期的持續發展而作的努力。協會鑒於採取執行情況作為標準可能要給予中國和印度很大的信貸額，因此在第九次補充增資時規定，這兩個人口多、執行情況良好、使用資金效益較高的國家，獲得的信

表 7.12 世銀與國際發展協會的貸款承諾額（按人均收入組別分類）（在總承諾額中所佔百分比）

國家組別	1961–1971 年		1972–1976 年		1977–1982 年		1985–1988 年[1]		1961–1982 年合計	
	世銀	協會	世銀	協會	世銀	協會	世銀	協會	世銀	協會
第一組國家 (410 美元以下)	13	71	7	78	8	83		95	8	87
第二組國家 (410–730 美元)	9	16	23	17	26	16			24	17
第三組國家 (731–1275 美元)	16	4	13	2	17	1			17	1
第四組國家 (1276–2200 美元)	32	9	43	4	36	0			36	1
第五組國家 (2200 美元以上)	30	0	14	0	13	0			15	0
總　計(%)	100	100	100	100	100	100			100	100

注：1. 用於人均收入低於 480 美元的會員用。
資料來源：《國際發展協會的回顧》及世界銀行 1988 年度報告。

貸額不得超過補充增資總額的 30%。

d. 人口多少。協會在確定資金分配時，要考慮受援國人口多少，以避免按人口平均貸款水平相差太大。

協會在執行各項標準時，尚需依據具體情況作出具體判斷。比如，借款國經濟情況雖較貧困，但經濟管理較好，就有可能被認為有能力通過其他渠道取得貸款。一些國家雖然人均收入較高，但其收入可能主要依賴出口，因此其國際信譽可能並非很高，一般被認為具有相當大的風險。

協會的主要業務是向低發展國家提供信貸，條件極優惠，被稱為國際發展協會的"軟貸款"（IDA Credit）。而世界銀行的貸款條件較嚴，則被稱為"硬貸款"（Hard Loan）。協會信貸實際上是一種援助性質貸款。其優惠性有如下幾個方面：

a. 貸款期限：可長達 50 年，寬限期 10 年。

b. 貸款利率：免收利息，僅對已撥付貸款收 0.75% 手續費。

c. 貸款償還：第一個 10 年為寬限期，無須還本；第二個 10 年每年還本 1%；其餘 30 年每年還本 3%。

d. 還款貨幣：償還貸款時可全部或部分使用本國貨幣。

（2）信貸形式

協會的信貸形式和信貸程序，一般與世界銀行相同。主要有：

a. 項目貸款

根據《IDA 協定》規定，協會的信貸也針對特定的項目。與世界銀行不同的是，協會的信貸較集中於農業開發項目和一些長期才能產生收益或者很難用收入來衡量的項目，如教育和其他開發人力資源等項目。世界銀行則較多用於有收入、有自償能力的項目，因此，兩個機構的貸款政策和程序是相同的，側重點和優惠程度則有所不同。從協會成立至 1982 年的 20 年間，協會的項目貸款佔其全部貸款的 88%；世界銀行則佔其全部貸款的 96%。⑪

b. 混合貸款

協會的優惠資金常與世界銀行貸款混合發放，即兩個機構向同一個項目提供混合信貸。一般是人均收入在 410 至 806 美元之間的會員國，可獲得這種混合貸款，主要是亞洲的一些會員國。世銀和協會共同資助的款項在 1981 至 1984 財政年度平均每年為 12.69 億 SDRs，1985 至 1987 財政年度平均每年為 12.32 億 SDRs，1988 年為 11.38 億 SDRs；分別佔協會同期年均信貸承諾額的 44%、39% 和 34%。⑫

c. 非項目貸款（包括調整信貸）

《IDA 協定》與《國際復興開發銀行協定》一樣，規定在特殊情況下可向發展中國家提供專項貸款援助，叫做非項目貸款。其發放條件與世界銀行相同（見上文）。世銀和協會的非項目貸款很少（見表 7.13）。到 80 年代才有所增加，主要是在 1985 年—1988 年，大量使用調整信貸，以支持改革計畫。尤其是用於非洲的調整信貸在協會貸款總額中佔 21%。協會的調整信貸和其他形式貸款之間有很大的互補性。

表 7.13　世銀和國際發展協會非項目貸款

單位：百萬美元

財政年度	非 項 目 貸 款			佔年度貸款總額的 %
	世銀	協會	合計	
1961–1982	4,300.0	2,900.0	7,200.0	6.8
1978	80.0	75.0	155.0	1.8
1979	301.5	105.0	408.5	4.1
1980	280.0	242.5	522.3	4.6
1981	789.0	223.0	1,012.0	8.2
1982	990.7	250.0	1,240.7	9.5
1978–1982	2,441.2	895.5	3,336.7	6.0

資料來源：《國際發展協會的回顧》。

d. 協調援助

指協會的多邊援助機構和雙邊捐助國協調援助計畫，將各捐助國的雙邊援助集中到那些接受協會和 IMF 所支持的調整計畫國家，主要是撒哈拉以南非洲被債務所困的低收入國家。協調援助從 1987 年建立以來，20 個雙邊和多邊捐助國保證提供 22 億美元，對 17 個低收入非洲國家補充協會的調整信貸。協會已同大多數雙邊捐助國建立了正式的共同籌資關係。

(3) 信貸方向

協會與世銀的貸款方向基本相同，但協會在部門信貸方面較側重以下幾個方面：

a. 基礎設施信貸

協會成立初期，把加速受援國經濟增長作為主要目的，認為隨着工業化發展，將會減輕貧困，縮小收入懸殊，因此把大量資金投向鐵路、公路、港口和能源、電訊等基礎設施部門。在 1982 年前的 20 年中，向這些部門承諾了 81.9 億美元信貸，佔協會信貸總額的三分之一。基礎設施貸款中 45% 用於交通運輸項目，即 36.73 億美元，主要受援國是印度，特別是印度的鐵路公司，以及撒哈拉以南非洲的公路規畫。用於能源、電力的信貸，1961 至 1982 年總額達 32 億美元，1984–1986 年達 10.98 億美元。

但是，大量資助受援國的基礎設施項目，並沒有達到預期目的；事實證明，基礎設施雖是經濟發展的必備條件，卻不是唯一條件。早期對工業方面的援助，不僅不能提供足夠的就業機會，而且由於忽視了農業，受援國糧食越來越不足，國際收支越來越不平衡。因此，從 70 年代開始把優先發展農業作為重點，貸款部門從基礎設施轉向更廣泛的發展目標。

b. 農業和農村發展信貸

協會信貸重點轉向農業以後，農業和農村發展項目成為協會貸款的最大領域。從 1961 至 1982 財政年度，協會向發展中國家發放農業方面信貸共 99.5 億美元，佔協會 20 年來發放信貸總額 267.4 億美元的 37.2%；1974 年以來，估計已使 1 億貧困人民受惠，大部分受惠者在南亞地區。主要是資助小農（耕作不到幾公頃土地的農民）提高生產和增加收入，幫助他們整修灌溉渠道，挖掘淺水和深水管井，安裝抽水機和低揚程水泵，改良種子，增加使用化肥，精耕細作，提高了南亞和撒哈拉以南非洲地區的農業產量。

c. 教育信貸

協會自成立以來至 1982 年度，共承諾教育信貸 15.2 億美元，佔同期信貸總額的 5.68%；1984 至 1986 財政年度，就提供了 8.67 億美元。貸款主要用於幫助發展中國家制訂教育計畫、改革課程、編製教材、培訓教師，尤其是資助農村地區初等教育。

d. 人口、保健和營養信貸

這方面的信貸主要用於改善嬰兒和兒童的衛生設施，鼓勵家庭計畫生育，改進節育措施等。1970–1982 年度提供的這種信貸共 3.07 億美元；1984–1986 年度又提供了 4.58 億美元。協會提供的人口、保健和營養項目貸款和世銀做法一樣，都是與其他項目結合起來，也都與聯合國衛生組織、兒童基金聯合貸款。

e. 城市建設信貸

世銀和協會的城市建設貸款，主要是幫助一些發展中國家建設居民區、服務業商店、市區道路和排水工程等，以改善城市居民生活條件和擴大城市居民就業機會。每筆城市建設貸款的用途和建設項目內容各有側重。在協會成立後的 20 年間，共提供城市建設信貸 4.77 億美元（世銀為 19.21 億美元）；1984–1986 年度為 4.06 億美元（世銀為 15.96 億美元）。

協會的貸款對象是低收入發展中國家，故亞、非兩洲所佔份額最大（見表 7.14），其中又以撒哈拉以南的非洲國家和南亞國家獲協會信貸最多。

表 7.14　國際發展協會對亞、非兩洲的信貸承諾額[1]
　　　　　（年平均金額：百萬特別提款權）

財政年度 洲　別	1981–1984		1985–1987		1988	
	總額	百分比	總額	百分比	總額	百分比
非　洲	935	33	1,329	42	1,728	51
亞　洲	1,811	63	1,751	55	1,551	46
世銀與協會共 同資助款項	1,269	44	1,232	39	1,138	34
協會提供的 　款項	543	19	519	16	412	12
其 他 洲	131	5	122	4	108	3
合　計[2]	2,878	100	3,201	100	3,387	100

注：1. 包括非洲特別基金。
　　2. 因四捨五入，故各項相加不一定與總數相符。
資料來源：國際發展協會資料，1989 年。

(四)面臨的問題

協會自成立以來，在國際合作、發展經濟方面成績顯著。它使 30 多個高收入國家為貧困國家的經濟發展捐助了一筆相當可觀的資金；對貧困國家一些大型基本建設、農業、農村和城市的發展以及人力資源質量的提高，作出重大貢獻；對發展中國家擴大了直接以扶貧為目的的部門貸款，提高了貧窮者的生產力和收入。

但是，協會卻面臨資金籌措問題。在 70 年代的大部分時間，多邊援助在官方發展援助中所佔比重增長很快。發展援助委員會成員國向多邊發展機構提供的官方發展援助，從 1970/71 年度的 10 億美元，增至 1977/78 年度的 56 億美元，年均增長率達 27.2%。但自 1978 年以來，由於有些捐款國(特別是美國)強調雙邊援助，使多邊官方發展援助年增長率降至 6.5%，協會補充增資越來越困難了。如 1981–1983 年第六次補充增資額為 120 億美元，其中美國的撥款額定為 32.4 億美元，但美國 1981 年只撥 5 億美元，1982 年只撥 7 億美元，1983 年為 9.45 億美元。但低收入發展中國家的資金需求仍然很大，協會今後如要繼續發揮它的作用，就必須繼續增加信貸資金，一些工業國則必須改變大幅度削減捐助的做法。

7.2.3 國際金融公司 (International Finance Corporation —IFC)

(一)公司的建立

世界銀行的貸款以會員國政府為對象，私人企業借款須由政府機構擔保，這在一定程度上限制了世界銀行業務的開展，也不利於發展中國家發展本國經濟。為此，聯合國內曾出現"為資助經濟不發達國家發展經濟設立特別基金方案"，但因遭到美國反對而未能成立。美國為了抵制上述方案，1951 年以納爾遜·洛克菲勒為首的美國國際開發諮詢局(U. S. International Development Advisory Board)，在題為"進步的伙伴們"(Partners in Progress)的報告中，首次建議設立國際金融公司。次年，世界銀行發表"提議設立國際金融公司的報告"，得到許多國家支持。1954 年，世界銀行擬定公司章程草案，送請會員國審查。1956 年 6 月，由 31 個國家政府簽署《國際金融公司協定》條文。同年 7 月，國際金融公司正式成立。

(1) 公司的宗旨

根據《國際金融公司協定》第一條，公司的宗旨"是通過鼓勵會員國，特別是欠發達地區會員國內從事生產的私營企業的增長，來促進經濟發展，並以此補充國際復興開發銀行的各項活動。為實現這一宗旨，公司應：

a. 同私人投資者聯合，幫助那些能對會員國經濟發展作出貢獻的生產性私人企業，在其不能以合理條件取得足夠私人資本的情況下，對其建立、改進及擴大提供資金，無須有關會員國政府擔保償還；

b. 使投資機會、國內外私人資本以及有經驗的管理技術相結合；

c. 鼓勵國內外私人資本向會員國進行生產性投資，並為此創造有利條件。

可見，IFC 建立的目的，在於以放款和投資的方式，扶助最不發達國家和地區的私有生產事業的發展；使國內外投資者和這些國家、地區的私人企業家聯合起來，創造投資機會；發揮自由企業精神，鼓勵私人資金流向會員國的新企業；幫助現有企業的擴充，使之現代代和多元化。

（2）公司的組織

國際金融公司實際上是世銀的附屬機構，組織與管理辦法與世界銀行相同，並由世銀相應的機構、人員兼管。如公司總經理、理事、董事，即由世銀行長、理事、董事分別兼任。但在法律上和財務上，它又是一個獨立的實體，有自己屬下的行政機構和職員，包括獨立的辦公地點。其組織結構見圖 7.3。

（二）資金來源

IFC 的資金來源，主要有：

（1）會員國認繳的股本

《IFC 協定》規定，IFC 的法定資本總額為 1 億美元，分 10 萬股，由會員國以黃金或美元繳付，每個會員國有基本投票權 250 票，另每認繳 1 股增加 1 票。1963 年 9 月，法定資本增至 1.10

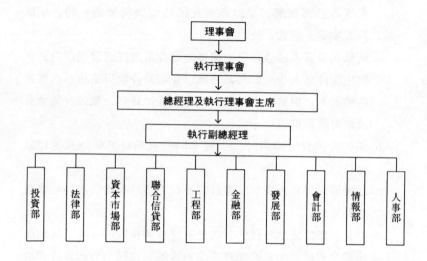

圖 7.3　國際金融公司組織結構

億美元；至 1976 年 6 月底共有 100 個國家參加，共認繳 10,733
萬美元，1977 年獲准增資 6.5 億美元，但會員國認繳的股本至
1982 年只 4.97 億美元；⑬ 1984 年又批准增至 13 億美元。⑭ 截至
1988 年，IFC 共有會員國 132 個，資金來源約為 20 億美元。⑮
加上 1992 年增資的 10 億美元，IFC 就有一筆可觀的資金增強
業務活動。

（2）向外借款

　　IFC 有權從市場上借款，但歷來是通過世界銀行獲得資金。
IFC 的累計借款額，1978 年為 4.62 億美元，1979 年 4.55 億美
元，1980 年 4.38 億美元，1981 年 5.09 億美元，1982 年為 5.31
億美元（包括未清償世界銀行貸款 4.96 億美元）。世銀是 IFC 借
款的主要來源，從 1981 至 1988 財政年度，共向世銀借款 16.85
億美元。根據 1965 年修正的世銀與 IFC 章程，IFC 可向世銀借

款的總額以未減損的資本及公積金的 4 倍為度。IFC 的董事會也規定，從市場上借款的數額以 1 億美元為限。

(3) 業務收益

業務收益，也是 IFC 的一個資金來源。IFC 的累計收益 1978 為年 1 億美元，1979 年 1.14 億美元，1980 年 1.4 億美元，1981 年 1.59 億美元，1982 年 1.81 億美元。80 年代最後 3 年 IFC 業務擴大，收益增加，僅 1988 財政年度純收益就達 1 億美元。這部分收益主要用於支付公司的行政管理費用和促進資助私人企業項目投資及技術援助計畫所需的費用。

(4) 轉賣 IFC 的貸款

長期以來，IFC 一直成功地把部分貸款轉賣給商業銀行。80 年代前 5 年轉售的貸款超過 25 億美元，這使 IFC 可以把部分資金用於其他投資，並使商業銀行更多投資第三世界國家。

(三)貸款政策

IFC 的貸款政策與世界銀行和國際發展協會不同：

(1) 貸款對象

IFC 的主要任務和活動，是對會員國和瑞士的生產性私人企業貸款，資助私營部門本身難以籌措資金的項目，即那些沒有 IFC 參與就不可能辦成的事情。所謂"私人企業"，IFC 成立初期的解釋是"沒有政府干預和由私人所有的企業"。後來定義有所改變。在確定企業的所有制時，主要是審查政府所有權所佔的比例、管理機構的性質及相關公司的實際控制權。IFC 成立的最初幾年，資助的公司內，政府所有權須在 25% 以下，後來改以 49% 為限。目前 IFC 向會員國的所有企業均提供援助，無論國家所佔比例多少；即使完全由政府所有的企業，只要 IFC 貸款可協助私人企業取得資金，亦可提供貸款。⑯

(2) 貸款原則

IFC 貸款採取市場和經濟效益並重的原則，即通過在國際市場集資，便利會員國私人企業投資。IFC 提供的貸款，不僅應符合市場經濟原則，亦應對會員國經濟發展有利，要在謀求利潤的同時謀求發展。故 IFC 資助的必須是有利於該國經濟發展和資本結構健全、有管理能力、保證能回收投資和獲得利潤(一般要求投資收益率在 10% 以上)的企業和項目。

(3) 貸款方式

除直接貸款外，還有：

a. 向私人企業直接投資。1961 年修訂《IFC 協定》取消禁止對私營企業直接投資的規定，准許 IFC 擁有資助企業產權，可直接投資入股，成為企業股東；也可以既貸款、又入股。但 IFC 並不直接參加它所資助企業的經營管理，也不派代表參加企業的董事會。只有在特殊情況下，IFC 可作為股東行使投票權，對企業的重大問題表決。

b. 聯合貸款與投資。IFC 通常與私人投資者、商業銀行和其他金融機構聯合提供資金，方法有二：其一是在開始貸款或投資時，即吸引私人資本參加，IFC 主要起牽頭作用，組織辛迪加貸款或聯合投資，在整個投資中，IFC 一般只佔有資金的 10% 到 15%；其二是在投資後出售投資參與權(participation)或出售所買入的股票，吸收私人資本參加投資。

(4) 貸款的使用

IFC 貸款在使用上有較大的靈活性，一般不規定使用於某一特定方面。既可提供項目建設的外匯需要，也可提供部分本地貨幣開支；既可作流動資金，也可用於購置固定資產。投資條件可根據實際需要確定，假如相關項目同時涉及貸款和入股，IFC 的貸款可以用該受援企業的股權償還；⑰假如受資助企業需進口物資和勞務，則限於向 IFC 的會員國和瑞士購買。

(5) 對資助項目的評估標準

IFC 對資助項目的可行性分析要求嚴格，有一批專家對項目進行調查、考察和評估，寫出詳細報告。凡 IFC 決定投資的具體建設項目，必須根據以下標準考慮和評估：

a. 項目建成後，能否增加外匯收入。

b. 受資助的企業能否增加就業機會，改善勞動管理能力，或者說能否提高生產能力和擴大私營所有權。

c. 分析研究企業擴大技術應用獲得的經濟收益。

d. 受資助的企業能否以公平合理的條件開發會員國的自然資源。

(四)業務活動

(1) 項目貸款

　　IFC 的主要業務活動是對會員國的中、小型私人企業或公私聯合經營企業提供項目貸款。貸款條件是：

a. 要得到企業所在地會員國政府同意，或者不提出反對意見，但不要求政府提供擔保，亦不要求銀行或借款企業保證償還，由 IFC 和所資助企業共同分擔風險。

b. 貸款金額原規定每筆不得超過 200 萬美元，但在實際工作中，IFC 突破了這一限額。每筆貸款或投資一般不超過項目成本的 25%，金額最低為 100 萬美元，最高可達 3,000 萬。大型項目除 IFC 投資外，還可組織私人投資者聯合貸款。

c. 貸款期限一般為 7 至 15 年，經過一段寬限期後，以一年 2 次或一年 4 次的方式分期償還。

d. 貸款利率在貸款期內一般固定不變。利率高低按照國際金融市場及每筆貸款的具體情況而定，主要取決於資金投放風險和預期收益等因素。一般年利率為 7–10%，對貸款未提用部分，每年收取 1% 的承擔費(或稱手續費)。

e. 貸款須以原借款貨幣償還。

　　IFC 成立初期受《IFC 協定》限制，業務清淡；1961 年修改協定，特別是 1978 年增資以後，業務迅速增長和擴大。從

1956–1965 年度，IFC 平均每年批准資助的建設項目以 16% 的速度增長；同期，每年提供的貸款金額以 15% 的速度增長。1978 年以來，每年批准的貸款和投資總額更大：1979 年度為 3.38 億美元，1980 年 6.81 億美元，1981 年 8.11 億美元，1988 年度達到創紀錄 13 億美元。從 1956–1988 年度，IFC 在 90 多個國家中，共批准資助項目 1,000 個，本身投入資金總額近 110 億美元。IFC 自己持有的貸款，至 1978 年 6 月底只為 7.99 億美元，到 1982 年增至 15.51 億美元(見圖 7.4)。

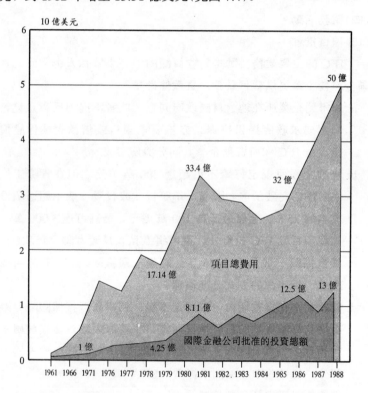

資料來源："國際金融公司一瞥"，載《金融與發展》，1988 年 12 月號。

圖 7.4　國際金融公司貸款增長情況

IFC 資助的項目，主要是製造業、加工業和開採業。其中以生產水泥和其他建築材料的公司最多。到八十年代，轉而重視幫助發展中國家發展金融市場，資助金融機構和風險投資公司、金融發展公司、租賃公司等的資金大幅增加，如 1984 財政年度批准資助資本市場和金融服務的資金，佔該年貸款與投資總額的 29%，其次是能源和礦物佔 19%，其他製造業佔 13%。1988 年，也以資本市場和金融服務佔的比重最大，約為 6.3 億美元（見圖 7.5）。

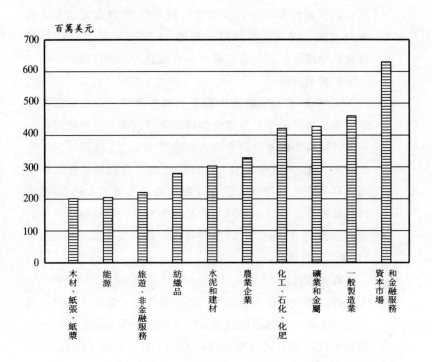

圖 7.5　國際金融公司按部門劃分的已承諾貸款與投資（1988 年）

（2）股權投資

股權投資，指投資者不但擁有企業股票，而且還參與企業管理。它是 IFC 促使國際私人資本向發展中國家流動的一種新形式。IFC 在這方面的業務活動，主要有：

a. 直接股權投資

這是 IFC 和 IFC 所帶動的投資者，向會員國的私人企業或金融機構作直接股權投資，截至 1988 年 6 月底，IFC 對 68 個國家的 300 多種股票投資總額超過 5 億美元。[18] IFC 在這方面的投資金額很小，股票投資額介於 20 萬美元至 100 萬美元之間；認購的股票很少超過 10-15%。但是 IFC 對動員和鼓勵國內外其他資金流入，有重要的催化作用。

b. 參與股權投資

指 IFC 參與某一個發展中國家的證券發行並在主要國際金融市場上掛牌上市，為國際機構投資者創造新的投資機會，有助於發展中國家的證券進入國際資本市場，從發達國家吸收資金。至 1988 年 6 月底，IFC 已參與在幾個主要金融市場上私募證券的發行，並在發展中國家承銷了大約 40 種國內私募證券。在發展中國家的股票市場中，就有韓國基金、泰國基金等 35 種以上的投資基金，為發展中國家籌集了 75 億美元的資金。

c. 多國股權投資

上述韓國基金或泰國基金等，是指專投資於韓國或泰國一國的公司股本。多國股權投資，則是設立一種基金投資於多個發展中國家的公司股本。1986 年初，IFC 設立了一種"新興市場發展基金"（Emerging Market Fund）。該基金 5,000 萬美元的創業資本，由主要的國際銀行集團、公共機構的投資者和各資本輸出國的財政捐款提供。截至 1987 年底，基金已在印度、韓國、馬來西亞、菲律賓、泰國、阿根廷、巴西、智利和墨西哥的新興股票市場上投資掛牌證券。對任何一個國家的公司投資都不超過該公司資產的 5%。最初，基金從新興市場中 200 家被認為合適的公司裏，選購大約 25 家公司的證券。基金設立後的 4 年中，這些新興的市場從發達國家吸收了大約 20 億美元的證券投資資金。

IFC 於 1988 年 2 月又發起設立了第二個多國基金，即新興市場投資基金，主要為促進日本經常賬戶順差向發展中國家回流。儘管它是在 1987 年 10 月世界股票市場發生混亂後不久進入股市，仍從投資者那裏吸收了 4,300 萬美元投資。

d. 債務換股權的投資

指以債務轉換為當地公司股權的投資，具體做法是，持有未償債務的債權人，用獲得的（賬面上）全部數額認購債務公司的股份，從而把一項債務權利轉換成同樣金額的股份權利。這實際上是一種直接的股權認購，和 IFC 接受以股權償還的正常貸款做法一樣。但列入 IFC 1985–1989 年度 5 年計畫的債務調整，則主要是針對 1982 年債務危機爆發後如何降低債務國私營企業的債務水平。IFC 幫助私營公司減少債務的主要方法有：

● 購回債務。借款公司直接或間接按債務面值，打較大的折扣購回自己的債務。

● 債務轉換成股權。在一些國家成立債務股權轉換基金或實行私營部門資本化規畫。

● 債務轉換成其他新債據（證券）。以債務換成准股權、股權和貸款要求權。

IFC 在 1985–1989 年度已把債務調整正式作為一項業務活動，參加了 48 次不同的公司債務調整，向另外 14 家公司提供債務技術援助，並向其他許多公司提供非正式的意見的援助。到

1988 年 6 月底，IFC 在這些活動中的投資總共涉及 4 億多美元的股權、貸款和準股權。

(3) 資本市場活動

IFC 這方面的活動主要致力於促進發展中國家資本市場的發展，從而促進私人部門發展和國家經濟增長。為此，IFC 1971年成立"資本市場局"，既作為投資顧問，又作為投資者，為發展中國家資本市場的發展提供全面援助：

a. 諮詢和技術援助

IFC 向發展中國家政府提供諮詢服務和技術援助，幫助他們制訂資本市場發展計畫，建立國內證券市場的基礎和機制，並使之現代化和國際化。這些活動在 70 年代和 80 年代初期有很大發展，為 70 多個國家私營部門的發展進行了 350多項投資和諮詢項目。

技術援助的一項重要成就是建立國際金融公司的新興市場數據庫，以加強發展中國家股票市場的信息。它提供目前 19個新興股票市場上交易最活躍的股票數據，可提供 400 多家公司自 1975 年 12 月以來每月的股票價格、現金股息、投資變化、交易量、價格收益率和賬面價值等信息。IFC 的新興市場指數，是可對這些市場作比較的唯一指數。數據庫推動發達國家的機構投資者在發展中國家進行證券投資，擴大了 IFC 與外國資本市場上金融機構的聯繫，也幫助欠發達國家對投資的認識和理解。

b. 幫助建立和加強資本市場的金融機構

要發展和擴大資本市場，提供範圍廣泛的服務，就必須建立新的金融機構和加強現有金融機構的服務。資本市場局成立以來，對商人銀行、投資銀行、出口融資企業、風險資本公司、住房融資公司和租賃保險公司，進行了 150 多項投資（包括股權發行），幫助韓國、印度、菲律賓、泰國等 20 多個會員國，建立和發展金融機構，拓寬金融服務的範圍，以實施有關貨幣市場、證券融資、設備租賃和風險資本籌資方面的新政策。

c. 幫助私人企業進入國內和國際資本市場

IFC 資本市場活動的目標，是擴大企業的所有權，使更多的發行證券公司以及個人和機構投資者進入現有的國內和國際證券市場。目前，在發展中國家股票市場上進行交易的 8,500 多種股票中，大約有 300 種股票符合國際證券管理者對一般財務、資產流動和"透明度"等方面的標準。IFC 的一項任務，就是幫助一些健全的金融機構和公司直接進入國際資本市場：

● 發起和承銷其股票能公開地在紐約、倫敦這樣的市場進行交易的封閉型證券投資基金。

● 發起並投資於直接銷售的"新貨幣"和債務轉換基金，這種基金，既投資於發展中國家的股票市場，也投資於直接發行的新股權證券。

● 安排並參與發展中國家私人金融企業和工業企業的直接國際證券發行。

IFC 通過各種形式的基金，幫助一些會員國和非會員國進入國際資本市場，以發行債券、短期票據（如浮動利率票據、歐洲商業票據）或股票等來籌集資金。如幫助土耳其兩家商業銀行在歐洲商業票據市場上發行了商業票據，這是發展中國家私人部門借款人發行的商業票據首次被市場接受。

IFC 還通過購入會員國企業股份和提供貸款等方法，提高各相關企業的地位和信譽，幫助它們進入國內以至國際資本市場籌集資金。目前，已有很多發展中國家的公司已發展到不需要國內資本市場，因為外國投資者會購買它們的股票，並在主要國際市場出售它們的股票。

（4）對撒哈拉以南的非洲國家的特殊資助

撒哈拉以南的非洲大部分地區都是貧困國家，現代私人部門
所起的作用有限。很多國家的人力和物質基礎設施，尚未發展到
足夠維持私營企業大規模增長的水平。因此，IFC 在這一地區推
動私人部門發展的任務不同於其他地方：

a. 增大對該地區的投資

IFC 於 1960 年首次對該地區進行資助，從那時起至 1986
年 6 月底，共批准對撒哈拉以南的非洲 35 個國家的
211 項投資，總額 9.75 億美元，資助項目的總費用接近
45 億美元，創造了 12 萬個就業機會。[19] 目前，IFC 每進行
4 項投資，就約有一項是在這一地區：IFC 在該地區的投資
資產達 4.64 億美元，佔該公司全世界資產的 14%。[20]

b. 設立"非洲項目發展基金"，幫助企業籌集資金

IFC 與非洲開發銀行和聯合國開發署，於 1986 年聯合設立
了這個技術援助性組織。目的是加速發展非洲人創辦的生產
企業，以此保持經濟自我增長和生產就業。3 個創辦組織和
14 個捐助國家（比利時、加拿大、丹麥、芬蘭、法國、聯邦
德國、意大利、日本、荷蘭、挪威、瑞典、瑞士、英國和美
國），共提供約 1,760 萬美元資金。該基金本身並不提供資
本，而是幫助企業家制訂和篩選項目意向，進行可行性研
究，選擇適當的項目伙伴，從銀行、開發機構及其他資本來
源獲得股權和貸款的資金，物色和結合當地合伙者、外國投
資者和金融機構，協助談判公平的合作條件。該基金通過設
在阿比讓和內羅畢兩個地區的辦事處開展業務活動。從
1986 年 11 月以來，收到約來自 30 個國家的 976 份援助申
請，到 1988 年 8 月底，非洲項目基金已幫助 20 多家公司
籌集資金，完成了 22 個項目，另有 110 個項目正處於不同
的準備階段。已完成的 22 個項目平均規模為 140 萬美元，

每個公司為該地區創造了 80 至 100 個就業機會。

c. 設立非洲企業基金，直接資助小企業

這是經 IFC 執行董事會決定，於 1988 年設立的一項新基金，作為 IFC 的一部分行使職責。若在該地區的投資項目與 IFC 通常進行的投資相比小得多，則給予基金決策自主權。IFC 本身在發展中國家投資的項目，一般不低於 100 萬美元。非洲企業基金投資的規模在 10 萬至 75 萬美元之間。這一方法代替了當地的金融中介；而良好的金融中介在該地區十分罕見，故 IFC 採用直接資助方式來幫助小型企業。

（五）特殊功能

IFC 根據《IFC 協定》所進行的各種業務，起着兩種特殊作用：

（1）通過私營部門促進發展中國家經濟發展

IFC 重視私營部門在國民經濟中的作用。它不向會員國政府貸款，而只向有利經濟發展的私人企業貸款和投資；幫助新的私人企業建立，促進已有企業發展和私有化，以發揮私營部門作用和市場功能，從而促進經濟增長和發展。

（2）通過 IFC 本身的貸款與投資，促進國際私人資本流入發展中國家

IFC 資本少，本身的貸款和投資金額不大，但卻有特殊的作用和貢獻。正如該公司副總裁威廉·賴里爵士所說："與其說是通過我們的投資，倒不如說通過我們催化劑的作用吸引了其他投資者。我們的貢獻在很大程度上是依靠我們帶來的其他投資者和技術夥伴"。[21] 如 1988 年 IFC 批准的投資為 13 億美元，而由於該公司的催化作用，投資總額卻達到 50 億美元。就是說：該公司每投資 1 美元，可帶動近 4 美元的國際私人資本流入發展中國家。IFC 的這種催化作用，不但

使發展中國家的私營部門的發展，獲得資金來源，也促進發達國家資本輸出和保護投資者在發展中國家的私人投資。

7.3 國際清算銀行(BIS)

7.3.1 建立和宗旨

國際清算銀行(Bank for International Settlements)是最早成立的國際金融機構，現已發展為重要的世界性金融機構。

它是根據 1930 年 1 月 20 日在海牙簽訂的關於建立清算銀行的協定，由美國摩根保證信託公司(Morgan Guaranty Trust Company)、紐約花旗銀行(Citibank of New York)和芝加哥花旗銀行(Citibank of Chicago)組成的銀行團(Consortium Bank)，與英國、法國、德國、意大利、比利時、日本、瑞士等國共同出資建立，並於同年 5 月 20 日開始營業，行址設在瑞士巴塞爾。截至 1988 年，參加該行的有英國、意大利、奧地利、荷蘭、聯邦德國、法國、瑞士、瑞典、比利時、丹麥、愛爾蘭、冰島、西班牙、葡萄牙、挪威、芬蘭、南斯拉夫、希臘、澳洲、加拿大、土耳其、日本、保加利亞、匈牙利、波蘭、羅馬尼亞、捷克斯洛伐克、阿爾巴尼亞、南非 29 國的中央銀行組建的金融機構，由上述美國三家大銀行組成的銀行團，代表美國持有 BIS 股票。

BIS 初創時的宗旨，是處理第一次世界大戰後德國賠款的支付與"楊格計畫"有關業務。1929–1933 年的世界經濟大危機時期，該行停止辦理德國賠款支付，轉而辦理各國間的清算業務，基本脫離了原定的宗旨。二次大戰後，它成為經濟合作與發展組織成員國之間的結算機構。該行的宗旨，也改為促進各國中央銀行間的合作，為國際金融業務提供便利，以及接受委託或作為代理人辦理國際清算業務等。

7.3.2　組織形式和機構

　　BIS 是股份制的金融機構，最高權力來自股東大會。股東大會每年舉行 1 次，由認繳該行股金的中央銀行的代表參加，批准 BIS 的年度結算報告、資產負債表、損益計算表、利潤分配等。股東大會投票權的多少，由持有股份多少決定。董事會是該行的決策機關和全行業務的領導機構，由 13 人組成，包括英、比、荷、意、德、法、瑞士和瑞典 8 個歐洲成員國中央銀行行長和他們指派的金融、工商界 5 名代表。董事會選舉產生董事長和副董事長，每月召開 1 次例會。董事會下設 4 個機構：(1)銀行部，辦理各項業務；(2)貨幣經濟部，負責調查研究國際貨幣金融信息；(3)秘書處，負責行政事務；(4)法律處，負責法律事務。

7.3.3　資金來源

　　BIS 的資金來源主要有幾個方面：

(一)成員國交納的股本

　　國際清算銀行初創時法定資本為 5 億金法郎，1969 年 12 月增至 15 億金法郎，分為 60 萬股，每股 2,500 金法郎。截至 1987 年 3 月底，實收資本為 3 億金法郎。金法郎原是 1865 年法國、瑞士、比利時等國成立"拉丁貨幣聯盟"時發行的一種金幣。每個金法郎含 0.29032258 克純金。BIS 成立至現在，始終以金法郎為記賬核算單位，含金量至今不變。根據 1981 年 3 月底 BIS 折算的比價，一個金法郎等於 1.94149 美元。按此折算，15 億金法郎法定資本約合 29 億美元；3 億金法郎實收資本約合 5.82 億美元。

　　該行股份 80% 以上由各國中央銀行持有；私人機構和個人只購買該行不足 20% 的股票。私股不能參加股東大會，也無表決權。按最初規定，每個創始成員國有 16,000 股，另外分配給每國 3,700 股向國內私人出售。其餘股份由以後參加該行的各國中央銀行平均分配，每個成員國分配到 4,000 股。二次大戰後，股份分配辦法改變，但創始成員國仍掌握絕大多數股份。

(二)借款

國際清算銀行可向各成員國中央銀行借款，以補充其自有資金的不足。

(三)吸收存款

國際清算銀行除接受成員國與非成員國中央銀行的黃金存款和貨幣存款之外，還辦理一般商業銀行存款業務，存款在該行的資金來源中佔較大比重。

1985 年 BIS 擁有的資產達到 426 億美元，資金雄厚，儲備充足，它的黃金和其他資本儲備現值約合 30 億美元，被認為是最安全的銀行之一。

7.3.4 業務活動

(一)國際結算業務

二次大戰後，BIS 先後成為"歐洲經濟合作組織"(即"經濟合作發展組織"的前身)、歐洲支付同盟、歐洲煤鋼聯營、黃金總庫的收付代理人，辦理歐洲貨幣制度的賬戶清算工作，充當萬國郵政聯盟、國際紅十字會等國際機構的金融代理機構，承擔着繁重的國際結算工作。

(二)各種銀行業務

(1) 接受各國(包括非成員國)中央銀行的存款

該行與一般商業銀行相似，存款保密，提款自由，各成員國中央銀行將相當於其國際儲備 10% 的資金存入該行。貨幣存款一般為活期或短期，大多以美元計算，德國馬克、瑞士法郎等亦作為記賬單位。BIS 還辦理黃金存款，給予一定利息。

（2）向各國中央銀行提供貸款

BIS 曾多次向成員國中央銀行提供巨額短期貸款，以應付其國際收支失衡的困難，被稱之為"渡難關"貸款，不僅可向成員國中央銀行提供，亦可向其他國家提供。貸款期限一般不超過 6 個月，主要是向國際收支逆差、需要外匯的國家提供臨時援助，以便該國與 IMF 達成提款協議或保證安排。1981 年 BIS 與 IMF 達成協議，同意在 IMF 需要外匯援助時由 BIS 向 IMF 提供貸款。

（3）代理業務

BIS 代理中央銀行買賣黃金、外匯和發行債券，充當各國政府間貸款執行人或受託人同有關國家的中央銀行簽訂特別協議以代辦國際清算業務。

（三）協調各國貨幣金融政策

BIS 在國際金融活動中發揮着重要作用。它是西方主要國家銀行行長和銀行家們交換意見、舉行重要會議的中心，通過一些定期會議，各國中央銀行得以面對面磋商國際經濟、金融的形勢和問題，促進各國貨幣金融政策的協調和中央銀行間的合作。BIS 召集舉行的會議有：

（1）董事會例會，每年召開 10 次；

（2）"十國集團"成員國中央銀行行長會議，每年召開 10 次，通常在董事會的前一天舉行；

（3）歐洲共同體成員國中央銀行行長會議，每年舉行 10 次，在董事會之後召開；

（4）股東大會，每年 6 月召開。股東除美國外，都是各成員國的中央銀行。

從以上 BIS 的業務活動看，BIS 在一定意義上已成為中央銀行的銀行。

──────── 注 釋 ────────

① 新華社 1992.5.30。

② 前 IMF 理事會官員約翰·揚（John Young）在《金融與發展》季刊，1977 年 9 月號發表的"外匯匯率政策的監督"。

③ 指會員與 IMF 商定貸款額度後，可在商定的時間內，根據需要分次提取。IMF 協定最初無"備用安排"一詞。1952 年執行董事會決議，可通過 "備用安排"利用資金。1978 年"備用安排"定義寫入《IMF》協定第二次修改的條款中，目前"備用安排"已成為 IMF 財政援助的主要方式。

④ 根據 1987 年世界銀行《世界發展報告》，至 1981 年末，發展中國家國際收支逆差共達 7,534 億美元。

⑤ 見彼德·海勒《IMF 的調整規畫與貧困》，載《金融與發展》，1988 年 12 月號。

⑥ 1959 年第一次普遍增資 100%，各會員國認繳股份增加 1 倍，但實繳股金並未相應增加。故會員國實際繳納的股本由原來的 20% 降為 10%。原來用黃金、外匯繳納的股金，亦由原來的 2% 降為 1%。從 1980 年起，會員國的實繳股金再降至 7.5%，其中 0.75% 以黃金或 SDR 繳納、6.75% 以會員國貨幣繳納，待繳股本高至 92.5%。

⑦ 見世界銀行《1989 年年報》。

⑧ 世銀副行長洛脫波格（E. H. Rotberg）1981 年訪問中國時說在全部貸款中有 95% 以上是項目貸款。

⑨ 見"世界銀行在農村發展方面的經驗"，《金融與發展》，1988 年 12 月號。

⑩ 見《為國際開發協會動員資金：第九次補充增資》，載 1990 年 6 月號《金融與發展》。

⑪ 見《國際發展協會的回顧》，頁 30。

⑫ 見杰弗里·卡茨："國際發展協會的作用正在演變"，載《金融與發展》，1989 年 9 月號。

⑬ 見《IFC 1982 年度報告》。

⑭ 見"IFC 一瞥"，載《金融與發展》，1985 年 3 月號。

⑮ 見"IFC 在鼓勵外國證券投資方面的作用"，載《金融與發展》，1988 年 12 月號。

⑯ 見《國際金融公司 1965–1966 年度報告》，頁 9。

⑰ 見 IFC 副總經理 Rosen 的"IFC 1965–1966 年度報告"，頁 9。

⑱ 見"國際金融公司在鼓勵外國證券投資方面的作用"，載《金融與發展》，1988 年 12 月號。

⑲ 見《金融與發展》1988 年 12 月號的¨國際金融公司在撒哈拉以南非洲國家中的創舉¨。

⑳ 同 ⑲。

㉑ 見《金融與發展》1985 年 3 月號的¨通過私人部門促進發展¨。

第 8 章
區域性國際金融機構

國際金融業務錯綜複雜，各國間、地區間的利害關係和資金供需情況又不相同，依靠幾個全球性國際金融機構的資本和一套嚴格的借貸規則，很難充分考慮不同區域國家的特點和特殊利益。因此，一些政治、經濟、金融聯繫比較密切的國家和地區集團，先後成立了各自的國際金融機構，作為全球性國際金融機構的重要補充。它們的組織形式各有特點：有的由本地區各國政府為主出資組成；有的由本地區國家共同出資建立，並得到聯合國有關部門支持；有的除本地區國家外，還吸收一些西方國家和區外國家聯合建立。它們的共同目標是為本地區國家經濟發展提供資金支持和金融服務；它們的活動都與世界銀行集團相似。

8.1　亞洲開發銀行（ADB）

8.1.1　建立和宗旨

　　亞洲開發銀行（Asian Development Bank，以下簡稱亞銀）是根據聯合國亞洲及太平洋經濟社會委員會（United Nations Economic and Social Commission for Asia and the Pacific）1965年3月在紐西蘭召開的第21屆會議的與會國，經過一年多的討論和磋商，達成建立亞洲開發銀行協議，並經1965年12月在馬尼拉舉行的第二次亞洲經濟合作部長級會議決定，於1966年11月正式建立，12月開始營業，總部設在菲律賓首都馬尼拉。

　　亞行的創始國家有阿富汗、澳洲、奧地利、比利時、柬埔寨、加拿大、斯里蘭卡、丹麥、芬蘭、德國、印度、意大利、日本、南韓、寮國、馬來西亞、尼泊爾、荷蘭、紐西蘭、挪威、巴基斯坦、菲律賓、中華民國、南越、新加坡、瑞典、泰國、英國、美國、西薩摩亞。印度尼西亞於亞銀開幕式上加入，成為第一個非創始會員國。到1987年，亞銀會員增加至47個，其中亞太地區有 32 個。亞銀會員中，主要發達國家，特別是美國、日本佔重要地位。1986 年 2 月 17 日亞銀理事會通過決議，於同年 3 月 10 日，接納中共為正式會員。

　　亞銀的宗旨，是為亞太地區會員國或地區的發展計畫籌集資金與技術援助；幫助協調各會員在經濟、貿易和發展方面的政策；與聯合國及其專門機構合作促進區內經濟發展。具體任務是：

1. 促進亞太地區以經濟發展為目標的官方和私人投資；
2. 利用其擁有的資源，向亞太地區發展中國家，特別是弱小的、較不發達國家和地區的發展項目和方案提供經濟發展貸款；
3. 為成員國的發展項目和方案的籌備、融資及執行，包括具體方案的制定提供技術性援助；
4. 幫助各成員國協調經濟發展政策，以更好地利用自己的資源，在經濟上捨長補短，並促進對外貿易發展；
5. 以亞銀認為適當的方式同聯合國及所屬機構、向本地區發展基金投資的國際公益組織以及其他國際機構、各國公營私營實體合作，並向它們展示投資與援助的機會；
6. 參與符合亞銀宗旨的其他經濟活動和服務。

　　從亞銀的宗旨和任務來看，亞銀是類似世界銀行的區域性政府間金融開發機構，但只面向亞太地區，僅負責對該地區經濟發展項目融資，而不負責協調會員國其他方面的經濟合作。

8.1.2　組織形式和機構

　　亞銀也是股份制企業性金融機構。會員均須認交股本，一般由它們的財政部或中央銀行與亞銀往來。

　　亞銀的組織機構和投票權與世界銀行相似。最高權力機構是

理事會，由會員委派理事和副理事各 1 名組成。理事會負責亞
銀重大決策，如接受新會員、增減銀行股份、選舉總裁和執行理
事、修改章程等。理事會每年開一次年會。一般決議以簡單多數
票表決通過，但須有不低於三分之二股權的理事參加會議；重大
問題則須由代表不低於四分之三股權的理事參加，以三分之二多
數，或以無異議通過。投票權主要是以認股多少確定。相當於股
權 20% 的投票權按會員總數平均分配，另外 80% 按出資比率分
配，每認股 10,000 美元，增加 1 票。現在該行投票權 56% 為工
業發達國家佔有，其中日本佔 14.5%，美國佔 10%；中共佔
6.11% 為第三大股東。

理事會的執行機構為董事會，由理事會選舉 12 名執行董事
組成，其中 8 名選自區內國家，4 名選自區外國家，任期 2 年，
可連選連任。董事會主管亞銀的經營業務，平均每週集會 1
次，常年辦公。董事會主席任亞銀總裁，歷任總裁俱為日本人，
高級職員大多由美國、日本派人擔任。

亞銀的職能部門有：農業和鄉村發展部、基本建設部、工業
和開發銀行部、預算部、人事管理部及司庫等。

8.1.3 資金來源

亞行資金來源分為兩部分：

(一)普通資金(Ordinary Capital Resources)

主要用於亞銀的硬貸款，即正常貸款業務的支付。它是亞銀
主要的資金來源，由股本、借款、普通儲備金及特別儲備金組
成。

(二)特別基金(Special Fund)①

特別基金來自會員國認繳資本以外的捐款，此外再從會員繳
納股本中提取 10% 資金。用於向會員提供優惠軟貸款或無償技
術援助。普通資金與特別基金分賬處理，專款專用。特別基金目

前有三種:

(1) 亞洲開發基金

於 1974 年 6 月 28 日設立。資金來源主要由亞銀發達會員國捐贈,再從各會員繳納的未核銷實繳股本中撥出 10% 資金,此外還從其他渠道獲得 508 萬美元捐贈。至 1984 年,由 17 個發達會員國和 4 個發展中國家會員國捐款約 50 億美元;至 1988 年底,亞洲開發基金共籌集到 130 億美元。

(2) 技術援助特別基金

為提高發展中會員國的人力資源素質和加強執行機構建設,於 1967 年建立此項基金。資金來源:(i)捐款;(ii)根據亞銀理事會 1986 年 10 月 1 日的決議,在為亞洲開發基金增資 36 億美元時,將其中 2% 即 0.72 億美元撥給技術援助特別基金。該基金主要用於為成員國經濟發展項目的籌備、制定與實施提供建議和技術服務。

(3) 日本特別基金

1987 年亞銀第 20 屆年會上,日本政府表示願出資建立一個特別基金。亞銀理事會 1988 年 3 月 10 日決定成立日本特別基金。用於:(i)以贈款形式資助在成員國公營、私營部門中進行的技術援助活動;(ii)通過單獨或聯合的股本投資支持私營部門開發項目;(iii)以單獨或聯合贈款的形式,對亞銀向公營部門開發項目貸款的技術援助部分給予資助。

8.1.4 業務範圍

亞銀的主要業務有以下 4 種:

(一)項目貸款

亞銀傳統的最重要的業務活動是向其會員提供項目貸款,貸款的原則與程序等基本與世界銀行相同。普通貸款,相當於世界銀行的"硬貸款";"特別基金貸款",相當於國際發展協會的"軟貸款"。至1987年底，亞銀共對成員國的793個項目承諾218億美元貸款；至1990年底，貸款總額達326.89億美元，其中1990年為40億美元。

(二)技術援助

主要用於與項目有關的籌備、執行和諮詢等工作。從1967至1988年，技術援助總額達19億美元，其中約75%以貸款方式提供，17%以贈款方式提供，另8%以聯合融資方式提供。

亞銀對發展中成員國的技術援助分為：

(1) 項目準備技術援助。用於幫助成員國設立項目或項目的審核，1988年，亞銀批准的項目準備技術援助金額共60萬美元，其中贈款25萬，餘為貸款。

(2) 項目執行技術援助。用於幫助項目執行機構(包括開發金融機構)提高金融管理能力。一般是通過諮詢服務、培訓當地人員等，來達到提高項目所在地成員的管理能力。此項技術援助中只有諮詢服務部採用贈款形式。

(3) 諮詢性技術援助。用於幫助建立或加強有關機構(包括亞銀貸款執行機構)，訓練人員，研究和制定國家發展計畫、部門發展政策和策略等。此項援助過去多以贈款方式提供，近年來越來越多改以貸款方式提供。

(4) 區域活動技術援助。用於重要問題研究，開辦培訓班，舉辦涉及整個地區發展的研討會、專業考察(如亞洲農業考察、東南亞地區交通考察)，等等。此項援助俱以贈款方式提供。

(三)股權投資

亞銀自1983年3月起開拓了股權投資的新業務，即通過購買生產性私人企業股票或私人開發金融機構股票等形式，對發展中國家私人企業直接投入資本。目的在為私營企業利用國內外投資起促進和媒介作用。截至1986年底，亞銀股權投資累計1,518萬美元。

(四)聯合融資（co-finance）

指亞銀與雙邊或多邊國際機構或私人金融機構共同為會員的某一開發項目提供資助，該項業務於 1970 年開辦。初時主要是與雙邊或多邊國際機構合作，與政府資金共同融資，佔聯合融資總額的 77%（1981 年）。但由於政府資金難以增加，故 80 年代以來加強了與私人金融機構的聯合融資，至 1985 年 9 月，亞銀共參加 180 個聯合融資項目，其中亞銀出資 62.5 億美元，聯合出資者出資 48.2 億美元。至 1987 年底，亞銀在聯合融資中的出資額增至 63.4 億美元，佔該行貸款總額 218 億美元的 29.1%。

亞銀的聯合融資與世界銀行的聯合貸款基本相同，方式有：

（1）平行融資（parallel financing）。將項目分成若干具體的、獨立的部分，以供亞銀及其他融資夥伴分別融資。

（2）共同融資（joint financing）。亞銀與其他融資夥伴按商定比例對某一項目融資。

（3）傘形融資或後備融資（umbrella or standby financing）。這種融資在開始時由亞銀負責項目的全部外匯費用，但只要找到聯合融資夥伴，亞銀貸款中的相應部分即取消。

（4）窗口融資（channel financing）。聯合融資夥伴將資金通過亞銀投入有關項目，聯合融資夥伴與借款人之間不發生關係。

（5）參與性融資（participation financing）。亞銀先對項目貸款，然後由商業銀行購買亞銀貸款中較早期的部分。

以上方式中，以平行融資和共同融資佔較大部分。

8.2　非洲開發銀行（AFDB）

8.2.1　建立和宗旨

非洲開發銀行（African Development Bank，以下簡稱"非

行"),是非洲國家在聯合國非洲經濟委員會幫助下於 1964 年 9 月成立,並於 1966 年 7 月開始營業,行址設在科特迪瓦(原名象牙海岸)首都阿比讓。該行創建時只有 23 個成員國,至 1980 年 9 月增至 50 個:除南非外,全部非洲國家都已參加。原規定參加非行的,只能是非洲獨立國家。1983 年 5 月第 19 屆理事會年會,同意讓美、日、德、加、法、荷、比、英、意、挪威、瑞典、瑞士、芬蘭、印度、科威特、南斯拉夫等 21 個區外國家成為成員國。目前區外成員國已增至 25 個,中共於 1985 年 5 月參加,認繳資本為 5,000 萬美元。

非行宗旨是為非洲成員國的經濟和社會發展提供資金,促進其經濟發展和社會進步,幫助非洲大陸制定經濟和社會發展總體規畫,協調各國的發展計畫,以達到非洲經濟一體化。

非行的組織機構中,理事會是最高決策與權力機構,由各成員國指派 1 名理事,一般為成員國的財政部長或中央銀行行長。理事會每年開會一次。每個理事的表決權按成員國股本的多少來計算。理事會選出 18 名成員(其中非洲國家佔 12 名)組成董事會。董事會選舉行長(即董事長),在董事會指導下負責日常工作,任期 5 年。

8.2.2 資金來源和貸款

(一)股本和貸款

非行創建時的法定資本為 2.5 億美元。至 1983 年 5 月,非洲統一組織 50 個獨立國家全部成為該行成員國,法定資本增至 1987 年底的 200 億美元。至 1984 年底,共發放貸款 401 筆,金額 38.69 億美元。獲得貸款的部門是裝備、農業、運輸和公用事業,貸款期限一般為 12 至 20 年。

非行歷史上的重大變化,是股本向非洲以外的國家開放。非洲國家大部分經濟比較落後,依靠成員國本身的資金提供貸款受到極大限制，而且在國際金融市場上籌措資金也有一定困難。因此，非行自成立以來，一直存在資力單薄的問題。1978 年在加蓬的利伯維爾召開的理事會上，非行決定股本對外開放。但當時最有影響力的三個成員國（奈及利亞、阿爾及利亞和利比亞），擔心接受區外資本會喪失非行的獨立性而持保留態度。一直到1982 年在盧薩卡召開的理事會上，奈及利亞放棄了否決權，才打開了非行資本向區外國家開放的道路，股本和貸款都大為增加。至 1988 年底，非行股本總額達到 218 億美元。

(二)設立機構籌集資金，提供優惠貸款

非行在 70 年代先後設立了 4 個與其相聯繫的機構，可以匯集大量公私資金，用於非洲國家的工業、農業、運輸、通訊及公用事業。

(1) 非洲開發基金

該基金是非行在經濟合作與發展組織下屬援助發展委員會的協助下，於 1972 年 11 月設立的，成為非行的附屬機構。非洲國家以非行的名義集體參加，非洲以外的國家有阿根廷、奧地利、比利時、巴西、中共、丹麥、芬蘭、法國、德國、印度、意大利、日本、加拿大、南韓、科威特、荷蘭、挪威、葡萄牙、沙烏地阿拉伯、西班牙、瑞典、瑞士、英國、阿聯、 美 國 、南斯拉夫。資金來源靠各參加國認繳，每 3 年增繳 1 次，已認繳 3 次，共 20.39 億美元，主要是由非洲以外國家提供。

基金主要向非洲 25 個最貧窮國家的發展項目提供無息貸款，期限可長達 50 年（包括 10 年寬限期），每年只繳納 0.75% 的手續費；對可行性研究項目的貸款，償還期限 10 年（接着還可寬限 3 年），每年只繳納 0.75% 的手續費。從 1974 至 1988 年底，該基金貸款和贈款總額達 44.677 億非洲開發銀行記賬單位（約合 54 億美元），共 603 筆。基金的董

事會由非洲開發銀行的 6 名代表和非洲以外國家的 6 名代表組成，各擁有 50% 表決權，但每一項決定須獲得四分之三多數通過。

(2) 國際非洲發展投資金融協會

這是 1970 年 11 月在非行倡議和參與下組成的"控股公司"，總部設在日內瓦。協會股東除國際金融公司外，還有美國、歐洲和非洲的 100 多家金融、工業和商業企業。協會的宗旨在動員國際資本，幫助非洲建立和發展生產性企業。該會核定資本為 0.5 億美元，認繳資本為 0.125 億美元。

(3) 奈及利亞信託基金

這是非行與奈及利亞於 1976 年 2 月簽署協議，於同年 4 月建立這個信託基金，是奈及利亞投資而由非行管理的機構。最初資金為 8,800 萬美元（即 0.5 億耐拉。1981 年 1 耐拉等於 1.5318 美元），1981 年開始使用，用於最貧窮或遭受嚴重自然災害的非洲國家的發展項目。償付期限 25 年，寬限期最長可達 5 年，收取較低利息。貸款的主要領域是公共部門、交通運輸和社會部門。至 1978 年 12 月 31 日，共發放貸款 6,400 萬美元。

(4) 非洲再保險公司

這是非行於 1977 年 3 月建立，並於 1978 年起開始營業的附屬金融機構，也是非洲發展中國家政府間建立的第一個再保險公司。公司的宗旨：(1)促進非洲國家保險與再保險事業的發展；(2)通過投資與提供有關保險與再保險的技術援助，促進非洲國家經濟獨立和加強區域性合作。公司核定資本為 0.15 億美元，其中 10% 股份由非行控制。最高權力機構是由各成員國組成的大會，下設董事會，9 名董事中 1 名由非行指定。按規定，每個成員國至少要把在其境內再保險合同的 5% 投保於該公司。目前，該公司已控制了非洲再保險營業額的 80%，減少了非洲再保險費用的外流，並以收益投資於非洲的經濟發展。

8.3　美洲開發銀行

8.3.1　建立和宗旨

美洲開發銀行亦稱泛美開發銀行。美洲國家組織的 21 個成員國 1959 年 4 月 8 日在華盛頓簽訂《關於建立泛美開發銀行協定》，1960 年 10 月 1 日正式開業，行址設在華盛頓。到 1985 年 11 月共有 43 個成員國，其中美洲國家 27 個、歐洲國家 14 個、亞洲國家 2 個。

美洲開發銀行的宗旨是：為成員國及其附屬機構的經濟與社會發展項目以及為成員國國內私人企業，提供貸款擔保和技術援助，以促進拉丁美洲國家的經濟發展和合作。

該行最高權力機構是由每個成員國指派 1 名理事組成的理事會，每年召開會議 1 次。理事會選出 12 名董事組成董事會，其中拉美國家董事 8 名，美國和加拿大各 1 名，另 2 名由區外成員國選出。董事會選出行長，處理日常業務並主持執行董事會會議。

每個會員國有基本投票權 135 票，加上持有的股本折算的票數(每股折算為 1 票)，即為每 1 成員國的投票權。

8.3.2　資金來源

美洲開發銀行的資金主要來自：

(一)法定資本。是該行資金主要來源，最初為 10 億美元，到 1990 年增至 122 億美元。由以下 3 個部分組成：

(1) 普通資本。由美洲成員國認繳的股本，至 1983 年底總額達到 136 億美元。其中已繳 12.5 億美元，待繳 123.55 億美元。

（2）區際資本。由美洲以外成員國認繳的股本，至 1983 年底達到 78.21 億美元。其中已繳 8.34 億美元，待繳 69.87 億美元。

（3）特種業務基金。由區內外全部成員國認繳的股本，至 1983 年底為 82.11 億美元。到 1981 年已繳 67.66 億美元。

(二)其他資金。由幾個工業發達的成員國存放在該行並由其管理的資金，主要用於對拉美成員國的投資。其中存額最大的是美國"爭取進步聯盟" 1961 年建立的"社會進步信託基金"，總額為 5.25 億美元。同年，德國為玻利維亞錫礦提供了 3,300 德國馬克的基金。此外，該行還為加拿大、英國、瑞士、瑞典、挪威、委內瑞拉、阿根廷等國管理數額不等的基金。至 1979 年 6 月底"其他基金"已達 9.68 億美元。

以上各項資金中，出資最多的是美國和巴西、阿根廷、墨西哥、委內瑞拉等國。

(三)借款。該行為增加用作貸款的普通資本，先後向 16 個成員國借款和向拉美成員國及以色列的中央銀行出售短期債券，至 1979 年 6 月底共借入 24.28 億美元。提供借款最多的是美國、瑞士、德國和日本。

(四)世界銀行、聯合國國際農業發展基金組織、歐洲經濟共同體和石油輸出國組織等提供的資金。

8.3.3　業務範圍

(一)貸款

（1）貸款原則：

  a. 貸款對象限於成員國政府、政府機構和私營企業。對私營企業貸款須由其所屬國政府保證還款。

b. 借款人不能以合理條件從其他私人來源取得貸款。

c. 借款人自身對其所舉辦的項目投資須超過一半。

d. 貸款須用於特定的或需特別對待的經濟與社會發展項目。

（2）貸款種類：

a. 普通貸款

利用普通資本向成員國政府公私機構貸款，用於特定經濟項
目。年息 8%，期限 10 至 25 年。須以借款時的貨幣償還，
對未提取的貸款收 1.25% 義務承擔費。至 1979 年 6 月，共
批准普通和區內資金貸款 385 項，金額 74.59 億美元。

b. 特種業務基金貸款

利用特種業務基金為那些需特別對待的經濟和社會項目提供
貸款。這種貸款類似國際發展協會的軟貸款，條件優惠，不
收利息或收較低利息，期限可長達 10 至 30 年；可全部或
部分用本國貨幣償還。

c. 社會進步信託基金貸款

需經提供基金國家的同意才能發放。用於資助拉美國家的社
會發展和低收入地區的房屋建築、改善衛生設施、土地整治
和鄉村開發、高等教育和訓練等。

d. 其他基金的貸款

這種基金貸款各有側重，有能源、工礦業、農漁業、交通運
輸業、環境和公共保健事業、教育科學和技術、城市發展
等。其中能源、工礦業和農漁業佔主要部分。

（二）技術援助

該行發放貸款時還向成員國提供技術合作援助。方式為提供
項目工作人員的工資和技術培訓。

8.4 歐洲投資銀行(EIB)

8.4.1 建立和宗旨

根據 1957 年 3 月西歐 6 國在羅馬簽訂的《歐洲經濟共同體條約》(亦稱《羅馬條約》),歐洲投資銀行(European Investment Bank) 1958 年 1 月 1 日在布魯塞爾正式成立,行址設在盧森堡首都。它的成員包括歐洲經濟共同體全部成員國。

該行的宗旨,利用國際資本市場和共同體內部資金,促進共同體的平衡、穩定的發展。為此,該行在非營利的基礎上向共同體內部不發達地區的經濟開發項目提供貸款和擔保,也向與歐共體有密切往來的非成員國,特別是一些非洲國家,提供援助和貸款。

8.4.2 組織機構

該行也是股份制的企業性金融機構,下設 4 個機構。

(1) 董事會

由共同體成員國的財政部長組成的最高權力機構,制訂總的方針,批准資產負債表和年報,任命理事以及其他管理委員會的成員。董事長任期 1 年,按成員國英文名稱頭一個字母的順序,輪流擔任。

(2) 理事會

有 19 個成員,18 人由成員國提名,1 人由共同體委員會提名,理事任期 5 年。理事會有權決定批准貸款或擔保籌資,確定利率,向董事會提交年報,保證該行活動同《羅馬條約》和該行章程取得一致。理事會每 6 個星期開會 1 次。

(3) 管理委員會

理事會下設管理委員會,包括行長和 5 個副行長(由理事會

提名，董事會通過，任期 6 年），是該行日常業務的管理機
構。決定一筆貸款是否發放時須成員國全體通過。

（4）審計委員會

3 人組成，對該行業務進行審查和對會計進行審計。

8.4.3 資金來源

（一）成員國認繳的股本

初創時法定資本為 10 億歐洲記賬單位（1 記賬單位等於 1 美
元，1978 年等於 1.3690 美元），1976 年底增至 35.4 億記賬單
位，法、德、英各佔 7.875 億，意大利佔 6.3%，餘由其他 5 國
承擔。到 1981 年總股本增至 144 億歐洲貨幣單位（約合 157 億
美元）。

（二）借款

該行資金主要從金融市場籌措，至 1981 年底共借入 153.6
億歐洲貨幣單位。其中公募債券佔 60% 以上，其中 52% 是非成
員國貨幣，主要是美元、瑞士法郎和日圓；46.5% 是共同體成員
國貨幣；1.5% 為歐洲貨幣。

8.4.4 業務範圍

按《羅馬條約》規定，該行主要業務活動是：

1. 對工業、能源和基礎設施等方面，能促進地區平衡發展的投
   資項目，提供貸款或貸款擔保；
2. 促進成員國或整個共同體感興趣的事業；
3. 促進企業現代化。

因此，該行初期資金只投向共同體內部落後地區，特別是意
大利北部落後地區的開發，主要是農業機械化和現代化以及能源
工業開發。後來隨着共同體經濟發展，投資方向逐漸轉向交通、
電訊建設。1973 至 1982 年，該行對共同體內部的貸款達到 200

億歐洲貨幣單位，共有 5,200 筆，獲得貸款最多的是意大利，其次是英國和法國。1973 年以後參加的新成員國獲得近 75 億歐洲貨幣單位，佔貸款總額的 37%。

歐洲投資銀行對共同體以外國家的貸款，開始於 60 年代對希臘和土耳其的貸款。一些非洲國家獨立後仍同歐洲保持聯繫，共同體也決定發展同第三世界的關係，因此，該行的貸款業擴大到區外第三世界，按照共同體的援助計畫提供援助和貸款。貸款用途因國別而異：對非洲、加勒比和太平洋地區主要支持其開發工業、農業加工、礦產、旅遊和能源開發；對地中海一些國家，主要支持通訊事業和其他經濟建設。該行還利用共同體其他資金對這些國家進行優惠貸款和援助，不收利息或收取較低利息。

歐洲投資銀行有 70% 的貸款以自有資金為來源，利息補貼則由共同體預算支付。其餘貸款則由預算基金提供，歐洲投資銀行通過特別部門管理，以軟貸款式風險資本業務形式由成員國或共同體的賬戶委託管理。

8.5　歐洲復興開發銀行(EBRD)

8.5.1　建立和宗旨

建立歐洲復興開發銀行(European Bank for Reconstruction and Development)的設想，是法國總統密特朗 1989 年 10 月提出的。26 個西方主要工業國和東歐 8 國參加了最初籌備工作。1990 年 5 月 20 日在巴黎舉行創建《歐洲復興開發銀行協定》的簽字儀式，1991 年 4 月 15 日在倫敦正式成立。這是西方第一家泛歐洲金融機構。30 個國家元首出席了開業典禮，英國首相馬卓安和法國總統密特朗在講話中稱此舉是"一項顯著的成就"，意味着一種"歐洲新秩序"正在建立，成為邁向"歐洲聯邦的歷史性一步"。

該行總部設在倫敦，由 39 個國家政府（除阿爾巴尼亞外的全部歐洲國家以及美國、加拿大、墨西哥、委內瑞拉、摩洛哥、埃及、以色列、日本、南韓、澳洲、紐西蘭）和歐洲經濟共同體、歐洲投資銀行共 41 個股東出資組成。

該行成立的宗旨是：向前蘇聯和東歐國家提供資金和技術援助，促使它們向“民主政體”和市場經濟過渡和變革，最終與西歐融為一體，形成所謂的“大歐洲”。

8.5.2　組織機構

董事會是最高權力機構，由每個成員國和國際組織的代表擔任董事。全權決定有關該行活動的原則性問題，包括接收新成員國，增加資本，批准資產負債表和分配利潤。

理事會是主要執行機構，有權處理該行所有日常問題，包括提供貸款，擔保，股本投資等。同其他國際金融機構一樣，“加權票數”原則是理事會表決程序的基礎。每個理事與選舉他的董事擁有同樣多的表決票數，並擁有董事轉交給他的票數。理事會由 23 個成員組成，其中 11 個理事由代表 12 個歐洲共同體國家、歐洲經濟共同體和歐洲投資銀行的董事選舉產生，4 個理事由代表有權獲得該行援助的中歐和東歐國家的董事選舉產生，4 個理事由代表其他歐洲國家的董事選舉產生，還有 4 個理事由代表非歐洲國家的董事選舉產生。

行長應是歐洲共同體成員國公民。

領導機構作出決定只需簡單多數票，即超過總數一半的票。重大問題則需要“特別”多數，即三分之二或 85% 的票數通過。

8.5.3　資金來源

（一）成員國認繳的股本

創辦時法定資本為 100 億歐洲貨幣單位（ECU），約合 120

億美元。法定資本分為應繳付股本和按要求支付的股本。成員國必須在 5 年內以分期付款的方式繳付 30% 的認繳股本,每期金額相等,其餘 70% 是可以按要求支付的擔保股本。成員國可以用普通票據或該行成員國開出的其他債券支付。當該行需要資金支付銀行業務時,這些票據就要兌現。

　　該行法定資本按以下比例分配:歐洲共同體成員國、歐洲經濟共同體、歐洲投資銀行佔 51%,中歐和東歐國家佔 13.5%,其他歐洲國家佔 11.3%,非歐洲國家佔 34.2%。美國是最大的股東,佔法定資本的 10%,法國、德國、英國、意大利和日本各佔 8.5%,前蘇聯佔 6%。

　　該行資本至少每 5 年內增加 1 次,在以後的改變中,歐洲共同體國家、歐洲經濟共同體及歐洲投資銀行總共所佔的份額,不應低於允許認購股本總額的 50%。

(二)借款

　　歐洲復興開發銀行的自有資本有限,信貸資金絕大部分在世界資本市場上按優惠利率借入。這是因為國際金融組織傳統上具有很高的信用級別。如世界銀行和區域性開發銀行在國際資本市場上借款,可把認購股本待繳部分也作為資產,信貸規模能超過已繳付股本 2 至 3 倍。歐洲復興開發銀行打算在該行活動的頭幾年,把借款額限制在認購股本已繳付額的範圍之內。

8.5.4　業務範圍

　　歐洲復興開發銀行從事以下業務,以幫助中歐和東歐國家的經濟改革:

(一)提供貸款:

(1) 貸款對象。僅限於前蘇聯和東歐國家,主要是對這些國家的私營經濟部門和正在私有化的原國營企業提供貸款。

(2) 貸款標準。把發展多黨民主制、多元化和市場經濟作為貸款標準。如果接受貸款國家的政策與該行創辦目的抵觸，董事會可以中止或以任何其他方式限制其獲得該行貸款。

（3）貸款形式。與其他國際金融機構一樣，主要是採取項目貸款的形式。

（4）貸款分配。限制對國營經濟成份的企業提供貸款、擔保或股本投資，規定在該行營業頭兩年內向國營經濟成份提供的資金不超過全部貸款、擔保和股本投資總額的40%。在該行營業的頭5年內，向任何一國國營經濟成分提供的資金不超過對該國所有貸款、擔保和股本投資總額的40%。故該行60%貸款是流向私人經濟部門，鼓勵中小型企業發展。

（5）貸款用途。該行把信貸資金分為：

a.普通資金。用於實施贏利而風險較小的發展項目，貸款按市場條件提供。

b.專用基金。用於對低贏利的社會基礎設施部門提供優惠貸款和技術援助。

（6）對外籌資。該行不與其他金融組織競爭，而是要補充或維持接受國吸收資金的現有可能性。

（7）貸款擔保。該行不要求成員國政府對向私營企業的貸款提供擔保。

根據以上的貸款原則，該行的資助項目涉及農業、金融、食品、商業、化學、電訊、交通、環境保護、旅遊、文教等領域。

（二）股本投資

對中、東歐國家的私營企業和國營企業直接投入資本，但投資額不應超過銀行已繳付股本和總準備金。

（三）擔保業務

對私營企業和國營企業發行有價證券提供擔保，使這些企業容易進入國內和國際資本市場籌措資金。

(四)技術援助

　　為改造或發展基礎設施，包括私人經濟成分和轉向市場經濟
所必需的自然保護規畫，提供技術援助。債務國為獲得貸款，應
同債權人討論自己的投資規畫，包括完善價格形成、徵稅、國營
經濟私有化和合理化、發展股份制形式、建立有價證券市場等措
施。該行在這些方面提供貸款或技術援助。

──────── 注　　釋 ────────

① 特別基金開始時包括援助特別基金、農業特別基金、多用途特別基金。農
　業特別基金 1973 年中止。1974 年 6 月設立亞洲開發基金，多用途特別基
　金轉移其中。

第 9 章

跨國銀行

*　　*　　*

前面幾章，分析了官方性質的國際金融機構，運用官方資金，進行國際金融活動，推動國際金融體系的運轉。本章則研究經營私人資本的跨國銀行，如何發展為貨幣資本國際流動的主要承擔者和組織形式。

9.1　何謂跨國銀行

關於跨國銀行的定義，聯合國跨國公司中心在 1981 年專題研究報告曾指出：跨國銀行是指"至少在 5 個國家和地區設有分行或擁有其中大部分資本的附屬機構"的銀行。R. 韋斯頓在《國內的和跨國的銀行業》一書中認為，跨國銀行是"一家在一些不同國家中從事經營活動的銀行"。英國《銀行和金融》雜誌則把跨國銀行看作是"一種接受存款和從事信貸業務的金融公司。這種公司在一個以上的國家設有辦事機構……包括分行、子公司和其他分支機構"。總之，跨國銀行是銀行資本國際化的一種組織形式，在本國以外的國家設立網狀分支機構，或以銀行國際聯合的形式從事跨國的銀行業務。

跨國銀行的出現，至少有以下三個因素：

（1）國際貿易的發展

資本主義生產方式形成以後，各國間貿易關係越來越密切，越來越廣泛，資本不斷從一個國家流入另一個國家。為了適應國際貿易的需要，不少銀行就為本國客戶開辦進出口貿易貸款、國際結算、外匯買賣等，逐漸從國家銀行變成了國際銀行。跨國銀行就是在國際銀行的基礎上發展起來的。

（2）生產國際化的發展

現代跨國銀行是生產國際化的產物。歷史上，生產國際化的每一次重大發展，都促進銀行國際化的相應發展。二次大戰後，生產國際化進入了新的發展階段，西方國家跨國公司向全球擴張，跨國公司內部也建立起國際分工體系，產生對國際銀行業務的巨大需求，於是大商業銀行加速跨國化發展，形成一個與跨國公司國際分工體系相適應的國際銀行網絡和新的銀行組織形式、業務結構。

(3) 銀行境外業務的發展

二次大戰後由於大量美元外流，形成一個境外美元的存放市場。這個市場不受任何國家政府管制，因而各國的大銀行，尤是在國內飽受政府管制之苦的美國銀行，紛紛在倫敦和其他金融中心設立分行或子行，發展境外美元存貸款業務。

跨國銀行的發展大致經歷了三個階段：

(一)19 世紀末 20 世紀初殖民地銀行的擴張時期

殖民地銀行是跨國銀行的前身。早在 1817 年，英國就在其殖民地加拿大和澳洲建立蒙特利爾銀行和悉尼新南威爾士銀行。到 1910 年，英國有 72 家殖民地銀行和 5,449 家分行，法國有 20 家銀行和 136 家分行，荷蘭有 16 家銀行和 68 家分行，德國有 13 家銀行和 70 家分行。①法國的銀行是最早跨國經營的銀行，1870 至 1910 年，法國銀行已在世界五大洲建立了龐大的銀行網，法國的里昂信貸銀行是當時世界第一大銀行。殖民地銀行的特點是：

(1) 依靠殖民地政權建立。殖民地銀行及其分行都集中在本國殖民地範圍，帶有地區性的特點。

(2) 不經營宗主國的國內業務。僅從事宗主國和當地的貿易融資和當地銀行業務，各自孤立，相互通訊困難，不能形成有機的銀行網絡。

(二)1913 至 1945 年美國的銀行擴張時期

經過第一次世界大戰，德國銀行的國外分行大為減少，如在南美的 53 個分支行戰時都被沒收了。英國和法國受 1929–1933

年經濟大危機打擊，國外銀行網沒有明顯的擴大，美國的銀行則
迅速向海外擴張。第一次大戰前，美國兩萬多家銀行中只有 3
家擁有 4 家國外分行，1914 年也只有 26 家海外分行，但到
1920 年已陡增至 181 家，分屬於 8 家跨國銀行。其中最富有擴
張性的是第一國民銀行（第一花旗銀行的前身），1915 年成為美
國最大的跨國銀行，1930 年已擁有 100 家海外分行，分布於 23
個國家和地區。美國銀行的擴張，打破了英、法殖民地銀行壟斷
國際銀行業的狀況，使美國躋身於"世界銀行家"的行列。這個時
期美國跨國銀行的特點是：

1. 國外機構集中在局部地區，主要是在拉丁美洲；
2. 經營業務單一，主要是貿易融資；
3. 業務規模不大，資本實力也不能和現在的跨國銀行相比擬。

（三）二次大戰後至 60 年代

這是美國跨國銀行對外擴張的高潮時期。戰後舊的殖民體系
逐步瓦解，殖民地銀行有的被獨立的國家收歸國有，有的被迫退
出原所在國或不得不收縮業務。直到 60 年代後，英、法等國的
國外銀行網才穩定下來並重新發展。這期間，美國銀行卻以美洲
銀行、花旗銀行、大通曼哈頓銀行為首，掀起對外擴張高潮。從
1950 年到 1975 年，美國銀行的海外分行數由 95 家增加至 732
家，國外分行的資產由 1955 年的 20 億美元增至 1975 年的
1,765 億美元（見表 9.1）。美國的跨國銀行成為國際金融市場上
實力最強大的集團，直至 1972 年在世界商業銀行中一直佔有統
治地位。

（四）進入 70 年代以後，全面跨國擴張與聯合時期

這時期有以下三種情況：

（1）美國跨國銀行實力地位由升轉降

整個 70 年代是美國銀行海外大膨脹時期，海外分行從 1970
年的 460 個增至 1980 年的 789 個；海外分行資產從 526 億

表 9.1　美國商業銀行和海外分行資產增長情況

單位：億美元

年　份	商業銀行資產總額	海外分行資產總額	資產比上一年增長（%）		海外分行資產佔銀行總資產的%
			商業銀行資產	海外分行總資產	
1960	2,557	35	—	—	1.4
1965	3,741	91	9.0	32.0	2.4
1966	4,014	124	7.3	36.3	3.1
1967	4,489	157	11.8	26.6	3.5
1968	4,981	230	11.0	46.5	4.6
1969	5,276	411	6.0	78.7	7.8
1970	5,762	526	9.2	28.0	9.1
1971	6,403	671	11.1	27.6	10.5
1972	7,325	774	14.4	15.4	10.6
1973	8,271	1,180	12.9	52.5	1.3
1974	9,063	1,519	9.6	28.7	16.8
1975	9,651	1,765	6.5	16.2	18.3
1976	10,308	2,194	6.8	24.3	21.3
1977	11,661	2,589	13.1	18.0	22.2
1978	12,150	3,068	4.2	18.5	25.3
1979	13,510	3,642	11.2	18.7	27.0
1980	15,370	4,005	13.8	10.0	26.0
1981	16,518	4,628	7.5	15.6	28.0
1982	18,201	4,697	10.2	1.5	25.8
1983	19,695	4,771	8.2	1.6	24.2
1984	20,978	4,522	6.5	− 5.2	21.6
1985	22,656	4,580	8.0	1.3	20.2
1986	25,728	4,566	13.5	− 0.003	17.7
1987	25,802	5,189	0.003	13.6	20.1

注：商業銀行資產總額中包括海外資產。

資料來源：美國《聯邦諸備公報》，各期。A18 表和 A55 表。

美元增至 4,005 億美元（見表 9.1）。但 1981 年以後海外分行發展停滯，1984 年出現了戰後資產的第一次負增長，比上年下降 5.2%，1986 年再次下降 0.003%。按資產排名的西方 10 大銀行中，1970 年美國佔 7 家，到 1980 年只佔 2 家，1990 年只有花旗銀行 1 家而且位次降至第 9 位（見表 9.2）。美國跨國銀行存款在全球 50 家最大銀行中所佔的份額 1965 年佔 42%，1975 年下降至 25%；1978 年僅佔 15%。

(2) 日本、西歐跨國銀行迅猛發展

日本、西歐的銀行從 60 年代末期開始跨國擴張，發展很快。到 70 年代中期，以美國、西歐和日本為主體的現代跨國銀行體系最終形成。據聯合國跨國公司中心調查，在 5 個以上國家設有分行或附屬公司的銀行 1975 年有 84 家，其中美國佔 26%，西歐 42%，日本 12%。它們的國外機構共 4,333 家，其中美國銀行佔 31%，日本 8%，西歐 43%。至 80 年代初，西方國家的跨國銀行已達 400 多家，國外機構多達 8,000 家以上。美國跨國銀行地位下降，而日本的跨國銀行後來居上。1985 年是決定性一年。按銀行國籍劃分的銀行國際資產，1984 年美國為 5,945 億美元，佔總額 26.4%，日本 5,179 億美元，佔總額 23%；到 1985 年，日本銀行國際資產為 7,072 億美元，佔總額 26.1%，躍居第一位。而美國僅 5,902 億美元，反比 1984 年減少 43 億美元，只佔總額的 21.7%（見表 9.3）。此後，日本銀行國際資產至 1989 年底已增至 19,672 億美元，佔當年國際銀行資產總額的 38.3%；美國只增至 7.274 億，佔總額的 14.2%。②

(3) 跨國銀行國際聯合的新形式——跨國放款銀團。

60 年代，西歐、日本的跨國銀行為對抗規模巨大的美國銀行，除了通過傳統的跨國銀行國際分支機構網向外擴張，還開始實行銀行資本的國際聯合。所謂"銀行新生的一代"就此

表 9.2　世界 10 家大銀行位次變化

資產額單位：百萬美元

銀 行 名 稱	國　家	按 資 產 額 排 列 位 次(1970-90)									1990	
		70	75	80	81	82	83	84	85	86	位次	資產額
美洲銀行	美國	1	1	2	2	1	2	2	4	9		
花旗銀行	美國	2	2	3	1	2	1	1	1	1	9	230,643
大通曼哈頓銀行	美國	3	3									
巴克萊銀行集團	英國	4	5	9	7	6	6	8				
漢華銀行	美國	5										
J. P. 摩根銀行	美國	6										
西敏寺國民銀行	英國	7	8		9	10	7					
第一州際銀行公司	美國	8										
國民勞動銀行	意大利	9										
紐約化學銀行	美國	10										
巴黎國民銀行	法國		4	4	4	3	3	6	7	6	8	231,463
里昂信貸銀行	法國		6	6	5	5	5		10	10		
德意志銀行	西德		7	5	8	9						
第一勸業銀行	日本		9	10	10	8	8	3	2	2	1	405,959
法國農業信貸銀行	法國			1	3	4	4	10	9	8	7	241,983
法國興業銀行	法國			10	7	6	7	9				
德累斯頓銀行	西德				8							
富士銀行	日本						10	4	3	3	3	364,888
住友銀行	日本							5	5	4	2	370,516
三菱銀行	日本							7	6	4	4	362,256
三和銀行	日本							9	8	7	5	355,948
東海銀行	日本										10	229,191
日本興業銀行	日本										6	248,730

資料來源：1970-1986 年根據英國《銀行家》1986 年 7、8 月號資料；1990 年參考美國《商業週刊》
1990 年 7 月 2 日號排列情況。在 50 家大銀行中，日本 20 家，德國 7 家，法國 5 家，
美國和英國各 4 家，荷蘭和意大利各 3 家，瑞士 2 家，香港 1 家，中共 1 家。

表 9.3 按國籍劃分的各國銀行資產

國家	1984		1985		1986		1987	
	金額	%	金額	%	金額	%	金額	%
法 國	2,007	8.9	2,440	9.0	2,896	8.4	3,755	8.6
德 國	1,432	6.4	1,912	7.0	2,701	7.8	3,479	7.9
意大利	906	4.0	1,132	4.2	1,451	4.2	1,850	4.2
日 本	5,179	23.0	7,072	26.1	11,201	32.4	15,521	35.4
瑞 士	829	3.7	1,092	4.0	1,520	4.4	1,961	4.5
英 國	1,689	7.5	1,929	7.1	2,115	6.1	2,539	5.8
美 國	5,945	26.4	5,902	21.7	5,992	17.3	6,476	14.8
其 他	4,507	20.1	5,668	20.9	6,664	19.4	8,232	18.8
總 計	22,494	100.0	27,148	100.0	34,540	100.0	43,813	100.0

資料來源：《國際清算銀行年報》，1987 及 1988 年。

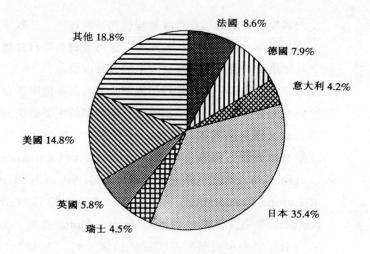

法國 8.6%

德國 7.9%

意大利 4.2%

其他 18.8%

美國 14.8%

英國 5.8%

瑞士 4.5%

日本 35.4%

1987 年按國籍劃分的各國銀行資產

出現，把跨國銀行的發展推上新階段。新生一代的跨國化國
際貸款銀團有兩種形式：

a. 國際聯合銀行（International Consortium Bank） 國際聯
合銀行亦稱銀團銀行。根據英格蘭銀行下的定義，聯合銀
行"由其他銀行所擁有，但沒有一家銀行能持有 50% 以上
直接股權，並且其中至少有一個股東是海外銀行"。即是
說，國際聯合銀行是由不同國籍的銀行為股東合資建立的
銀行，每一成員銀行都不持有超過 50% 的股權。這與銀
行的聯合（Consortium of Banks）不同，後者是一批銀行
各以本身名義活動，但可能聯合起來對某項貸款提供資
金；前者則由一批銀行聯合起來組成獨立經濟實體，一般
從事特定地區和領域的業務，或提供某項專門服務，主要
是在歐洲貨幣市場從事批發市場辛迪加中期貸款。建立國
際聯合銀行，不僅克服了西歐、日本跨國銀行規模相對較

小的弱點，更擴大了銀行經營規模和活動範圍，分散了獨家銀行從事大額國際貸款的風險，還可在成員銀行之間開展互惠信貸，進入原來無法涉足的外國市場。

b. 國際銀行俱樂部　國際銀行俱樂部是銀行資本國際聯合程度更高的發展形式。組成國際銀行俱樂部的主要是歐洲銀行，故又稱為歐洲銀行集團。60 年代末開始出現，目前主要有歐洲銀行國際公司（European Banks International Corporation，EBIC）、歐洲聯營銀行公司（Associated Bank of Europe Corporation，ABECOR）、歐洲夥伴（Euro-partners）集團及英國—阿爾法（Inter—Alpha）集團。

這些銀行俱樂部成員間互相提供信貸便利，加速資金週轉，在辛迪加中期歐洲貸款和證券發行方面實行協作，並在世界各地組織合營企業等，形成複雜的銀行資本跨國交織參與關係。

9.1.2　現代跨國銀行的特徵

跨國銀行發展至今，無論在組織體系、業務結構、市場布局、競爭方法和經營方式上都發生重大變化，具有如下主要特徵：

(一)銀行網全球化

現代跨國銀行國外銀行網是 60 年代以後形成的，它的特點是全球化。大型跨國銀行的國外機構遍布世界主要國家和地區；中小型跨國銀行的國外機構，則分布在國際金融市場及與本國經濟聯繫密切的地區，它們擁有總行、在岸分行（on-shore branches）、離岸分行（off-shore branches）、地區分行以及其他各種專業化金融機構、子銀行等，構成完整的有機銀行網絡體系。聯合國跨國公司中心 1980 年的調查，把在 5 個和 5 個以上國家擁有多數股權的分支附屬機構並經營存款業務的，才列為跨國銀行，1975 年和 1978 年都是 84 家。它們擁有的分支行、附屬機構在 1975 年為 3,941 個；1978 年增至 4,333 個，其中 1,995 個在已發展市場經濟國家，佔總數 46.04%，2,315 個在發展中國家和地區，佔總數 53.43%，餘下 23 個在原中央計畫國家。③跨國銀行的業務迅猛擴張，利潤不斷增加，增長率遠比國內業務大得多。70 年代中期，美國和西歐大型跨國銀行的國際業務利潤，一般都達到利潤總額的 50% 以上。現代跨國銀行以整個世界為市場，以"全球戰略"指導業務行動。

(二)業務全能化

早期跨國銀行主要業務是國際貿易融資和輸出借貸資本。戰後，特別是 60 年代以後，隨着生產國際化的發展，跨國銀行業務結構出現顯著變化，除把傳統銀行業務發展到前所未有的高度外，還創造許多新的資本運轉形式，把業務經營伸向新的領域：

(1) 業務活動擴展到官方金融機構的業務領域。如出口信貸原是國家政府出口信貸機構經營的一種優惠長期貸款。而現在，這種業務已經成為跨國銀行的主要經營項目之一。

(2) 業務經營擴展到非銀行(non-banking services)領域。跨國銀行利用其多樣化的國外機構，經營過去主要由商人銀行、投資銀行、保險公司及其他金融機構經營的債券發行、信託、諮詢、保險等收費業務，並成為這一領域中強有力的競爭者，費用收入也成為其國際利潤重要組成部分。

(3) 開創許多與普通銀行活動無關的金融服務。如國際租賃、國際現金管理、國際投資管理等，已成為現代跨國銀行的專項業務。

總之，大跨國銀行利用其國外機構開展"全面銀行服務"，被稱為"全能銀行"(universal bank)。而許多規模相對較小的跨國銀行則轉向專門化經營，包括(i)貸款技術專門化；(ii)經營地區專門化；及(iii)經營業務專門化。

(三)組織形式集團化

60 年代末期，跨國銀行轉向集團式組織體系，在美國表現為單一銀行持股公司，在其他主要西方國家表現為銀行集團(即國際聯合銀行和跨國銀行俱樂部)。現在所說的跨國銀行，實際就是指銀行集團。這種集團式的銀行組織，是通過控股公司對各類銀行、金融及非金融機構的直接持股，形成與工業跨國公司國際分工體系相適應的、龐大組織體系。其特點是：(1)集中控制、分散經營。集團內部的機構按業務種類和地區專業分工，相互獨立，自主經營。總公司負責宏觀決策，包括制定各種計畫，調撥資金以及協調集團內部各機構。(2)它與過去單一銀行的競爭和壟斷不同，而是聯合競爭、聯合壟斷。它把銀行資本的國際集中和積聚推上新高度。

(四)資金營運境外化

一次大戰前，英國是"世界工廠"，壟斷國際貿易，倫敦也成為世界金融中心，但全球並沒有統一的金融市場。二次大戰前的紐約，也是傳統式的國際金融中心，全球依然沒有統一的金融市場。因此，早期的跨國銀行必然具有地區性經營的特點，50 年代末期出現了新型的全球規模的統一借貸市場，即歐洲貨幣市場。這個市場有獨特的業務程序和利率結構，有脫離本國貨幣體系的大量境外貨幣(歐洲貨幣)供跨國銀行自由借貸。它的形成和發展，為跨國銀行提供了有利的國際市場環境，使它們可以不依賴居民存款而生存和發展，使民族借貸市場不再互相孤立，彌合了傳統國際金融市場之間時區和空間上的距離，順利地形成跨國銀行的 24 小時全球資金營運體系。跨國銀行的資金，通過這一體系既可以在全球範圍水平移動，又可以在地區範圍垂直運動。目前，跨國銀行已是這個市場的經營主體，它們的國外機構有30% 左右分布在這個市場中。它們是一個個金融巨人，向全球吸收資金，又向全球貸放，成為貨幣資本國際運動的主要承擔者。

9.2　跨國銀行的組織

跨國銀行是由總行、海外分行、代表辦事處等組成的龐大系統。每一種分支機構都有專門職能，在總行的指揮下分工合作。

(一)總行(Headquarter)

總行是跨國銀行體系的權力中心和最高決策機構，負責決定及指揮下屬機構的建立、撤銷、參與、退出，以及重要的人事任免、全部銀行網的資產負債管理、全球資金調撥、外匯頭寸安排、風險管理等戰略決策。但總行也授權海外機構有一定限度的獨立決策權力，以適應市場變化和當地環境。總行自身也是國際銀行業的經營機構，從事存放款，投資等金融服務。總行對海外機構的指揮、管理，一般要通過總行內的"國際銀行業務部"。該部負責人直接向總行執行總裁或國際銀行業務委員會報告工作和接受指揮。"國際銀行業務部"如國內銀行機構一樣，設立信貸處、計畫處、投資處、簿記處、市場處、人事處等職能部門，並按海外機構的地理分布設立管理部門。龐大的"國際銀行業務部"，稱為"銀行中的銀行"。

(二)海外分行(Overseas branches)

是總行在國外的派出機構，在所有權和業務上均受總行控制，其資產負債是總行綜合資產負債的一部分。它受託代表總行在國外經營各種國際銀行業務，經營戰略和信貸政策與總行保持一致。但分行同時接受雙重銀行規則：一方面它受總行所在國監督；另一方面又受其所在國監督。海外分行是跨國銀行體系中最主要的國際業務機構，其資產負債業務遠大於其他機構的相應業務；其利潤是跨國銀行國際利潤的主要來源。較大的分行如同總行國際部一樣，各種機構齊全，業務面向全球，接受國際存款，以總行資本額為基礎進行國際貸款、國際投資，提供國際服務。

有些國家的跨國銀行也擁有一些小型的海外分行。如美國的跨國銀行早於 70 年代在開曼島的喬治城和巴哈馬羣島的拿騷設立的"空殼分行"（shell branches），只有幾名職員和一兩部電話，不對當地公眾開展銀行業務。它們的主要任務是為總行和其他海外分行的信貸業務服務，承擔會計工作。主要作用是：

(1) 作為中小型跨國銀行進入歐洲貨幣市場的出口，代表總行開展國際銀行業務；

(2) 利用開曼、巴哈馬等這些避稅場所（tax haven），以空殼分行名義將總行和其他海外分行的資金貸出，就可以逃稅。也可作為總行海外銀行業的簿記機構。

(3) 在一些避稅地區設立海外分行的成本和經營費用，遠比在倫敦等金融中心低，這使一些資本額較小的中小型跨國銀行也能從事國際銀行業務。

（三）代表辦事處（representative offices）

在禁止設立外國分行的國家，或者認為沒有必要建立海外分行的地方，代辦處成為另一類海外派出機構。代辦處機構簡單，人員很少，通常是一間辦公室，由三、四個人組成。代辦處不能從事存放款業務，主要是代表總行與所在國工商業界和政界聯繫，辦理總行與當地客戶的業務，為總行招攬業務，介紹客戶和安排會晤，向客戶解釋母國政府的商業政策，對客戶進行信用分析，搜集所在國的經濟政治信息，進行國情分析，並為總行分析各種風險提供背景資料等。

（四）附屬機構（subsidiaries）

包括兩類。其一，是跨國銀行控制全部或多數股的子銀行或子公司；其二，是控制少數股的參與銀行或公司。這兩類機構都是跨國銀行的附屬性機構，但與海外分行不同。它們都是在海外的獨立法人，業務不受總行直接控制。它們包括商業銀行、投資銀行、商人銀行、信託公司、金融公司、租賃公司、資料加工公司，甚至包括部分工商業公司。跨國銀行的附屬機構除辦理中長期貸款外，還通過開設或參與各種附屬公司，從事總行及海外分行在國外不便辦理的業務，它遵守所在國的全部法律，並在當地享有自己的法人權利。它成了跨國銀行滲透到所在國各個經濟領域的有力工具。

(五)代理行

跨國銀行除在海外建立分支機構外，還在許多國家的主要城市同當地銀行建立代理業務關係，從事存款以外的一些銀行業務，特別是同國際貿易有關的業務。通常通過電訊、郵件等相互接受匯票、承兌信用證、託收、代理買賣有價證券以及提供信息等。代理行不是跨國銀行體系中的機構，但連結在跨國銀行全球網絡之中，擴大了跨國銀行活動和範圍。

9.3 跨國業務活動

為了進行外匯交易或為外貿籌措資金，大多數國家的商業銀行都設有"國際"或"對外"部門，從事國外業務活動。而跨國銀行業務則通過海外網狀組織，從事現代化的境外國際業務活動，在全球範圍內籌集、融通、調撥和營運資金。

跨國銀行的銀行業務主要有五個方面：

（1）消費者銀行業務；

（2）商業銀行業務；

（3）貨幣市場業務；

（4）為國際貿易提供資金融通；

（5）財務管理業務：經管別人資金，經辦外匯交易，充當投資顧問等等。

這些業務，可分四大類綜述如下：

9.3.1 跨國信貸業務

跨國信貸業務包括貸款和投資。它是跨國銀行最重要的業務，是賺取利潤的關鍵環節。跨國銀行貸款與投資的具體形式有：

(一)直接貸款

跨國銀行的直接貸款最典型、最大量的，是使用歐洲貨幣進行的銀團貸款又稱辛迪加(syndicated)貸款，只有少數期限較短、金額在 1 億美元以下的中期貸款，才採取獨家銀行貸款的方式。所謂銀團貸款，是指由一家或幾家銀行牽頭，多家銀行參加而組成的銀行集團，按共同的貸款條件對某一借款人貸款。這種貸款方式 60 年代後期開始在歐洲貨幣市場上出現，70 年代以來迅速發展擴大。

除銀團貸款外，還出現一種俱樂部貸款。這兩種貸款的主要區別是：(i)由借款者挑選的所有俱樂部成員都與借款者有直接的聯繫，它們同借款人談判條件，起草協議，保證貸款，然後將大部分貸款分配給其他銀行；(ii)俱樂部的成員一般比辛迪加少，不超過 15 家銀行；(iii)俱樂部貸款數額不大，很少超過 7,500 萬美元；而銀團貸款有時高達數億或十數億美元。

(二)聯合貸款

這是 70 年代中新興的向發展中國家提供貸款的方式。一般由世界銀行集團和跨國銀行等共同籌集資金，提供給發展中國家，主要用於高度優先發展的項目。它既有私人銀行辛迪加貸款的特徵，又有官方援助貸款的成分。這種貸款因有世界銀行參與和保證，對貸款的未來收益有信心，清償風險小。

(三)銀行同業放款

跨國銀行主要由設在國際金融中心的分支機構進行銀行同業間放款。這種放款的期限從 1 天到 6 個月的居多，超過 6 個月的較少。它是一種交易頻繁、金額巨大、風險很低、毛利微薄的業務。每筆交易至少 10 萬美元以上，一般為 100 萬美元以上，故稱批發放款。它成為跨國銀行又一重要的資金來源。跨國銀行往往一方面貸出，另方面再在銀行同業拆放市場借入資金。

(四)當地放款

跨國銀行的海外機構以當地貨幣發放的批發性放款。在一些資金長期短缺、國內利率遠高於國際金融市場利率的發展中國家，跨國銀行便利用從國際金融市場或本銀行系統其他機構取得的低成本資金，通過設在這些國家的分支機構貸放出去，以賺取豐厚的利潤。這種業務如果利用外來資金兌換成當地貨幣再貸放，必須同時考慮匯率風險。

(五)國際貿易融資

這是傳統的國際銀行業務。跨國銀行承做這種業務，多數是以銀行所在國貨幣之外的其他可兌換貨幣來進行，以避免與當地銀行競爭。但在一些國家也可能是對當地銀行提供外貿融資。如在日本，外國銀行在當地的分行可通過其國際銀行網絡從其他金融中心調來資金，對日本的銀行提供進口結算信貸。

跨國銀行的國際貿易融資可分：

(1)短期國際貿易融資

對進出口商提供信貸期限 1 年或 1 年以下(美國跨國銀行把半年期以內看作短期貿易融資；半年期以上就算中長期)、金額相對較小的貸款。

a. 對出口商的短期融資，通常有：

(i)信用貸款，又稱"無擔保貸款"(unsecured loan) 跨國銀行一般為跨國公司等信用級別高的客戶提供不同的信貸額度，英國和美國以"透支"(overdraft)方式、法國和德國以"特種賬戶"(special account)方式辦理這種貸款。在亞洲，一些銀行則採取"打包貸款"(packing credit)的方式。打包放款形式上是抵押貸款，實際上其抵押對象尚在打包中，並沒有已可裝運出口的貨物。銀行提供打包貸款一般不是一次支付，而是由銀行給出口商在往來賬戶外另開戶頭，由出口商陸續支用。

(ii)抵押貸款(secured loan)　這是對信用級別較低的出口商提供有抵押品的貸款。抵押品可以是出口商所在地的貨物、出口在途的物資和票據，也可以是出口商的債權等。

(iii)票據貼現(discount of bill)　出口商可用各種商業票據，如商業承兌匯票、銀行承兌匯票向銀行貼現。

b. 對進口商的短期融資，主要有兩種方式：

(i)承兌信用(acceptance credit)　是跨國銀行的海外機構應當地進口商請求，對出口商開出的遠期匯票承擔付款責任，即把進口商對出口商的債務轉化為銀行對出口商的債務。

(ii)貸款　跨國銀行對進口商貸款有兩種方式。其一是透支，允許進口商向其簽發超過往來賬戶餘額的一定金額支票。其二是抵押放款。通常應進口商委托開立以出口商受益的貨物單據付款的信用證。

(2) 中長期國際貿易融資──出口信貸

國際貿易融資中歷來是短期信貸佔大部分，但二次大戰後中長期貿易融資發展極為迅速，而且形成一種新的信貸形式──出口信貸(export credit)。出口信貸是國家為支持本國資本貨物出口而向本國出口商或進口本國產品的外國進口商(或銀行)提供的中長期優惠貸款。④ 特點是利率較低；資金用途有限制；貸款條件受"君子協定"的約束。

跨國銀行提供以上各種貿易融資，主要由設在"在岸銀行業務市場"(on-shore banking market)的分支機構進行，但設在"離岸銀行業務市場"(off-shore banking market)的分支機構，也可通過向設在該處的、來自發展中國家的銀行機構存入硬通貨，再由後者把這些資金貸給本國進口商，間接開展貿易融資業務。

(六)項目貸款

這是為專項工程提供的貸款，由美國銀行倡辦，70 和 80 年代擴展到歐洲銀行和其他國家大銀行。特點是：

(1) 與某一特定工程項目相聯繫，專款專用，但可用於向任何國家或供應商購買資本貨物、其他商品或勞務。

(2) 具有"自我清償"特點，即靠工程項目取得的收益來償還。

(3) 銀行不僅承擔資金供應，還參與項目可行性研究。

(4) 資金提供方式，除主辦單位和外國合夥人投入的股本外，還利用多種形式的貸款、發行債券等。資金供應者則可能包括世界銀行、國際發展協會、外國政府、供應商和債券購買人。

(七)消費者信貸

由於八十年代初的國際債務危機，跨國銀行對發展中國家貸款停滯不前，資金閑置。又由於證券化的發展，大企業可繞過銀行直接在資本市場上籌資，出現了所謂的"脫媒"（disintermedium）現象。跨國銀行不得不調整戰略，措施之一便是開拓對消費者的服務，以盡可能多地控制消費者日益增長的收入和資金。最早認識這種業務重要性的是美國花旗銀行，它在 1974 年就冒險投資 5 億美元，用於安裝自動出納機，發行信用卡，改善內部管理以處理不斷增長的信貸業務。當時對消費者的服務還很難開發，因為資金成本高於紐約反高利貸法所允許的最高利息，大量貸款利息倒掛，造成虧損。該行的零售業務從 1982 年起才開始盈利，此後，它作為第一家國際性消費者銀行，賺取了巨額利潤。1985 年它的消費者部盈利 2.96 億美元，佔該行盈利 9.98 億美元的 29.7%。80 年代中期以後，各國跨國銀行多進軍國際性消費者的業務領域，成為跨國銀行的一項重要業務，被聯合國跨國公司中心列為跨國銀行的五大業務之一。

（八）國際證券投資（international portfolio investment）

跨國銀行的國際證券投資活動，包括：

（1）在國際金融市場上購買跨國公司或外國公司的股票只佔有少數股權，對公司的經營管理沒有控制權，只取得股息或股價變動的差價收益。這類投資佔跨國銀行國際證券投資的比重不大。

（2）購買外國公司、外國金融機構、外國政府和國際組織發行的國際債券，包括外國債券和歐洲債券。國際債券投資是跨國銀行最主要的投資業務，特別是 80 年代集資證券化以後，跨國銀行以債券形式持有的資產迅速增加，而以貸款形式持有的資產則明顯減少。近年來，一些發達國家的債權銀行為擺脫國際債務危機，還將一些尚未收回的貸款轉換為債券，按一定折扣在二級市場出售，以減少可能出現呆賬的損失。這就進一步增大了銀行證券資產的比重。

9.3.2 跨國籌資業務

跨國籌資業務，包括跨國銀行海外分支機構自有資金的籌集和負債業務，主要目標是開闢較穩定、低成本的資金來源。主要有：

（一）總行投資（head office investment）

總行投資是跨國銀行海外分支機構得以建立的基礎，是海外分支機構的自有資本，用以購置營業場所、各種設備和辦公用品等，並在公眾中建立信譽，補償可能發生的意外損失，保證經營活動的正常進行。這些自有資本首先是由總行提供的，通常稱為跨國銀行的海外直接投資。銀行的自有資本與總資產的比率通常比工商業小得多。如 1974 年美國最大 30 家跨國銀行在海外擁有多數股權的全部機構的自有股本只 11.82 億美元，僅佔其總資產 232.38 億美元的 5.1%。⑤至於代表處、經理處和分行等機構，由於是總行的派出機構，不具有獨立的法人資格，其自有資本與資產的比例通常是合併在總行資產負債表中一併計算，實際比率更低。跨國銀行降低這一比率，可以更多地獲得利用"財務槓桿"的好處，但也降低了它本身對風險的應變能力，對客戶存款的安全性造成威脅。

跨國銀行只擁有部分股權的海外分支機構的自有資本，除跨國銀行的投資外，另一部分是由合資者提供的股權資本。

(二)歐洲貨幣存款(Eurocurrency deposits)

跨國銀行吸收客戶存款是最廉價的資金來源之一。跨國銀行的客戶存款，最大量的是歐洲貨幣存款，如歐洲美元、歐洲馬克、歐洲瑞士法郎、歐洲日圓等。主要存款者是跨國公司、外國政府和政府機構、外國中央銀行和外國金融機構等。

(三)當地貨幣存款(local currency deposits)

跨國銀行的海外分支機構在所在國吸收當地存款，是在當地放款的最安全、最經濟的資金來源。因為它可節省從境外調入資金的匯兌費用，並可避免匯率風險。但由於缺乏足夠的當地業務來支持建立廣泛的機構網絡，或者受到所在國的法律限制，當地貨幣存款並未構成跨國銀行重要的資金來源。跨國銀行經常通過與所在國中央銀行的貨幣互換安排(swap arrangement)來獲得當地貨幣供當地放款之用。

(四)銀行同業借款(inter-bank borrowings)

這是跨國銀行重要的、有效的、也是最方便的籌資來源。尤其是一些在國外沒有廣泛存款基礎的跨國銀行，利用同業拆入可解決放款資金的不足。但這類存款極不穩定，有時可能接到對方一個電話或簡短的書面通知而被提走，故有"通知放款"(call money)之稱，而且，市場利率的微小變動都會對同業資金的流向發生影響。跨國銀行的大部分同業借款，多由位於主要國際金融中心的海外分支機構來籌集。但在通訊手段極發達的今天，總行也可直接從國際金融中心的其他銀行拆入資金。

（五）發行票據和債券（issue notes & bonds）

跨國銀行在 70 年代初開始大量發行歐洲票據來籌集資金。歐洲票據多為浮動利率票據（floating rate notes—FRNs），發行額 1980 年總共只有 23 億美元，到 1986 年已增至 468.8 億美元。浮動利率票據籌資比發行 CDs 優越：（i）它可以籌集期限較長的資金，償還期限可達 5 至 15 年，有的甚至 20 年，便於與長期貸款相匹配；（ii）在某些情況下，還可和銀行的債券一起，按一定比例計算為銀行的"二級資本"，部分彌補"一級資本"（自有資本）的不足。

發行國際債券，主要是"歐洲債券"，對跨國銀行籌集資金日益顯得重要。歐洲債券的新品種也層出不窮。除傳統的固定利率的普通債券（straight bonds）外，主要還有：

浮動利率債券（floating rate bonds）；

零息債券（zero coupon bonds）；

分期付款債券（partly-paid bonds）；

自選到期日債券（puttable bonds）；

附認股證債券（bonds with warrants）；

可轉股債券（convertible bonds）；

雙重貨幣債券（dual-currency bonds）。

跨國銀行的負債業務由傳統依賴吸收存款，逐步轉向在長期資金市場中增加發行票據和債券，是 80 年代國際金融市場證券化發展的一個重要方面。

9.3.3　收費服務（fee-earning）

跨國銀行向客戶提供各種收費的金融服務，主要有：

（一）國際結算業務

這是跨國銀行為客戶辦理國際結算的收費服務，包括：

（1）以航匯、電匯和國外匯票方式進行的國際匯款結算；

（2）代債權人向國外債務人收取款項的國際託收結算；

（3）在國際貿易中，應買方要求開出證件，代表買方向賣方承擔付款責任的信用證結算。

（二）外匯業務

跨國銀行的外匯業務十分活躍，日本跨國銀行東京銀行（Bank of Tokyo）甚至專門從事外匯交易。跨國銀行通常從事以下 4 種基本的外匯業務：

（1）為公眾客戶辦理外幣匯票的零售型業務。

（2）為跨國公司或其他外國大公司進行多種貨幣之間的兌換，或為其資產、負債進行套期保值（hedging）。

（3）為其他銀行代理外匯業務。

（4）為減少本身外匯風險（foreign exchange exposure）套期保值、調整頭寸（position）而在銀行同業市場進行的外匯交易。

（三）信託、管理服務（fiduciary、management services）

（1）信託投資。代客戶管理資金和進行投資。

（2）信託貸款。受客戶委託，用客戶的存款進行國際貸款，風險由委託人承擔。

（四）包銷承購（underwriting）

根據一項安排，包銷人承擔按預定價格全部或部分認購一項公開發行的資本市場工具。這主要是跨國銀行作為牽頭銀行或經理銀行為籌資人發行國際債券的收費服務。

（五）綜合性服務（composite facility）

這是跨國銀行開展的各種同銀行業務無關的收費服務。如為客戶提供綜合性便利，不僅向客戶提供存款、透支便利和信託服務，還承做保險、不動產、諮詢，甚至旅遊服務等，使跨國銀行零售網點變成了個金融"超級市場"，客戶可在同一網點上獲得各項服務。

9.3.4　表外業務(off-balance sheet transactions)

表外業務指不反映在銀行資產負債表上的業務活動,既非
"資產",也非"負債",它是在國際金融創新浪潮和激烈競爭中冒
出來的多種新金融工具,對銀行業不構成管理性成本,銀行也不
必為這些業務及潛在風險建立法律所規定的準備金,不受資本資
產比率的監管限制。這是銀行業務表外化在 80 年代獲得迅速發
展的主要原因。

跨國銀行的表外業務豐富多采,新的金融工具層出不窮,大
致包括三大類:

(一)擔保或類似的"或有債務"(guarantees and similar contigent
liabilities)

跨國銀行為交易活動的雙方(如進口商和出口商)中某一方的
現行債務作擔保,並承擔現行風險。其中大多屬於傳統的表外業
務,如為客戶的債務出具擔保函,開發跟單信用證和承兌票據
等,也有一些是近年創新的,如備用信用證安排(standby letter
of credit)。它是開證行對受益人承擔付款責任的憑證,可用來
擔保金融債務或銀行客戶的履約。

(二)承諾(commitment)

承諾是由銀行為未來某一日期的交易作出承諾。它只會在未
來某個時候使銀行面臨信貸風險。與承擔現行風險的"擔保"不
同。但近年來,承諾在許多方面也具有類似"擔保"的特點和形
式。具體業務主要有:

(1) 貸款承諾。跨國銀行向顧客承諾在將來某一時期按協定利率
提供一筆貸款。這種表外業務,使銀行在承諾期已收取了費
用(手續費),但銀行或許還沒有獲得或者還沒有專門設立一
筆相當於承諾貸款的基金,故承諾貸款有時稱為"沒有基金
的承諾"(unfunded commitments)。

(2) 票據發行便利(note issuance facilities—NIFs)。這是廣泛使用的創新金融工具，是一項中期的具有法律約束力的承諾。根據這種承諾，借款者可用自己的名義發行短期票據，但包銷銀行則承諾購買借款人不能出售的任何票據或承擔提供備用信貸的責任，最具有代表性的票據發行便利是"循環包銷便利"(revolving underwriting facilities)。

(3) 資產出售和回購協議 (asset sale and repurchase agreements)。這是一種約定。銀行向第三者出售一宗貸款、證券或固定資產，並承諾在某一時間以後，或某一可能事件發生的情況下，購回上述資產，這是一種不可撤銷的承諾。反銷售和回購協議(簡稱"反回購")也是一種約定。希望賺取利息或借入證券的現金持有者，據以同意貸出現金、購入證券；與此同時，同意按約定價格在特定時日賣出這些證券。

(三)與市場相聯的金融創新交易

70 年代以來各國貨幣匯率和利率的波動，對銀行資產的保值和負債的管理提出了新的課題，迫使銀行尋求新的金融工具，以轉移風險。近十多年來，用於與市場相聯的保值新業務主要有：

(1) 調換業務(swap transaction)

雙方商定經過一段時間後彼此交換支付，有三種類型：

a. 貨幣調換(currency swap)：以同種利率與異種通貨調換。

b. 利率調換(interest rate swap)：以異種利率與同種通貨的調換。

c. 複合調換(complex swap)：既有異種貨幣調換，又有異種利率調換的交易。

(2) 期權交易(option transaction)

期權是一個轉移權利而不是轉移義務的合約，即在將來某一日期或以前按照約定價格購買或出售某一指定的金融工具

（underlying）。⑥ 通常有外匯期權和利率期權兩種。

（3）遠期利率協議（forward rate agreement）

　遠期利率協議與利率期貨有某些相似之處。它是一種合約，雙方協定某種利率，在將來特定時間按特定的期限支付某一名義存款的利息。

（4）國際租賃（international lease）

　跨國銀行參與國際租賃業務的主要方式是自設或與企業聯合設立租賃公司，提供融資租賃、槓桿租賃和售後租回（sale and leaseback）等業務，以擴大融資範圍，並利用租賃資產加速折舊大幅度減稅。

　　以上只是對跨國銀行主要業務活動的簡單綜述。並不是每個跨國銀行都經營所有這些業務，只有規模巨大的跨國銀行才能成為“全能銀行”。跨國銀行業務活動的重點常有變化：在 70 年代從短期貿易信貸逐漸轉向中長期信貸，同時從零星和分散的業務轉向專業化的信貸業務；進入 80 年代，國際債務危機嚴重衝擊國際金融市場，跨國銀行大量債權無法收回，被迫緊縮貸款，再度重視外匯和貨幣市場交易、對跨國公司和國際貿易融資、證券經營等傳統業務。同時積極開拓新的市場，創新許多新的金融工具，以加強金融實力和改變債權結構。

9.4　跨國銀行的作用和影響

9.4.1　跨國銀行的積極作用

（一）促進國際金融的發展

（1）促使各國銀行業務結構轉變。跨國銀行從事多種多樣的業務，使銀行從傳統的專業化經營轉向“超級市場”的經營方法，比一般國內銀行提供更廣泛的服務，滿足對大筆資金的需要。

(2) 提高金融市場的效率。跨國銀行有保持資金穩定流動的能力，各自在國際金融市場上競相開展業務，增加了市場的競爭性，提高了金融市場的效率和作用。

(3) 使短期資金轉化為長期信貸。當跨國公司、大企業和政府機構對中長期信貸需求越來越大時，跨國銀行採取銀團貸款的形式，把短期資金轉作長期貸放。

(4) 實現全球信息、銀行技術的傳遞與交流。

(5) 促使國際金融形成具有獨立發展能力的產業。跨國銀行是推行金融全球化的一種組織形式，它利用現代的電子、電傳技術，使世界數據高速流動，為金融票據創造了一個全球市場。它又不斷創設各種金融工具，使其類同於有自我增值能力的一般商品，使貨幣資金的國際流動相對脫離了商品、勞務等實物經濟，成為具有獨立發展業務能力的產業。

(二)促進國際投資和生產國際化

跨國工業公司是生產國際化的組織形式，它與跨國銀行有着特殊的親緣關係。跨國公司發展全球業務時，迫切需要跨國銀行提供全球性金融支持、金融服務和金融諮詢。例如，跨國公司國外實際投資總額中，有 25% 以上是跨國銀行的中、長期貸款。跨國公司又以其所擁有的技術上、經濟上、經營上的優勢，為跨國銀行發展全球業務提供有利條件。它們之間相輔相成、相互促進的作用，是戰後國際投資和生產國際化空前發展的重要條件。

(三)促進國際貿易

跨國銀行作為國際資本的收集、借貸、結算、轉移的集中點，一般有利於國際貿易的開展；跨國銀行的發展，實際上是國際貨幣金融和資本市場的延伸，帶動商品的輸出。跨國銀行向進出口商提供信貸、貿易諮詢、客戶選擇、貿易談判和擔保等多項服務，使國際間商品流通範圍擴大，速度加快。70 年代以來，發達國家向發展中國家出口設備的 50% 以上，是依靠跨國銀行出口信貸支持。

(四)使國際貨幣體系發生重要變化

這是指跨國銀行發揮着國際金融組織的部分職能：

(1) 跨國銀行的國際貸款，成為國際收支融通資金的重要來源。戰後初期，國際信貸資金運動主要由西方國家政府、國際貨幣基金組織、世界銀行集團等控制。而現在，國際銀行貸款總額每年要比政府和國際金融機構貸款總和高出 10 倍以上。它使 70 年代龐大的石油美元順利回流，為石油出口國提供投資機會，也為石油進口國提供資金，彌補了這些國家一半以上的國際收支逆差。目前，許多國家利用跨國銀行貸款彌補國際收支不平衡，以避免為獲得國際貨幣基金組織貸款須接受嚴厲條件所造成經濟緊縮的痛苦。

(2) 國際清償能力供應的職能在相當程度上由官方機構轉到私人銀行。70 年代以前，國際清償能力的供應主要來自美國的國際收支逆差。布列頓森林體系崩潰後，國際貨幣基金組織創設特別提款權作為新的國際儲備資產。這些儲備資產供應結構不同程度上受官方控制。隨着逆差國家大量借取國際貸款，作為國際收支融通資金的重要來源，國際清償能力的供應模式發生了很大變化，國際信貸市場成了世界儲備增長的新中心。過去 10 多年中，一些國家的中央銀行以歐洲貨幣銀行存款方式持有大量官方貨幣儲備；另一些國家則利用私人銀行的歐洲貨幣貸款補充本國貨幣儲備。這樣國際清償能力的供應，有一部分由官方轉移到私人渠道，緩和了 70 年代對國際清償能力的需求壓力，使西方國家的儲備政策變得更加靈活。跨國銀行的資金遂成為它們的"二級儲備"。

9.4.2 跨國銀行的消極影響

(一)跨國銀行活動給國際金融市場帶來潛在的不穩定性

(1) 國際銀行貸款不斷增加，借款國又過於集中，風險增大。當一些國家無法償債時，就會產生"多米諾"效應，造成國際金融的動盪。

(2) 越來越多的貸款用於彌補國際收支，而貸款程序並不包括國際收支的調節，這就增大了借款國的債務負擔，而沒有提高債務的清償能力。債務到期時，不履約償債的風險就增大了。

(3) 跨國銀行從事套利、套匯等投機活動，促使巨額國際游資頻繁流動，不但造成外匯市場經常性的不穩定，還會給國際金融市場帶來災難。如 1974 年發生的一次金融危機，德國的赫斯塔德銀行、美國富蘭克林銀行和以色列——英格蘭銀行因投機或壞賬相繼倒閉，對國際銀行界造成大震動。

(二)跨國銀行活動使各國政府難以貫徹控制銀行及信用規模的政策

當西方國家中央銀行提高準備金比率和再貼現率、實行經濟緊縮政策時，跨國銀行為追逐高利就會通過國外分行調入大量歐洲貨幣；當中央銀行降低準備金比率和再貼現率實行經濟擴張政策時，大量國內資金又會通過跨國銀行流向國外。這使政府調控經濟的手段失靈，又使得金融當局難以對銀行系統進行監督和控制。

9.5　國際管理和監督

9.5.1　國際監管的演進

70 年代以來，對跨國銀行加強國際性監管先後有三次：

第一次：巴塞爾協議（Basel Concordat）

70 年代中期一連串銀行倒閉後，國際清算銀行根據英格蘭銀行總裁理查森的建議，於 1975 年 2 月發起成立"國際清算銀行關於銀行管制和監督活動常設委員會"（BIS Standing Committee on Banking Regulations and Supervisory Practices），負責對跨國銀行的監管。自 1977 年以來，這個委員會的主席一直由英格蘭銀行業務監督處主任庫克（Peter Cooke）擔任，故亦稱"庫克委員會"。委員會由美、英、法、日、比、盧、加、德、意、荷、瑞典和瑞士等國的中央銀行和監督機構的代表組成。

委員會制定了一些共同遵守法規，主要內容包括：

（1）對成員國所屬國際銀行的監督工作，應由該國的監督機構負責；

（2）當一個銀行集團的母公司牽涉在內時，這個集團必須對它在世界各地的企業負責，該公司所在國的監督機構應擔負起監督這個集團的主要責任。

（3）1978 年底，委員會還建議成員國規定銀行要呈交綜合賬目表以監督銀行業務。

第二次：美英協議

1987 年 1 月，美國聯邦儲備局和英格蘭銀行就兩國實施監督銀行的標準達成協議，主要內容包括：

（1）採用"基本資本比率"來確定銀行的實力；

（2）對銀行各類資產，按風險大小加權計算"風險資產比率"；

（3）銀行的不列賬交易（即資產負債表外科目交易），應包括在上述測算內容之內；

（4）英美兩國共同確定最低風險資產比率；

（5）邀請其他國家，特別是日本參加該協定。

第三次：巴塞爾建議（Basel Paper）

1987 年 12 月 10 日，國際清算銀行在瑞士巴塞爾召集 12 個西方工業國家中央銀行行長會議，專門討論加強監管經營國際業務的商業銀行資本和風險資產問題。召開這次會議的背景是：

（1）80 年代初爆發的債務危機，嚴重威脅許多大跨國銀行的經營和生存，迫使它們將大量利潤移作準備金以應付壞賬。

（2）國際金融市場不斷出現新的金融工具，一般都作為表外科目處理，漫無限制。但它們都有風險，風險有多大，該用多少資本準備來防範，需要有國際統一的標準對這些業務加以管制和監督。

（3）世界金融市場連續 24 小時交易，批發業務增加，競爭激烈。銀行業務已全球化，但尚無統一標準實施全球性的有效監管。如資本與資產比率長期來就有爭議，美、英銀行的比率較高，為 6% 左右，若根據美、英的計算法，日本銀行的這項比率只有 2.6% 左右。

這次會議着重討論如何衡量和確定國際銀行的資本標準和適當比率，並通過了一項重要協議，即"巴塞爾建議"，引起國際銀行界和各國監管機構的普遍關注。

9.5.2 "巴塞爾建議"的主要內容

"巴塞爾建議"的全稱是"關於統一國際銀行的資本衡量和資本標準的建議"（Proposal for International Convergence of Capital Measurement and Capital Standards）。主要內容包括三個方面：

（一）資本的組成應包括

（1）資本與資產的比率。要求各國較具規模的銀行，在 1990 年底前將資本與資產之比至少提高到 7.25%，在 1992 年底前至少提高到 8%。這是第一次出現統一而具體的資本充足性指標，對加強銀行的安全性和限制"不公平"競爭，無疑極為重要。

（2）巴塞爾建議統一了資本的內涵。銀行資本應分為兩類：一類為核心資本，由實繳資本和公開準備（retained earnings）組成，至少應佔全部資本 50%。另一類為輔助資本，包含未公開準備、資產重估準備、普通準備金和壞賬準備金、帶有股本性質的債券和次級債券等，至多只佔資本總額 50%。

(3) 限制壞賬準備金在資本中的比例。在 1990 年底前，應降低到相當於風險資產的 1.5%，1992 年底再降至 1.25%。

(4) 規定各銀行持有的其他銀行的股權，不得作為本行資本，以免重複計算。

(二)資產風險的計算，分爲無風險到十足風險 4 等

(1) 0% 風險(即無風險)的資產：現金；在本國中央銀行的存款；對本國中央銀行的貸款。由本國中央銀行擔保的貸款，

(2) 20% 風險的資產：對本國或外國銀行原期不到一年的貸款；對本國或外國銀行原期在一年以上但由本國銀行擔保的貸款；對外國中央政府的、由當地籌集的、以當地貨幣命值的貸款。

(3) 50% 風險的資產：有全部抵押的房屋貸款；對本國公共部門的貸款或由該部門擔保的貸款。

(4) 100% 風險的資產：對私營部門的貸款；對外國銀行原期一年以上的貸款；對外國政府的貸款(上述 20% 風險的資產中在當地籌集、當地貨幣命值者除外)；對國營公司的貸款；對房地產、設備、固定資產的貸款；對外國銀行發行的資本性證券的債權；所有其他資產。

根據以上規定，一個有 1 億美元資本的銀行，根據 8% 的資本與資產比率，就能發放有 100% 風險的貸款 12.5 億美元(1 億 ÷ 8%)，或有 50% 風險的貸款 25 億美元(12.5 ÷ 50%)，或有 20% 風險的貸款 62.5 億美元(12.5 ÷ 20%)

(三)表外科目風險的計算

也分為"無風險"到"十足風險"四等。

(1) 0% 風險：能隨時取消的原期不足一年的信貸承諾。

（2）20%風險：與貿易有關的短期債權（如有擔保的信用證）。

（3）50%風險：履約擔保書，即期信用證、證券發行便利、原期超過一年的信貸額度。

（4）100%風險：直接貸款的替代方式，如擔保（包括起擔保作用的即期信用證）、銀行承兌（包括類似承兌業務）、回購協議及有追索權的資產銷售、遠期購買、遠期存款、部分付款的股票、證券等。

此外，對於外匯交易和利率交易等，"巴塞爾建議"認為，這些交易中銀行的風險並不在於"合同"的總額，而在於同其他銀行資金流動的淨餘額部分；當交易對手出現危機時，只有這部分餘額才有風險。由於這些交易名目繁多，頗為複雜，建議由各國中央銀行在上述原則基礎上自行選擇監管辦法。

9.5.3 "巴塞爾建議"的反應和影響

"巴塞爾建議"由美、英、法、日、德、意、荷、比、盧、加、瑞典和瑞士12國的中央銀行行長簽署。但其中一些國家之間仍存在分歧：如英、美的中央銀行都提出一些比"巴塞爾建議"更嚴格的要求，而日本和德國的銀行因資本與資產的比率低，認為把未公開準備列為附屬資本以及在核心資本中不包括房產和證券等規定不合理，對他們不利。儘管如此，"巴塞爾建議"對未來國際銀行業務及其國際監督，必將產生重要而深遠的影響。

9.6　未來發展

進入90年代，銀行界正在經歷深刻變化，這個時期有三種力量促使跨國銀行發生變化：銀行經營電子化、金融市場全球化、銀行監管國際化。

9.6.1 經營管理

80 年代跨國公司和國際貿易迅速發展，國際巨額資金加速流動，迫使國際銀行衝破傳統經營管理模式，走多元化、多功能道路。未來銀行享有的自由和空間更為廣闊，將真正消除全能式經營和分離式經營的分野，打破銀行與非銀行金融機構間的業務界限，形成一個包括證券、保險等各類非中介金融機構業務在內的、提供各種類型金融服務的行業。

1. 銀行零售業務將大幅發展。一些以批發業務為主的銀行將擴展零售業務，開拓信用卡、消費信貸等類業務。

2. 未來銀行將盡量滿足客戶的多方面需要，使存放款、股票買賣、債務、保險等各項業務都在一家銀行內辦理。

3. 金融市場的整合(integration of markets)使未來國際銀行在全球大市場中的運作，難以區分"境內"和"境外"市場。它們將把經營管理的重點放在境內，以境內為基地，採取集團式經營(conglomeration)。

4. 擴大銀行業參與者的範圍，更多的金融或非金融機構可以提供某些銀行業務，使銀行的經營能力過剩，金融服務業開始從賣方市場向買方市場轉化。

9.6.2 發展戰略

未來的銀行面對更複雜的多樣化、多元化經營環境和更為激烈的市場競爭，發展戰略將會是：

(一)重視銀行形象的塑造

新型的企業文化，將會形成新的行業經營風格。包括建築物風格、開業時間、行徽設計、服務觀念設計等。應塑造自己獨特的個性，建立富有進取心、可讓人信賴的形象：業務良好、形象鮮明和不拘一格。

（二）不同類型銀行的戰略取向

　　不同類型銀行必須根據本身條件，如客戶對象、業務範圍、地域市場等，選擇戰略取向，以發揮優勢：

(1) 全能銀行型。綜合地理區域、客戶類型和產品（服務）類型進行所謂"多維戰略"，在全球範圍內提供全面的金融服務。這將是高成本、高風險的大銀行的戰略取向。

(2) 大型投資銀行。從非盈利部門抽回資金，主營高利潤的證券業務，全面提高經營效率。

(3) 大保險公司型。進行國際投資，追求保險業務的規模經濟。

(4) "扎根地方"型。以戰略合併彌補業務缺陷，充分利用地方金融機構的獨特優勢。

(5) "業務領域集中"型。一些中等規模的銀行，集中資源於自己的優勢領域，專門經營商人銀行業務、零售銀行業務和後勤業務。

9.6.3　產品策略

　　未來國際銀行業的產品策略將更加靈活。

(1) 產品開發仍以科技為先導，走綜合化、一體化、小而全的道路。

(2) 產品定價傾向於在彌補成本和獲取合理利潤的前提下，依據細分市場的競爭形勢進行差別定價。

(3) 產品包裝（地理位置、職工質素、服務質量和銀行聲譽）側重在大商場設點、高層次的服務和一流的廣告宣傳。

(4) 產品推銷傾向於分支戰略，專用信用卡和自動化營業設施。人員推銷術將繼續盛行，並逐步向"財務醫生服務"體制發展。產品推銷將引入電腦，創造非人格化的人員推銷方式。

(5) 產品品種將重視發展以較少自有資本支持的業務，包括資產證券化，貸款經紀化，增加風險加權較低的資產，增加表外業務如擔保、包銷業務，提供更廣泛的服務如保險經紀等。

9.6.4　經營自動化

新科技在銀行業務中廣泛使用，開闢了更多的業務品種，大大提高經營管理自動化。在國際銀行中，有 80-90% 的日常交易已自動化。今後，電腦化和電訊技術的高速發展，將使銀行能採用更加尖端複雜的手段來指導和從事交易活動。

(1) 自動化管理的範圍將進一步擴大。銀行服務範圍將向非銀行方向擴張，為客戶提供更高層次的服務。

(2) 自動化管理技術將日益提高。國際銀行將更新分行各類設備，核心是提高先進的自動化和管理電腦軟件，主攻方向將集中在電子數據交換系統、影像處理系統、專家管理系統、居家銀行系統、決策輔助系統、信用卡結算網絡和支票安全結算系統等技術領域。

9.6.5　國際統一監管

國際銀行業經營業務全球化、表外化和電子化的迅猛發展，僅靠單一國家力量已無法實行有效法律管制。有關國家必須相互合作，以保持國際銀行業的穩定和健全發展。"巴塞爾建議"的全面實施，將使國際銀行的監管從簡單的雙邊和多邊國際協議，向國際合作、統一立法監管的方向邁進。它將改變各國銀行間不平等的競爭、促進國際銀行業務發展，推動銀行加強自身防災能力。

未來國際銀行的內部管理，會在符合"銀行充足資本比例"的前提下趨於保守化，重視成本/收益比率，加強風險預防，達到內部管理的最佳狀態。

① 見列寧：《帝國主義論》。

② 見《國際清算銀行年報》1990 年。

③ 聯合國跨國公司中心：《跨國銀行》ST/CTC/16 附表 I–1。

④ 指 1976 年 2 月 7 個主要工業國在巴黎達成的《出口信貸君子協定》，1978
年 2 月在巴黎由 21 個國家修改為《官方支持出口信貸的準則和安排》。它是
出口工業設備的主要西方國家限制各國利用出口信貸，以求達到加強出口
能力。

⑤ 見美國參議院銀行貨幣住宅委員會：《金融機構與國民經濟》，1976 年華盛
頓版，頁 845。

⑥ 這是"十國集團"中央銀行研究小組下的定義。

第三部分

國際金融市場

國際金融市場是國際金融機構進行國際金融活動的場所。自由的、健全的、富有活力的國際金融市場,不但表示國際金融體系在結構上的完善,而更重要的是它讓國際金融體系能夠在良好的環境中運轉,充分發揮其功能和作用,高效率地實現貨幣資金在世界範圍的籌集和再分配。

　　本書第三部分共分以下五章,除論述國際金融市場的性質、特徵、功能和歷史發展外,還對國際貨幣、資本、外匯等具體市場的現況和發展、業務的形式和創新,以及它們如何實現全球的金融聯繫和貨幣資金的流動,作較深入的介紹和分析。

第 10 章
國際金融市場概述

10.1 國際金融市場的性質和特點

國際金融市場(International Financial Market)是指非居民可自由參加並進行各種國際金融商品交易的場所，它和一般商品市場一樣，也是由交易雙方、交易對象、交易方式和市場價格等要素組成，有以下特性：

(一)市場交易的國際性

國際金融市場除資金供需雙方外，還有一些金融中介機構。它們將資金運用到國外，或者引導外國資金到國內，形成資金的國際對流。在這個市場上，居民與非居民可以平等地進入市場，對等地進行以下三種類型的交易：

(1) 國外借款人與國內貸款人之間的交易；

(2) 國內借款人與國外貸款人之間的交易；

(3) 國外借款人與國外貸款人之間的交易。

(二)交易對象的特殊性

金融市場交易的對象是價值單一的特殊商品，即貨幣。國際金融市場進行貨幣資金的交易，具體表現為多種多樣的金融工具，即金融商品的買賣。它們是特殊商品，具有以下特性：

(1) 期限性：金融工具的發行人有義務按規定期限歸還資金的使用權。

(2) 流動性：金融工具是否具有在極短時間內變現而不致虧損的能力。

(3) 風險性：金融工具的本金是否會遭受損失，包括債務人爽約和市場價格下跌。

(4) 收益性：金融工具按淨收益對本金的比率計算給投資者帶來的收益。

(5) 多功能性：金融工具一般都具有多種市場功能，有些可以同時具備籌資、投資、投機、保值等功能。

(三)交易價格的競爭性

貨幣資金作為國際金融市場上的交易對象，也有價格，即金融工具行市。它不是貨幣資金價值的表現，而是利潤的分割，由供求各因素決定。

(四)交易市場的抽象性

"場所"一詞，不能顧名思義的理解為某一具體的、有三維空間的交易地點。金融市場可以是某一建築物內的營業大廳，也可以是跨越地區、跨越國界的抽象空間，國際金融市場絕大多數是沒有固定場所的抽象市場。"抽象市場"，指同類金融工具在同一時間內受同一價格支配的領域。在現代，凡是能借助現代化的通訊方法直接聯繫或供求雙方直接協商進行的交易活動，都無需要有特定的交易場所。由於科技的發展，整個世界通過信息傳遞已聯結成一個龐大無比的抽象市場。

基於以上特徵，一個穩定、繁榮的國際金融市場會具有：

- 市場深度（depth）：即金融資產的開價、要價和成交價差額很小。
- 市場廣度（breadth）：即交易雙方的內部組成複雜多樣，有不同的層次、不同的地區來源和不同的偏好，使市場不致單一化，買賣不致一邊倒。
- 市場的彈性（resiliency）：即金融工具價格變動後，能迅速回彈、復原。

10.2　國際金融市場的形成和發展

10.2.1　國際金融市場形成的條件

國際金融市場的形成必須具備一定條件。主要有：

(一)政局穩定

這是建立國際金融市場的最基本條件。一國政治局面穩定，資本才有安全感，國際資本才會流向該國，才能聚積資金向外國借款人提供貸款，而形成國際間多邊資金借貸關係的市場。

(二)市場結構完整

要有完備的金融制度、種類齊全的金融機構、高度發達的國內金融市場和熟練的國際金融專門人才，才能使一國具有從事國際金融活動的能量，從而提供高質量、高效率的金融服務。

(三)金融政策寬鬆

必須實行自由外匯制度或對外匯、金融管理較少，稅率較低，外匯兌換、資金調撥方便靈活，國際資金出入自由，方便頻繁的國際資金交易。

(四)通訊設施完善

國際金融市場必須具有現代化國際通訊設施和比較便利的國際交通，以適應國際金融業務的發展。

只有具備上述條件，才能形成一個能發揮良好效能的國際金融市場，如歐洲有倫敦、法蘭克福、蘇黎世、盧森堡、巴黎、布魯塞爾、米蘭；亞洲有東京、新加坡、香港；美國有紐約、舊金山、芝加哥。

10.2.2　國際金融市場的發展

國際金融市場的發展，可分為兩個時期：

(一)第一次世界大戰前，倫敦是最大的國際金融市場

16 世紀末，在強大的商業帝國荷蘭出現了阿姆斯特丹國際清算中心。但當時各國間的經濟關係僅僅是貿易關係，資本的國際移動尚在萌芽時期，還不具備產生國際金融市場的客觀條件。

十八世紀，英國經濟、貿易躍居世界首位，政治也比較穩定，英格蘭銀行地位鞏固，遍布英國國內和世界主要地區的銀行代理關係逐漸完備，銀行結算、信貸制度基本建立，再加上從海外殖民地取得的巨大資金成為信貸資金的重要來源，英鎊成為當

時世界上主要的國際結算和儲備貨幣，使倫敦率先形成國際金融市場，成為世界各國最大的資金借貸場所。一次大戰後，英國經濟遭到打擊，英鎊地位隨之下降；1929 年世界經濟危機爆發後，英國實行外匯管制，組成排他性的英鎊集團。倫敦作為世界最大國際金融市場的地位和作用都因此削弱了。

(二)第二次世界大戰後，國際金融市場發生重大演變

第一階段：紐約、蘇黎世與倫敦並列，成為世界三大國際金融市場。

二次大戰後，倫敦國際金融市場地位進一步削弱，美國成為世界上最大的資金供應者，美元自然成為各國重要的國際儲備、國際結算和國際借貸貨幣；紐約也成為與倫敦相匹敵的國際金融市場。與此同時，西歐各國只有瑞士能保持貨幣自由兌換，自由外匯交易和黃金交易活躍，加速了蘇黎世金融市場的發展。

第二階段：歐洲貨幣市場(Euro-currency market)的產生和發展。

進入 60 年代以後，美國國際收支持續逆差，美元信用動搖，美國被迫採取了一系列限制資本外流的管制措施。有些西歐國家為了防止美元泛濫所引起的外匯市場動盪，也採取了一些限制資金流入的措施。這些國家的銀行為了逃避上述限制，紛紛把資金轉移至國外，從而形成了許多逃避管制的金融市場。歐洲美元、亞洲美元乃至歐洲其他貨幣市場相繼建立，統稱為"歐洲貨幣市場"，標誌國際金融市場進入了一個新的歷史發展階段。它與先前的傳統國際金融市場有明顯區別(見表 10.1)。

歐洲貨幣市場的形成，促進了信用交易的國際化，破除了金融中心必須是國內資本供應者的舊傳統。從此，國際金融市場不再局限於少數傳統的金融中心，而是擴散到巴黎、法蘭克福、布魯塞爾、阿姆斯特丹、米蘭、斯德哥爾摩、東京、蒙特利爾等傳統的國際金融市場，形成境外歐洲貨幣市場。而且一些原來並不重

表 10.1　傳統國際金融市場與歐洲貨幣市場的區別

	傳統國際金融市場	歐洲貨幣市場
市場性質	本質上是一個國內市場，因為： 1. 受市場所在國法令管制； 2. 經營市場所在國貨幣； 3. 市場所在國利息體系。	是一個無國籍的、完全國際化的市場，因為： 1. 不受任何一國法令管制； 2. 經營境外貨幣； 3. 形成特有的國際利息結構 Libor。
借貸關係	本國人與外國人之間的借貸關係： 本國人資金為外國人提供本國貨幣貸款，以國內資本淨輸出為特點。	外國人與外國人的借貸關係： 用非居民存款向非居民提供外幣貸款，以境外資金來源為特點。
業務範圍	是國際信貸、貿易、保險、結算中心。	基本上是一個信貸市場。

要的地區，如巴哈馬、開曼羣島、新加坡、盧森堡等，也成為具有一定重要性的境外美元市場或其他貨幣市場。一般地説，哪裏管制鬆、徵税低、條件適於進行某一種金融活動，貨幣市場就在那裏發展起來。這就是所謂"離岸金融市場"（off-shore financial market）。例如，巴哈馬原來只有銀行分支行兩家，到 1978 年底已有 145 家外國銀行在那裏設立分支機構或附屬機構。在巴哈馬的拿騷這個只有 50,000 多人口的小島上，開設了 285 家銀行和信託公司。

第三階段：發展中國家金融市場的建立和發展

進入 70 年代以後，亞洲的新加坡、馬來西亞、菲律賓、泰國、印尼等國的金融市場，都有較大的發展。拉丁美洲、非洲等發展中國家的金融市場也在興起。特別是許多石油生產國積累了巨額國際收支順差，在國際金融市場中作用越來越重要。這些國

表 10.2　國際金融市場融資額變化(1985–1990)　單位：億美元

年　　份	1985	1986	1987	1988	1989	1990	1990 (累計餘額)
國際金融市場[1]	2,380	3,777	4,512	4,216	5,885	5,430	49,337
國際信貸市場	1,050	2,050	3,200	2,650	4,100	3,800	33,500
佔國際金融市場 %	44	54	71	63	70	70	68
國際證券市場	1,330	1,727	1,312	1,566	1,785	1,630	15,837
佔國際金融市場 %	56	46	29	37	30	30	32
國際金融市場(淨額)	1,800	2,950	4,000	3,500	5,150	4,650	43,750

注：1. 未剔除重複計算的融資額。

資料來源：《國際清算銀行年度報告》，各期。

家的金融市場，正在發展成國際性的金融市場，其中巴林、埃及的開羅、沙烏地阿拉伯的利雅得，都有可能成為阿拉伯金融中心。

　　國際金融市場現已發展成為一個完全現代化的、具有空前規模的資本借貸市場。至 1990 年，國際金融市場融資的累計餘額達 49,337 億美元，淨額為 43,750 億美元(見表 10.2)。

10.2.3　國際金融市場的新變化

　　隨着各國金融改革浪潮的興起，國際金融市場機制發生了極其深刻的變化，出現了許多新情況，形成以下的一些新特徵：

(一)金融市場電腦化

　　電腦和先進通訊技術運用於金融市場，出現了數據處理電腦化、信息傳遞電子化和電子資金轉賬系統等新技術，推動金融市場全面電腦化，包括銀行業務電腦化、金融交易電腦化和金融管理系統電腦化。它保證了資料信息收集和處理的科學性、及時性、完整性和連續性，縮短了不同金融工具、票據的結算和交割的時間；擴大了金融交易規模，實現了金融市場的全方位、全時區開放。

(二)金融市場一體化

金融市場電腦化把主要國際金融中心連成一片，使全球外匯市場、貨幣市場、證券市場、期貨期權市場相互溝通，融為一體，打破了不同地區市場的"時差"障礙，使任何一種金融工具的交易，都可在一天 24 小時內、在任何市場內實現；資金既能在某一類市場(如外匯市場)實現跨國界的流動，又能在不同類市場(如外匯和股票)之間迅速的轉移。

金融市場一體化，還表現為利率的一體化。由於全球金融市場的高度結合，使各國際金融中心的主要金融資產價格和利率敏感度增大，差別縮小。西方國家的長期利率的相互關係明顯加強，在主要國家的國內市場和歐洲貨幣市場之間借款條件趨於接近。以往利率、價格和交易的國際間變動要花幾個月調整，現在則可以在幾小時內完成國際間的突然大調整。

(三)金融市場基金化

80 年代，在金融創新浪潮中湧現出來的各類"共同基金"(mutual funds，英國叫做"單位信託基金"unit trust fund)發展迅速，尤以國家基金(投資於某單一國家市場)、地區基金(投資於某一地區證券市場，如亞太基金、歐洲基金)和國際基金(投資於全世界各主要證券市場)發展最為突出。在外匯、證券、黃金市場中，以基金形式的投資者逐步取代了"散戶"投資者成為市場主體。

(四)金融市場期貨化

80 年代美國率先將商品期貨概念引用於金融市場，目前，全世界主要股市、匯市、金市均出現不同類型的期貨、期權以及指數期貨等。新興的電腦股票交易更將指數期貨、期權和股票交易綜合在一起，派生出許多複合式金融工具。它開拓了金融交易的新領域，發揮了對沖保值的功能。

(五)金融市場價格自由化

戰後很長一段時間，各國一直實行限制性融資價格，市場的利率升降並不完全反映資金的供求關係。70年代以後，各國對這種僵化的利率制度進行改革。英、法等國在70年代首先完成了存貸利率自由化。美國自1980年起也開始分階段取消對存款利率上限的限制。日本在利率自由化方面雖慢了一些，但近年來由於"金融摩擦"不斷升級，也加快了自由化速度。

10.2.4 國際金融市場的作用

金融市場一般都具有以下幾種基本功能：

(1) 資金優化功能：引導資金流向，加速資金週轉，提高資金使用效益。

(2) 資金聚散功能：多渠道籌集和融通資金。

(3) 資金轉換功能：可實現長短期資金、大小額資金和不同空間資金的相互轉換。

(4) 資金調節功能：通過利率機制調節資金供求，並使借用資金的代價與提供資金的報酬相接近。

金融市場的這些基本功能，在國際金融市場上發揮得更為顯著和有效：

(一)組織和吸收國際資金，增強國際資金活力，促進世界資源再分配

國際金融市場通過各種國際金融機構廣泛吸收世界各國和國際社會各種資金，為投資者提供投資對象，為世界各國和國際社會提供集資渠道，最大限度發揮國際資金的活力，使不同類型的國家都能比較順利地從國際金融市場獲得發展經濟的資金。

(二)促進生產國際化和經濟國際化

國際金融市場是跨國公司取得外部資金的主要來源，是跨國

公司進行資金調撥的方便場所，也是跨國公司存放閑置資金的有利可圖市場。所以，跨國公司和生產國際化的發展，是國際金融市場發展的基礎；而國際金融市場的發展，又是跨國公司和生產國際化進一步發展的必要條件。

(三)促進國際貿易

國際金融市場的發展，可及時發揮國際結算和國際信貸中心的作用，不但能提供有效的國際間債權債務的結算服務，又能滿足各類資金融通的需求，疏通貿易資金渠道，使世界貿易的年均增長率持續地高於國民生產總值的年均增長率。

(四)調節國際收支的不平衡

國際收支逆差的國家越來越多的利用國際金融市場的資金來彌補赤字。如在兩次石油提價的年代，許多發達國家和非產油的發展中國家都出現巨額國際收支赤字，紛紛在國際金融市場籌措外匯資金，緩解國際收支嚴重失衡，使世界經濟、貿易保持穩定和增長。

但是，國際金融市場的迅速發展也產生一些負作用。主要是國際資本流動影響了一些國家國內貨幣政策的執行，引起金融市場的不穩定和國際儲備的自發增長，使得官方國際清償能力的數量和構成更難於控制，還導致資本流入國的貨幣供應量增加，引發通貨膨脹，等等。

第 11 章
歐洲貨幣市場

＊　　　＊　　　＊

國際金融市場由貨幣市場、資本市場、外匯市場和黃金市場四大國際性市場構成。本章主要論述世界最大的國際貨幣市場——歐洲貨幣市場。

11.1　歐洲貨幣市場的形成和發展

11.1.1　歐洲貨幣市場的概念

　　歐洲貨幣市場是一個新型國際金融市場，具有很多與傳統國際金融不同的特點。這個市場在 70 年代已發展成為世界上最大的貨幣市場，並成為國際金融市場的核心。

　　所謂歐洲貨幣市場，眾所熟知的定義是："在某種貨幣的發行國之外進行該國貨幣的借貸活動，即是歐洲貨幣市場"。由於這個市場起源並集中在歐洲，而且主要是美元資金借貸，故亦稱"境外貨幣市場"（exteral currency market）或"歐洲美元市場"（Euro-dollar market）。這裏所指的"歐洲貨幣"，不僅僅是境外美元，隨着國際貿易和國際投資的擴大，德國馬克、法國法郎、英國英鎊、瑞士法郎、荷蘭盾、日本圓等也存放在發行國的境外銀行，產生了歐洲馬克、歐洲英鎊、歐洲法國法郎、歐洲瑞士法郎、歐洲荷蘭盾、歐洲日圓等，它們統稱為"歐洲貨幣"（Euro-currency），泛指歐洲貨幣市場經營中使用的各種貨幣。這裏的"歐洲"一詞，不是指地理上的歐洲，而是泛指經營境外貨幣業務的市場，不僅包括倫敦、盧森堡、法蘭克福、巴黎等歐洲金融中心，還包括遠東、中東、加勒比等的離岸金融中心，以及在美國境內的"國際銀行設施"（International Banking Facilities—IBF）① 和日本境內的"日本離岸市場"（Japan Off-shore Market—JOM）。所以，現在歐洲貨幣市場這個概念，完整地表述，應該是：自由兌換貨幣在發行國境外或境內進行非居民之間自由借貸活動所形成的市場。

11.1.2 歐洲貨幣市場的形成

一國貨幣在國外存放的業務，可追溯到中世紀歐洲集市貿易商以外幣支付的期票和匯票，或者追溯到本世紀早期柏林、維也納銀行的英鎊和美元的存款及信貸業務，但歷史上這些業務和今天歐洲貨幣市場在性質、規模、範圍和數量上都是不能相比的。因為那時銀行的外幣存款和信貸，只局限於一些中歐國家，沒有形成獨立的市場，更沒有發展成為世界性貨幣市場。早在 50 年代初期，蘇聯鑒於美國凍結了中國存放在美國的全部資產，便將其持有的美元轉存至蘇聯設在倫敦的莫斯科納羅尼銀行（Moscow Narodny Bank）和巴黎的杜諾德商業銀行（Banque Commercial Pour I'Europe du Nord）的賬戶上，這是境外美元存款的最初來源。1957 年，莫斯科納羅尼銀行透過倫敦一家民間銀行對外貸出一筆 80 萬美元的貸款，貸出和償還完全沒經過美國銀行之手，也完全處在美國金融系統之外。巴黎的杜諾德銀行也將其美元存款轉貸出去，他們將這些貸出去的美元稱之為"歐洲銀行美元"，後改稱"歐洲美元"，這是"歐洲美元"一詞的起源。但這還不足以說明已形成了歐洲美元市場，因為其交易數量不大，在金融領域中並沒有引起人們的重視。

1957 年英鎊發生危機，英國嚴格限制本國銀行向英鎊區以外的國家用英鎊提供貿易融資，迫使倫敦的商業銀行開始系統地吸收美元存款，並把它貸放出去，擴大了歐洲美元的流通量。這樣，一個在美國以外的美元信貸市場開始在倫敦出現。不過，當時歐洲美元數額有限，而且存款的目的主要在於保障資金的安全。後來，隨着生產和資本國際化的發展，跨國公司和跨國銀行的活動日益增加，作為國際貨幣的美元也隨之在美國境外發生大規模的國際運動，要求有一個資金充裕和更加自由化的市場去適應，這就是歐洲貨幣市場迅速形成和發展的根本原因。

11.1.3 歐洲貨幣市場的發展

古德曼(J. W. Goodman)形容歐洲貨幣市場的發展"像水銀瀉地，誰也不能控制；像是具有有機性，能夠成長；有如池中的水藻，八月的蘆葦"。② 進入 60 年代以後，這個市場確實以"不能控制"的速度發展：

(一)市場範圍不斷擴展

(1) 地理上的擴展

歐洲貨幣市場最初只限於歐洲一些主要金融中心，60 年代末擴展至亞洲，70 年代起向南美洲擴展，80 年代更擴展至美國、日本境內的離岸業務市場。目前，設有離岸中心的國家(地區)主要有：

歐洲：英國、瑞士、德國、法國、意大利、瑞典、荷蘭、丹麥、芬蘭、挪威、奧地利、盧森堡、西班牙、愛爾蘭、馬爾他、比利時、海峽羣島(Channel Island)等。

亞洲：日本東京、新加坡、香港、巴林(Bahrain)等。

拉丁美洲：巴哈馬(Balhanmas)、拿騷(Nassau)、開曼羣島(Cayman Islands)、百慕達(Bermuda)、巴拿馬(Banama)、荷屬安第列斯羣島(Antilles)等。

北美洲：美國、加拿大。

大洋洲：新赫布里底羣島(New Hebrides)、瑙魯(Nauru)等。

(2) 交易貨幣範圍的擴大

歐洲貨幣市場借貸活動使用的貨幣，最初只限於歐洲美元，60 年代中後期，陸續出現了歐洲馬克、歐洲瑞士法郎、歐洲英鎊、歐洲法國法郎、歐洲荷蘭盾、歐洲日圓等。

(二)市場規模不斷擴大

　　歐洲貨幣市場發展迅速，早就成為世界規模最大的金融市場。所謂市場規模，是指某一時點(如年底)未清償的歐洲貨幣存放款或其他金融資產的存量。統計時，一般以銀行的歐洲貨幣負債額而不以資產額來估測歐洲貨幣市場的規模。銀行的負債一般就是銀行存款，從是否繳存法定準備金上，就可辨認出某筆外幣存款是否歐洲貨幣存款。

　　目前關於歐洲貨幣市場規模的統計資料有多種，其中以國際清算銀行、摩根保證信託公司和英格蘭銀行的統計比較可靠。③國際清算銀行的統計從 60 年代開始編製，起初以 8 個歐洲國家呈報的外幣負債資料為基礎。1977 年 12 月以後，將加拿大、日本、美國、比利時─盧森堡、法國、聯邦德國、意大利、荷蘭、瑞典、瑞士、英國、丹麥、奧地利、愛爾蘭等 14 國和美國銀行設在巴哈馬、開曼、巴拿馬、香港、新加坡 5 個主要離岸中心的分行資料包括在內。

　　摩根保證信託公司的統計方法和國際清算銀行相同，但範圍更大，是將商業銀行所有外幣負債匯總而得出的。總額中剔除銀行間負債的數字就是這一市場某一時點的資金淨額。根據摩根保證信託公司的統計，歐洲貨幣市場的規模 1959 年為 15 億美元，1960 年為 20 億美元，1964 年增至 200 億美元，1969 年增至 900 億美元。70 年代這一市場空前膨脹，1979 年底達 12,450 億美元，1988 年 3 月底更高達 45,610 億美元(見表 11.1)。

11.2　歐洲貨幣市場的類型

　　國際上所稱之歐洲貨幣市場和離岸金融市場(中心)，都是經營境外貨幣，為非居民投資者和借款人提供中介服務的自由化市場。但前者是境外貨幣市場的總稱，包括離岸金融中心在內；後

表 11.1　歐洲貨幣市場的存款額

單位：億美元

年份	存款毛額	存款淨額	歐洲美元佔毛額 %
1964	200	140	83
1965	240	170	84
1966	290	210	83
1967	360	250	84
1968	500	340	82
1969	900	500	84
1970	1,100	650	81
1971	1,500	850	76
1972	2,100	1,100	78
1973	3,150	1,600	73
1974	3,900	2,150	77
1975	4,800	2,500	78
1976	5,900	3,100	79
1977	7,480	3,800	75
1978	9,460	4,850	73
1979	12,450	6,000	72
1980	15,380	7,050	74
1981	18,140	8,900	77
1982	20,380	9,600	79
1983	21,480	9,700	80
1984	23,860	—[1]	81.7
1985	28,460	—	75.4
1986	36,830	—	71.7
1987	45,090	—	66.0
1988[2]	45,610	—	66.6

注：1. 此項統計現已中斷。

　　2. 為 3 月底數字。

資料來源：美國摩根保證信託公司：《世界金融市場》，各期。

者則是具體經營境外貨幣業務的一定地理區域，是歐洲貨幣市場的延伸和組成部分。

經營境外貨幣業務的市場，根據其業務對象、營運特點、境外貨幣的來源和貸放方向的不同，可劃分為四種類型：

11.2.1 功能中心(functional center)

主要是指集中諸多外資銀行和金融機構，從事具體存放、投資和融資業務，發揮全球性國際金融媒介作用，為世界範圍客戶服務的金融中心。功能中心又分為兩種：

(1) 混合型中心：內外融資業務混在一起，准許非居民經營在岸業務和國內業務的市場，倫敦和香港金融中心屬於這一類。它們是自然形成的離岸金融市場。

(2) 分離型中心：限制外資銀行和金融機構與居民往來，是一種內外分離、只准非居民參與離岸金融業務的市場，故亦稱純離岸市場。典型的代表是新加坡的亞洲美元市場(Asian-dollar market)、紐約的"國際銀行設施"和日本的"日本離岸市場"。

11.2.2 名義中心(paper center)

亦稱"簿記中心"(booking center)，只發揮金融轉口口岸的作用。它們不經營具體業務，沒有實際的業務量，只從事借貸投資等業務的轉賬或註冊等事務手續。一些國際性大銀行只不過在那裏開一個賬戶，目的是為了逃避管制和徵稅。因此，這類市場多集中在中美洲的開曼、巴拿馬、拿騷和歐洲的馬恩島、海峽羣島等。

11.2.3 基金中心(funding center)

亦稱"集資中心"，主要發揮對所在區域內部的金融媒介作

用，即吸收國際資金，貸放給本地區的資金需求者。如以新加坡
為中心的亞洲美元市場資金來自世界各地，而貸放對象則主要是
東盟成員國或鄰近的亞太地區國家。

11.2.4　代收中心(collectional center)

主要發揮對所在區域外部的金融媒介作用，即收集本地區多
餘的境外貨幣，貸放給世界各地的資金需求者，如亞洲巴林離岸
金融中心吸收中東石油出口國的石油美元，貸放給世界各地資金
需求者。

11.3　歐洲貨幣市場的結構

歐洲貨幣市場的結構不同於一般國際金融市場，它只是一個
信貸市場，由短期信貸和中、長期信貸兩個市場組成。

11.3.1　貨幣結構

歐洲貨幣存款中，歐洲美元始終居首位，一般佔 70% 左
右，80 年代後半期才降至 60% 左右。這是由於美國是經濟大
國，美元又是世界主要儲備貨幣和支付手段。其次的貨幣是歐洲
德國馬克和歐洲瑞士法郎，這兩種貨幣歷來是硬貨幣，為投資者
所追逐。瑞士國力雖小，但其幣值穩定，外匯風險小，故在歐洲
貨幣存款中所佔比重比歐洲英鎊和歐洲法郎都高。歐洲日圓在
70 年代後漸露頭角，1982 年超過歐洲英鎊，居瑞士法郎之後，
存款額為 318 億美元；1987 年達 1,372 億美元，佔總額的 5.6%
（見表 11.2）。

各種歐洲貨幣所佔比重變動不定，最明顯的是美元與德國馬
克的互為消長。即當美元堅挺時，美元比重上升，德國馬克比重
下降；1979 年美元大幅貶值，歐洲美元比重下降至 65.6%，歐

洲馬克則上升至 19.2% 的最高點。1983 年至 1985 年,由於美國的高利率政策,美元匯率上升,歐洲貨幣市場上美元存款顯著上升。1985 年 2 月後美元疲軟,歐洲美元所佔比重又明顯下降。

表 11.2　主要歐洲貨幣存量比重(%,按負債計算)[1]

年末	歐洲美元	歐洲西德馬克	歐洲瑞士法郎	歐洲英鎊	歐洲法國法郎	歐洲日圓	歐洲荷蘭盾	其他貨幣
1970	78.0	10.8	7.6	1.2	0.5	—	0.8	1.2
1971	72.5	14.9	8.0	2.1	0.4	—	0.9	1.1
1972	73.3	14.8	6.7	1.7	0.8	—	1.1	1.7
1973	68.2	16.8	8.9	2.5	1.1	—	1.2	1.3
1974	70.7	15.5	8.3	1.6	1.0	—	1.3	1.6
1975	73.3	15.4	5.9	1.2	1.3	—	1.4	1.5
1976	74.1	15.2	5.1	1.3	1.0	—	1.1	2.2
1977	71.2	17.0	5.5	1.5	1.1	—	1.3	2.5
1978	68.2	18.2	5.5	2.0	1.4	1.2	1.4	2.0
1979	65.6	19.2	6.1	2.3	1.7	1.6	1.3	2.2
1980	68.5	15.7	6.4	3.0	1.8	1.4	1.0	2.2
1981	70.8	13.1	7.6	2.1	1.0	1.8	1.0	4.5
1982	73.8	12.0	6.0	1.5	1.3	2.7	1.2	1.3[2]
1983	74.8	11.2	5.8	1.4	1.3	2.8	1.2	1.6[2]
1984	75.5	10.8	5.0	1.4	1.1	2.5	1.0	2.8[2]
1985	67.6	11.7	6.5	2.0	—	3.4	—	8.8
1986	63.5	12.9	7.3	2.1	—	4.5	—	9.7
1987	56.4	13.9	7.4	2.7	—	5.6	—	14.0

注:1. 美元比重與摩根銀行統計不同,因統計地區有區別。1970–1978 年數字僅包括 8 個歐洲報告國;1978–1981 年又包括丹、奧、愛三國。1982–1984 年,除包括上述國家外,還包括芬蘭、挪威、西班牙。1985 年以後,又包括美國、日本、加拿大報告區。

　　2. 僅包括 ECU、比利時法郎、意大利里拉。

資料來源:國際清算銀行《國際清算銀行年報》,各期。

80 年代以來，歐洲貨幣單位(ECU)的比重也不斷上升。1983 年，國際清算銀行歐洲報告區的銀行有價值 65 億美元的歐洲貨幣單位負債，僅比意大利里拉多一點，到 1984 年則增達 223 億美元，超出歐洲英鎊、歐洲法國法郎和歐洲荷蘭盾，緊跟日圓之後，1987 年更高達 694 億美元。歐洲日圓和歐洲貨幣單位比重上升，是 80 年代以來歐洲貨幣在結構上發生的重大變化。

11.3.2　地理結構

　　歐洲貨幣市場以倫敦為中心，並主要集中於歐洲地區。70 年代，歐洲報告國佔歐洲貨幣交易量 70% 以上，80 年代這一比重大幅下降，至 1988 年初僅佔 56.7%。倫敦作為歐洲貨幣的中心市場，1974 年佔歐洲美元交易量的 41.2%，1986 年 6 月，倫敦的全部歐洲貨幣比重下降至 29.3%(見表 11.3)，直接原因是其他金融中心的崛起：(1) 歐洲大陸上，法國、比利時、盧森堡發展為主要的歐洲貨幣市場，三國所佔比重達 18% 左右。(2) 美國"國際銀行設施"(IBF)的建立，大量資金從倫敦轉入紐約的國際銀行設施的金融機構，使它的歐洲貨幣業務在全球歐洲貨幣市場所佔比重，1981 年已達 3.4%，1982 年升至 7.1%。它的資產額 1987 年增至 2,773 億美元(見表 11.4)。(3) 日本離岸金融市場的建立和發展。日本離岸金融市場和美國的 IBF 不同，外幣交易佔主導地位，在建立後的一年，即 1987 年的外幣負債總額已達 1,919 億美元。至 1988 年 7 月底，資產規模高達 3,662 億美元，僅次於倫敦，成為世界第二大離岸金融市場。(4) 日本銀行境外業務迅猛發展。長期以來，美國跨國銀行在倫敦處於主宰地位，到 1985 年日本跨國銀行已雄踞首位。

　　目前，歐洲貨幣市場實際上已形成倫敦、紐約、東京鼎足而立的局面，而在表 11.3 中，其他報告國所佔比重已大於倫敦，

表 11.3　歐洲貨幣市場的各國外幣負債　　　　　　　　單位：億美元

國　家	1984年12月11日		1986 年 6 月		1987年12月11日		1988年 3 月	
	金額	%	金額	%	金額	%	金額	%
歐洲國家	10,055	59.9	12,927	61.4	18,822	58.0	18,612	56.7
奧地利	264	1.6	398	1.9	570	1.8	571	1.7
比利時	748	4.5	1,065	5.1	1,746	5.4	1,733	5.3
盧森堡	786	4.7	1,104	5.2	1,661	5.1	1,622	4.9
丹　麥	54	0.3	128	0.6	158	0.5	148	0.5
芬　蘭	83	0.5	117	0.6	216	0.7	232	0.7
法　國	1,313	7.8	1,527	7.3	2,508	7.7	2,495	7.6
聯邦德國	231	1.4	292	1.4	510	1.8	502	1.5
愛爾蘭	33	0.2	50	0.2	80	0.2	76	0.2
意大利	504	3.0	589	2.8	856	2.6	813	2.5
挪　威	65	0.4	101	0.5	188	0.6	194	0.6
西班牙	166	1.0	162	0.8	246	0.8	261	0.8
瑞　典	118	0.7	198	0.9	320	1.0	375	1.1
瑞　士	268	1.6	406	1.9	567	1.7	538	1.6
英　國	4,969	29.6	6,177	29.3	8,328	25.7	8,211	25.0
荷　蘭	453	2.7	613	2.9	868	2.7	841	2.6
其他工業國	1,708	10.1	2,467	11.7	4,903	15.1	5,333	16.3
加拿大	590	3.5	638	3.0	671	2.1	625	1.9
日　本	1,032	6.1	1,588	7.5	3,682	11.3	4,143	12.6
美　國[1]	86	0.5	241	1.1	550	1.7	565	1.7
其他報告國[2]	5,022	29.9	5,656	26.9	8,731	26.9	8,867	27.2
總　　計	16,785	100	21,050	100	32,456	100	32,812	100

注：1. 未包括國際銀行設施的美元存款。

　　2. 包括巴哈馬、開曼、巴林、荷屬安第里斯、新加坡、巴拿馬的美國分行，未
　　　　包括香港。

資料來源：國際清算銀行：《國際銀行業和金融市場發展》1986 年 10 月和 1988 年 7
　　　　　月，統計附表頁 4。

表 11.4　世界各金融中心銀行的資產負債

單位：億美元

在以下國家的銀行	1985 年 資產	1985 年 負債	1986 年 資產	1986 年 負債	1987 年 資產	1987 年 負債
英　　國	5,520	6,105	7,145	7,589	8,756	9,276
法　　國	1,635	1,552	1,880	1,812	2,664	2,714
德　　國	974	742	1,583	994	2,060	1,318
盧森堡	1,086	994	1,411	1,305	1,823	1,689
比利時	923	1,067	1,246	1,429	1,648	1,893
瑞　　士	708	453	956	614	1,302	820
荷　　蘭	714	646	881	833	1,153	1,076
意大利	495	639	581	799	634	935
奧地利	342	369	457	491	549	600
西班牙	199	182	237	238	255	315
瑞　　典	89	174	115	120	171	371
丹　　麥	114	117	108	236	171	170
其　　他[1]	125	275	168	379	214	533
歐洲總計	12,924	13,315	16,768	16,839	21,400	21,710
美國 IBF	2,017	1,918	2,343	2,403	2,773	3,060
美國其他銀行	2,244	3,655	4,687	4,413	5,089	2,264
美國總計	4,244	3,655	4,687	4,413	5,089	5,324
日　　本	1,946	1,793	3,453	3,460	5,769	5,920
（日本離岸市場）	—	—	(887)	(880)	(1,919)	(1,912)
加拿大	461	657	530	697	529	733
其他報告國[2]	5,552	5,344	6,773	6,386	8,785	8,327
總　　計	25,127	24,764	32,211	31,759	41,572	42,014

注：1. 包括芬蘭、愛爾蘭、挪威。

　　2. 包括巴哈馬、開曼、香港、新加坡、巴林、荷屬安第里斯和美國在巴拿馬的分行。

資料來源：《國際清算銀行年報》1986 年，第 98 頁；1987 年第 102 頁；1988 年第 118 頁。

可見一些離岸金融中心地位日益重要。如巴哈馬（拿騷）和開曼在 1987 年 9 月底佔歐洲美元交易的 12.4%，而且基本上被美國跨國銀行所壟斷。近年來因美國 IBF 吸引資金從巴哈馬和開曼回流，影響了這兩個中心的歐洲美元交易。

新加坡是亞洲美元中心，1978 年 9 月佔歐洲美元交易量的 3.1%，香港佔 1.6%。新加坡的外幣存款 1968 年僅 0.34 億美元，1975 年增至 96 億美元，1981 年 10 月增至 549 億美元。1986 年 6 月，國際清算銀行報告區銀行對新加坡的資產統計為 827 億美元，至 1988 年 4 月底高至 2,382 億美元。

從表 11.3 和表 11.4 各金融中心對外負債額的對比中，可知國際借貸的地理結構：

(1) 歐洲貨幣借貸大體上佔 75%，外國借貸（指跨國銀行從事所在地本國貨幣的跨國借貸）佔 25%：在歐洲信貸中，歐洲地區國家的銀行則佔 56% 以上。

(2) 日本中心的銀行資產和負債 1987 年起超過美國，在國際借貸中居第二位，僅次於英國。相應之下，東京的地位超過了紐約。

(3) 英國的銀行基本從事歐洲貨幣信貸，英鎊信貸額很小。日本的銀行也主要從事歐洲信貸，但近年日圓國際信貸比重日益上升，佔了較大比重。

(4) 在離岸中心的銀行幾乎全部從事歐洲貨幣信貸，約佔歐洲信貸總額的 27%，④ 本國貨幣國際信貸極少。

11.3.3　債權債務結構

歐洲貨幣市場可分為銀行之間市場和銀行與非銀行實體之間的市場。跨國銀行的資金來源主要是銀行同業拆借，它們互為債權人和債務人。非銀行實體，包括跨國公司、各國國內公司企業、政府和政府機構、非銀行金融機構（如保險公司、有價證券經紀公司），以及國際組織（如 IMF 和 IBRD）等。跨國公司是主要的存款者，又是主要的借款人。但從長期看，它們是資金的淨需求者，需要借用歐洲貨幣市場資金進行跨國投資生產。政府和政府機構是歐洲貨幣市場的積極參加者，將其外匯儲備存入歐洲貨幣市場以獲利或套期保值。

根據摩根公司的統計資料，歐洲貨幣市場的債權債務結構（見表 11.5）中債權毛額佔債務毛額都在 98% 以上；對非銀行實體的債權大於債務，説明非銀行實體是資金的需求者。

表 11.5　歐洲貨幣債權債務結構（累計額）

單位：億美元

債權、債務	1981	1982	1983	1984	1985	1986	1987	1988[1]
債權毛額	19,290	21,460	22,530	23,590	28,330	36,320	44,470	44,930
對非銀行	5,570	6,340	6,650	6,940	8,220	10,510	12,980	13,400
對銀行	13,720	15,120	15,880	16,650	20,110	25,810	31,500	31,530
債務毛額	19,540	21,680	22,780	23,860	28,460	36,830	45,090	45,610
對非銀行	3,720	4,320	4,790	4,970	5,850	6,990	8,140	8,390
對官方貨 幣當局	1,120	910	880	960	1,120	1,050	1,510	1,440
對銀行	14,700	16,450	17,110	17,930	21,490	28,790	35,440	35,770

注：1. 為 3 月底數字。

資料來源：摩根公司，《世界金融市場》，1988 年 11 月 29 日，第 13 頁。

11.3.4　信貸的期限結構

歐洲貨幣市場銀行之間的交易，基本上是短期資金。據《英格蘭銀行季報》資料，1981 年 2 月 11 日，倫敦從事歐洲貨幣業務的銀行之間存款總額為 3,581 億美元，其中：

8天以下存款:	749億美元,	佔20.9%;	
8-30天存款:	679億美元,	佔19%;	
1-3個月存款:	1,055億美元,	佔29.5%;	共佔90%
3-6個月存款:	739億美元,	佔20.6%;	共佔96.7%
6-12個月存款:	38億美元,	佔6.7%;	
1-3年存款:	80億美元,	佔2.2%;	共佔3.3%
3年以上存款:	38億美元,	佔1.1%;	

上述比重,80年代以來,基本上沒多大變化。

歐洲銀行從非銀行實體吸收的存款,基本上也是短期資金。主要原因有:

(1) 歐洲貨幣市場缺乏廣泛的居民存款基礎,歐洲銀行不得不互相拆借資金。由於銀行間利率低於銀行向非銀行實體的貸款利率,將資金長期存入其他銀行,自然不如長期貸給非銀行客戶。可是這種最終用款客戶不可能隨時找到,在找到之前,銀行間存款具有過渡性,只能是短期存款。

(2) 歐洲銀行要增加資金的流動性、套匯,套利,配平資產、負債的期限結構,以防止利率風險。

(3) 歐洲貨幣市場的非銀行實體存款,也基本上是短期資金。如跨國公司多是暫時閒置的流動資金;各國貨幣當局的存款因作為外匯儲備,要有較高的流動性,隨時調用。其他機構投資者也要求資金的流動性,以便及時把投資轉向獲利更多的領域;即使長期利率相當,投資者也寧願購買可隨時變現的有價證券而不願長期存款。

至於歐洲貸款的期限結構(債權的期限結構),由於長期利率較短期利率高,歐洲銀行為了獲得較大利差,對非銀行實體的長期貸款的比重相對較高,一年期以上的貸款一般佔25%以上。特別是對非報告區國家的貸款,一年以上所佔的比重,非報告區工業國為50.9%,蘇聯、東歐國家為47.4%,拉美國家為

51.6%，中東國家為 25.5%，非洲國家為 43.9%，亞洲國家為 40.7%。⑤ 如果把非報告區國家作為整體，於 1987 年一年以上貸款佔總額 46.7%，整個 80 年代變化不大。

從以上債權、債務期限結構的不對稱性，迫使歐洲貨幣市場對跨國銀行的業務，採取"借短放長"(即借入短期資金支持長期貸款)的策略。但如果短期利率高於長期利率，跨國銀行又會借入長期資金作短期資金貸放，只是這種調整常因長期資金短缺而受到限制。

11.3.5　利率及其結構

(一) 貸款的定價機制

歐洲貨幣市場形成特有的利率結構，即 LIBOR。它是 "London Inter-bank Offered Rate" 的簡稱，即倫敦銀行同業間拆放短期資金的利息率。其他離岸金融中心也有銀行同業的拆放利率，如在新加坡的稱 SIBOR，在巴林的稱 BIBOR，在香港的稱 HIBOR，在法蘭克福的稱 FIBOR 等，都是根據 LIBOR 制定的。LIBOR 則是從倫敦市場上業務量最大的 30 多家銀行中選出六家(即英國國民新敏寺銀行、德國德意志銀行、日本東京銀行、法國巴黎國民銀行、美國摩根保證信託銀行等)，以它們每天上午 11 時的相互存款或放款利率計算出來的算術平均數，作為倫敦銀行同業間拆放利率的代表。

歐洲銀行同業市場，同時報出兩個利率：一個是倫敦銀行同業拆出息率，即 LIBOR；另一個是倫敦銀行同業拆入息率 (London Inter-bank Bid Rate—LIBID)，如倫敦某銀行的報價為 "9½-9¼"，即表示按 9½% 貸出資金，按 9¼% 借入資金。(美國等一些國家的報價，習慣上是存款利率在前，貸款利率在後，如"9¼-9½"。)

各種不同的歐洲貨幣具有不同的 LIBOR (見表 11.6)。歐洲

表 11.6　歐洲貨幣 6 月期倫敦銀行同業存款利率

日期＼貨幣種類	歐洲美元	歐洲馬克	歐洲瑞士法郎	歐洲英磅	歐洲日圓
1974 至 1978	8.27	5.46	4.31	12.61	7.91
1979	14.44	8.56	5.87	16.75	8.62
1980	16.75	8.87	5.75	14.25	9.62
1981	14.81	10.56	9.25	15.69	6.87
1982	9.50	5.94	3.44	10.31	7.10
1983	10.06	6.13	3.94	9.50	6.38
1984	9.13	5.56	4.63	10.00	6.13
1985	7.88	4.75	4.00	11.81	6.50
1986	6.12	4.81	3.87	11.06	4.37
1987	7.50	3.50	3.19	9.00	4.12
1988.10.30	8.50	4.81	3.88	11.94	4.38
1990.11.6	8.0625	8.8750	8.6250	13.1250	8.3750
1992.9.14	3.1250	9.1875	7.3750	10.1250	3.6250

注：1. 1974–1978 年係平均數；1988–1992 是當天利率。

資料來源：摩根保證信託公司，《世界金融市場》。

貨幣市場上存款利率因標價貨幣而不同，在正常情況下，強幣的
利率低，弱幣的利率高。這個市場不可能使各種歐洲貨幣存款和
貸款具有相同的利率，實際上利率高低差距很大，原因在於各種
歐洲貨幣母國的利率不同。一般來說，各種貨幣的 LIBOR 接近
其國內利率，國內利率的升降會引起同種貨幣 LIBOR 同向變動。

　　歐洲貨幣存款利率總是稍高於同種貨幣國內市場相似的存款
利率，貸款利率則總是稍低於國內水平。這樣，歐洲銀行才能吸
引存款者和籌資者。歐洲銀行得到的存貸利差也比國內小，第一
流銀行的利息差距為 11/32 個百分點至 1/4 個百分點，第一流工
商業的利息差距，也只為 1/2 個百分點左右。這是由於歐洲銀行

不需要維持存款債務的無息準備金⑥，較少負擔國內社會的無利項目，納稅較低等。

LIBOR，一開始即成為向倫敦一級跨國銀行拆借資金的利率，又是衡量貸款銀行供應資金成本的尺度，長期來作為歐洲貸款和一般國際貸款最主要的定價工具(即決定對非銀行實體發放貸款的利率依據)。歐洲貨幣貸款協議，通常附有一個條款，規定 LIBOR 是由有關的參考銀行通知貸款代理銀行的利率算術平均數。典型的安排是由某項貸款的代理銀行同上述 6 家參考銀行聯繫，詢問他們的報價，再加以平均。這樣計算出來的 LIBOR，只表示銀行貸款的資金成本，因此，它對非銀行實體的貸款，必須加上一定的利潤幅度即加息率(spread 或 margin)。故歐洲貨幣貸款的定價機制是：LIBOR + margin。加息率的大小，視借款人的資信、貸款期限的長短和市場資金供求條件而定，一般在 0.25% 至 1.25% 之間(見表 11.7)。

表 11.7　國際銀行中、長期美元貸款加息率[1]

年　份	平均 加息率	經合組織	社會主義 國家	石油 輸出國	其他發展 中國家
1977[2]	1.17	0.84	1.05	1.46	1.46
1978[2]	0.87	0.69	0.73	1.03	1.03
1979	0.79	0.62	0.70	1.05	0.85
1980	0.74	0.59	0.88	0.77	0.91
1981	0.81	0.56	0.62	0.79	1.04
1982	0.77	0.52	1.03	0.94	1.14
1983	1.14	0.64	1.12	0.85	1.70
1984	0.93	0.55	0.88	0.76	1.44
1985	0.60	0.41	0.55	0.72	0.99
1986[3]	0.37	0.34	0.38	0.41	0.71

注：1. 以 Libor 為基礎各年新貸款的年均加息率；
　　2. 1977 和 1978 年為第 4 季度平均加息率；　　3. 1-3 季度平均加息率。
資料來源：IMF《國際資本市場，發展和展望》，1983、1984 和 1986 年。

80 年代以來，LIBOR 作為國際利率的代表和國際貸款定價基準的地位，受到衝擊。在短期資金市場上，由於籌資證券化，資信良好的企業、政府和國際組織通過證券籌資，資金成本會低於 LIBOR，因而出現了按 LIBID（即倫敦銀行同業拆入息率）或按 LIMEN（London Inter-bank Mean Rate，即倫敦銀行同業拆出拆入資金中間息率）計算的貸款，收取的利率都低於 LIBOR。在長期資金市場上，從 1981 年瑞典取得第一筆按美國優惠利率（prime rate）計息的 SDR 辛迪加貸款開始，越來越多的貸款選擇按美國優惠利率或日本長期基本利率加上一個加息率，作為中、長期貸款的定價機制。具體做法有如下幾種：(1)由貸款銀行或借款人選擇，或由雙方協商確定何種利率；(2)在一筆貸款中分段計息，分別採用 LIBOR 或優惠利率；(3)將一筆貸款分成兩部分，一部分用 LIBOR，另一部分用優惠利率。

(二)固定與浮動利率結構

貸款都採用固定利率，60 年代後期世界性通貨膨脹速度加快，利率波動大，浮動利率貸款應運而生。70 年代初，跨國銀行的歐洲貸款和國際貸款就基本採用浮動利率計息。如美國摩根保證信託公司 1981 年一年期以上的貸款中，由國外貸出的固定利率貸款僅 11.88 億美元，佔貸款總額 4.16%，而由國外貸出的浮動利率貸款達 81.24 億美元，佔貸款總額的 44.64%。

跨國銀行國外固定利率貸款多屬中長期國際貿易信貸，由官方進出口銀行先以固定利率貸給跨國銀行，再由跨國銀行貸給進出口商。它們很少用自己的資金發放固定利率國際貸款。

固定利率和浮動利率，都是由 LIBOR 和加息率組合而成，不同處是前者固定，後者隨 LIBOR 的變動每 3 個月或 6 個月調整 1 次。一筆貸款在到期前將以不同的利率計息，到期日支付利息時要按以下公式調整利率：

$$\frac{i_2 \times N_2 - i_1 \times N_1}{(N_2 - N_1)(1 + \frac{i_1 \times N_1}{B})} = \frac{13\% \times 182 - 12\% \times 91}{(182 - 91)(1 + \frac{12\% \times 91}{360})} = 13.59\%$$

假設一筆半年期貸款，每 3 個月調整利率 1 次。那麼，

N_1：第一期天數為 91 天。

N_2：第二期天數為 182 天。

i_1 ：第一期利率為 12%。

i_2 ：第二期利率為 13%。

B ：年利率計算的基礎天數為 360 天。

經利息調整後，複遠期利率是 13.59%，表明借款人在第二期要以 13.59% 的利率支付借款。

(三)貸款利率的期限結構

利率的期限結構(term structure of interest rate)，是指同種貨幣貸款因不同期限所產生的不同收益之間的關係。這種關係，主要表現為短期利率和中長期利率的高低差異和變化。通常出現三種狀態：一是長期利率高於短期利率，二是長期利率等於短期利率，三是短期利率高於長期利率。在正常情況下，長期利率應高於短期利率，因為長期貸款要求相應風險補償。只有在較少的場合，短期利率才高於長期利率。如圖 11.1 所示：1975 年 12 月 31 日、1987 年 9 月 30 日和 1992 年 8 月 14 日的利率曲線是向上傾斜，表明長期利率高於短期利率；1980 年 12 月 31 日的利率曲線是向下傾斜，表明長期利率低於短期利率。

利率曲線向上傾斜的市場條件，一般是利率波動幅度小，經濟增長慢，借貸需求不旺，資金供應充足。

利率曲線向下傾斜，則主要是由於利率急劇上升所引起。具體條件是物價上漲，經濟增長，借款需求旺盛，政府採取嚴厲緊縮政策。利率急劇上升時，短期利率上升必快於長期利率，因而形成利率曲線向下傾斜，1980 年 12 月 31 日利率曲線走勢就是

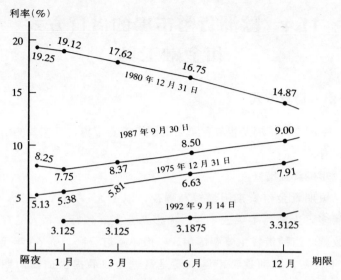

利率(%)

20 ─ 19.12
    19.25   17.62
                        16.75
         1980 年 12 月 31 日   14.87
15 ─

        1987 年 9 月 30 日   9.00
                        8.50
10 ─
    8.25   8.37   1975 年 12 月 31 日
         7.75   7.91
         5.38   5.81   6.63
5 ─ 5.13
                1992 年 9 月 14 日
                3.125   3.1875   3.3125
    3.125

    隔夜 1 月   3 月   6 月   12 月   期限

資料來源：摩根保證信託公司《世界金融市場》。

圖 11.1　歐洲美元利率曲線

明顯的例證。當時美國正處於經濟危機期間，實行高利率政策，
利率急劇上升，借款人不願意承擔長期利率債務，而寧願借入短
期資金。因而對短期資金需求過旺，使利率曲線向下傾斜，隔夜
貸款比一年期貸款的利率高出近 5 個百分點。

　　利率曲線的上傾和下斜的條件一旦消失，上傾將轉化為下
傾，下傾將轉化為上傾，水平曲線(即長期利率與短期利率相等
或近似)是上傾和下傾的過渡狀態，時間較短。跨國銀行要根據
利率曲線的態勢安排自己的資產負債頭寸。當利率曲線向上傾斜
時，安排負缺口頭寸(重新確定利率的資產額大於重新確定利率
的負債額，叫做正缺口頭寸；重新定價的負債大於重新定價的資
產，叫做負缺口頭寸)，一般實行借短放長。反之，則安排正缺
口頭寸，一般實行借長貸短。

11.4　歐洲貨幣市場的借貸方式
和金融工具

11.4.1　借貸方式

　　歐洲貨幣市場是世界最重要的國際資金市場，其主要的借貸方式有：

（一）短期資金借貸

　　短期資金借貸期限最短為隔夜，以 1 天、7 天、30 天、90 天居多，少數為半年或 1 年。大多為企業、銀行、私人的存款和放款。這種借貸主要憑信用，一般不簽訂合同。從 60 年代到 70 年代初，歐洲貨幣市場主要是為進出口商提供這種短期信貸。1972 年以後，這個市場的參加者非常廣泛，它既是銀行間的市場，又是政府籌措資金的市場，也是大公司進行借貸活動的市場。

（二）中、長期信貸

　　這是歐洲貨幣市場放款的重要形式，貸款期限一般為 1 至 10 年，或 10 年以上，大多為政府、企業或國際機構的借貸，一般都簽訂合同，有的還要借款方官方機構或政府擔保。如果貸款金額大、期限長，貸方往往由幾家甚至幾十家銀行組成銀團，由一家銀行牽頭共同提供貸款。這在國際上叫做銀團貸款。歐洲市場中、長期貸款方式有兩種：

（1）不與出口項目聯繫的資金借貸。這種中、長期貸款一般在銀行之間進行為多，借入資金可自由運用，可向第三國進行支付。

（2）與出口項目相結合的資金借貸。這是一些工業發達國家為支持出口廠商出口大型設備和對大工程項目投資，廣泛利用歐洲貨幣市場資金組織出口商和有關銀行使用出口信貸

（export credit）。這種信貸受"君子協定"⑦的約束：限定資金只能用於購買貸款國的資本性貨物，限定最低貸款利率和最長貸款期限。出口信貸主要形式有：

a. 賣方信貸（suppliers' credit）。由賣方銀行或歐洲貨幣市場的商業銀行貸款給賣方的信貸。

b. 買方信貸（buyers' credit）。由買方銀行或歐洲銀行提供貸款給買方的信貸。

c. 福弗廷（forfaiting）。延期付款的大型設備貿易中，出口商把進口商承兌的、期限在半年到五、六年的遠期匯票，無追索權（without recourse）地售予出口商所在地的銀行，提前取得現款的一種融資形式。

（三）發行歐洲債券和票據

歐洲債券市場是 60 年代後發展起來的龐大國際債券市場，與傳統的外國債券市場不同。它是一種境外債券在面值貨幣國家之外的幾個國家中同時發行，通常由一些國家的銀行和金融機構建立的國際承銷辛迪加出售，並由有關國家向投資人提供擔保。因此，這個市場的借貸雙方都具有國際性。

11.4.2 金融工具

（一）存款工具

（1）定期存款（time deposit）

歐洲貨幣市場的存款，主要是固定利率的定期存款，形式有三種：

a. 通知存款：是隔夜、一天至 7 天的存款，可隨時發出通知提取。

b. 活期資金劃撥：這是國際銀行間業務轉賬和往來，通常劃撥期限為兩天，與外匯市場劃撥要求兩個營業日相適應。

c. 短期存款：一般由 7 天至 1 年，期限相對較長。以 1 和 3

個月期存款為最多。

(2) 定期可轉讓存款單（negotiable certificate of deposits—CDs）

定期存單是銀行吸收一筆定期存款後，向存款人開立的書面證明，證明金額、存款期和利率。它由美國花旗銀行於 60 年代最初發行。1966 年 5 月，歐洲貨幣存款單在倫敦首先出現。這種存單可以轉讓，持有人需要現款時可在二級市場上出售。

(二)貸款工具

(1) 直接貸款

歐洲貨幣貸款許多是銀行直接按客戶關係或正式信貸額度安排的信用，有信用地位的借款人可直接進入歐洲信貸市場籌集資金，頭次借款的客戶同它的往來銀行談判可接受的信貸額度。信貸額度按年度安排，可以按 90 天或 180 天展期。

(2) 銀團貸款（或稱辛迪加貸款）

主要是政府或跨國公司需要大量定期貸款時，要求多家銀行一起籌集資金。對借款較少的借款人，則常安排俱樂部貸款（club loan）。

(3) 貸款參與證

它是銀行參與辛迪加貸款的一種可半轉讓的憑證，即允許銀行在某個時期之後出售貸款參與證，撤出參與貸款。

(三)新創的金融工具

戰後在國際金融市場上，出現了許多具有各種不同功能的新型金融工具（參見表 11.8）。歐洲貨幣市場，由於不受國內金融法令管制，有自由的交易環境，更是金融工具創新的主要場所。二十多年來，新創的金融工具，較成功的有互換交易、期貨、期權交易、票據發行便利、遠期利率協議，等等。

表 11.8　按金融中介功能分類的新金融工具

| 創　新　金　融　工　具 | 功　　　　能 | | | | |
	價格風險轉移	信用風險轉移	流動性增　強	信用創造	股權創造
A、資產負債表內業務 可調整利率抵押	✓				
浮動利率貸款	✓				
相互貸款	✓				
無追索權的資產出售		✓			
貸款互換		✓			
證券化資產		✓	✓		
可轉讓的貸款合同		✓	✓		
互換賬戶和其他現金管理技術			✓		
可轉讓的貨幣市場工具			✓		
貨幣市場互助基金			✓		
無息債券				✓	
垃圾債券				✓	
股權分享融資				✓	
委託可轉換債券					✓
B、表外業務 期貨	✓				
期權和貸款封頂	✓				
互換	✓			✓	
遠期利率合約	✓				
信用證		✓			
票據發行便利	✓	✓	✓		
證券信用增強擔保		✓	✓		

資料來源: 十國集團中央銀行研究小組,《國際金融創新》, 附表 8.1。

11.5 歐洲銀行同業拆放市場

11.5.1 歐洲短期資金市場

　　歐洲短期資金市場,基本上是一個銀行同業拆放市場,即歐洲銀行利用資金融通過程中的時間差、空間差和行際差,通過銀行間的存、放款來調劑資金的短期借、貸市場。它們不僅是市場的存款人,也是市場的主要借款人,這個市場通過電報通訊網操作,聯接倫敦、紐約、巴黎、蘇黎世、巴哈馬、新加坡等歐洲貨幣中心,全球性調動資金。有 50 多個國家近 2,000 家銀行參與這個市場或者由銀行的國際部進入這個市場。經紀人同銀行交易部有直接的電訊聯繫,並通過清算所溝通各個金融中心的銀行間歐洲定期存款的存貸利率。

　　銀行同業間借貸,在國際借貸或歐洲借貸中,佔較大比重。據國際清算銀行報告區的國際銀行資產統計中,銀行同業借貸對銀行的資產 1985 年佔 71.1%,1986 年佔 72.4%,1987 年佔 72.6%;對非銀行實體的資產相應為 28.9%、27.6%、27.4%。就絕對額看,1987 年已發放的國際信貸額 43,813 億美元,其中銀行之間信貸高達 31,812 億美元⑧。再從倫敦銀行同業拆放情況看,在 1975 至 1985 年的 10 年間,倫敦銀行同業拆借額佔在倫敦的銀行全部國際性放款 70% 左右,最低是 1977 年佔 69%,最高是 1980 年佔 74%。歐洲銀行間存款是它們資金貸放的重要來源,歐洲銀行有 70% 以上資產是它們在其他歐洲銀行的存款。原因主要是:

(1) 歐洲銀行主要集中於金融中心,缺乏廣泛的居民個人存款來源,而非銀行實體的存款又遠不能滿足需求。因此,銀行間相互借貸就成為資金的主要來源。

(2) 在國際借貸市場上,一筆原始存款被最終借款人使用,要克服時間和空間的差距。存款人和借款人可能各處地球的一邊，存款時間與用款時間也極不一致。接受存款銀行在發現最終用款人之前，為避免利息損失，只能將未貸出的存款存入另一家銀行，經過多次轉存，最後才做成一筆國際貸款。

（3）歐洲銀行資產和負債結構的期限結構不對稱，也是銀行間交易佔大比例的重要原因。如美國花旗銀行 1 年期以上存款，1981 年 6 月底只佔存款總額的 3.8%，而 1 年期以上的貸款卻佔貸款總額的 46.9%；大通曼哈頓銀行則分別為 1.9% 和 40.8%，美洲銀行為 2.8% 和 27.7%，摩根銀行為 4.79% 和 53%。⑨ 歐洲市場上這種借短放長的國際負債和資產期限結構，迫使歐洲銀行之間必須經常互拆頭寸，以應付短期提存，因而極大地增加了銀行間借貸流量。

（4）歐洲貨幣市場上的激烈競爭也增大了銀行間借貸。每家歐洲銀行既接受其他歐洲銀行的存款，又向其他歐洲銀行存款，以示其正常經營和積極參與市場。反之，如消極參加，其他銀行便會認為該行存在流動資金困難或有其他經營問題，從而被降低信用級別。許多中小銀行為了生存和發展，尤其積極參與銀行間借貸市場，以便跟踪市場利率和匯率變動的信息，探測大銀行給予的信貸額度是否有所變化。

11.5.2　銀行間信貸種類

歐洲銀行使用金融工具進行的銀行同業間信貸，主要有以下幾種：

（一）歐洲銀行間存款

批發性交易，金額大，至少在 500 萬美元以上。

（二）歐洲存款單（Euro CDs）

是歐洲銀行間相互吸收存款的重要形式。它是為適應借款客戶對貸款期限延長的要求，吸引中小額非銀行資金存款而發行的。在歐洲貨幣市場上最早是美國第一花旗銀行和懷特威爾德有限公司（White Weld Ltd.）發行的歐洲美元存款單。這種存單面額大，期限固定，發行形式多樣，收益較高，流動性好，不但對籌資銀行、也對大投資者（存款人）都具有很大的吸引力。自它問世以來，市場迅速發展、擴大。幾乎所有主要歐洲銀行都發行這種存單。到 1982 年底，各國跨國銀行發行的歐洲美元存單餘額，已達 1,000 多億美元；1987 年，僅美國跨國銀行海外分行的存單餘額就達 309 億美元。

歐洲存單的二級市場也十分發達，許多銀行和其他金融機構，如美國的投資銀行的分行、英國商人銀行和貼現行，起着"市場成員"的作用，願意隨時按既定價格買賣存單。還有許多存單的經營者、銀行和經紀人，願意以存放款利差額的 0.25% 買賣存單。二級市場的交易額近年來迅猛增加，1979 年約為 1,400 億美元，1980 年猛增至 2,000 億美元以上。1990 年，發展成為約有 4,000 億美元未償餘額的主要資金票據。而且，為滿足不同的資金拆放需要，歐洲貨幣市場發行如下各種形式的存單：

（1）定期存單：歐洲存單多是定期存單，期限從"通知"（call）和隔夜（overnight）到 5 年。但大多數存單期限是 30、60、90、120、180 天和 12 個月。

（2）不定期存單：存單期限不定，其存款利率一般比定期存單略低約 0.125 個百分點。

（3）整批存單：如發行整批 500 萬美元的存單。

（4）分批存單：分批發行較小面值存單，由經理人通過經紀人出售給公眾。

（5）分檔存單（tranche CDs）：這種存單分檔存款，有大面額的，也有小面額的，可以任意選購。期限一般是三至五年；小面額存單通常是 10,000 美元。每檔存單都有同樣的利息率、發行日期、支付利息日期和期限。

(6) 隨開存單(Tap CDs)：亦稱"開發存單"，是銀行根據大投資者要求的金額、期限等存款條件而籌進資金所發行的存單。這種存單不公開發行，沒有二級市場。

(7) 展期存單(roll-over CDs)：實質上是一種購買合約。投資者按合約規定在未來購買存單，合約不可轉讓。通常是在預定時期(一般是 3 年)中，每 6 個月購買一份 6 個月的存單的合約。

(8) 貼現存單(discount CDs)：1981 年在美國和倫敦出現，它支付的利率不是原定的利率。

(9) 固定利率存單(fixed rate CDs)：70 年代中期以前，歐洲存單都是固定利率存單，一年期以內存單到期付息，一年以上的每半年付息一次。

(10) 浮息存單(floating rate CDs)：這種存單首次於 1977 年發行，利率不固定，每隔一定期限(一般為 6 個月，少數為 3 個月)，按當時的市場利率重新調整。目前，歐洲貨幣市場發行的存單大部分是浮息存單，到期日較長，通常為 3 年，面額多在 10,000 至 250,000 美元之間，每次發行量少為 1,000 萬美元，多則 5,000 萬美元。

(11) 歐洲貨幣存單：主要是歐洲美元存單，亦有以英鎊、日圓、香港元為面值的存單，但發行數量很少。

(12) 複合貨幣存單：主要以特別提款權(SDR)和歐洲貨幣單位(ECU)為面值發行的存單。這是存單市場的新發展。1980 年夏，倫敦美國化學銀行首先發行 SDR 存單。1981 年 1 月 7 日，化學銀行宣布與巴克萊銀行、花旗銀行、香港匯豐銀行、密特蘭銀行等，在倫敦聯合建立了特別提款權存單市場。勞埃德銀行雖不屬這個集團，但亦宣布發行 SDR 存單和 ECU 存單，由於 SDR 和 ECU 至今還不是一種有形的貨幣，故這種存單的實際交易仍然是美元，一張 SDR 存單到期時，存款人收到的本息是按市場匯率折合成的美元。

(13)遠期歐洲美元存單（forward CDs）：是在未來一定日期，以約定利率發行歐洲美元存單的一種合約。由於英國對期限超過 5 年以上的存單利息要徵繳預扣稅，因此，倫敦的銀行不可能發行 5 年以上的存單，就設法發行與 5 年期存單能夠銜接的遠期存單，使現在購買的存單和遠期存單二者實際上構成一種 5 年以上的長期存單。

以上各種形式的歐洲存單，大部分在倫敦發行。

（三）銀行間貸款

歐洲貨幣市場上銀行間相互貸款，大部分為短期貸款，但期限一般比銀行間存款期限略長。銀行間也有少量銀團貸款。大銀行間貸款一般採用信用貸款形式，或由其他大銀行或政府擔保，銀行間貸款也履行一切貸款手續，簽署協定和文件。

（四）銀行承兌（banker's acceptance）

銀行在開出和承兌匯票或定期票據之後，銀行就有義務在規定日期支付規定的金額，承兌銀行無條件同意在到期日向持票人支付匯票的面值。經銀行承兌的匯票，持票人可在匯票到期日前到市場貼現，這等於貼現銀行對承兌銀行貸出一筆款項。在歐洲銀行簽訂承兌協定的場合下，出口商自己不開出匯票；而是給予出口商現金的那家銀行向進口商的往來銀行開出遠期匯票，經其承兌後，可在第三家銀行貼現，這樣，商業信用就轉化為銀行信用。

銀行承兌最大的國際市場是紐約。在美國市場上已發行的美元面值票據承兌金額，1960 年為 20 億美元，1975 年為 190 億美元，1980 年為 600 億美元，1982 年高達 795.42 億美元。此後下降，1987 年只有 705.65 億美元（見表 11.9）。這些承兌額中，有 97% 以上與美國無關，是對第三國進出口貿易的融資，佔總額的一半以上。這表明美國跨國銀行也在歐洲貨幣市場上進行銀

表 11.9　在美國已發行的美元面值票據銀行承兌額

單位：億美元

項　目	1982	1983	1984	1985	1986	1987	1988[1]
總　額	795.42	783.09	783.64	684.13	649.74	705.65	634.52
美國進口	176.83	156.49	178.45	151.47	146.70	164.83	146.22
美國出口	163.28	168.80	163.05	132.04	129.60	152.27	139.46
其　他	455.31	457.81	442.14	400.62	333.44	388.55	348.84

注：1. 為 9 月底數字。

資料來源：美國《聯邦儲備公報》。

行承兌業務。

　　以上歐洲銀行間拆借，通常由各家銀行直接進行。但近年來倫敦的銀行間交易已大部分由經紀人媒介作成。當借款金額大、對利率和期限有一定要求時，借款銀行利用經紀人可以暫時匿名，便於討價還價，使交易迅速而有效地完成。

11.5.3　歐洲銀行同業市場的作用

　　歐洲銀行同業拆放市場是國際信貸的主要市場，作用重要：

(一)進行全球範圍的資金再分配

　　要把全球剩餘資金貸給最後用款人，必須通過銀行間市場，特別是歐洲銀行同業這樣一個規模巨大、最自由、最富彈性的市場，因為它能最有效地完成以下 5 種轉換過程：

（1）資金的空間轉換：只有銀行間市場才能順利地實現資金跨地區、跨國家轉換，在全球範圍流動。

（2）信貸轉換：原始存款人對最後借款人的資金需求和信用程度難於完全了解，只有通過銀行間的多次借貸，才能做成最後交易。

（3）貨幣轉換：存款貨幣與借款所需要貨幣不可能完全相同，只有通過銀行間市場的各種不同貨幣的存款和放款可以滿足不同客戶的貨幣需求。

(4) 借貸期限結構的轉換：存款期限與借款期限不可能完全相同，只有銀行間不同期限的借貸，才能彌補合同期限結構的時間差。

(5) 借貸數量的轉換：存款人存款數量與借款人借款數量不可能一致，供求數量千差萬別，只有銀行間市場才能在全球範圍內調劑供求數量，克服供求之間的矛盾。

歐洲銀行間市場已成為全球範圍內再分配資金的重要渠道。

(二)實現全球借貸市場的一體化

歐洲貨幣市場上的銀行借貸網絡遍及全世界各個金融中心和國家，通過銀行間的借貸，實現全球資金調撥，調節各地資金供求，使全球借貸市場緊密聯繫在一起，形成統一的一體化市場。

(三)轉移風險

歐洲銀行為避免利率風險，就要把利率的期限結構配平。非銀行客戶把利率風險轉移給跨國銀行，因銀行不能拒絕各種不同期限的借貸，要配平利率結構只能依靠銀行間市場的多次借貸。銀行轉移風險的手段之一是套期保值（hedging），而套期保值要利用貨幣市場，即銀行間的借貸。故沒有銀行間市場，歐洲銀行要轉移風險是不可能的。歐洲貨幣市場上的借短貸長、借長貸短、抵補套利、外匯投機等，都離不開銀行同業之間的借貸。

--------- 注　　釋 ---------

① 1981 年 12 月，美國批准在境內建立 IBF，吸收非居民存款，各 IBF 之間可在美國境內互相借貸美元。美國貨幣當局把這些不受國內銀行法管制的美元存款，也定義為歐洲美元。

② 見亞丹‧斯密：《紙幣的時代》。

③ 還有在倫敦的銀行信托公司的統計。

④ 表 11.4 中，離岸中心（其他報告國）佔國際信貸總額約為 21–22%。

⑤ 國際清算銀行：《國際銀行貸款的期限分布》1980 年 12 月，1988 年 7 月。

⑥ 如果法定存款準備金為 10%，當利率從 3% 上升至 10%，每 100 元存款中不生息部分的機會成本，將從 0.3 元提高至 1 元，這個成本，國內銀行會以降低國內存款利率的方式轉嫁給存款人。歐洲市場毋須這種轉嫁，故存款利率高於國內。

⑦ "君子協定"指經合組織成員國 1978 年 4 月 1 日生效的"出口信貸君子協定"，並於 1980 年 7 月 1 日重新修訂，名為"官方支持出口信貸的準則和安排"。主要內容是限定最低貸款利率，限定最高貸款額度和最長貸款期限。

⑧ 《國際清算銀行年報》，1988 年。

⑨ 美國所羅門兄弟公司：《美國跨國銀行業半年統計》，1981 年 11 月 10 日。

第 12 章

國際資本市場

—— 銀行中長期信貸市場

12.1　國際資本市場的規模

　　國際資本市場，是指經營一年期以上的中、長期國際資金借貸業務的市場，故稱國際中、長期資金市場。它主要是吸收較長期資金，並以一年以上的貸放期向客戶提供貸款。

　　二次大戰後，國際資本市場主要由辛迪加中、長期歐洲貨幣的銀行貸款市場和國際債券市場兩部分構成，根據摩根保證信託公司統計，國際銀行業市場的毛債權（貸款毛額），1981 年為 22,940 億美元，1985 年為 43,020 億美元，到 1988 年 3 月底高達 54,080 億美元。市場債權淨額分別為 11,560 億美元、20,760 億美元和 25,870 億美元。① 又據國際清算銀行的統計，至 1992 年第二季度，國際資本市場融資的累積總額達 55,344 億美元，淨額為 49,800 億美元。

　　國際資本市場的年度信貸總額（包括國際銀行中、長期貸款和國際債券發行額），1981 年為 2,006.8 億美元，1986 年達到 3,213.8 億美元，1988 年又達到 4,535 億美元（見表 12.1）。1989 年以後貸款規模有所下降，但到 1991 年又創歷史紀錄，達到 5,180 億美元，其中國際債券為 3,190 億美元。

12.2　國際中長期貸款市場

12.2.1　國際中長期貸款的特點

　　歐洲貨幣市場和國際金融市場的中、長期貸款具有相同的特點：

（1）金額大。80 年代以來，每筆銀團貸款平均達一億美元。

（2）期限長。一般 2 至 3 年、5 年、7 年、10 年，最長期限為 20 年。

表 12.1 國際資本市場信貸額

單位：億美元

信貸類別 / 年份	國際銀行信貸	歐洲信貸	外國信貸	國際債券	歐洲債券	外國債券	總計
1981	1,477	1,333.8	143.2	529.8	316.1	213.7	2,006.8
1982	1,035.1	850.1	185.0	780.4	516.4	264.0	1,815.5
1983	820.7	742.2	78.5	763.3	485.0	278.3	1,584.0
1984	1,259.2	1,126.0	133.2	1,074.1	794.6	279.5	2,333.3
1985	1,169.7	1,103.2	66.5	1,677.6	1,367.3	310.3	2,847.3
1986	932.7	842.1	90.6	2,281.1	1,887.5	393.6	3,213.8
1987	1,231.1	1,121.0	110.1	1,807.8	1,404.8	403.0	3,038.9
1988	1,265			3,249			4,514
1989	1,809			2,500			4,309
1990	1,887			2,363			4,250
1991	1,990			3,190			5,180

資料來源：摩根保證信託公司，《世界金融市場》，各期；1988–1991 年見經合組織
《關於金融市場趨勢報告》。

（3）利率浮動。貸款期內每 3 個月或半年調整一次。

（4）要簽貸款協議。主要條款有利息和費用負擔、利息期、提前
償還、貨幣選擇等。

（5）政府擔保。中、長期貸款如無物質保證，一般均由政府有關
部門擔保。

12.2.2 國際中長期貸款的形式

國際上大銀行中、長期貸款有兩種形式：

（一）雙邊貸款

亦稱單獨貸款，金額較小、期限較短，一般只由一家銀行向
國外借款人提供。這種形式的貸款費用較低，但貸款規模受限於
單個銀行的貸款限度。

(二)銀團貸款

即辛迪加貸款。戰後，特別是歐洲貨幣市場形成後，是中、長期貸款的典型形式，對於金額大、期限長的貸款，多由幾家甚至幾十家銀行組成銀團聯合提供貸款。

12.3 銀團貸款市場

12.3.1 銀團貸款的組織形式

(一)銀團貸款的當事人

銀團貸款的當事人主要有三個方面：

(1) 貸款人。包括牽頭銀行(lead manager)、經理銀行(co-managers)、參與銀行(participant bank)、代理銀行(agent bank)等。都是國際性的商業銀行、投資銀行等。

(2) 借款人。銀團貸款創立初期，借款人多是私營企業。70年代以後，絕大多數是國家政府、政府機構、國營企業以及國際金融組織等。

(3) 擔保人。不僅借款人要有相當資金實力，擔保人也要有資金實力。

(二)銀團貸款的具體方式

銀團貸款的具體方式主要有兩種：

(1) 直接銀團貸款。由參加銀團的各個貸款銀行直接向借款人提供貸款，貸款工作由各貸款銀行在貸款協議中指定的代理銀行統一管理。

(2) 間接銀團貸款。由牽頭銀行向借款人貸款，然後由該銀行將參加貸款權(participation in the loan)分別轉售給其他銀行，後者稱為參加貸款銀行，它們按各自承擔的參加貸款額貸給借款人。貸款工作由牽頭銀行負責管理。

銀團對借款人的信用安排，除直接貸款外，還有隨時可以提款的備用信貸（stand-by credit）、各國出口信貸機構以固定利息籌資時的借款擔保、美國發行商業票據時的擔保等。

12.3.2　銀團貸款的基本條件

國際銀團貸款的基本條件主要包括以下各項：

1. 金額。金額少則數千萬美元，多則數億美元，一般以 1–3 億美元居多。

2. 期限。貸款期限包括：

   （1）提款期（draw down period）。簽訂貸款協議後，支用款項的期限。

   （2）寬限期（grace period）。不需還本金但要按約定付息的期限。

   （3）償還期（repayment period）。寬限期滿後償還本金的期限。

   銀團貸款期限一般 5–12 年，最長的可達 20 年。

3. 貨幣。有歐洲美元、歐洲日圓、歐洲馬克、歐洲英鎊、歐洲法國法郎等，使用最多的是歐洲美元。

4. 利率。見 11.3 的歐洲貸款的定價機制。

5. 費用。國際中、長期貸款和銀團貸款的借款費用，包括：

   （1）管理費（management fees）。借款付給牽頭銀行的費用，一般為借款額的 0.5–1%，期初一次性支付。

   （2）代理費（agency fees）。借款人在貸款期內每年付給代理行的費用。

   （3）雜費（out of pocket expense）。貸款協議簽訂前所發生的各種費用，如車馬費、文件繕寫費、辦公費、律師費等。

   （4）承擔費（commitment fees）。貸款人按貸款協議準備了資金，而借款人未按期用款，需向貸款人支付補償性質的費用。

6. 擔保。如果借款人的資信與借款的金額不相稱,要由政府、中央銀行、大商業銀行等提供擔保。工程項目貸款有自償能力,可用該項目的財產和收入作為抵押。

7. 償還方式。還本付息方式主要有兩種:
   (1) 分期付息,最後一次還本。這方式適用於金額不大、期限較短的貸款。
   (2) 本息分期攤還。這方式適用於金額較大、期限較長的貸款。

8. 利息期。利息期有兩種涵義:一是確定起息期;另一是利率調整的週期,如 3 個月或半年根據市場利率調整利率 1 次。

9. 費用增加補償條款。因貸款市場所在地法令政策的變化而使貸款銀行的貸款成本增加,由借款人補償。

10. 歐洲貨幣供應條款。即在歐洲貨幣市場資金供應緊張時,貸款銀行有權要求借款人提前償還貸款。

11. 貨幣選擇條款。即允許借款人以協議規定的貸款貨幣以外的各種貨幣提取貸款。

12. 提前償還條款。即借款人一旦資金充裕,有權提前償還貸款。

13. 交叉違約條款。如債務人對本債務以外的任何債務契約違約,即構成對本債務的違約。

14. 消極保證條款(negative pledge)。即借款人不得以其收入和資產為其他債務提供低押。

15. 適用法律條款。指適用於借貸雙方的法律。目前,一般遵循國際私法的行為地原則,選擇適用的實體法。

12.3.3 銀團貸款的二級市場

國際銀團貸款的二級市場是在 80 年代出現的。原因是國際大銀行有信譽和能力，可隨時作為牽頭或經理銀行，不願自始至終參加其所組織起來的每筆貸款，需要二級市場轉讓部分貸款的債權，並隨時利用其優勢組織新貸款，以增加其作為牽頭或經理銀行的服務性收入。另外，80 年代債務危機使貸款風險增大，各國政府和國際清算銀行要求各銀行維持一定的資產負債比率或貸款準備金，迫使許多銀行出售部分貸款，以分擔風險和增加參與新貸款的能力。

國際信貸二級市場的交易方式主要有：

（一）替代（novation）

在一項信貸中，原來的債權銀行把自己的債權份額全部讓給一家新的債權銀行。從債務人角度看，只要有人接受這份債權，就毋須關心債權人名字的變化是誰。

（二）轉讓（assignment）

某一債權人把其在某項信貸中可得的本金和利息轉讓給另一家銀行。它與替代的區別在於，它轉讓的是收取本金和利息的權利，並不涉及債權所有者的名字變動。

（三）次級參與（subparticipation）

部分轉讓收取債務本金和利息，而不變動原來債權人與債務人關係。購得次級參與權的銀行對債務人和原債權人都沒有追索權。次級參與所得的債務利息，一般比原債權人在這筆貸款中所得利息低 1/8 個百分點到 1/4 個百分點。所以，實際上原債權人仍繼續從借款方收取利息，扣除其中一小部分後轉交給次級參與銀行。

（四）信貸互換（swaps）交易

是信貸資產（債權）對信貸資產或債務的互換交易，在二級市場上比較流行的形式有：

(1) **資產對資產互換**（asset-for-asset swaps）。指兩家債權銀行交換對不同國家的債權。如果交換的債權的價值不相等，則其差額以現金補足。一般說，對不同的債務人的債權會有不同的折扣，故在互換中的交換比率不會是一對一的。80 年代中期一些債務國的債務在互換中的折扣率，波蘭為 40%，阿根廷 30%，菲律賓 25%，巴西 25–28%，委內瑞拉 22%，墨西哥 16–17%。

另一種資產對資產互換是以貸款債權交換不動產，如 1985 年阿根廷政府規定任何想在阿根廷投資的外國人可用其持有的阿根廷官方債務的金額面值，換得在阿根廷的實際投資資產權。阿根廷可在國際信貸二級市場上以一定的折扣率消除債務，同時起到吸引外資的效果。這種資產對資產的互換，是 80 年代債務危機中債務重整的產物。

(2) **資產對債務互換**（asset-for-debt swaps）。一般是一家銀行以其自己的某筆貸款債權來抵消其對另一家銀行的債務。互換結果，接受債權的銀行，債權總額不變，但債權對象卻改變了。

(3) **資產對現金互換**（asset sales for cash）。實際上是貸款債權的出售。1984 年開始這種互換，首項交易是一家美國銀行用 200 萬美元的巴西政府債務與另一家銀行換得 160 萬美元現金和 40 萬美元墨西哥 Alfa 公司商業票據。這 40 萬美元的商業票據作為巴西債務折扣處理。

由於國際信貸互換交易迅速發展，相應的商務機構也建立起來。紐約投資銀行 Eurinam International 與倫敦商人銀行 Singer & Friedlander Ltd.，在 80 年代中設立合資公司，專門安排這類互換交易。僅 1984 年一年，這家公司就促成了 100 筆互換交易。

12.3.4　銀團貸款市場的變化

有人把銀團貸款的起源，追溯到 20 世紀 30 年代美國創立的"聯合定期貸款"，它是由兩個以上的銀行以相同條件對同一借款人進行的中、長期貸款。今天的銀團貸款，實質上也是一種聯合定期貸款，不同的是 30 年代聯合貸款制定和協商條件是由借款人安排的，沒有牽頭銀行（head bank）組織包銷銀團等的概念。到歐洲貨幣市場逐漸由短期資金市場擴展為中、長期資金市場後，以美國為首的各國大證券銀行能夠在歐洲市場上組織聯合貸款團，為國際銀團的誕生打下基礎。

首次大型銀團貸款，是 1968 年由銀行家信託公司與利曼兄弟銀行為經理銀行，共有 12 家銀行參加。這次貸款將證券業務中的包銷運用於貸款。同時，貸款合同還附有期票，在合同簽訂後就可把全部貸款或部分貸款向其他銀行推銷，此後銀團貸款市場迅速擴大，1972 年一年的貸款額達 110 億美元。1972 年對意大利興業銀行的一項貸款，具有劃時代意義。該項貸款由美國漢華銀行牽頭，完全具備了今天銀團貸款的結構：漢華銀行的包銷、最終推銷目標的制定、以及送交文件的時間安排等。該項貸款市場認購踴躍，貸款額增至 2.5 億美元，接近原計畫兩倍。

1973 年，銀團貸款市場繼續發展，年貸款額達 195 億美元，加息率更小，而貸款期限則更長。

1973 年 10 月中東戰爭爆發後，石油輸出國禁止石油出口，並於 1974 年 1 月將石油提價三倍。這些國家貿易盈餘猛增，大量石油美元流入歐洲存款，並轉貸給非產油國，解決國際收支逆差。在這方面起重大作用的，正是當時作為銀團貸款主角的歐洲商業銀行。

1974 年 6 月，西德大銀行赫斯塔特銀行（Herstatt Bank），因外匯投機損失宣告破產，引起歐洲市場大混亂。這一年夏天幾乎沒有達成新的銀團貸款，許多銀行退出市場。第 4 季度末恢復的銀團貸款市場與 6 月前相比變了樣：第一，貸款條件苛刻得多，加息率近 1.5 個百分點，上升達 1 個百分點左右；期限從以前的 8–10 年縮為 5 年。第二，大銀行對中、長期貸款採取謹慎態度，日本銀行更全部退出市場。第三，參加包銷、貸款的許諾，要得到書面的確認，貸款合同上附加關於保障債權的詳細規定，這成了今天仍被採用的慣例。

1975 年和 1976 年，銀團貸款市場緩慢恢復起來，步入銀團貸款鼎盛期。這兩年貸款收益高，加息率超過 1 個百分點，期限一般 5 年，手續費收入在 0.75–1% 之間，多次出現要求借款人增加借款額、申請參加貸款額超過預定貸款額的情況。

1977 年日本銀行全部回到市場。由於銀團銀行過剩，而信譽良好的借款人要求改善使用貸款條件，貸方市場變成了借方市場，1980 年平均加息率接近0.5個百分點，期限平均是8.4年。1981年國際銀團貸款總額達 1,315 億美元（其中歐洲銀團貸款 913 億）。

80 年代初，東歐出現債務危機，波蘭、羅馬尼亞、匈牙利、南斯拉夫相繼拖延償還貸款。接着拉美債務危機爆發。1982年 8 月，世界主要銀行都接到要求延期還債的電傳，重新安排債務的時代開始了。國際銀團貸款額急劇下降，從 1981 年的歷史高紀錄降至 1982 年的 1,005 億美元，1985 年更降至 396 億元。1986 年開始走出低谷，達到 486 億美元，此後逐年上升，至 1988 年達 1,159 億美元。②

這一時期銀團貸款的特點是：

（1）加拿大、澳洲、英國、北歐各國採用項目貸款開發資源，使 70 年代末、80 年代初銀團貸款急劇增加。

（2）許多大額銀團貸款供收購企業之用，通過增資或發行企業債券再度變成企業資本。

(3) 經合組織國家因公司重組(合併、收購)融資和物業貸款轉向債券市場或國內信貸市場，對國際銀團貸款的需求明顯下降，1988 年為 1,038 億美元，1989 年減至 773 億美元。

(4) 由於債務危機，自願性銀團貸款下降，為重組債務而安排的非自願性貸款則大為增長。如 1989 年自願性貸款比上一年下降了 26%，非自願性貸款卻增長了 1.8 倍，共 89 億美元。

12.4 國際資本市場新的貸款方式

80 年代國際資本市場上的資金借貸出現了不少新方式、新工具，主要有以下幾種：

(一)自動延期包銷信貸

這是介於傳統辛迪加貸款和國際債券之間的新方式，創於 1981 年。具體做法是：辛迪加銀團與借款人簽署協議，提供中、長期貸款，借款人則發行總額相等的短期歐洲票據或貨幣存單，由辛迪加銀團包銷。這種信貸方式可以在一定程度上協調借貸雙方不同的願望和利益。即借款人所需費用一般可低於傳統的籌資方式，貸款人則可以在短期資金的基礎上提供較長期的貸款。目前，自動延期包銷信貸在發達國家採用較多。南韓在發展中國家第一個採用這種方式籌資，第一筆業務是由本國外匯銀行與國際商業銀行簽訂協議，發行 3–6 個月的貨幣存單，獲得一筆為期 5 年的貸款，利率為 Libor + 0.25%，比一般中、長期貸款的利率低。

(2)可轉讓貸款

最初貸款人的貸款承諾，通過國際信貸二級市場轉讓給別人，做法是，原承諾貸款的商業銀行發行與貸款總額相等、但不低於規定額度的不同面值可轉讓貸款證券，證券上分別寫明不同的籌還日期，並註明證券持有人享有獲得原貸款協議規定的利息和其他收益。這樣，貸款銀行實際上是將貸款轉移給了別人，而借款人通過這種方式所承擔的利息較低。愛爾蘭1984年採用這一方式籌借一筆為期10年的借款，利率是 Libor + 0.375%，低於當時的銀團貸款。美國花旗銀行在1990年3月份的一個月中，就出售了14億美元的可轉讓貸款證券。

(三)機動償還貸款

按絕對條件還本付息，或者把本息與借款人的出口收入掛鈎。當利率上升或出口收入減少時，債務分期償付額佔總還本付息額的比例下降，貸款期相應延長。運用這種方式，借款者可統籌安排償債計畫，貸款者可不必擔心遭到重大衝擊與損失。

(四)累進償付貸款

這種方式，規定貸款的初期債務本息償付額較低，甚至可以是負數，然後逐步增加。這種貸款適用於項目融資。貸款人必須事先對融資項目認真評估，發放貸款後，雙方利益和責任便連在一起。

(五)分享股權貸款

這種貸款是貸款人接受低於市場利率而分享項目的部分股權，借貸雙方共同分擔項目的風險。貸款協定必須對項目產品定價作出規定，貸款人對項目管理應有一定發言權。

(六)按價格水平調整貸款

由借貸雙方商定，貸款本金的實際價值與預先選定的某種價格指數聯繫起來。另外，還要商定一項貸款實際利率的幅度，正常情況一般為2–3%。

(七)多種選擇貸款

是一種靈活的辛迪加貸款，包括多種集資選擇，按借款人意願使用，如商業票據發行、銀行承兌、短期現金預支、承諾貸款。實際的貸款協議按借款人需要包含其中某種融資方式。許多借款人利用這種貸款工具代替短期商業票據計畫，或替代成本較高的普通銀行貸款。在 1987 年股市危機後，它顯示出吸引力，推動銀團貸款復興。

注　　釋

① 摩根保證信託公司:《國際金融市場》, 1986 年 9 月, 1988 年 11 月。
② OECD:《金融市場趨勢》, 1988 年 11 月, 1989 年 5 月的數字, 是扣除重議和再融通部分的新安排銀團貸款。

第 13 章

國際資本市場

—— 國際證券市場

13.1 國際證券市場的結構和變化

13.2 國際債券市場

13.3 歐洲票據市場

13.4 國際股票市場

*　　　*　　　*

13.1 國際證券市場的結構和變化

13.1.1 國際證券市場的概念

證券市場（stock market）是指股票、債券等有價證券發行和交易的場所，是包括證券投資活動全過程的證券供求、交易網絡和體系。

國際證券市場則是經營國際債券和股票的場所。它是國際資本市場的重要組成部分，也是商業銀行進行中、長期信貸以外最重要的長期資本籌集場所。

國際債券市場直到 60 年代才初具規模。其標誌是 1961 年 2 月 1 日在盧森堡首次發行的歐洲債券，1963 年 1 月正式形成歐洲債券市場。

13.1.2 國際證券市場的結構

廣義的證券市場在結構上分為兩個部分：

（一）證券發行市場

是發行新證券的市場，亦稱"初級市場"，或"一級市場"。是指各個企業、機構、政府發行證券時，從規畫至推銷、承購的全部活動過程。它的主要特徵是：

(1) 是沒有固定場所的抽象市場。新證券發行的全部活動不在有組織的交易所內進行。新證券出售給應募人後，發行市場即告消失。

(2) 交易方式是由證券發行的中介機構一次性承購、包銷。買、賣雙方體現的是一種借貸關係，購買人交繳證券價款後，這些資金即與證券市場無關，成為真實資本。

(3) 市場的職能包括：（i）創造新證券；正確分析、評價新證券的投資價值；確定新證券的發行條件和方法；組織包銷承購和尋找可能的購買者。(ii)高效率地實現資本再分配，即廣泛聚集社會公眾資金，形成較長期、較大額的投資力量，為資金需求者直接提供資金。

(4) 市場主要是由以下成員構成：

　　a. 新證券發行人。主要是為興辦或擴大建設項目及經營規模的國家政府、公共機構和大公司企業等。

　　b. 投資人。一般是規模巨大的機構投資者、互助基金、投資銀行、信託公司等。它們通過廣泛的通訊網絡和承購辛迪加，把新證券迅速分銷於社會各階層。

　　c. 受託人(中間人)。亦稱"市場經營者"，是證券發行的中介機構，一般是商業銀行、證券公司等。它們作為中間人的最重要的作用，是對該發行證券的信用代位。

(二)證券交易市場

　　證券交易市場是已在初級市場上公開發行的證券的交易場所，是各種證券買賣、轉讓和流通的樞紐。它一般分為場內交易市場和場外交易市場(over-the-counter market，OTC)。前者叫做二級市場或次級市場，是指在一定場所、一定時間、按一定規則買賣特定種類上市證券的市場；後者是指在交易所外買賣證券的市場，包括三級市場、四級市場和店頭交易。

(1) 二級市場(secondary market)：證券交易所

　　二級市場的具體組織形式是證券交易所。它是一個有組織、有固定地點、集中進行證券交易市場的中心。證券交易所是由多個團體成員構成的法人，它本身不參加證券買賣，只為買賣雙方提供場地和服務，同時兼有管理證券交易市場的職能。目前，全世界已有 60 多個國家設立了證券交易所，其中以紐約、倫敦、東京的證券交易所最為重要。此外還有加拿大的蒙特利爾股票交易所，法國的巴黎股票交易所，德國的杜塞爾多夫、漢堡和法蘭克福交易所，意大利的米蘭交易所，瑞士的蘇黎世交易所，等等。

交易所作為買賣金融商品的市場，具有以下特徵：

a. 間接性。證券買賣雙方都不直接參與交易，而是通過交易所的經紀人代理買賣。交易所本身既不持有股票，也不參與證券買賣，更不能決定證券的價格，只是為買賣雙方的成交創造條件，提供服務，進行監督。換言之，是為證券交易雙方提供一個進行公證交易的有效率市場，保證交易迅速合理，資金和證券轉移準確及時。

b. 公開性。交易所的證券交易完全公開。為便於投資者作出選擇和證券持有者對證券轉移作出決定。使他們隨時掌握行情，交易所要求所有申報上市證券的發行者，必須定期真實公布經營情況和財務狀況。同時，交易所定期公布各種證券行情表和統計表，並隨時公布股票價格指數。

c. 組織性。交易所必須按照有關法令，經政府特許才能成立，有嚴密的組織性。它有專門的立法、規章制度和操作程序。對上市證券標準及審批、進場交易人員、成交價格、成交單位、成交後的結算都有嚴格的規定。對交易所內部人員利用內部情報進行投機、操縱價格、壟斷欺詐等行為，也有嚴厲的制裁措施。

二級市場的功能主要有：

a. 提高證券的流動性(反映在證券市場總量和全部已出售額之間的比率上)。證券的特徵之一是要具有流動性，二級市場就是提供實現這一特性的條件，提高投資的靈活性和證券的吸引力，確保外部投資者願向企業提供所需的新資金。

b. 維持證券價格的相對合理性。交易所中的交易採用公開競價拍賣(public auction)的方式，證券價格隨行就市，根據供求情況來決定，排除人為操縱，從而使價格公平合理。

c. 提供經濟信息，反映經濟情況。證券交易市場組成人員或機構來自各個方面，又從不同角度對政治、經濟、金融等動態進行調查研究，互相傳播、討論，使證券市場成為經濟金融信息產生與傳播的場合。市場上證券價格的變化，也往往反映政治、經濟、金融形勢變化及各行各業經營狀況，成為十分靈敏的信息工具，具有提供經濟信息、反映經濟情況的功能。

證券交易所的成員依照其活動方式，可分為幾種：

a. 場內經紀人(floor broker)。是由證券公司派在交易大廳中專門處理本公司客戶買賣指示的交易所成員。

b. 個體經紀人(two-dollar broker)。場內經紀人為按客戶指示完成大額或複雜的證券交易，常請個體經紀人代辦一些交易，代辦人按代辦股數每 100 股收費兩美元，故又稱"兩元經紀人"。

c. 交易所自營商。參加交易不是為賺佣金而代理客戶或其他會員工作，而是專門買賣自己的上市證券，其收入是買賣證券的差價。

d. 零售證券商。經營或接受委託買賣數額不足一個成交單位的證券，他們不收取佣金，主要收入是交易差價，即以低於一個成交單位的即時價格買入證券然後以高於一個成交單位的價格出售。

e. 專業證券商。美國稱為 specialist broker，英國稱為 jobber。他們是對某些種類證券的經營具有專門知識或專業經驗的交易所成員，具有證券經紀商和自營商兩重身分，在交易中發揮兩種職能。一是在合理情況下，維持證券市場交易公平而有秩序的進行。他們要以公平的價格買進和賣出由他們經手的證券；在交易所供需暫時不均衡時，要以自己的資金買進或賣出，以實現交易平衡。另一職能是要作為經紀人的經紀人，接受和執行其他經紀人的"限價委託"或"定價委託"任務。

f. 佣金經紀人(brokerage house or commission house)。亦稱證券商行，他們收取佣金，接受公眾委託，在證券交易所交易，也可以從事場外交易。其職能是負責證券商行及分支機構的業務經營、財務調度、推廣業務。

以上這些交易所成員，一般都有學歷、年齡、經歷、信譽、經驗以及資產保證等條件限制。

(2) 三級市場

這是非交易所成員在交易所以外從事大筆上市證券交易的市場，自60年代以來發展很快，在美國已形成專門市場。它的出現，反映證券交易、特別是股票交易日趨分散化、多樣化，成交額不斷擴大；也反映機構投資者在證券市場上投資比重明顯上升。

(3) 四級市場

這是一些大企業投資者(即投資公司、年金基金、保險公司等)繞開證券經紀商而相互直接交易的市場。有時也有幫助安排交易的第三方，但不直接介入交易過程。故這個市場實際上只是通過電話、電傳交易證券，不需經紀商介入，交易成本較低，且有利保守交易秘密。

(4) 店頭市場

又稱"證券商櫃枱交易"。是證券經紀人或自營商不通過證券交易所，直接同顧客買賣未上市證券(有時也包括一小部分已上市證券)的市場。具有以下特點：

a. 交易對象。主要是未上市的股票，有利於買賣和流通那些不能和不願在交易所上市的證券。

b. 組織形式。它沒有從整體上、法律上建立系統的交易章程和制度，沒有中央市場，而是一個廣泛、分散的市場。

c. 交易方式。不採取交易所競價拍賣方式，而由交易雙方直接協商確定淨價成交。所謂淨價，即自營商不收佣金，只賺取買賣差價。店頭交易方式靈活，不限制最低交易量，方便小額零數的證券買賣，有利於增強它們的流動性。

13.1.3 國際證券市場的變化

戰後，國際證券市場發生了極為深刻的變化，主要表現在以下三個方面：

(一)證券形式多樣化

國際債券的傳統形式是固定利率的外國債券。歐洲債券市場形成以後，國際證券形式趨於多樣化。有以各種境外貨幣為面值的歐洲債券、雙重貨幣債券、浮動利率債券、零息債券、可轉換債券(包括貨幣轉換、利率轉換和股票轉換)。1979 年還出現一種可提前償還的債券(called bond)，1984 年底 1985 年初又出現無期限浮動利率債券(perpetual floating rate notes)，等等。證券形式的多樣化，大大地方便和擴大了國際證券的發行和銷售，使國際債券市場及二級市場順利發展和擴大。

(二)資本市場證券化

80 年代以來，國際資本市場出現了歷史性大變化，即資本借貸證券化(securitisation)，具體表現為：

(1) 融資證券化

即國際融資從以銀行貸款為主轉向以債券、票據為主。1982 年的國際債務危機爆發後，國際資本市場上銀團貸款急劇減少，國際證券的發行量則急劇增加。據經合組織統計，國際債券和票據的發行額，1965 年僅為 33 億美元，1980 年增至 383 億美元，1984 年達 1,095 億美元。1983 年佔國際融資比重開始高於信貸籌資，佔 54.5%(表 13.1)。據《銀行家》雜誌 1990 中的一項統計，證券交易以及與證券市場有關的融資手段，已佔國際金融市場融資總額的 85%。

表 13.1　不同國際籌資方式所佔比重

籌資方式	1982 年	1983 年	1984 年	1985 年
浮動利率債券	27.0%	30.0%	29.6%	36.1%
浮動利率票據	7.8	12.7	19.4	22.8
票據發行便利	5.7	4.4	8.8	14.1
附認股權債券	2.1	5.2	5.5	4.5
零息債券	0.8	2.2	2.0	2.0
債券籌資比重	43.4%	54.5%	65.3%	79.5%
銀團貸款	56.6	34.4	23.2	13.6
支持貸款便利	—	1.8	5.8	4.1
國際債務重議	—	9.3	5.7	2.8
信貸籌資比例	56.6%	45.5%	34.7%	20.5%

資料來源：日本野村證券公司。

（2）投資方式證券化

傳統的投資方式是購買債券和股票，但隨着籌資的證券化，貨幣市場和信貸日益具有有價證券的形式。市場上除債券、股票外，還增加了多種形式的可轉讓新型票據，如票據融資、新型股權轉讓、信託投資證券，等等。特別是歐洲票據的出現和發展，已形成一個全球性的、貨幣種類多樣化的流通市場，吸引了許多以前股票和債券市場的投資者。一些大公司、企業的暫時多餘的資金也不再存入銀行，改為買進票據。一些以前投資美國國庫券的國家中央銀行，現已購買了市場上四分之三的官方、半官方機構及三 A 級公司發行的票據。資本市場證券化不但使借款人、也使投資者都繞過銀行系統，以書面單據的形式進行直接的籌資和投資。

（三）證券市場國際化

戰後，各國證券市場都朝向國際化發展。特別是 70 年代以來金融自由化的浪潮，使資本市場也由過去的分割狀態逐步聯成一體。各國的證券交易所進入國際化，先後完成了由內向型朝外向型的轉變，一級市場和二級市場不再局限於國內市場的開拓，而實行對外國投資者或借款人開放，准許其買賣本國的債券和股票，並申請發行外國的政府債券和公司股票。外國人可以在所在國的證券交易所買賣這些外國證券。

紐約證券市場和倫敦證券市場等，都是高度國際化的證券市場。倫敦交易所有 76 個外國公司加入，有 512 家外國公司登記出售債券；紐約交易所 1990 年有 1,768 家美國和外國公司的股票上市掛牌。1980 年，外國人購買美國公司的證券已達 556.98 億美元，出售額為 448.16 億美元。從 1978 年至 1980 年，外國人在紐約購買或出售的公司債券均增長 90% 左右。

證券市場國際化的另一個重要發展，是越來越多國家的股票到世界主要交易所上市交易。據統計①，1990 年中，倫敦交易所上市股票交易量中，外國股票佔 30% 以上；荷蘭阿姆斯特丹交易所上市的外國股票佔 50% 強。許多發展中國家的股票也在主要證券交易中心上市。

13.2 國際債券市場

13.2.1 國際債券種類

國際債券市場(international bond market)，是通過在國際上發行債券籌集中、長期資金的市場，由外國債券市場和歐洲債券市場所組成。

國際債券是一國政府、金融機構、企業單位和國際金融組織，在國際市場上發行以外國貨幣為面值的債券，可分為：

（一）外國債券(foreign bonds)

是指一國政府、金融機構和企業單位，在本國以外的某一國家發行以所在國貨幣為面值的債券。這種債券由發行所在國的銀行承購和推銷，購買者亦以發行所在國的居民為主。目前，外國債券的發行，主要集中在美國、日本和西歐一些國家。在美國發行的外國債券稱為洋基債券（Yankee bonds），在日本發行的稱為武士債券（Samurai bonds），在英國發行的稱為熊狗債券（Bulldog bonds）。

(二)歐洲債券（Euro bonds）

是指在歐洲貨幣市場上發行以境外貨幣為面值的債券，60年代初才開始出現。這些債券一般在兩個或兩個以上國家的境外市場同時發行，主要在債券面值貨幣發行國以外的國家銷售，通常由一些國際性證券公司和銀行承購和推銷。

歐洲債券與外國債券相比，有以下特點：

(1) 外國債券的發行須在發行所在地國家註冊登記，公布發行人的財務報表，手續較複雜。歐洲債券的發行一般不受政府管制，發行便利、迅速。但歐洲債券市場也不是一個完全不受管理的自由市場。因為每一筆歐洲債券的發行必須遵守銷售國的法律和規則。另外，一些國家如比利時和瑞士（在 1982年以前）限制或禁止使用本國貨幣為面值發行歐洲債券。日本則遲至 1984 年才允許外國居民發行歐洲日圓債券，並允許外國銀行包銷日圓債券。

(2) 發行外國債券時，投資者必須繳納利息預扣稅。發行歐洲債券時，由於採取不記名形式，既不繳納利息預扣稅，也不須繳納所得稅，籌資成本（利率）要低些。

(3) 外國債券只能用借款國貨幣發行，而歐洲債券可用發行人樂意選擇的貨幣發行。

(4) 外國債券的發行額受一國資金供給的限制，而歐洲債券的投資者來自全球，發行額只受借款人自身清償力的限制。

由於歐洲債券有以上特點，問世以來發行額迅速擴大，市場規模大大的超過外國債券市場。1963 年歐洲債券初次出現時，發行額只有 3 億美元；1968 年是 60 年代的發行高峯，達 38 億美元（當年額）；1969 年和 1970 年美國經濟危機，發行額分別下降到 33 億和 30 億美元；70 年代的 1976 年首次突破 100 億美元，為 143.3 億美元。進入 80 年代，發行額陡增，1985 年達 1,367 億

表 13.2　國際債券當年發行額及其構成

單位：億美元

年　份	歐洲債券	外國債券	國際債券	歐洲債券比重（%）
1970	30.0	16.0	46.0	65
1971	36.0	31.0	67.0	54
1972	63.0	34.0	97.0	65
1973	42.0	36.0	78.0	53.8
1974	21.3	47.3	68.6	31
1975	85.7	113.4	199.1	43
1976	143.3	181.9	325.2	44
1977	177.4	144.7	322.1	55
1978	141.2	201.5	342.7	41
1979	187.3	222.6	409.9	46
1980	239.7	179.5	419.2	57
1981	316.1	213.7	529.8	58
1982	503.7	258.2	761.9	66
1983	485.0	278.3	763.3	64
1984	794.6	279.5	1,074.1	73
1985	1,367.0	310.0	1,677.0	82
1986	1,888.0	394.0	2,282.0	82
1987	1,405.4	402.5	1,807.9	79
1988			3,249.0	
1989			2,500.0	
1990			2,363.0	
1991			3,190.0	

資料來源：摩根保證信託公司：《世界金融市場》各期；1988-1991 年見經合組織《國際金融市場趨勢報告》。

美元(見表 13.2),首次超過當年歐洲信貸額(1,103.2 億美元,見表 12.1),成為國際籌資的主要形式。

(三)全球債券(global bonds)

這是近年來國際債券市場上的新品種,它在歐洲、亞洲、美國同時發行,可以 24 小時全天候在全球各地交易。1992 年,首次發行日圓和澳洲元為面值的全球債券,也首次有由企業發行的全球債券。

世界銀行仍然是全球債券最大發行者,1992 年總共發行 250 億日元(相當 20 億美元)的 10 年期日圓全球債券,利率為 5.25%。歐洲復興銀行和歐洲投資銀行首次發行以澳洲元為面值的全球債券,1992 年共有 5 種,總金額 10.4 億澳元。而首家發行全球債券的企業是日本松下電器公司,1992 年 7 月發行 10 億日圓的 10 年期全球債券。

世界銀行還在 1993 年 1 月初推出以美元為面值的全球債券,並準備首次推出以德國馬克為面值的全球債券。

13.2.2 國際債券市場的結構

(一)債券的發行與投資結構

國際債券的發行人主要是政府、政府機構和企業、國際經濟、金融組織、跨國公司及跨國銀行等。《歐洲貨幣》月刊列出了 1980 年至 1987 年 7 月歐洲債券市場上的十大發行人(見表 13.3)。

歐洲美元債券十大發行人,也是其他歐洲貨幣債券的主要發行人。他們在 1980 年至 1987 年 7 月,佔歐洲美元債券的 16%,歐洲馬克債券的 33%,歐洲日圓債券的 44%,加拿大元債券的 29%,澳洲元債券的 21% ECU 債券的 34%,歐洲英鎊債券的 28%,其他貨幣債券的 30%(見 Euromoney Bondware,1988 年)。

歐洲債券發行人如按國家劃分,則信用級別高的發達工業國發行額最大,發展中國家發行額很少(見表 13.4)。

表 13.3 歐洲美元債券十大發行人的發行額

單位：億美元

發行人（借款人）	1980	1981	1982	1983	1984	1985	1986	1987	累計
瑞典政府	8	4	7	22	3	17	8	2	98
花旗銀行	7	8	3	3	3	25	30	3	92
世界銀行	5	11	20	10	9	18	7	10	90
丹麥政府	—	—	3	6	22	10	40	5	86
英國政府	—	—	—	—	—	25	40	—	65
GMAC	3	5	8	3	4	13	15	11	62
比利時政府	—	—	—	4	12	15	23	3	57
EEC	2	—	—	24	—	22	5	3	56
歐洲投資銀行	4	5	3	7	6	9	11	—	45
BNP	3	—	6	—	12	13	8	—	42
總計	32	33	50	79	108	167	187	37	693
歐洲美元債券總計	127	210	395	359	632	941	1170	445	4279
10大借款人佔市場份額	25%	16%	13%	22%	17%	18%	16%	8%	16%

表 13.4　國際債券發行國和發行額[1]

單位：億美元

國　別	1976	1977	1978	1979	1980	1981	1982	1983	1984	1985	1986	1987
工業國[2]	242.0	238.5	249.6	318.9	327.3	408.6	630.6	603.1	918.8	1,482	2,133	1,562
美國	4.6	13.5	29.7	67.7	55.9	67.7	145.4	73.3	239.1	401	441	216
加拿大	93.4	52.8	47.6	42.0	38.0	106.5	119.8	71.9	62.5	97	168	87
法國	27.2	19.5	12.9	21.1	28.2	31.6	83.7	64.6	75.2	116	136	89
聯邦德國	—	—	—	—	—	2.8	11.0	30.9	20.5	31	118	105
意大利	—	—	—	—	—	11.1	22.2	15.5	32.5	54	53	72
日本	20.84	19.8	34.7	57.8	53.1	69.3	84.0	139.8	169.8	216	344	435
英國	10.36	19.2	13.7	11.8	17.3	14.1	12.0	14.0	46.8	156	196	124
發展中國家	15.95	34.2	42.3	30.9	24.9	48.9	50.0	25.4	36.1	72	43	25
社會主義國家	0.96	2.5	0.3	0.8	0.7	0.8	0.7	0.8	2.0	27	13	8
國際機構	66.26	64.5	50.6	59.4	66.4	71.6	99.1	134.1	116.8	110	92	98
總　計	325.2	339.8	342.8	409.9	419.2	529.9	780.4	763.3	1,073.7	1,691	2,281	1,807

注：1. 1984 年以前數字的尾數四捨五入；1984 年各類型國家合計數小於總計數。

　　2. 1985–1987 年工業國指經合組織國家。

資料來源：1976–1984 年據摩根公司《世界金融市場》，此項統計自 1985 年後中斷，與銀行信貸綜合起來：
　　　　　1985–1987 年據經合組織《金融市場趨勢》，1988 年 2 月。

在 60 年代和 70 年代歐洲債券的購買者主要是個人投資者，70 年代後期以來則多為機構投資者。瑞士銀行集中了最多的國際個人信託資金，是歐洲債券的主要投資者之一。

(二)債券的貨幣結構

國際債券的面值貨幣都是主要國家的貨幣，如美元、馬克、日圓、加拿大元、法國法郎、澳洲元、荷蘭盾、丹麥克朗等。其中以美元為面值的外國債券和歐洲債券一直居於首位。70 年代由於美元匯率不斷下跌，歐洲美元債券佔歐洲債券發行額的比重低於 70%，1975 年更降至 43.6%。80 年代初美國實行高利率、高匯率政策，歐洲美元債券比重，再佔絕對優勢，1982 年高至 85.1%。1985 年 3 月起美元匯率從高峯回跌，歐洲美元債券比重降至歷史低點，只佔 41.3%。

歐洲馬克債券於 1964 年首次發行，1985 年發行量已僅次於歐洲美元債券。1986 年以後，歐洲日圓債券取代歐洲馬克債券而成為第二大歐洲債券。

歐洲日圓債券 1977 年才開始發行，80 年代發展迅速，1987 年達到歐洲債券總額的 16.5%。1984 年，日本政府允許外國公司發行歐洲日圓債券，歐洲和美國的投資者購買其大部分，日本投資者只購買約三分之一。為了資金使用方便，歐洲日圓債券發行額 80% 附有把日圓兌換成美元的貨幣調換安排。

以歐洲貨幣單位和特別提款權為票面價值的歐洲債券，合稱為複合貨幣債券（currency cocktail bond）。這種債券在 80 年代發行量不斷增大，所佔比重由 1980 年的 0.3% 增至 1987 年的 5.3%（見表 13.5）。

到 1992 年第一季，歐洲債券的貨幣結構發生了很大變化，美元債券發行額 371 億美元，佔總額 1,280 億美元的 28.9%，仍居第一位；ECU 債券躍居第二位，佔 15.2%；日圓債券降為第三位，佔 11.4%；德國馬克債券降為第四位，佔 11.06%；英鎊債

表 13.5　國際債券的貨幣結構

單位：億美元

國際債券面值貨幣	1983	1984	1985	1986	1987	1988
金額	763.29	1,074.11	1,677.56	2,281.06	1,807.88	1,745.0
歐洲債券	485.01	794.58	1,367.31	1,887.47	1,405.35	1,382.57
其中(%)：美　元	79.2	80.0	71.5	63.1	41.3	44.6
西德馬克	7.9	5.8	6.9	9.1	10.7	12.6
英　鎊	4.0	5.0	4.2	5.6	10.7	13.3
日　圓	1.5	1.5	4.8	8.4	16.1	8.8
歐洲貨幣單位	3.8	3.8	5.1	3.7	5.3	5.2
其　他	4.3	3.8	7.4	7.4	16.0	15.6
外國債券	278.28	279.53	310.25	393.59	402.53	362.43
其中(%)：美　元	16.3	19.6	15.0	17.2	18.4	18.7
西德馬克	9.6	8.0	—	—	—	—
英　鎊	2.9	4.6	—	—	—	—
瑞士法郎	51.4	45.2	48.2	59.0	60.4	59.5
日　圓	13.6	16.6	20.6	13.3	10.1	12.1
其　他	6.2	6.0	16.2	10.5	11.1	9.7

資料來源：摩根公司，《世界金融市場》，有關各期。

券降為第五位，佔 9.66%，法國法郎債券居第六位，佔 8.26%
（見《世界貨幣概況》1992 年第三季）。

(三)債券的期限結構

　　債券期限長短取決於發行人的目的和願望，但亦受市場條件
的限制。60 年代，各國通貨膨脹率低，名義利率低，國際債券
期限較長。1965 年發行的歐洲債券中 11 至 15 年期的佔 50%，
16–20 年期的佔 40%，10 年以下的僅佔 10%。70 年代到 80 年
代初通貨膨脹嚴重，名義利率高，歐洲債券期限短。在 1976 年
發行的歐洲債券中，5 年和 5 年期以下的佔 30%，6–10 年期的

佔 50%，11–15 年期的佔 10%。1983 年以來，各主要國家通貨膨脹率和名義利率均大幅下降，但發行者和投資者對其穩定性存有疑慮。歐洲債券期限並未顯著延長，5–10 年期依然佔大部分。

(四)債券的種類結構

國際債券種類繁多，按不同標準可劃分成各種名稱的債券：

(1) 普通債券

又稱直接債券(straight bond)，是固定利率的傳統債券，發行時就把利率和期限固定下來。本金有的到期一次歸還，有的分期歸還。利率支付有的是一年一次，有的是到期一次支付。大多數普通債券是可贖回的；不可贖回的期限有 5 年或低於 5 年。80 年代以來，普通債券的主要發行國是美國、日本、加拿大。1986 年，三國所佔份額分別為 21.7%、14.2%、9.6%。

(2) 浮動利率債券(floating rate note—FRN)

是一種中、長期債券，期限 5–15 年，可轉讓，無記名，面值至少 1,000 美元，息票通常在 3–6 個月的 Libor 存款利率之上加一個加息率。息票在每期利率期終時支付，並按照當時的利率調整下一期利率。本金一般可提前一次償還，但不可以分批償還。1970 年，意大利一家國營電器公司(ENEL)首先發行了浮動利率歐洲美元債券。

這類債券初期發行不多，1972–1974 年共有 9 筆，籌資人多為公司和政府機構。從 1975 年起，跨國銀行逐步成為 FRN 的主要發行者，其發行額 1984 年佔 37.4%，1985 年佔 50%，1986 年佔 45.6%。近年來，發行 FRN 最多的是英國、美國、法國和意大利，1986 年它們的份額分別為 25.8%、22.3%、8.3% 和 4%。1987 年 FRN 發行額大幅下降，主要是由於美元浮動利率債券減少，由 1986 年的 411 億美元減至 1987 年的 42 億美元。

浮動利率債券在發展中產生出幾種變形債券：

a. 下限利率債券(drop-lock bond)。出現於 1981 年，Libor 上

浮不受限制：如果下浮到債權人與債務人事先確定的水平時，這種債券自動轉化為協定固定利率債券，但此後不能再轉回浮動利率債券。

b. 上限利率債券(capped FRNs)。Libor 下浮不受限制，上浮到一定水平時自動轉為協定的固定利率債券。

c. 無限期浮動利率債券(perpetual FRNs)。產生於 1984 年底 1985 年初，發行人為跨國銀行。一次發行後，債券永無到期之日。持有人僅可獲取利息或到二級市場出售，取回本金。如果發行人信譽或財務狀況不佳時，這種債券便無人問津，流動性也很差，故這一市場 1986 年幾乎關閉。

d. 轉息浮動利率債券(convertible FRNs)。1979 年，美國大陸伊利諾斯銀行把一筆 FRN 轉為 25 年期的固定利率債券。此後，這種債券便發展起來。最初發行人按浮動利率債券發行，但要與投資人協定一個固定利率。如果以後市場利率低於協定利率時，應投資者要求可轉換為協定的固定利率債券。如果投資者預期市場利率將會反彈，也可不請求轉換。這種債券與下限利率債券類似，但又有所不同，即投資者具有轉換與否的選擇權，而下限利率債券是自動轉換，投資者沒有選擇權。

（3）零息利率債券(zero coupon bond)

這種債券在 80 年代初上市。它不附帶息票，購買者不收利息，而是按大的票面價值折扣購買債券，在到期日實現資本收益。它對部分投資者具有吸引力，但發行量小，如表 13.6 所示，1986 年為 31 億美元，1987 年降至 17 億美元。

（4）轉換股票債券(convertible bond)

普通債券加上一個選擇權，即成為可轉換債券。可轉換股票債券多為固定利率，少量為浮動利率。投資者的選擇權是可轉可不轉。當普通股票價格上升，或者在債券期限中股票面值的貨幣升值時，債券持有人就可按規定的條件轉換成借款人（發行人或擔保人）公司的普通股票。反之，則可以不轉換。1980 年，這種債券分化出一種雙重選擇權的可轉換債券，它允許持有者將它轉換成普通股票，或者在利息支付日轉換成普通債券。可換股債券 1987 年的發行額為 160 億美元，其中日本公司發行 67 億美元，美國公司發行 48 億美元，英國公司發行 23 億美元。②近幾年來，日本公司的發行額一直居首位。

（5）附認股權證書債券（bond with warrent）

　　它由可轉股債券發展出來，債券附有認股證書，投資者可按具體價格購買擬定比例的股份購買權，也可將認股證書與債券分開，在二級市場單獨出售。這種債券與可轉股債券不同處，是投資者在債券到期前就可行使股票購買權。認股權證書不同於債券，它沒有票面價值，但有價格。一張認股證書的價格為：（股票市價－股票面值）× 可購股票數。只有股票價格上漲，投資者才實行選擇權，按股票面值購買股票。反之，認股證書就毫無價值。附認股權證書債券的發行額，1986 年為 191 億美元，1987 年為 234 億美元。日本公司發行得最多，1986 年為 124 億美元，1987 年增至 200 億。其次為德國公司，1986 年為 17 億美元，1987 年減至 12 億。

　　以上可轉換股票和附認股權證書債券的發行額 1987 年共 393 億美元，1989 年猛增至 810 億美元。其中美元面值佔 68.7%，瑞士法郎面值佔 17.8%，德國馬克佔面值 4%。③

（6）附增購債券證書的債券（bond with warrent to subscribe additional bond）

　　是 80 年代以來興起的一種債券。投資者的選擇權不是購買股票，而是增購相同債券或其他債券。如該公司發行的債券價格上漲，投資者可按原定價格增購，否則放棄購買權。

（7）多份額債券（multiple tranch bond）

這是近年來上市的債券，發行人首次發行總額的三分一或二分一，其餘視市場利率變動情況而定。如利率趨高，可放棄繼續發行；如利率下降，可繼續發行。

（8）延期購買債券（deferred purchase bond）

也是近年出現的新型債券。投資人首次支付債券面額的一小部分，其餘在 6 個月內一次或幾次付清。其利率較低，如投資者發現債券無利時，也可停止購買，但已付款部分不得收回。

（9）雙重貨幣債券（two-tier currency bond）

是 80 年代初上市的新債券。債券發行時用一種貨幣，還本則用另一種貨幣。兩種貨幣匯率在債券發行時就固定下來，到期利息支付仍用債券面值貨幣。還本時如還本貨幣匯率提高，投資者可獲較大利益；反之，則會降低收益。雙重貨幣債券，實際上是普通債券與遠期外匯合同的一種結合體。

（10）抵押債券（mortgage-backed Euro-bond）

這是從 1984 年開始發行的一種歐洲債券，是為了便於一些知名度不高而信用風險較大的地方型機構進入歐洲債券市場。它以美國政府抵押機構擔保的債券作為抵押品而發行歐洲美元抵押債券。

以上種種債券，經合組織通常把它們劃分為 5 類。每類債券所佔比重經常變動，但普通債券始終佔大部分（見表 13.6）。

13.2.3　國際債券的發行

（一）信用評級

借款人發行國際債券（主要是外國債券），一般要對其所具備的經濟實力和信譽作出評級（rating）。所謂信用評級，美國標準普爾公司副總裁埃麥爾曾定義為：信用等級"即為按時歸還本息的相對可能性的指標"。它將債券違約的風險程度，用簡單的記

表 13.6　國際債券種類及發行額

單元：億美元

種　　類	1983	1984	1985	1986	1987
普通債券	494	584	948	1,415	1,238
浮動利率債券	195	382	587	512	107
可轉換股票債券[1]	80	109	113	269	393
零息債券	1	17	19	31	17
其　他	1	23	24	54	18
總　　計	771	1,115	1,691	2,281	1,778
其中：歐洲債券	501	817	1,366	1,877	1,405

注：1. 包括附認股證書債券

資料來源：經合組織：《金融市場趨勢》1988 年 2 月，58 頁：其各年總計數與摩根公司統計略有出入。

號通知投資者。

（1）國際債券評級機構

目前，世界上最權威的評級機構是美國的標準與普爾公司（Standard and Poor's Corp. 簡稱 S & P 公司）和穆迪投資服務公司（Moody Investors Service Inc.）。此外，還有加拿大的債務級別服務公司、英國的艾克斯特爾統計服務公司、日本的日本公社債研究所（Japan Bond Research Institute）等。它們都是獨立的法人企業，不受政府控制，同證券市場亦毫無關係。它們是對一種證券發行或投資進行信用評定，而不是對證券發行人信用的總評定。對投資者僅負有道義上的義務，而無法律上的責任。美國 S & P 公司和穆迪公司評定的級別，不僅為美國市場所承認，而且還為歐洲和日本等國際市場所承認。

（2）債信等級

S & P 公司的評級，從最高級的 AAA 到最低的 D 級，共分

20 級。穆迪公司則共分 19 級，表 13.7 列出該兩機構評級的主要內容。其中 AAA 至 BBB（Aaa 至 Baa）為投資級債券，BB（Ba）以下為投機級債券，附有相當風險。債券評級的高低，對債券的發行有很大影響。按國際慣例，借款人每發行一次債券，都要重新確定一次債信級別。

表 13.7　國際債券的評級內容

S & P 公司	穆迪公司	級別和風險程度
AAA	Aaa	最高級別。投資風險最小，償還本息程度最高。
AA	Aa	較高級別。用各種標準衡量都是高質量的，保險系數略低於 AAA 級。
A	A	中上等級別。償付本息能力強，但易受經濟形勢惡化的影響。
BBB	Baa	中等級別。當前保證本息因素足夠，但從長遠看缺少一些保護性因素。
BB	Ba	中低檔級別。有投機性質的因素，對本息保護是有限的。
B	B	不具備理想的投資特點，還本付息或履行合同的其他條件保證很小。
CCC	Caa	信譽不好的債券。有可能違約，危及本息安全。
CC	Ca	有高度投機性。經常違約，有明顯缺點。
C	C	等級最低的債券。前途無望，根本不能用來作真正投資。

（二）債券的發行方式和程序

新債券的發行方式有兩種：

（1）私下發行（private placement）

不經過承購（underwriting），而是通過投資銀行的中介，把新債券售予特定對象，如養老金會、人壽保險公司等。優點是可免向管理機構辦理登記，發行費用較低。缺點是發行額小、期限短、不能上市公開買賣，且息票率偏高。

（2）公開發行（public placement）

把債券發行到社會廣大公眾而沒有特定的對象，可在交易所上市公開買賣。發行時必須經過國際上認可的債信評級機構的評級，借款人需將自己的各項情況公諸於眾。新發行的債券都由投資銀行承購、分銷，不能銷出的部分通常在短期內由投資銀行按一定價格收回。

在初級市場上，新證券的發行程序一般是先由投資銀行對發行何種債券、在何種條件下發行、採取何種銷售方法等向發行人提供諮詢意見。雙方達成協議後投資銀行就開始準備工作，並對新證券的創製、發行和分銷承擔責任。所有有關文件，包括起草對證券管理機構的申請書、註冊登記表、債券募集書等，都由它負責。這時，投資銀行被稱為發起人（originator）。債券的承購，一般由發起人組織一個承購辛迪加（purchase syndicate），由兩家以至幾十家投資銀行機構組成。承購辛迪加的成員，通常只把其承購的債券外銷一部分，其餘則由更廣泛的一批銀行或機構組成“銷售集團”（selling group）向公眾分銷。

（三）債券發行的主要條件、費用和價格

（1）國際債券發行的主要條件

a. 發行金額。典型的歐洲債券發售規模在 1 億美元左右，或等值的其他貨幣。

b. 到期日。歐洲美元債券的到期日是 5–8 年，美國洋基債券是 5–20 年，歐洲馬克債券 7–10 年，馬克外國債券 10 年，瑞士法郎外國債券 5 年，日本武士債券 10–15 年。債券的生命期決定於發行者的信用地位、發行時的市場條件和貨幣選擇。

c. 息票率。在債券中規定的利率稱為息票率。息票是附在債券上的實際憑證。歐洲債券市場每年支付利息（浮息票據除外），洋基債券則使用半年期息票。

d. 貨幣選擇。發行貨幣的選擇，要考慮該貨幣的可獲得程度和以該種貨幣的償還能力。國際債券最重要的貨幣是美元，其次是日圓、馬克、ECU、SDR、荷蘭盾等。

e. 債券償還（redemption）。主要有兩種形式：(i)債券期滿一次償還。(ii)債券在期中開始償還。期中償還又有三種方式：其一是定期償還，即每半年或一年償還一定的金額，期滿時還清餘額；其二是任意償還，即由發行人任意償還債券的一部或全部；其三是購回註銷，即由發行人在規定期限內從市場上購回債券加以註銷。採用期中償還方式，計算債券的實際期限（即債券的平均生命期）的公式是：

$$實際年限 = \frac{\Sigma\ 每年償還本金額 \times 使用年限}{債券發行額}$$

(2) 國際債券的發行費用

發行債券除支付利息外，還要向經理人、承銷人、推銷集團等支付費用。這些費用以債券發行額的一定百分比表示，歐洲債券的各項費用標準按發行期限和發行人的信用地位稍有增減。總費用有三部分，即管理費、承銷費、推銷折扣，佔債券發售額的比例大致是：管理費 0.375–0.5%，承銷費 0.375–0.5%，推銷折扣 1.25–1.5%，總費用率約為 2.0–2.5%。④初次債券發行人支付的費用較高。發行人最終發行成本率的計算公式是：

$$成本率 = 收益率 + \frac{(發行額 - 按發行價格收入資金額 + 費用) \div 期限}{按發行價格收入資金額 - 費用}$$

（3）發行價格（issue price）

這是債券發行時的實際售價，用對債券票面金額（face amount）的百分比表示。如按票面額 100% 的價格發行，稱等價發行（at par）；如按低於票面額的價格發行，則稱低價發行（under par）；如超過票面額的價格發行，則稱溢價發行（over par）。一般情況，固定利率債券常以低價或溢價發行；如市場利率高於息票率則低價發行，反之溢價發行。浮動利率債券通常以 100% 票面金額發行。

（4）預售市場（premarket）

亦稱"灰色市場"（gray market），這是由個別大證券交易商，在債券發行說明書公布以後，正式上市銷售之前，利用路透社報價推動銷售，預售一定份額新債券。這種交易既不是黑市，也不是正式的公開市場，故稱"灰色市場"。這個市場的買賣價是新債券發行人和發起人（牽頭銀行）最終決定發行條件時的參考依據，也可為二級市場的價格提供參考；二級市場的頭次報價與預售市場的價格水平通常相接近。

13.2.4　國際債券的流通

（一）國際債券的流通方式

在債券流通市場上進行債券買賣的方式，主要有兩種：一種是在證券交易所或期貨交易所掛牌上市；另一種是場外交易，通常是在證券公司或銀行的櫃枱上，以電話、電報或電傳等方式成交。外國債券買賣主要集中在交易所。歐洲債券則沒有場內交易，而是由跨國銀行、經紀人公司和歐洲、日本的一些大銀行通過電訊聯絡構成的無形市場交易。由於相當多的投資者來自歐洲以外的許多國家，因此，歐洲債券的買賣，須遵守外匯交易規範，即要通過經紀人和市場製造者（market maker）進行，並和外匯交易一樣有起息日的慣例：債券買賣成交，表明價格、數量已定，但實際券、款轉手交割，則要在一個星期之後。

(二)國際債券的清算

國際債券市場的清算，由於債券的實際交易是在交易商之間通過電話做成，故交易商的談話是交易的唯一憑據。交易商做成一筆交易，即把交易細節寫在交易卡片上，並向對方發出確認電報，聲明如 24 小時內未從對方聽到任何意見，便拍板成交。接着，交易情況進入電腦，打出合同憑證郵寄對方。在結束日，編出一張財務報表。交易商的電腦多與歐洲清算系統聯絡，通過歐洲債券電腦系統把整個交易過程，直接傳到每個歐洲清算公司中。

由於歐洲債券的發行者、投資者和交易商分布在不同國家，對債券的授受和交易清算非常不便。1968 年 12 月，摩根保證信託公司單獨出資在布魯塞爾設立歐洲清算系統(Euro-Clear Clearance System Limited)。1971 年，各國主要銀行為了與之競爭，共同出資在盧森堡設立另一個歐洲債券清算中心，叫做"塞德爾"(Cedel:—Centrale de Livraison de Valeurs Mobilieres S. A.)。兩機構各有一批歐洲債券存儲保管銀行(depository or custodian banks)，各成員在兩機構銀行分別開立現金賬戶和歐洲債券賬戶。各成員之間之債券交易，可直接通過各自賬面餘額完成券款結算。債券所有權轉讓，既安全快捷，又降低了成本。它們在系統內很少需要實際提取債券用於結算支付。歐洲債券清算中心(Cedel)的電腦除本身相互間連網外，還開發了"歐洲債券清算中心通訊網絡"(Cedel Communications Network)，可連通環球銀行財務電訊協會(Society for Worldwide Interbank Financial Telecommunication—SWIFT)的網絡。1980 年後還與布魯塞爾的歐洲清算系統聯網。目前，每年通過這兩個清算系統清算的歐洲債券總額達 10,000 億美元以上。其中布魯塞爾的 Euro clear 系統佔總額三分之二，Cedel 系統佔三分之一。

兩個清算系統除了清算職能之外，還為證券交易商提供融資，交易商可用其債券存貨價值作擔保，或從其他銀行開出信用證作為取得清算系統給予信貸額度的擔保。這種融資給交易商以很大靈活性，使他們有可能按債券面值貨幣短期銀行間利率為基礎的利率融通債券存貨，直至得到全部信用額度。

　　歐洲馬克債券的清算是一種例外。由於德國銀行是馬克債券的主要交易者，習慣上馬克債券多存放於稱為 Kassenverein 的德國銀行集團內，並通過這些銀行間的聯合證券清算系統，即 Effectengiro 系統完成交易清算。

13.2.5　主要國際債券市場

　　目前，主要的國際債券市場是倫敦、紐約、東京、法蘭克福、瑞士、盧森堡、新加坡等。

(一)倫敦國際債券市場

　　倫敦國際債券市場是歐洲債券交易的中心。這個市場容量大，是任何一國的外國債券市場所不能比擬的。而且，交易自由靈活，免徵所得稅，也不預扣稅款，其發行成本較低。它還有一個極重要的特點是對貨幣的選擇性強，有各種歐洲貨幣任由發行人和投資者自由選擇。另外，它還有一個有效率的和富有活力的國際債券流通市場，在國際債券的發行和交易，都佔有較大的比重。1979 年 10 月，英國宣布取消外匯管制，這使倫敦國際債券市場變得更為活躍。

(二)紐約國際債券市場

　　紐約證券交易所成立於 1792 年，它不僅是美國歷史上最早、規模最大的證券交易市場，也是世界上最重要的有價證券交易市場。1966 年在該所登記的有價證券總值，約為當時名列世界第二位的倫敦交易所的 4 倍；1981 年債券的票面值折合英鎊達 2,968.57 億，為倫敦交易所的 3.6 倍；⑤到 1983 年，紐約交易所的交易金額高達 7,653 億美元，為倫敦交易所的 18 倍。1988
年發生了歷史性的變化，紐約證券交易所的地位為東京證券交易
所取代，降到第二位。

紐約證券交易所也是洋基債券發行和交易的市場。洋基債券
的存在為時已久。但在 1964–1974 年間，由於美國徵收利息平
衡稅，除了世界銀行之類的國際機構及加拿大和發展中國家外，
其他外國機構不能發行洋基債券。1974 年取消利息平衡稅後，
外國機構再度進入洋基市場，這種債券發行量逐步擴大，但發行
量仍不大。1984 年僅發行 49.52 億，佔美國債券市場的 4.2%。
原因是美國對洋基債券的發行控制嚴格，手續繁瑣。但洋基債券
有它的特點：（i）市場規模大，在美國國內市場上投資於洋基債
券的集團投資者約 10 萬戶；其中積極戶或大戶有 1 萬戶。而且，
洋基債券雖在紐約交易所發行，但實際交易遍及美國和全球。
（ii）期限長、金額大，通常 5–7 年。1977 年後，期限普遍拉長，
7–10 年期的已不罕見。

（三）東京國際債券市場

日本的債券流通市場是 1967 年由東京和大阪兩個證券交易
所開始的。東京交易所建立於 1879 年，是現在日本 8 個證券交
易所中規模最大的一個。1988 年以後更發展為世界最大證券交
易所。它有會員證券公司 114 家，其中日本的 92 家，外國的 22
家。到 1988 年底，其資本額達到 38,000 億美元。

東京國際債券市場主要交易外國債券（即武士債券）。日本對
非居民在東京發行日圓債券有如下規定：

（1）凡評到 A 信用等級以上的企業和機構，可發行公募債券。

（2）每一信用等級的發行限額：1988 年起，AAA 級不受限制，
　　AA 級的上限為從 300 億日圓增至 400 億日圓，A 級上限為
　　200 億日圓。

（3）可隨時發行債券，次數不限。

（4）發行年限為 10 年。

（5）1984 年解除對發行歐洲日圓債券（Yen Eurobond）限制，准許州、地方政府、民間企業均可發行。1985 年又批准非居民在日本發行非日圓外國債券，即所謂"幕府時代將軍"（Shogun）債券。

（四）蘇黎世國際債券市場

瑞士蘇黎世債券市場，一直以發行外國債券為專業而著稱。在 80 年代初期，外國籌資者在瑞士發行的外國債券已超過在美國的發行額。據經合組織統計，1983 年主要債券市場外國債券的發行額：瑞士 135 億美元，美國 47 億美元，日本 20 億美元，德國 15 億美元，英國 8.7 億美元；1985 年瑞士發行的新債券已達 149.54 億美元，約佔全球新發行外國債券總額的 48.2%，成為世界上最大的外國債券市場。

瑞士政府規定：公開發行債券是將準備發行的債券在證券交易所公開上市推銷，數額不超過 2 億瑞士法郎；私下發行債券只在一個或少數幾個投資機構範圍內發行，發行額為 0.2 至 1.5 億瑞士法郎。

瑞士的銀行保管和經營證券的服務對象，主要是外國私人客戶。大部分外國證券都在蘇黎世交易所成交。

13.3 歐洲票據市場

13.3.1 歐洲票據的性質和市場規模

歐洲票據（Euronotes）是 1979 年美國花旗銀行首創的新型票據，是借款人在歐洲貨幣市場上憑信用發行的短期票據。它是一種"信譽債務"，主要以發行者的信譽作保證，到期償還。發行者多得到銀行承諾支持，通過發行一系列短期票據而籌到中期資金；投資者通過銀行購入歐洲票據，可以獲得較高的收益。它對借款人和投資者都具有吸引力，因而迅速推廣至全世界，發行量和交易量不斷增加。1987 年股市暴跌，投資者從股票市場轉向歐洲票據市場。歐洲票據發行量從 1985 年的 620 億美元增至該年的 1,044 億美元（見表 13.8）。但1989 年多次發生歐洲票據不能如期收回本息，市場收縮，證券商減少發行。該年 12 月，美林證券公司還宣布從歐洲票據市場撤退。

歐洲票據市場上的借款人，由政府、銀行和大的工商企業構成。目前，約有 40 多家政府和半官方機構、200 多家銀行和金融機構，還有 375 家公司（包括在歐洲的跨國公司）都到歐洲票據市場上籌資。

歐洲票據市場上的投資者，主要由大金融機構，如銀行信託部、投資公司、保險公司、人壽保險公司和一些工商企業組成。近年來，歐洲商業票據市場，還吸引了眾多的離岸投資者，如巴勒比海地區、中東地區、遠東地區的投資者，他們購買的票據，大多以美元計價，並通過遠期外匯市場套期保值。

在 1986 年 4 月"歐洲商業票據協會"成立以後，歐洲票據市場日臻完善。該會初由歐洲 5 家票據和商業票據主要經營者發

表 13.8　歐洲票據市場發行量

單位：億美元

歐洲票據	1985	1986	1987	1988	1989
歐洲商業票據 （Euro CP）	126	590	558	571	471
票據發行便利 （NIF）	344	248	290	144	43
多種選擇融資 （MOF）	150	132	196	83	
合　計	620	970	1,044	798	

資料來源：OECD《金融市場趨勢》，1988 年 11 月、1989 年 5 月。

起、40 家銀行組成,試圖制定一套完善的規則保護最終投資者的權益,並提高市場效率。為使歐洲票據市場規範化,該會在以下方面作出了貢獻:

(1) 要求新歐洲票據的交易證明,包括文件和記錄,在上市時要標準化、規範化。

(2) 目前市場上發行歐洲票據的交易者名單,已編輯成冊,每季發表一份"歐洲商業票據手冊",向市場參與者介紹交易者身分。

(3) 一個三級委員會已制定一項統一清算政策。

(4) 與英格蘭銀行聯合制定了一套統計方法,公布市場上當時未清算的商業票據總額。

(5) 最主要的成果,是 1987 年 8 月歐洲票據市場第一次有了自己獨立的利率。每天上午 11 時 30 分,銀行以初級市場為依據,綜合 7 家交易商的利率供投資者選擇。下午 4 時 30 分,公布投資者對發行者 1–6 個月票據的還價。這使歐洲票據市場從傳統的銀行同業拆放市場的束縛中解放出來。

13.3.2 歐洲票據的主要形式

歐洲票據沒有統一的名稱,不少銀行往往根據自己的方便命名,但實際上都是指以下三種形式的票據:

(一)非包銷歐洲票據

非包銷歐洲票據包括非包銷的票據發行便利(Non-underwritten Note Issuance Facility)和歐洲商業票據(Non-underwritten Euro Commercial Paper)。它出現於 1984 年下半年,是一些政府、政府機構或大公司企業憑信用的無抵押借款憑證,是以商業信用為基礎的交易。具有以下特點:

(1) 期限短。美元票據少則 1 天,長至 183 天;其他貨幣票據可為 1 天至 1 年。

(2) 面額大。美元票據面額為 50 萬美元或 100 萬美元；非美元票據面額不定。

(3) 費用低。估計一般每次約 0.5 萬美元。

(4) 可轉讓流通。約有 100 多家不同借款人的票據在二級市場上能公開地取得買賣價。

(5) 票據發行。不由銀行的承諾擔保。

　　這種新金融工具在整個票據發行便利中所佔的比例，從 1984 年下半年的 5% 增至 1985 年上半年的 15%，1985 年下半年幾乎達到 50%，1985 年全年安排的發行量達 126 億美元，1987 年更高達 1,044 億美元。

(二)包銷性票據發行便利

　　票據發行便利（Note Issuance Facility—NIF），是一種有銀行包銷⑥ 承諾的歐洲票據；銀行不直接向借款人提供貸款，而是以包銷或備用信貸方式幫助借款人發行 3 至 6 個月的短期票據。如票據不能全數出售，銀行則買進所餘票據或提供貸款。

　　這種融資技術，改變了傳統的銀團貸款由一家金融機構負責履行職能的情況，而允許由許多不同金融機構來行使職能。它使按照借款人要求進行融資的職能發生了轉換：從放款的職能變為一種借款的機制；貸款到期轉換的職能變為一種認購包銷的職能。

　　票據發行便利和歐洲商業票據的主要區別在於票據發行過程。前者的發行人要求對某一確定日期發行一定數量的票據提供一個方案；後者的發行可由市場（交易商）來決定，市場根據投資者的需求，對發行人的票據出價。另一個區別是，歐洲商業票據通常可得到各種期限的票據，有好幾個清算機構可在同一天為這些票據進行清算，清算可採用實際交割，但更常用的是記賬。而票據發行便利純粹是一種簿記行為，實際上並沒有發行具體的票據。⑦

票據發行便利一般具有如下特點：

（1）票據期限短，銀行承諾期長。票據期限大部分是 3 個月或 6 個月，長的可達一年，短的為一週或幾天。但銀行的包銷承諾期限可長達 5 至 7 年。

（2）面額大、美元計值多。通常面額為 10 萬至 50 萬美元或更多些，票據的計值貨幣大部用美元。

（3）票據主要為專業投資者或機構投資者發行，而不是為私人投資者。

（4）銀行不提供貸款，只在借款人需要資金時為其提供向其他投資者出售票據的途徑，並以包銷承諾提供票據轉期的機會。

具有以上特點的票據發行便利，是 80 年代重要的國際金融創新。它在 1981 年首次正式出現，這一年安排的金額只有 10.3 億美元，1985 年增至 344 億美元。⑧ 但此後由於出現未清呆賬，發行量逐年下降，1988 年只有 144 億美元。近年來所安排的票據發行便利中，更多的是部分或全部沒有包銷承諾。這使票據發行便利市場勢將發展成為歐洲商業票據市場。

（三）循環包銷便利

循環包銷便利（Revolving Underwriting Facility—RUF），出現於 1982 年，是上述票據發行便利（NIF）允許融資額度在約定的時期內可以循環使用，因而更為靈活，更便於以短接長，使短期資金延期為中期資金。

循環包銷便利在劃分包銷功能和分配功能方面，與票據發行便利不同：牽頭人只起獨家出售代理人的作用，並負責出售所發行的任何票據；包銷人承購沒有銷出去的任何票據或提供同等數額的貸款。

票據由牽頭人出售，包銷人沒有把握保證取得並出售任何票據。1983 年，為分配票據出現由銀行投標小組負責的循環包銷便利。投標小組和包銷團是兩個不同的部門。投標小組成員對發行的任何一種票據，在預先決定的最大差幅內都可投標；包銷人則接受未投標的票據或發放等額貸款。到 1985 年，約有三分之二的票據發行便利運用了投標小組技術，發行者確定加息率的只佔 15% 至 20%。

循環包銷票據不必在證券交易所註冊，購買者多為歐洲和日本的銀行，借款者以預定的利率或低於這個利率發行短期可轉換的本票(即歐洲票據)，由銀行擔任安排人，負責銷售並提供擔保。這是一種中期展期貸款承諾，通常 2 至 7 年。循環包銷便利的展期信用額度部分，由銀行安排人協調，把參與貸款部分出售給一組銀行，名叫展期信用銀行，展期信用銀行可作為投標小組投標，但沒有義務一定要這樣做。

RUF 和 NIF 都是一種包銷性票據發行便利，其發行量和交易量多統計在一起。

(四)多種選擇融資便利

多種選擇融資便利(Multiple Option Facility—MOF)，是歐洲票據市場另一主要發展，最初於 1984 年由瑞典採用。這種便利允許借款人採用多種方式提取資金，包括短期貸款、擺動信用額度、銀行承兌匯票等。所有這些方式都已包括在票據發行便利之中。借款人在選擇借款的期限、貨幣種類、利率基數等方面有較大的靈活性，也能籌集到發行歐洲票據所不能籌集到的資金，並在最便宜或最適時的情況下提取資金。

這種包含額外借款選擇的新融資便利，比例正不斷增加，並發展到了不單靠一種票據發行便利來安排融資便利的程度。最流行的其他可供選擇的便利是借款人能用多種貨幣提取資金的短期貸款。按價值計算，有貸款便利的選擇在 1985 年安排的包銷便利中佔 45%。

有擺動額度選擇的便利，使借款人能按短期通知(在紐約通常是當天)提取資金，可彌補發行票據或以其他方式提款中的延期。按價值計算，有這種選擇的便利在 1985 年安排的包銷便利中佔 35%。

有銀行承兌票據選擇的便利，1985 年 3 月出現。按價值計算，在 1985 年安排的包銷便利中約佔 10%。

還有借款人的票據和包銷備用信用選擇的便利。它把沒有承諾的票據發行便利、美元商業票據和已承諾的備用信貸歸納成一攬子計畫。如果條件對發行歐洲票據或商業票據不利，借款人可將備用信貸當作循環信貸支取款項。

13.4　國際股票市場

13.4.1　國際股票市場的形成和發展

股票市場是以股票形式將閑置貨幣資本轉化為生產資本的場所。一般說，股票交易所是國際化的市場，任何國家的經濟實體和個人都可委託交易所的經紀人交易，一些大公司的股票也成為國際投資的對象，因而形成國際股票市場。

在 50、60 年代迅速發展起來的跨國公司和跨國銀行對外投資，主要是開辦工廠、設立分號或投資其他項目。70 年代以來，購買股票和參與制興盛起來。這種辦法的長處是比較靈活、收效快、風險也小些。跨國公司的活動促進了國際股票市場的發展，而國際股票市場的活躍又使跨國公司不斷發展。

80 年代，在金融自由化浪潮推動下，主要國際股票市場，如紐約、東京、法蘭克福等，都進行了改革和開放，連倫敦這樣一個傳統的、保守的股票市場，也不得不實行人稱"大爆炸"的變革，實行交易制度靈活化、交易手段電子化和交易範圍國際化；取消傳統的交易最低佣金制；廢除股票經紀人和股票批發商之間的嚴格界限，設置了全新的"電子屏幕市場"；允許交易所成員以外的公司、乃至外國公司收購交易所成員公司。同時，還建立了電子通訊網絡，每天將逾千家國際公司的股票價格通過衛星傳達到紐約、東京等股票市場。通過電腦聯機，使股票市場實現了24小時連續不斷的全球性交易。

目前，世界上60多個國家有股票市場，其中最有名的是紐約、倫敦、東京、巴黎、法蘭克福、蘇黎世等地的股票交易所。據估計，全球股市的資本額在80年代上半期為25,000億美元，1988年增至82,000億美元。在上述股票市場中，紐約股票市場規模巨大，也是最重要的國際股票市場之一。東京股票市場在80年代末發展迅猛，1987年5月底東京市場股票總市值達28,377億美元，首次超過紐約市場；到1988年，股票市場的交易總額也首次超過紐約市場，成為當前世界最大股票市場。

13.4.2　國際股票的交易方式

隨着股票市場的國際化和電腦化，湧現了許多新的交易方式。

(一)現貨交易

指買賣雙方在成交後就辦理交割，買者付出現金，賣者交出股票。至於何時交割，一般按交易所的規定或慣例辦理，多是在成交的次日，也有在成交後4、5天。現貨交易的特點：一是實物交易，賣方必須向買方轉移股票，買賣雙方在未交割前不得以轉賣或買回股票的方式毀約或解約；二是交割迅速，清算及時，能有效地避免市場欺詐、人為操縱行情等不法行為。從事現貨交易的一般都是為了投資，賺取利息或紅利，而不是為了投機。

(二)期貨交易(futures transaction)

指交易雙方成交後，交割和清算要按合約中規定的價格在規定的遠期進行。由於實際交割要在以後的1個月、3個月或6個月進行，買方可在到期前賣出一個與原交割期相同的遠期合同；賣方也可在到期前買進一個與原交割相同的遠期合同。但買賣雙方都要承擔相應的義務，即買方有到期買進的義務，賣方有到期賣出的義務，都不管到期時的價格高或低、虧本或盈利。由於買賣雙方在此之前都可能用相反的合同對沖，實際交割清算只涉及買賣價差部分。期貨交易方式產生於 70 年代，最早的金融期貨市場於 1972 年 5 月 16 日在美國芝加哥成立。

(三)信用交易

信用交易亦稱"墊頭交易"(margin trading)，股票買賣雙方向經紀人交付一定數量的現款或證券作為保證金，其差額由經紀人或銀行提供信用、先行墊付。它可採取兩種形式：用借來的現款買股票，或者用借來的股票賣股票。前者叫做保證金購入或押款購進(margin buying)，後者叫做保證金賣出或押款賣空(short selling)。賣空者手中無股票，需向經紀人借入股票作抵押，投機性極高。信用交易能增加對股票的購買力，刺激交易。國際上主要股票市場中，信用交易約佔全部普通股票交易額的 30% 左右。

(四)期權交易(option transaction)

股票期權交易又稱股票選擇權交易。投資人與交易商簽訂協議，允許投資人在規定的期限內按協定價格買進或賣出一定數量股票的選擇權。通常有三種形式：

(1) 看漲期權(買進期權)。指在指定期限內按一定協定價格買進一定數量股票的選擇權。如果股票價格或期權費上漲，投資人就行使按協定價格購買股票的權利；如果情況相反，則可不執行期權。

(2) 看跌期權(賣出期權)。指期權的購買人在指定的期限內，按照協定價格賣出一定數量股票的選擇權。如果股價下跌，投資人可履行期權賺取協定價格與下跌後股價之間的差額；如果股價上漲，則不履行期權，而在市場按上漲價格出售股票。

(3) 雙向期權。指投資人在一定時間內既買某種股票的看漲期權，又買某種股票的看跌期權。當某種股票的價格劇烈波動，看不清變化方向時，便購買這種雙向期權。

(五)股票指數期貨交易

這是利用股票價格指數的變動，來避免股票價格變動風險並獲取利潤的一種沒有股票的股票交易。投資者直接以某種股票指數為期貨買賣對象，根據該指數未來的變化，按期貨合約之規定來交易。雙方只就買賣之間的差額進行現金交割。多數合約在期滿時用相反的買賣來對沖結賬，極少進行實際交割。

股票指數期貨的價格用"點"來表示，價格的升降也以"點"來計算。如紐約證券交易所綜合指數（NYSE Composite Index）上升或下降一個點，股票指數價格便升或降 500 美元。價格指數不同，股票指數期貨合約的總金額也不同。

股票指數期貨交易 1982 年 2 月在美國問世，現已推廣至全世界。它常被持有大量股票的投資者利用來作套期保值。股市行情趨跌時，做空頭套期保值，即先賣後買；股市行情趨漲時，則做多頭套期保值，即先買後賣。

(六)股票指數期權交易

交易雙方約定在一定期限內、按協定價格購買或出售該指數的一籃子股票選擇權。它沒有任何期貨作為基礎，故在期滿時若盈利，投資者可向經紀人處取得；若虧損，則須向經紀人如數補交。盈虧計算方法是在期滿時用指數數字減協定價格（亦用指數表示），然後乘以這種指數的系數（即 1 點代表多少錢）。

(七)股票指數期貨期權交易

這是一種以股票指數為交易對象，將期貨交易與期權交易結合起來的交易方式。這種交易是允許買方在一定期限內（也是在期權的有效期內），按協定價格向賣方購買或出售特定的股票指數期貨的選擇權，買方到期可以執行，也可以不執行。這種方式集中期貨交易與期權交易的優點，享有較大的槓桿作用和較小的風險。但期權交易上的盈虧和期貨交易上的盈虧相互抵沖，淨盈虧也會少些。

13.4.3　世界主要股票價格指數

股票價格平均數和指數，是股票市場中反映各種股票價格變動的指標。一般由一些知名的金融機構或研究機構，從股票市場上選定幾十種或幾百種有代表性的股票作為樣本計算編製出來，具有代表性、權威性和反應靈敏的特徵。它對分析股市行情，選擇投資決策，乃至觀察社會經濟動向，都具有十分重要的參考價值。

長期以來，最有影響和最權威的股市指數或平均數有以下幾種：

(一)道·瓊斯股票價格平均數

Dow Jones average，是 1884 年由查爾斯·道 (Charles H. Dow)創立，1897 年開始每日計算紐約股票交易所股票價格的平均值。最初使用 12 種上市股票的簡單算術平均數，以後隨着股票市場發展和選用股票種類增加，編製方法逐步發展為平均數修正法，主要是把除數變小。

道·瓊斯平均數共有 4 種：

(1) 工業股價平均數。根據 30 家銷售額和股票交易額最大的工業公司股計算出來的平均數。

(2) 交通運輸業股價平均數。由 20 家最大鐵路、輪船和航空公司的股票價格構成。

(3) 公用事業股價平均數。由 15 家最大公用事業公司的股票價格構成。

(4) 65 種股票綜合平均數。由上述工業股、交通運輸業股和公用事業股綜合構成。

以上 4 種平均數中，最受國際證券界重視的是 30 種工業股價平均數。

(二)標準普爾股票價格綜合指數
(Standard and Poor's Composite Index)

美國標準普爾公司編製，於 1923 年發表，以 233 種股票為基礎。1957 年，這一指數的範圍擴大到 500 種股票，分成 95 組。其中最重要的是工業股組、鐵路股組、公用事業股組和 500 種股票綜合組。最後這 500 種股票綜合成一個獨特組合，它包括 425 種工業股、15 種鐵路股和 60 種公用股。1976 年 7 月 1 日起，又改為 400 種工業股、20 種運輸股、40 種公用股和 40 種金融股。

該指數係採用"按基期加權合計方法"編製，以 1941–1943 年為基期，將這一基期內的平均值的指數定為 10。

該指數採樣面廣，根據佔紐約交易所市價總額 75% 以上的普通股票價格計算出來，而且其隨機抽樣計算對象中，包括上、中、下各類股票，比道·瓊斯平均數僅代表大公司上等價格股票，更能充分反映股票市場價格變動的全貌，具有更強的代表性和敏感性。

(三)英國《金融時報》指數(Financial Times Industrial Ordinary Shares Index)

由英國《金融時報》編製和公布的、反映倫敦證券交易所行情變動的一種股價指數。它以倫敦交易所上市的 30 種最佳工商業股票為計算對象，以 1935 年 7 月 1 日為基期，以 100 為基期的指數值進行計算。

(四)日經股票價格平均數

它是"日本經濟新聞社——道·瓊斯股票平均數"的簡稱，是反映日本股票市場股價動向最有代表性的指標。1950 年利用經過修正的道·瓊斯公司股價平均數的計算方法，按 225 家在東京證券交易所上市交易的公司股份計算出來。該指數以 1945 年 5 月 16 日為基期日，基期日平均價格為 17,621 日圓。1981 年 2 月，採用的股票種類包括：製造業 154 家、金融業 15 家、運輸業 14 家、建築業 10 家、服務行業 5 家、水產業與礦產業及不動產業各 3 家、倉庫業 2 家、電力和煤氣業 4 家。

─────── 注　　釋 ───────

① 英國《銀行家》雜誌 1990 年中的一項統計。

② 經合組織《金融市場趨勢》，1988 年 2 月，頁 101。

③ 同 ②；1989 年數字是摩根公司統計。

④ 亞伯拉罕·M·喬治：《國際金融手冊》，1983 年紐約版。

⑤ 見 William M. Clarke，*Inside the City*。

⑥ 本節"包銷"一詞，係指銀行保證在一定條件下購買短期票據或預付款項給發行人的業務，而不是指銀行從事按本國法律定義的證券包銷業務。

⑦ 見十國集團中央銀行研究小組《國際金融業務創新》。

⑧ 見十國集團中央銀行研究小組《國際金融業務創新》表 1.1。

第 14 章
國際外匯市場

國際外匯市場，是國際貨幣市場和國際資本市場的派生形式，關係十分密切。國際間長、短期資本的借貸和流動，一般都須通過外匯市場；而外匯的買賣，又會引起國際資本的借貸和流動。即是說，外匯市場是國際資本借貸和流動得以實現的基本條件，又是促進國際資本借貸和流動的重要場所。

14.1　國際外匯市場的構成和作用

外匯市場(foreign exchange market)是國際金融市場的重要組成部分，是各種經營外匯業務的機構和個人通過各種電訊手段，進行跨國性的外匯買賣場所。目前，除少數國家外，大部分外匯市場並無固定的交易場所，每家跨國銀行的外匯部門就是外匯市場的一部分，而各個外匯市場通過一系列電話、電報、電傳、電腦終端與其他外匯市場聯接，形成全球性的外匯市場。

14.1.1　外匯市場的構成

外匯市場主要由以下各種經營機構和外匯供求者構成：

(一)外匯銀行(foreign exchange banks)

外匯銀行是外匯市場的主要成員，通常包括以經營外匯交易為主要業務的外匯專業銀行、兼營外匯業務的本國商業銀行、境內的外國銀行分行或代理行及其他金融機構。外匯銀行不僅是外匯供求的主要中介人，而且還經營外匯買賣。大的外匯銀行還是市場的製造者(market makers)，不僅促成交易，而且在買賣雙方不相抵時自己介入作為交易的一方。如一筆外匯賣出時找不到買方，則以自己"創造"出的價格買入這筆外匯。

(二)外匯經紀人(exchange broker)

外匯經紀人是在銀行間或銀行與客戶之間代洽外匯買賣業務的中間人，主要任務是促成交易，從中收取佣金。外匯經紀人可分兩類：

(1) 一般經紀人。這種經紀人，持有一定資產，從事外匯買賣，自負盈虧。

(2) 外匯掮客或稱"跑街"(runing broker·)。完全以收取佣金為目的，代客戶接洽外匯買賣，本身不承擔盈虧風險。

外匯經紀人熟悉外匯供求情況、行市漲落以及各方信用情況，所以，外匯買賣雙方都樂於利用他們。

(三)中央銀行

一些國家為防止國際短期資本衝擊外匯市場，故由中央銀行干預外匯市場，以保持匯率穩定。但各國中央銀行並不直接參加外匯市場活動，而是通過經紀人和商業銀行交易。中央銀行不僅是外匯市場的成員，而且是外匯市場的實際操縱者。

(四)外匯最後需求者和供給者

主要有進出口商、公司企業、旅遊者、移民、投資者等，他們經常通過商業銀行買賣外匯。

14.1.2　外匯市場的特點

(1) 交易活動電子化

外匯市場是最快實行電子化的市場。銀行之間、市場之間的電訊和電腦聯繫，形成橫跨全球的龐大市場。在銀行外匯部門通過按電鈕，就可完成從聯繫、談判到成交的外匯交易過程。它使遠隔千萬里的銀行之間做交易，就像在櫃枱前一樣。

(2) 價格趨向單一化

現代化的通訊技術縮短了各匯兌中心的距離，加速了市場信息的流動。市場敏感度高，交易進行迅速，供求雙方反應快。這在很大程度上消除了不同市場間的價格差異，使外匯市場價格趨向單一化。

（3）市場網絡化

國際性的通訊網絡，使國際外匯市場聯結成世界性的網絡體系，構成一天 24 小時連續週轉的市場。營業時間對外匯市場不那麼重要了。例如，東京上午九時開始營業，正是洛杉磯時間下午 5 時，同該地的收盤時間相連接。一小時後，香港、新加坡開始營業。數小時後，中東的巴林也開始營業。巴黎、蘇黎世、倫敦的開盤時間則同巴林相隔二、三個小時。倫敦的中午，正是紐約的上午；紐約到了中午，洛杉磯又開始上午的營業。每個金融中心都會同東部和西部的金融中心營業時間相重疊。任何一個大銀行的外匯部門，都可以進行全時區和全球性的外匯交易。

14.1.3 外匯市場的作用

自由的外匯市場是國內與國外成本、價格聯繫的紐帶，也是產業資本循環和借貸資本循環的通路。如果通路阻塞，則各國貨幣的聯繫、成本和價格比較的根據，以及資源有效分配的機制，都會遭到破壞。外匯市場在世界經濟體系和金融體系的運轉中，有以下的功能：

（1）兌換功能

外匯市場買賣貨幣，把一種貨幣換成另一種貨幣作為支付手段，實現了不同種貨幣購買力的有效轉換。國際外匯市場最重要的功能，就是以電訊將一國的購買力轉移到另一個國家，交付給特定的人或賬戶。

（2）清算功能

國際間的債權和債務、結算和支付，都同外匯市場密切相關。各種以外幣表示的有價證券和支付手段，都可作為國際結算的外匯憑證。通過外匯市場買賣和傳遞不同貨幣、不同金額、不同支付時間的外匯憑證，就可把眾多的國際企業之間的結算，變為少數國際銀行間的結算：把以億萬計的債權、債務集中到銀行的賬戶上沖銷，完成國際清算任務。

（3）融通功能

外匯市場通訊設施完備，經營手段先進，外匯資金融通方便，是理想的外匯資金集散中心，從而成為世界資本再分配的重要渠道。由於大量閑置資金湧向外匯市場，短缺資金的企業、國家便可從外匯市場籌集資金。國際性外匯市場通過買賣外匯、借貸資金，發揮全球性的資金融通和調劑功能。

（4）避險功能

外匯市場的期匯交易、期權交易、掉期交易等，為外匯資產或負債的持有者消除匯率變動風險，提供套期保值機會。

14.2　主要的國際外匯市場

國際清算銀行根據 21 個國家貨幣機構提供的統計指出 ①：到 1989 年 4 月份為止的三年裏，全球外匯市場交易額猛增。按佔全球外匯交易額 70% 的英國、美國、日本、加拿大四國的外匯市場交易額計算，這三年期間平均每日交易額由 2,050 億美元猛增至 4,450 億美元。

進入 90 年代，外匯市場規模繼續擴大。據國際清算銀行 1990 年初的調查，全球外匯市場平均每日交易額已增近 9,000 億美元，是世界貿易平均每日交易額 120 億美元的 75 倍。

以下是一些主要的國際外匯市場：

（一）倫敦外匯市場

倫敦是全球最大的外匯市場。據英格蘭銀行調查，1986 年 3 月，倫敦的外匯交易額每日已高達 900 億美元，約佔全球每日外匯交易量的 40%，其中 89% 是銀行與外匯經紀人之間的交易，9% 是對非銀行客戶的交易。1989 年 4 月，倫敦每日外匯交易量增至 1,870 億美元，仍居世界首位，但在全球每日外匯交易量中的比重則降至 29%。

1982 年以前，倫敦銀行間外匯交易全部通過約 40 家外匯經紀人牽線；直到 1982 年，銀行間才開始了直接交易。當時，美國跨國銀行在倫敦外匯市場中佔舉足輕重的地位，幾乎壟斷了倫敦的德國馬克與美元的外匯交易，在英鎊、日圓、瑞士法郎對美元的交易中，亦都佔有重要地位。

(二)紐約外匯市場

紐約是僅次於倫敦的最大外匯交易中心。美國由於沒有外匯管制，在市場上可自由買賣各國的貨幣和外匯。同時，美元是主要國際貨幣，世界各地的美元交易，包括歐洲美元市場和亞洲美元市場等的美元交易，最後都必須在紐約的銀行辦理收付劃撥和清算。所以，紐約不僅是最活躍的國際外匯市場，而且是世界以美元計值的經貿交易中心、資本流動中心以及美元債權債務的國際結算中心。據紐約聯邦儲備銀行調查，1986 年 3 月紐約每日外匯交易額為 585 億美元，1989 年 4 月每日交易額增至 1,289 億美元，佔全球每日外匯交易額 6,400 億美元的 20%。

1989 年，在紐約的外國銀行的分支行共有 360 家，但紐約的外匯交易起主導作用的是美國的跨國銀行，它們依次是花旗、紐約化學、大通曼哈頓、漢華銀行、摩根銀行等。它們幾乎壟斷了全部銀行間的外匯交易。

(三)東京外匯市場

戰後直到 1952 年 6 月，東京外匯市場才重新開放，成為日本外匯銀行的外匯調節中心。隨着日本經濟的恢復和發展，外匯交易量迅速增加，平均日交易量從 1970 年的 3,850 萬美元，增至 1979 年的 20 億美元。1980 年修訂外匯和外貿管制法後，允許所有外匯銀行參與外匯市場，放寬了外匯交易的限制。到 1985 年 1 月止，被認可參與外匯市場的外匯銀行、外匯經紀人共有 230 家。1986 年建立離岸金融市場以後，每日外匯交易額增加更快，由 1986 年 3 月的 480 億美元增至 1989 年 4 月的 1,152 億美元，佔全球每日外匯交易額的 18%。

東京市場中，銀行與非銀行客戶的外匯交易量佔外匯交易總額的 30–40%；而其他著名外匯市場這一比例在 10% 以下。原因是日圓國際化程度低，日本進出口貿易量大，而且大部分以美元結算，故進出口商與銀行之間的外匯交易量比重就高於銀行之間的交易量，市場的外匯交易也就以日圓對美元為主。

(四)蘇黎世外匯市場

由於瑞士法郎是世界上最穩定的貨幣之一，還由於在歐洲支付同盟時期，它是當時唯一可自由兌換美元的貨幣，這就使蘇黎世外匯市場在國際外匯交易中，一直處於比較重要的地位。構成蘇黎世外匯市場的主要是瑞士銀行、瑞士信貸銀行、瑞士聯合銀行、經營國際金融業務的銀行、外國銀行的分支機構、國際清算銀行和瑞士國家銀行(中央銀行)。

瑞士外匯市場沒有外匯經紀人，所有外匯交易都在銀行之間進行。每日外匯交易額由 1985 年的 200 億美元，增至 1989 年的 570 億美元，佔全球外匯每日交易額的 8.9%。

(五)新加坡外匯市場

隨着亞洲美元市場的興起，新加坡在 70 年代成為東南亞外匯交易中心。1989 年每日外匯交易額達 600 億美元，高於蘇黎世、香港、巴黎，佔全球每日交易額的 9.3%。

新加坡外匯交易的貨幣種類不受限制，任何一種貨幣都可與美元自由兌換。外匯交易以現貨交易為主，約佔外匯交易額的 80%，期貨交易所佔比例較小。銀行之間的交易全部都通過經紀人，但與境外銀行交易一般直接進行，使亞洲美元市場的借貸業務與新加坡外匯市場的業務融為一體。

14.3　國際外匯市場的交易方式

外匯交易方式有現匯、遠期外匯、掉期、期匯、期權和一些新型的外匯交易工具。《歐洲貨幣》雜誌從金融創新的角度，把現匯和遠期外匯稱作第一代外匯交易工具，把場內的期權、期匯交易稱作第二代外匯交易工具，而把那些在第一代和第二代外匯交易工具的基礎上創新出來的新型外匯交易工具，稱為第三代。

14.3.1　現匯交易

現匯交易（spot exchange transaction），亦稱即期外匯交易。交易雙方達成交易後，原則上兩個營業日以內辦理交割（delivery）。過去歐洲大陸的現匯交易通過郵遞方式交割，一般需時 2 天，這個最長期限一直沿用至今。隨着現代化通訊技術的發展，交割時間日趨縮短，現在美元和加拿大元的交割一般為 1 天。

現匯交易按傳遞方式的不同，可分為信匯（mail transfer，M/T）、票匯（demand draft，D/D）和電匯（telegraphic transfer，T/T）。信匯量小；票匯則分即期票匯和遠期票匯兩種，迄今仍是外匯交易的重要形式之一。銀行通過支付匯票，並收進一種貨幣、支出另一種貨幣，就同進出口商或他們的往來銀行進行外匯交易。電匯是主要外匯交易手段，交易雙方首先通過電話達成交易，然後用電傳予以確認。由於電匯迅速，交易量大，日常的現匯匯率便是電匯匯率。

電匯匯率，實際上是主要國際金融中心的大銀行根據外匯供求、心理預期及某些技術性因素，並通過改變外匯買賣差幅制訂出來的價格。銀行同時報出外匯的買入價和賣出價，並必須按報出的價格買賣外匯，這就使現匯買賣市場成為市場製造者製造出匯價、也是最終決定匯價的場所。

現匯交易在外匯交易中佔比重最大，其次是掉期交易，再次是遠期外匯交易。在 80 年代的金融革新中，出現了許多新的外匯交易工具，並在全球推廣使用。但現匯交易始終佔外匯交易的大部分。原因是現匯交易在國際經濟、金融活動中具有廣泛的必要性：

1. 滿足進出口貿易、勞務所需的現金支付；
2. 滿足對外直接投資和間接投資的外幣需求；
3. 購買或出售外國金融資產所引起的外匯交易；
4. 非抵補套利和其他投機性短期國際資金流動所需的外匯交易；
5. 跨國公司匯回利潤時把外幣變成本國貨幣；
6. 跨國公司和其他經濟實體為防止外匯風險拋出現匯或補進現匯；
7. 跨國銀行為適應客戶需要進行的現匯買賣；
8. 銀行之間為軋平外匯頭寸和保持外匯頭寸進行現匯買賣；
9. 各國政府通過現匯買賣干預市場。

14.3.2　遠期外匯交易

(一)遠期外匯交易的產生

遠期外匯交易（forward exchange transaction）是一種預約購買或出售外匯的交易，即買賣雙方簽訂合約，約定以一定匯率，於將來一定時間買賣一定數量的外匯。這種交易中的約定匯率叫做遠期匯率；約定交割日期為 1 個月到 6 個月以至 12 個月，一般則為 3 個月。

遠期外匯交易，是銀行轉移外匯風險的產物。外匯市場的交易機制，使銀行的外匯買賣交易額在某一時點總是難以平衡的，即經常處於超買（overbought）或超賣（oversold）的狀態。在外匯市場上外匯頭寸的暴露（exchange exposure），就要承擔很大的匯率變動風險。為此，外匯銀行多限制頭寸暴露的規模，即對任一時點暴露的外匯頭寸，都規定一個最大限額。

至於超過規定限制的外匯頭寸暴露如何處理呢？一種比較積極的風險管理辦法——遠期外匯交易，就在市場上出現了。最早的現代形式遠期外匯市場是 1880 年在奧地利維也納出現的，當時在維也納交易所內，商人們開始進行 1 個月、3 個月、4 個月和 6 個月交割的德國馬克遠期交易；同時在柏林也開始出現奧地利盾和俄國盧布的遠期市場，在彼得堡則出現了規模較小的德國馬克遠期市場。到了 1890 年，柏林和維也納又出現了英鎊和法郎的遠期市場。此後，遠期外匯交易就逐漸形成一個全球性的交易市場。

遠期外匯交易的出現，使商品貿易商人得以有效避免因外匯頭寸暴露而導致的風險和損失；外匯銀行則可以利用遠期外匯交易來覆蓋(cover)外匯頭寸的暴露，抵補可能發生的損失，還可運用自己對匯價走勢判斷的豐富經驗和知識，進行遠期外匯投機。

(二)遠期匯率的確定

(1) 遠期匯率的標價。　遠期匯率是以即期匯率為基礎的。由於存在遠期交易的時間因素，外匯的遠期價格與即期價格就發生差異。遠期匯率高於即期匯率稱為升水(at premium)；遠期匯率低於即期匯率稱為貼水(at discount)；遠期匯率等於即期匯率稱為平價(at par)。

由於遠期外匯是銀行間以相對於即期外匯的升水或貼水交易，故遠期外匯價格即按即期匯率加上或減去升水或貼水來標出，並以點數(points)來表示。所謂點數，指貨幣比價數字小數點以後的第 4 位數。表示遠期匯率的點數有兩欄數字，分別代表買入價和賣出價。

即期與遠期的差額，也叫做"互換匯率"(swap rate)，但人們總是用升、貼水這兩個名詞。原因是：（i）當即期匯率變動時，遠期價格往往保持不變，故用升水或貼水來標價，比改動即期匯率省事；（ii）在多數情況下，遠期匯率是沒有利息的。

（2）遠期匯率的決定——利息平價。　遠期匯率的升跌趨勢與即期匯率走勢有關，但遠期匯率是升水還是貼水、升水或貼水的具體幅度多大，卻是由不同貨幣的利率水平決定的。這是商人們在一定的國際利率水平差異條件下進行套利活動的結果。套利是指同時買賣兩種商品或資產並從買賣差價中獲利的行為。套利活動決定遠期匯價的機制見圖 14.1。

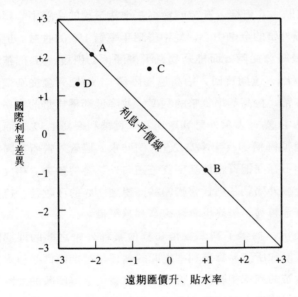

● 直軸上標出的是國際利率差異，"+"號表示外幣利率高於本幣或基準貨幣："–"號表示外幣利率低於本幣或基準貨幣。

● 橫軸上標出的是外幣遠期匯價年升水或貼水率，"+"號表示外幣遠期匯價升水年率："–"表示外幣遠期匯價貼水年率。

圖 14.1　遠期匯價決定機制

圖 14.1 中直軸和橫軸上兩種變量的任意結合，都可表示為圖中某個確定的座標點。遠期匯價與國際利率差異的均衡點構成"利息平價"(interest parity)線，如 A 點表示外國貨幣利率比基準貨幣利率高出 2%，則該種貨幣在遠期市場上的匯價有年率 2% 的貼水；B 點表示外幣利率比基準貨幣匯利率低 1%，則該種貨幣在遠期外匯市場上的匯價有年率 1% 的升水。如果遠期匯價等利息平價時，不同金融中心之間轉移資金就無利可圖，因為利差得益正好被遠期市場上抵補風險的成本所抵銷。

如果遠期匯價點處於利息平價線外，如圖中 C 點，外幣利率比基準貨幣利率高出 1.5%，該種貨幣的遠期匯價就只有年率為 0.5% 的貼水。這樣，資金就會從基準貨幣國的金融中心轉移到使用該種外幣的金融中心，從中得到年率為 1% 的收益。這種套利活動最終會從兩方面推動利息平價關係的恢復：(i)把基準貨幣即期賣出、遠期買回，抬高遠期匯價；(ii)把資金從基準貨幣轉換為外幣，抬高基準貨幣的利率，並降低那種貨幣的利率。

圖中的 D 點，表示外幣利率比基準貨幣利率高 1.5%，而該種外幣的遠期匯價卻有年率為 2.5% 的貼水。儘管外幣所在國利率很高，卻不存在把資金從基準貨幣國向外移轉的動力。相反，會出現資金從外國朝基準貨幣國轉移而得到 1% 的淨收益。這種套利性的資金轉移，最終也會恢復為利息平價。

以上情況，揭示了基準貨幣和其他某種外幣之間的即期匯價、遠期匯價和所交易貨幣利率之間的關係：遠期匯價必須永遠與所交易貨幣的利率相聯繫，否則，就會發生毫無風險的套匯現象，並將衝擊市場直至恢復均衡的遠期匯價為止。這就是著名的"利息平價定理"。這一定理，說明兩種貨幣的利率差異，決定了遠期匯價和即期匯價的差異，而且兩種差異的幅度大致相同：在其他條件不變的情況下，低利率貨幣的遠期匯價會升水，貨幣利率高的遠期匯價會貼水。目前，國際金融市場上的各大跨國銀行，都是根據利息平價定理來計算和標出遠期匯價的。

14.3.3　掉期交易

掉期交易(swap deals)，又稱時間套匯，是指在買進或賣出現匯的同時又賣出或買進遠期外匯，使資金作反方向回流，避免外匯風險。

掉期的另一種形式是複遠期掉期(forward forward swap)，指買進(賣出)遠期外匯的同時，又以不同期限將其賣出(買進)。這是兩個不同期限的遠期外匯掉期，與現匯交易無關。掉期交易的開始日期不是在即期起息日，而是在遠期日，掉期的另一頭是在更遠的遠期日。

如美國某銀行在德國分行三個月後有一筆美元擬投資於德國，投資期限也是三個月，為了保值，在買進三個月期遠期馬克的同時，又賣出 6 個月期的遠期馬克。這裏買賣的是馬克，回流的是美元。由於遠期匯率固定，匯率變動的風險可以消除。

掉期交易量僅次於現匯交易量，在外匯交易總額中佔較大比重，它不僅是國際間短期資本流動和資金調撥常常運用的保值工具，還是主要國家干預市場的重要手段。例如，美國向德國賣出 3 月期美元，買進馬克現匯，同時又買進 3 月期美元，賣出 3 月期馬克。這既使美國得到干預市場的德國馬克，又避免 3 月後德國馬克貶值所引起的損失。

掉期交易的價格即掉期率(swap rate)，可以從遠期匯價與即期匯價推算出來，實際上，它是遠期匯價和即期匯率之間的差。因此，在國際外匯市場上，各銀行就可根據利息平價定理推算出遠期匯價，進而計算出掉期率。如現匯率是每英鎊 1.55 美元，三個月期匯率為 1.50 美元，掉期率便是 0.05 或 500 點。

14.3.4 互換交易

(一)互換交易市場的形成和發展

遠期外匯交易中的掉期交易，在套匯中發揮獨特功能，已演變成為一種獨立的交易工具，即互換交易(swap transaction)。它是將不同貨幣的債務、不同利率的債務或交割期不同的同種貨幣的債務，經過一段時間後互相交換，進行一系列支付。這種交易與掉期交易有區別。掉期係指在一個交割日賣出一種貨幣，並達成將來某日做反向交易的協議。互換交易中的貨幣互換，則只是在期初交換本金，到期時又交換本金，在過渡階段並沒有利息的交換。互換交易中的利率互換，則期初或到期日都沒有實際的本金交換，但要根據預先規定和在名義本金的基礎上交換不同的利息支付。

互換交易出現於 60 年代初期。當時，英國外匯管制較嚴，限制跨越國境的投資。投資者於是採取背靠背貸款(back to back loan)，又叫"對開貸款"，以逃避管制。在這種貸款的基礎上，出現了專門的貨幣互換交易(currency swaps)，形成相對獨立的市場。

70 年代末期，許多人仍把互換貨幣(資金)的交易視為一時的套匯現象。但進入 80 年代以後，卻成為公司企業、銀行和各種金融機構管理資金的可靠而有價值的工具。由於利率互換交易的崛起，擴大了互換交易的內容和用途，使它從貨幣市場的工具擴大為以同種貨幣標價的信貸市場。

世界銀行對推動互換市場的發展起了重要的作用。1981 年 8 月，它與國際商用機器公司(IBM)做了一筆著名的互換交易。世界銀行當時有能力在資本市場上借到利率優惠的美元，但它更需要瑞士法郎和德國馬克以應付貸款之需；而 IBM 公司卻有能力在歐洲市場上籌到利率優惠的瑞士法郎和德國馬克資金，但它自己卻需用美元。於是，雙方互補需要各按自己的條件籌借優惠資金，並進行互換交易。

　　各國政府的外匯管制，也是促使互換交易擴大的一個因素。因為外匯管制使有關借款人進入某些資本市場借款的成本很高。於是，人們就利用互換交易來降低成本和作為間接進入這些市場的渠道。

(二)互換交易的類型

(1) 貨幣互換交易

　　交易雙方有互補的需要，將持有不同種的貨幣，以商定的籌資本金和利率為基礎，進行貨幣本金的交換並結算利息。它一般包括三個基本步驟(圖 14.2)：

(1)本金的期初互換

(2)利息互換

(3)到期日本金換回

圖 14.2　貨幣互換交易示意圖

a. 本金的期初交換。指雙方在初期交換兩種不同貨幣的一定本金額，以便將來計算應支付的利息和再換回本金。

b. 利息的互換。指交易雙方按議定的利率，以未償還本金額為基礎，進行利息支付。

c. 到期日本金換回。即在合約到期日，雙方換回交易開始時互換的本金。

通常貨幣互換都使用固定匯率。某些情況下期初不交換本金；在另一些情況下，到期日也不交換本金。

貨幣互換交易是一種互利的交換，不僅可降低雙方的籌資成本，還使有關工商企業能夠利用外國資本市場，獲得本來不易獲得的某種資金，而且有助於避免外匯風險。

（2）利率互換交易

兩筆貨幣與金額相同、期限一樣但付息方法不同的資金進行互換。它以商定的籌資本金為計算利息的基礎，一方以其籌措的固定利率資金換取另一方的浮動利率資金。交易中，雙方實際上只計算互換的利息差額並作為結算，在期初或到期日都不發生本金的實際轉移。

利率互換有三種主要形式：

a. 息票互換（currency coupon swap）。即固定利率與浮動利率的互換：一方支付一筆固定利率利息，同時收到對方支付的一筆浮動利率利息，兩筆支付款是同一幣種；另一方相應地收到固定利率利息、支付浮動利率利息；期初和到期日，都不交換本金的現金流量。例如，甲公司同意支付名義本金為100,000 美元、固定利率為 10.5%、期限 5 年的利息，通過互換可從乙公司收到名義本金相同、利率為倫敦銀行同業拆放利率、期限為 6 個月的利息支付金額（見圖 14.3）。

b. 基本利率互換（basis rate swap）。是以某種利率為參考的浮動利率對浮動利率的互換。互換的利息支付額，以兩種不同

本金：100,000 美元

期限：5 年

利息支付：固定利率和浮動利率均半年付息 1 次。

圖 14.3　利率互換示意圖

的浮動利率指數進行核算。如 3 個月期的美元倫敦銀行同業拆放利率對美國商業票據混合利率進行核算。

c. 交叉貨幣利率互換（cross-currency interest rate swap）。亦稱複合互換，是某種貨幣的固定利率對另一種貨幣的浮動利率的互換。這種以不同貨幣、按不同利率基礎的互換，一些交易者把它當作單一的交易來進行，另一些交易者則把交叉貨幣與利率的組成區分開來。通常，這種互換是把非美元固定利率利息支付換成美元浮動利率利息支付。

近年來，隨着互換市場的迅速發展，競爭日趨激烈，要求創造出更為革新的方法來安排互換交易，以適應交易各方的需要，導致三角或多角互換的發展。許多規模較大的投資公司和銀行，都有專門負責安排互換交易的業務小組，他們擁有大批可以互換的資金，按各方的需要進行靈活的、多種形式的互換交易。

14.3.5　貨幣期貨交易

（一）貨幣期貨的特徵

貨幣期貨（currency future）是於未來某個確定日期、在有形市場中按固定價格交割一定數量外幣的合約。具有如下特徵：

（1）期貨合約實際上是代表交易雙方對交易貨幣匯率變動趨勢的

一種預測。因此，當一方買入或賣出一份期貨合約時，無需實際付出或收入合約標明的貨幣，而是只需支付手續費。合約生效後，如當天期貨市場收市時的市價大於合約上標明的價格，則由合約的買方支付差價給賣方；反之，則由賣方支付差價給買方。由此可知，做期貨多頭(long position)者，表明其判斷外幣期貨價格會上升；做期貨空頭(short position)者，表明其判斷外幣期貨價格會下跌。

(2) 期貨合約是每天都要結清的有約束力的標準化協議，有標準化的期限和貨幣金額。在到期日如果仍持有該合約，就有法律責任接受或交割有關貨幣。但貨幣期貨合約到期日，是最終交易日(last trading date)。如果合約一方在最終交易日之前賣出同樣一份合約，就會結束其在期貨市場中的買方地位。因此，它不像遠期外匯業務那樣，是在到期日實現利潤(或損失)，而是所有利潤或損失要在每個交易日按當天的收盤價格清算，資金也要在每個交易日轉手。

(3) 期貨交易要在有組織的外匯或證券交易所進行，交易所的經紀人都要求買、賣方在締約時交付一定數量的現金存款作為保證金。保證金存入經紀人在清算所的賬戶並公布於眾，用以防止交易任何一方違約。如果合同一方在某個交易日賺到的錢，使得賬戶差額大於所要求的保證金，就可立即提走差額的盈餘部分；反之，則要補足差額部分。

以上外幣期貨合約的三個特徵，顯示它與遠期外匯合約有着明顯區別(見表 14.1)。

(二)期貨市場的結構和職能

金融期貨是 1972 年首先在美國芝加哥的國際貨幣市場(International Money Market—IMM)上出現，用 7 種貨幣進行交易。短短的 10 年間，又推出許多新式的期貨合約，如利率、國庫券、證券指數、商業票據、歐洲美元存單等。70 年代以

表 14.1 期貨與遠期合約的主要區別

	遠期（forward）	期貨（future）
合約金額大小	買賣雙方自由議定	有標準化規定
交割日期	買賣雙方自由議定	有標準化規定
交易方法	無具體市場，用電傳、電話在銀行櫃枱上進行	在具體市場交易枱公開叫賣
手續費	銀行不收	每一標準合約，結算所收一定手續費
保　險	逐筆評價信用風險	要求保證金
結　算	同對方直接結算	同結算公司結算
交　割	90% 以上的交割率	不到 1% 的交割率
經紀人	一般不通過經紀人，不收佣金	通過經紀人，收取佣金
價格波動	無限制	逐日限制
槓桿率[1]	近於零	很高

注：1. 槓桿率，指控制一定量的資金所需要的貨幣量。如購 1 份 10 萬美元期貨合約，只需投入 4,000 美元。

來，國際貨幣匯率波動劇烈，貿易、金融套期保值的需要增長。因此，貨幣期貨很快成為外匯市場上的重要交易工具，期貨市場也相繼在世界主要金融中心建立起來。目前，全球有 20 多個主要經營金融期貨的交易所，分布在北美的芝加哥、紐約、堪薩斯、多倫多、蒙特利爾；歐洲的倫敦、巴黎、哥本哈根、斯德哥爾摩；太平洋地區的東京、雪梨、新加坡等城市。1975 年全球交易量 2 萬份合約。1988 年超過 1.56 億份合約。

　　期貨市場的成員可分為：

（1）經紀人。只為交易所成員和非成員顧客做交易。

（2）當地交易商（locals）。為自己做期貨買賣，他們對創造和維持市場的價格和流動性起重要作用。當地交易商主要做三種類型的交易，或稱三種交易商：

a. 有頭寸交易商(position trader)。做相對長期的頭寸交易。

b. 小投機商(scalper),市場稱為"搶帽子者"。他們是場內交易人,不斷做轉手買賣以謀取薄利。他們持有頭寸往往只有幾分或幾秒鐘,維持市場瞬息間的流動性。

c. 價差套頭者(spreader)。他們在一份合約不同月份的相對價值差異中進行套匯,是各個時間的套匯者。其在市場中的作用是維持市場較長時間的流動性。

(3) 投機者(speculator)。他們在交易所通過經紀人做投機性交易,在形成市場流動性方面亦起到一定作用。

(4) 清算機構。期貨交易都在交易所內的具體交易室中進行。每日交易收盤時,每個成員商號(member firm)提交顧客每筆交易的確認記錄:每筆交易都應結清損益,並得到交易所清算機構的證實和擔保。清算機構在交易日結束時清算每個成員商號的賬目,使買賣相抵,並收取全部損失款,支付所有盈利款。清算機構只與成員商號交易,並要求它們按當天市場頭寸和活動進行現金結算,不容許隔夜空缺保證金。可見交易所在期貨交易中不僅提供交易的場地,更重要的是建立清算制度和機構,執行清算職能,為期貨的買賣人提供保護,保證每筆交易的實施和結算。

期貨市場的基本職能是:

(1) 轉移風險。外幣期貨和遠期外匯,都是將風險從不想冒風險的人(套期保值者)轉移到想冒風險的人(投機者)身上。價格變化的風險,意味着某些人必須承擔一定的成本,而這些成本往往被轉移到消費者手中。如果銀行必須承擔風險,便會在其他方面補償,如出售證券收費高些:或者通過套期保值,將風險轉嫁給其他人。

(2) 價格發現,亦稱價格形成,指期貨市場形成的貨幣價格。這些價格是每個交易者在期貨市場上根據自己的預期選擇的結

果。它反映大量的買方和賣方在當前的供求情況下，預料某
一未來日期的價值；並利用期貨市場，把以後的交易固定在
當前的價格上。這就有助於價格的形成。由於匯率是由銀行
間市場決定的，因此，外匯期貨市場的運轉情況，對銀行間
市場匯價的形成有一定的參考作用。

14.3.6　外匯期權交易

(一)外匯期權的特徵

期權交易是從期貨交易逐漸演變過來的一種新型金融工具。
國際清算銀行把期權定義為"合約的買入方獲得在未來某個確定
的日期(或之前)，以固定價格(即約定價格 strike price)買入或
賣出一份特定的金融工具的權利(而不是義務)"。

期權合約有兩方：期權出售者(writer 或 grantor)和期權購
買者(buyer 或 holder)。購買者從供方買入一種承諾，即期權出
售者準備按照需要賣出或買入某一指定金額的金融工具。期權購
買者向期權出售者支付保險費(premium)即期權價格(option
price)。購買者從出售者購買一份買入外幣權利的合約，叫做買
進選擇權(call option，簡稱買權)；購買者從出售者購買一份出
售外幣權利的合約，叫做賣出選擇權(put option，簡稱賣權)。

期權最大的特徵是：

(1) 期權合約使買方只享有權利而不承擔義務。(i)在合約有效
期內，買方可在任何一天行使按約定者價格購買或出售特定
貨幣的權利。(ii)在合約到期日，買方有權利選擇執行或不
執行合約，沒有義務一定要執行。只有在價格(匯率)朝有利
方向運動，即市場匯價高於買權合約定價或低於賣權合約約
定匯價時，才選擇執行合約。

(2) 期權買、賣方承擔風險的不對稱性。如果期權逐漸移向有利
價，即期權的協定價格低於市場價格，則期權持有者可能獲

得無限的利潤，但如果期權處於平價或虧本價，即協定價格等於或高於市場價格，則他的損失僅限於支付期權費。反過來，期權的出售者的收入也只限於所得的期權費，如果期權逐漸移向虧本價，在原則上他要承受無限損失的風險。

(二)外匯期權類型

外匯期權(foreign exchange option)按合約可執行日期分為兩種類型：

(1) 歐式期權(European style)。一般情況下，期權的買方(或賣方)只能在期權到期日當天的紐約時間上午 9 時 30 分以前，向對方宣布決定執行或不執行購買(或出售)期權合約。

(2) 美式期權(American style)。期權的買方(或賣方)可在期權到期日前的任何一個工作日的紐約時間上午 9 時 30 分之前，向對方宣布決定執行或不執行購買(或出售)期權合約。美式期權較歐式期權靈活，故其保險費亦高。

這裏所謂"歐式"、"美式"，僅指履約日期的區別，而與期權交易的地理位置無關，亦與匯率標價法無關。

(三)期權的交易方式

由於期權交易方式所特有的避免外匯風險的作用，故在國際貨幣匯率劇烈波動的 70 年代，期權合約開始在外匯市場出現，但交易量十分有限，幾乎全部在場外市場進行交易。1978 年，期權合約最先被引入荷蘭的歐洲期權交易所；1982 年又首次被引入加拿大的蒙特利爾交易所；1982 年美國費城股票交易所引進了第一批英鎊期權和德國馬克期權；芝加哥農產品交易所則引進了美國國庫券期貨期權。1985 年 5 月倫敦股票交易所、1985 年 6 月倫敦國際金融期貨交易所，也分別開始買賣美式的外幣期權。

從 1986 年初開始，在有組織的交易所裏買賣的主要期權合約的數量迅猛增加。在費城交易所進行 6 種主要貨幣以及歐洲貨幣單位（ECU）的期權交易；芝加哥商品交易所則進行 3 種期貨合約的期權交易。芝加哥農產品交易所成為美國國庫券期貨合約的期權交易中心，而芝加哥商品交易所則可以進行歐洲美元期貨合約的期權交易。

費城交易所是最老最大的期權交易所，其經營的期權合約的標準金額分別是 12,500 英鎊、62,500 馬克、62,500 瑞士法郎、6,250,000 日圓、50,000 加拿大元、125,000 法國法郎；期滿日定為 3 月、6 月、9 月和 12 月的第二個星期六；協定價格以每單位外幣折合多少美元來標明。當一項新的期權合約掛牌時，圍繞當時的現匯率至少有 4 個賣權和 4 個買權的協定價格，供客戶選擇。

隨着期權交易在交易所的發展，期權的場外交易發展得也很快，所有金融中心的銀行，都不同程度地在場外市場進行外匯期權交易。現在，國際上已形成一個以倫敦和紐約的銀行間市場為中心，以費城、芝加哥等地的交易所為聯繫的世界性外幣期權市場。據 1986 年調查，在倫敦和紐約每個市場上未結清的外匯期權數量各有 100 多億美元。1988 年在全球交易所上市的貨幣期權合約有 1,800 萬個，在場外市場交易的貨幣期權量最大。又據 1987 年 5 月《歐洲貨幣》雜誌的統計資料：僅全球商業銀行已達成協定尚未執行的期權交易額約為 1,500 億美元，1987 年全年營業額約 5,000 億美元。倫敦和紐約是最大場外期權交易中心，其營業額超出費城和芝加哥的場內期權營業額。美國和瑞士的跨國銀行在外匯期權交易中最為活躍。

外匯期權的主要交易方式有：

（1）即期外幣期權

即期外幣期權，亦稱現匯期權（option on spot exchange），是最基本的外匯期權交易方式。它給予期權持有人享有在期權履約日、按約定價格買入或賣出規定數量貨幣的權利。即期外幣期

權通常是在場外交易，美式即期外幣期權一般在費城股票交易所
（PHLX）、倫敦股票交易所（LSE），以及國際期權清算公司
（IOCC）的成員——歐洲期權交易所（EOE）、蒙特利爾交易所
（ME）和悉尼股票交易所（SSE）場外進行交易。而歐式即期外幣
期權則只能在芝加哥期權交易所（CBOE）場外進行交易。場外期
權交易的優點是能根據客戶要求作特定的安排，如零星數量的外
匯頭寸，或不能在有組織的交易所裏按標準化合同進行交易的某
些貨幣的套期保值。缺點則是成本較高，也不像在交易所裏那樣
易於達成交易。

（2）外幣期貨期權

外幣期貨期權（option on foreign currency futures）合約，是
給予期權的持有人享有在期權履行日、按約定價格買入或賣出一
筆外幣期貨的權利。它與即期外幣期權的區別是，即期外幣期權
買、賣的對象是外幣（外匯）現貨，而外幣期貨期權則是外幣（外
匯）期貨。現在，在期權市場上交易的所有外幣期貨期權都是美
式期權。如果外幣買入期貨期權的購買者，在合約有效期內的任
何一天行使其買入權，則這份合約的賣方必須賣出這筆期貨；如
果外幣賣出期貨期權的購買者行使其賣出權，則這份合約的賣
方，必須買入這筆期貨。清算交易所則作為合約交易各方的〝對
方〞，提供信用擔保，並作最終結算。

（3）期貨式期權

期貨式期權（futures-style option）是把期權當作期貨形式的
一種交易。它與期貨交易有一個共同特點，即它們都表示交易各
方對合約價格變動方向的預測。一般說，買入者是預測買入價會
上漲；賣出者是預測買入價會下跌。如果事實上買入價格上漲，
則期權或期貨的購買者都可獲利，可以得到正的現金流量，而出
售者則要虧損，出現負的現金流量。但它又與期貨交易有區別，
即期貨式期權的購買方，既可按美式期權在有效期內的任何一天

履約，又可按歐式期權在到期日履約。而期貨交易，一般只能在到期日履約。

所以，期貨或期權與即期期權或期貨期權的主要差別在於：(1)即期期權或期貨期權的購買者，必須在期初支付一筆無追索的期權費；而期貨式期權的購買者和出售者，卻像期貨交易那樣，都須存入一筆保證金，無須支付期權費。(2)即期期權或期貨期權的購買者，在支付了期權費之後，在賣出期權或履行期權的那一天之前，不會發生現金流動；而期貨式期權交易的雙方，卻像期貨交易一樣，每天按期權收市價結算損益，每天都發生現金流動。

14.3.7 最新外匯交易方式

最新外匯交易方式，係指期權與外匯期貨、買方與賣方期權結合的混合體。特點主要是減少或"消除"保險費以克服期權交易的缺點；保留貨幣保值的優點；部分放棄、部分保留匯價有利變動的好處。這種第三代外匯交易方式有：

1. 塞林達(cylinder)，意譯為"圓筒式定頂定底期權交易"。

這是美國花旗銀行首先設計並已在市場流行的一種期權交易方式。其做法是交易一方在向對方買進買方(或賣方)期權的同時，又向對方出售金額、期限相同、協定價格不同的賣方(或買方)期權。因為雙方互有買賣，至少可抵銷一部分保險費，雙方也都有機會淨得保險費。交易一方甚至通過調整不同的協定價格，在匯價變動有利時，可以完全消除保險費，甚至可以盈利。為保值，協定價格的調整應有底線和頂線，否則，當匯價變動不利於對方執行期權時，虧損就較大。由於雙方都保持外匯頭寸並承擔風險，協定匯價必然有上下線。這如同一個汽缸(cylinder)有頂有底。塞林達不同於單一的買方期權或賣方期權，必須執行，不能有利時執行、不利時不執行。

2. 範圍遠期（range forward），亦稱匯價幅度遠期。

　　這是美國所羅門兄弟公司設計的塞林達零保險費的變種，也是遠期外匯合約和一項期權合約結合在一起的特殊形式。做法是：交易雙方由客戶一方選擇最高（或最低）協定匯價，由另一方選擇最低（或最高）協定匯價，共同達成一筆遠期外匯交易，客戶無須支付保險費。待合約到期時，如當時的現匯價在此上限和下限的中間，交易按現匯價進行。如果越出上下限，則按協定匯價執行：越出上限按最高協定匯價執行，越出下限則按最低協定匯價執行。故範圍遠期最基本的一點，是它規定了貨幣兌換風險的上限和下限，並允許按規定範圍內（而不是在特定的水平上）的匯價於合約到期時進行貨幣兌換。這種交易方式，與期權交易有類似處，因它有兩個協定匯價，而協定匯價不同於遠期匯價。而且由於客戶選擇協定匯價，有可能獲得匯價有利變動的部分好處，而遠期外匯交易不能得到這種好處。範圍期匯又相當於以協定匯價進行的遠期外匯交易，合約必須執行，不能不利時不執行。

3. 分享期匯合約

　　分享遠期外匯合約（participating forward contract）由美國所羅門兄弟公司設計的一種交易工具。它與期權交易不同，無須支付保險費。交易雙方確定一個協定匯價作為客戶購買或出售某種貨幣的底線，而對有利於客戶的匯價變化的頂線，不加任何限制，它如同有底無蓋的桶，而不是汽缸。如果客戶確實得到匯價變動的好處，客戶必須把收益中的一部分轉讓給交易對方，故稱之為分享遠期外匯合約。如果到期時匯價發生不利變化，客戶仍可按協定匯價購買或出售某種貨幣。這種合約因有協定匯價和有利選擇，故類似期權；又因合約必須執行，它又具有遠期外匯交易的特點。

4. 變量合同（quantas）或直譯為“匡特斯合同”

　　這是一種附遠期外匯合同的期權，期權的數量即有權買進或賣出期權的數量，可隨外幣匯率的波動而改變。

5. 可變式遠期外匯交易（break forward）

買賣雙方訂立一個遠期外匯合同，但允許用期權打破它，期權的保險費包括在遠期匯率之內，它綜合了遠期外匯和貨幣期權交易的優點，使客戶能得到更多便利和好處，而只承擔有限的損失。

新型外匯交易方式，還有為參加投標的客戶創設的"投標期間的買匯期權" "出口投標防止風險期權"、"投標中分擔權益期權"等等。

注　　釋

① 《華爾街日報》，1989.9.15。

參考書目

中國國際金融學會，《國際金融研究》，1985–1992 年有關各期。

世界銀行，《世界發展報告》，1983–1992 年年報。

陳彪如，《國際貨幣體系》，華東師範大學出版社。

陳彪如、朱彤書等，《當代國際資本市場》，華東師範大學出版社。

張帆，《美國跨國銀行與國際金融》，中信出版社。

IMF，《金融與發展》，季刊有關各期。

IMF，《International Financial Statistics》，1990、1991 年報。

IMF，《IMF Survey》，1988–1991 年。

BIS (1986). *Recent Innovations in International Banking*. Basel, Swissland.

Abiber, Robert Z. (1987). *The International Money Game*. New York: Basic Books.

Burn Karl Erich (1983). *International Banking*. New York: St. Martin's Press.

Channon Derek F. (1988). *Global Banking Strategy*. New York: John Wiley & Sons.

Davis Steven (1979). *The Management Function in International Banking*. New York: John Wiley.

Grabbe J.O. (1986). *International Financial Markets*. New York: Elsevier Science Publishing Co.

Hamilton, Adrian (1988). *The Financial Revolution—The Big Bang Wordwide*. New York.

Meier G.M. (1974). *Problems of a World Monetary Order*. New York: Oxford University Press.

Yeager L.B. (1976). *International Monetary Relations* (2nd edition). New York: Harper and Row.

國際金融體系／林燮寰著. -- 臺灣初版. -- 臺
北市：臺灣商務，1995〔民84〕
　　面；　公分
　　參考書目：面
　　ISBN 957-05-1045-5（平裝）

1.國際金融

561　　　　　　　　　　　　　　83009172

國際金融體系

定價新臺幣 480 元

著　作　者　林　燮　寰
　責任編輯　黎彩玉　曹景行
發　行　人　張　連　生
出　版　者
印　刷　所　臺灣商務印書館股份有限公司
　　　　　　臺北市 10036 重慶南路 1 段 37 號
　　　　　　電話：(02)3116118．3115538
　　　　　　傳眞：(02)3710274
　　　　　　郵政劃撥：0000165-1 號
　　　　　　出版事業
　　　　　　登　記　證：局版臺業字第 0836 號

• 1994 年 3 月香港初版
• 1995 年 1 月臺灣初版第一次印刷
本書經商務印書館(香港)有限公司授權出版

ISBN　957-05-1045-5（平裝）　　　b 67817000